何以中华

百川汇流，终聚成海

民族团结，共创盛世

百川汇流

各民族是如何走到一起的

中国国家博物馆 编著

李游 赵坤 冯正国 等撰

广西人民出版社

图书在版编目（CIP）数据

百川汇流：各民族是如何走到一起的 / 中国国家博物馆编著；李游等撰 . -- 南宁：广西人民出版社，2025. 9. -- ISBN 978-7-219-11857-3

Ⅰ. C955. 2

中国国家版本馆 CIP 数据核字第 2024K586W5 号

BAICHUAN HUILIU：GE MINZU SHI RUHE ZOUDAO YIQI DE

百川汇流：各民族是如何走到一起的

中 国 国 家 博 物 馆　编著

李游　赵坤　冯正国　等撰

策　　划　赵彦红

项目统筹　刘项鹏

执行策划　李亚伟

责任编辑　廖　献　徐蓉晖

责任校对　周月华　文　慧

封面设计　李彦媛

版式设计　周伟伟

出版发行　广西人民出版社

社　　址　广西南宁市桂春路 6 号

邮　　编　530021

印　　刷　广西昭泰子隆彩印有限责任公司

开　　本　787mm × 1092mm　1 / 16

印　　张　30. 25

字　　数　445 千字

版　　次　2025 年 9 月　第 1 版

印　　次　2025 年 9 月　第 1 次印刷

书　　号　ISBN 978-7-219-11857-3

定　　价　98. 00 元

序

中国国家博物馆馆长　罗文利

中国自古以来就是一个统一的多民族国家，民族团结、国家统一是我国历史发展的主流，也是国家富强的前提和保障。在长达五千多年的交往交流交融中，各民族语文相通、艺术共美、生活互融，逐渐形成你中有我、我中有你、相互依存、命运与共的中华民族实体。近代以来，各族人民在反对帝国主义侵略、争取民族独立和人民解放的斗争中唇齿相依，同仇敌忾，推动中华民族从自在的民族实体转化为自觉的民族实体，凝聚出实现国家富强，人民富裕，追求中华民族伟大复兴的共同体意识。

博物馆收藏着大量反映各民族交往交流交融的文物藏品，不仅是保护和传承人类文明的重要殿堂，更是铸牢中华民族共同体意识宣传教育的重要阵地。此次中国国家博物馆（简称国博）与广西人民出版社合作推出的《百川汇流：各民族是如何走到一起的》，就是这样一本依托于国博馆藏历史文物、以铸牢中华民族共同体意识为主题的通识读物。全书旨在以各个历史时期的珍贵文物为实证，以各民族间的交往交流交融为线索，阐释各民族交融汇聚成多元一体中华民族的历史脉络，讲述各民族共同缔造、发展、巩固统一的伟大祖国的历史进程。

本书内容上起远古时期文明孕育阶段，下至新时代以来“中华民族”概念正式写入宪法的重要时刻，共56篇文章，涉及石器、玉器、金银器、钱币、陶瓷、玺印、丝织品、石刻、碑帖、文书、档案等多种门类的近百件文物。本书注重跨学科融合，通过对这些珍贵文物的多维度解读，系统展现出各民族间由松散到紧密、由多元趋向一体，逐渐形成你中有我、我中有你、相互依赖、密不可分的强大认同，让读者更加全面地了解不同时代、不同地区、不同民族之间交往交流交融的历史，认识中华民族起源、形成、发展的演进规律。

衷心希望能以本书为契机，让广大读者能够进一步加强中华民族大家庭的情感认同，树立休戚与共、荣辱与共、生死与共、命运与共的共同体理念，推动各民族像石榴籽一样紧紧抱在一起，心手相牵、守望相助，在中华民族伟大复兴的征程上不断创造更加幸福美好的生活。

中华民族百川归海的历史画卷

中国社会科学院学部委员　史金波

《百川汇流：各民族是如何走到一起的》（以下简称《百川汇流》）是中国国家博物馆专家们以馆藏珍贵文物为依托，以各民族交往交流交融为主题，悉心描绘的一幅展示中华民族百川归海的历史画卷。

一、文物精选，亮点纷呈

中国国家博物馆是国家一级博物馆，藏品数量达143万余件，涵盖古代文物、近现当代文物等多种门类，涉及甲骨、青铜器、瓷器、玉器、金银器、钱币、佛造像、古籍善本、碑帖拓本、墓志、玺印、书画、雕塑、漆木家具、砖瓦石刻、珐琅器、玻璃器、丝织品、工艺品、老照片等，包括民族文物、民俗文物、革命文物以馆藏文物为基础的“古代中国”展览内容极为丰富，享誉海内外。《百川汇流》从馆藏文物中精选了近百件真品，这无疑为该书增添了极高的历史价值、文化深度和艺术魅力。

《百川汇流》以其深邃的历史视野和精彩的文物资料，为我们描绘出一幅中华民族从远古至今，不断交融发展，逐渐形成多元一体格局的壮丽图景。作者将中华民族悠久的历史进程分为多个阶段，并在每个阶段都选取了具有代表性的文物，每一件文物都承载着一段不平凡的历史。通过这些文物展示和作者们专业性的深刻解读，鲜明地描绘出中华民族各历史阶段的生动史实，给读者十分深刻的印象。

远古时期，当第一缕文明之光穿透混沌的迷雾时，中华大地便开始了它辉煌的历程。大三棱尖状石器，作为中华先民目前已知最早的挖掘工具，不仅见证了人类与自然抗争的勇气和智慧，更标志着中华民族从蒙昧走向文明的第一步。骨耜在河姆渡人灵巧的手中，不仅翻耕出了肥沃的土地，更孕育了稻作农业的萌芽，展现了先民们对自然规律的深刻理解和利用。

商周时期，中华大地进入了青铜文明的辉煌阶段。玉戚作为礼制及仪式的重要载体，不仅体现了当时社会等级制度的森严，还显示出先民们对天地自然的敬畏之心。而“宜侯夨”簋的发现，则为西周分封制提供了重要物证，揭示了周王朝通过分封诸侯，实现天下共治、华夷五方的宏大构想。

秦汉时期，大一统王朝的建立，标志着中华民族进入了新的发展阶段。青铜量器表明当时度量衡制度的标准化，是国家意志和皇帝权威的重要标志。而“中国大宁”瑞兽博局纹鎏金铜镜，则以其精美的工艺和深刻的寓意，展现了秦汉时期人们对国家安宁、社会和谐的向往。

魏晋南北朝时期，中国历史上出现了又一次大分裂与大融合。各民族迁徙交融，促进了多元文化的碰撞与融合。“二爨碑”见证了南中大姓的崛起，以及汉族群体逐渐融入当地族群，促进了南中地区经济、社会、文化的发展。万岁千秋神鸟画像砖、马头鹿角形金步摇等文物，则反映了南北文化的密切交流与互鉴。

隋唐五代时期，中国再次迎来了大一统的局面，文化繁荣达到了新的高度。唐代陶俑等文物，展示了唐朝文化的多姿多彩与开放自信。墨绿地狩猎纹印花纱等纺织品显示出丝绸之路上的经济文化交流，将中华文明推向了世界舞台。

辽宋夏金元时期，中华大地上再次出现了多个政权并立的局面，然而文化上的交流与融合却从未停止。契丹文鎏金铜钱、西夏文敕牌等文物，见证了契丹、西夏等文化与中原文化深度融合的进程。《成吉思汗像》与至元通行宝钞等文物，展示了蒙古族的形成与元朝的建立及其对边疆地区的管辖，进一步证明了各民族之间经济文化的密切交流与互动。

明清两代是中华民族历史上又一个重要时期，中央政府对边疆地区的治理更加有力，民族融合进一步加深，形成了“华夷如一”的多元一体格局。木答里山卫指挥使司印，见证了明朝对东北边疆的有效管理。《东宁陈氏番俗图》册和《皇清职贡图》卷展示了清代各民族的风俗习惯、服饰文化和生活场景，是了解中华民族多元一体格局的珍贵资料。

进入近现代，中华民族面临着前所未有的挑战与机遇。从清末的冯子材部《镇南关大捷图》，到西藏人民抗英的武器以及梁启超政治论文和提案稿本，都展现了中华民族在反抗外来侵略、寻求民族独立与解放的道路上所付出的艰辛努力。中国共产党为日军进攻卢沟桥通电等，揭示了中国共产党在推动民族解放事业中的重要作用，筑成了民族统一战线的坚固长城。东北抗联总指挥周保中用的毛瑟手枪、琼崖纵队使用的手榴弹弹带等文物，则是各民族并肩御敌的历史物证。广西壮族韦明忠等参加革命的誓词，是各民族共同擎起鲜红旗帜的生动写照，展示了中华民族在追求民族独立与解放道路上的团结与奋斗。

自远古的质朴纯真至现在的辉煌璀璨，无不体现着中华民族悠久的历史记忆与灿烂的文化基因。《百川汇流》不仅是对过去历史的回顾与总结，更是对未来发展的期许与展望。《百川汇流》将精品文物打造成诸多耀眼的亮点，并使之有机地连成一条中华民族形成和发展的亮丽主线，展现出色彩斑斓的历史画卷，令读者赏心悦目，收获满满。

二、主题突出，视野宏阔

在中国历史的长河中，中华民族如同一幅波澜壮阔的画卷，缓缓展开在世界的东方。在这幅画卷上，有山川的壮丽、河流的蜿蜒，更有各民族先民的智慧与汗水，在交往交流交融中汇聚成一股强大的力量，推动着中华文明的车轮滚滚向前。《百川汇流》一书，正是这样一部旨在探寻中华民族多元一体发展历程，揭示文明交流互鉴奥秘的鸿篇巨制。

全书生动展现了中华文化的多样性和统一性，显示出一种深刻的历史观与宽广的文化视野，对中华民族多元一体格局的形成做了生动的诠释，也对中国历史长河中各民族间复杂而密切的互动关系进行了深刻挖掘，让读者在历史的长河中遨游，感受中华民族文明的璀璨光芒。书中通过对文物的展示与诠释，聚焦各民族不断密切交流的历程，展示了中国历史上各民族文化的多样性及其相互融合的过程，强调了不同民族的文化在交流中相互借鉴、吸收，共同构成了丰富多彩的中华文明。

《百川汇流》一书以中国历史上各民族交往交流交融的独特视角，讲述每一个时代都有其独特的文化印记和民族交融的生动故事，为我们提供了一个全面、深刻且富有启发性的历史观察窗口。

被誉为“中华第一龙”的红山玉龙，不仅展示了新石器时代红山文化高超的玉器制作技艺，更成为中华民族龙图腾崇拜的实物见证，象征着中华民族自强不息、团结奋进的精神内核。

狼噬牛纹金牌饰、错金银犀牛青铜带钩等文物，展示了战国时期北方草原文化的多样性与民族交融的盛况，它们如同一座座桥梁，连接着中原与边疆，促进了文化的交流与融合。

“汉匈奴归义亲汉长”铜印、“滇王之印”金印等，作为两汉时期的重要印章，揭示了中华民族在统一与融合过程中的智慧与包容，展现了“夷狄慕义”的盛况。

“二爨碑”与《元鉴妃吐谷浑氏墓志》拓片等文物，见证魏晋南北朝时期拓跋鲜卑的族际通婚，展现了民族融合的生动图景。万岁千秋神鸟画像砖、马头鹿角形金步摇等文物，则反映了当时南北文化的交流与互鉴。

三彩釉陶骆驼载乐俑等，呈现出多民族兼收并蓄、多姿多彩的风情，体现了唐人博大的胸怀和强烈的文化自信。北庭都护府残文书册、唐代西州书文等文物，见证了唐朝对西部边疆的开拓、巩固与发展。

宋番人献宝青玉把件是当时中原王朝社会繁荣、少数民族来朝进贡的真实反映。西夏时期的天盛元宝背“西”铜钱，反映出辽宋夏金元时期西夏王朝对多民族文化的吸收融合。

汉文、藏文合璧的班着尔领真袭国师之职制诰，证明明朝对藏族聚居区的有效管理，以及汉族文化、藏族文化密切交流的史实。

清代土尔扈特东归历史图像，更是中华民族向心力的生动体现，展示了在外漂泊的土尔扈特部落历经艰辛最终回归祖国的壮丽史诗。

红军在长征路上发布的《中国工农红军布告》中，明确申明各民族“都是兄弟骨肉”的主张，体现了中国共产党关于民族问题的基本立场和观点，促进了各民族之间的密切关系。

《百川汇流》一书的独特视角，很好地诠释了各民族是如何走到一起的问题。读者仿佛穿越时空，目睹了中华民族形成和发展过程中各民族密切交往、广泛交流、深度交融的历程，深刻了解中华民族文化是各民族文化的共同结晶。中华民族始终秉持着开放的胸怀，融汇各民族的优秀文化成果，不断丰富和发展自己的文化内涵，各民族之间血脉相连、文化相融、命运与共，共同书写了中国的历史篇章。这种视角有助于展现中华民族文化的丰富性、多样性和包容性。《百川汇流》让我们在欣赏文物之美的同时，更深刻地理解中华民族多元一体的历史内涵和文化精髓。书中对各民族在历史长河中的相互依存和共同发展的展现，有助于增强各民族之间的理解和认同，促进民族团结。这种文化上的交流与融合，不仅促进了中华民族内部的团结与和谐，更为世界文化的多样性增添了独特的中国色彩。

三、图文并茂，深刻解读

《百川汇流》配以大量精美的文物图片和详细的解说文字，使得读者在欣赏文物之精美的同时，也能深入了解其背后的历史故事和文化内涵。这种图文并茂的呈现方式，既增强了书籍的可读性，也提高了读者的阅读兴趣。

中国国家博物馆是代表国家收藏、研究、展示、阐释中华文化代表性物证的最高历史文化艺术殿堂，负有留存民族集体记忆、传承国家文化基因、促进文明交流互鉴的重要使命。从中国国家博物馆大量藏品中精选出少量但又极具代表性的文物，本身就是一项艰巨而复杂的任务。《百川汇流》成功做到了这一点，所选文物不仅涵盖了不同历史时期、不同地域、不同民族的文化瑰宝，还通过巧妙的编排和解读，展现了中华民族多元一体、博大精深的文化内涵。

《百川汇流》由中国国家博物馆的权威专家们编纂，他们熟悉这些文物，深刻了解这些文物的价值。专家们以深厚的学术功底和丰富的实践经验，为每一件文物都撰写了数千字的精彩介绍和背景解读，为读者提供了丰富的历史知识和文化背景，增强了此书的权威性和专业性。

《百川汇流》的作者们匠心独运，没有把眼光仅仅停留在文物和文物简单介绍上，而是以本身的精深专业知识，以宏观的视野围绕文物纵横议论，或谈文物背景，或论当时历史，或讲各民族交往特点，使每一件文物都带有一段不平凡的历史，每一篇文字说明不亚于一篇雅俗共赏的学术论文，连在一起不啻一部中华民族的简明通史。

该书在编纂过程中，注重跨学科融合，将历史学、考古学、民族学、艺术学等多个学科的知识有机结合，为读者呈现了一幅立体、全面的历史画卷。这种跨学科的视角不仅拓宽了读者的视野，也深化了对文物背后历史文化的理解。

《百川汇流》是一部集权威性、专业性、艺术性、可读性于一体的优秀著作。它不仅展示了中国国家博物馆藏品的独特魅力，也为我们深入了解中华民族的历史文化提供了宝贵的资料。它既是一部展示中国国家博物馆藏品的著述，更是一部传承和弘扬中华优秀传统文化的佳作。该书可以使读者深刻地领悟中华民族多元一体的历史内涵和文化精髓，弘扬中华民族的优秀文化传统，加强各民族之间的交流和合作，共同推动中华民族的伟大复兴，激发读者的文化自豪感和自信心，增强“海纳百川，有容乃大”的广阔胸襟，认识到只有坚持民族团结、文化融合的道路，才能汇聚起磅礴的力量，实现伟大的民族振兴。

可以说，《百川汇流》是一部“让收藏在禁宫里的文物、陈列在广阔大地上的遗产、书写在古籍里的文字都活起来”的典范之作。

最后还要指出的是，《百川汇流》由广西人民出版社出版，他们保持“为促进各民族广泛交往交流交融、加强中华民族共同体建设”做出重要贡献的理念，主动请缨，承担起出版这一重要著作的艰巨任务，认真编辑，精心设计，印制精良。他们与中国国家博物馆联手打造出这样一部精品力作，值得高度赞扬。

目录

第一编 中华文明的孕育与萌芽

远古时期 寻根追流 文明溯源

商周时期 宅兹中国 华夷五方

第二编 中华民族共同体的形成开创

秦汉时期 均一天下 夷狄慕义

魏晋南北朝 五胡竞起 迁徙交融

第三编　中华民族共同体的深化融合

隋唐五代　海纳百川　文化互鉴

辽宋夏金元　分立角逐　归于一统

第四编　中华民族共同体意识的觉醒与铸牢

清末民初　邦畿千里　维民所止

民国时期　同胞共风雨　携手铸山河

新中国成立以来　勠力同心　赴新征程

第一编

中华文明的孕育与萌芽

远古时期

寻根追流　文明溯源

大三棱尖状石器

中华先民的挖掘工具

工具的制造与发明是人类社会发展与进步的标志。制造和使用工具是人区别于其他动物的特征，是人类劳动过程中独有的行为。无论是对石器的敲击、打磨，还是对陶器的塑形、烧制，都进一步开发了人类祖先的大脑。工具的发明与创造，推动了社会生产力的进步，进而推动了生产关系的变革，又促进了阶级的产生和早期社会的形成。早期文明的萌芽，正是源于此。远古时期，人类最初制造和使用的工具是石器，因此，在青铜器发明之前的时代被称为石器时代。旧石器时代以打制石器为代表——人们利用石块打击而成的石核或打下的石片，加工成一定形状的石器。打制石器的种类有砍砸器、刮削器、尖状器等。新石器时代则盛行磨制石器——先将石材打成或琢成适当形状，然后在砺石上研磨加工而成。磨制石器的种类很多，常见的有斧、凿、刀、镰、犁、矛、镞等。今天的人们也许能在山谷、河滩捡到一块看上去平平无奇、身上却有着明显的打击和磨制痕迹的石头，这块特殊的石头便会向人们诉说人类百万年来的进化历程和人类文明的萌发与进步。

大三棱尖状石器被发现于山西省襄汾县城南约5公里汾河东岸的丁村。这里原本是一个传统的晋南村落，1953年由于修筑铁路挖沙取土时发现了一批动物化石和石制品而受到关注，此后于1954年和1976—1980年两度进行调查和大规模发掘，出土了大量的哺乳动物化石、石制品和人类顶骨化石及牙齿化石，由此闻名于世。其中，以1954年发现的3枚人类牙齿化石和1976年发现的人类顶骨化石尤为重要，这些化石所代表的早期智人被命名为丁村人。3枚牙齿属于一名十二三岁的小孩，包含2枚铲形门齿和1枚臼齿。铲形门齿是东亚人种中出现率较高的特征，丁村人铲形门齿舌侧隆突和指状突的发达程度介于北京猿人与现代黄种人之间，齿冠和齿根细小及咬合面纹理较不复杂，显然比北京猿人的牙齿进步。顶骨属于一名大约2岁的幼儿，骨壁比北京猿人的小孩顶骨薄。由此可见，丁村人的形态特征介于北京猿人和山顶洞人之间。2011年以来，在丁村遗址附近又新发现了旧石器时代地点近百处，并对已发现的部分遗址进行了连续数年的挖掘，发掘了多处人类活动遗迹，这一发现是我国北方地区考古工作的一大进展。丁村遗址是我国北方地区最为重要的旧石器时代遗址群之一，是新中国成立以后发现的首个大型旧石器时代遗址。1961年，国务院公布丁村遗址为全国重点文物保护单位。

丁村的旧石器时代主要地点都分布在汾河东岸，文化遗物发现于沙砾石层，是经过河流的搬运作用形成的异地埋藏，遗址的原生地层大多被破坏，所以丁村附近虽发现了很多石器地点，但一些遗址没有保留遗迹。丁村石器的石料以角页岩为主，占总数的95%以上，其次是燧石、石灰岩、玄武岩、石英和砂岩等，石料是来源于遗址附近的河滩或冲沟的砾石。有学者认为，丁村发现的石器可分为两组，一组与北方旧石器时代常见的小型石片石器工业接近，而另一组的大型工具在石器组合中占据主导地位。丁村的旧石器特色鲜明，但学者们对其文化性质却有不同的认识。一种认为丁村是华北旧石器文化两大系统中大石器系统的典型代表；另一种则认为丁村只是华北旧石器时代中期突然出现的一种大石器文化，其来龙去脉尚不清楚。丁村石器主要分为两大类，分别是石核石器和石片石器，以石片石器为主。又可细分为砍砸器、大尖状器、石球、小尖状器和刮削器等，其中大三棱尖状石器是丁村文化一典型器物。

大尖状器是一种使用巨大的角页岩厚石片制成的体积较大的石器工具，它们的横断面呈三角形，可按尖部形状分为三棱尖状器和鹤嘴形尖状器，可能用来挖掘根茎类植物。三棱尖状器以厚石片为材料，通过从侧边夹角处进行打击而形成带有一尖角及三条棱的石器。由于这类石器的形状和制作方式都独具特色，故又被称为丁村三棱尖状器。在丁村发现的大三棱尖状石器有两种不同的制作方法。一种是由角页岩砾石直接加工而成，由砾石的一个平面的两侧长边单向打制出三棱形尖，再由尖端的两侧向底部稍作修整，最终制成一个典型的三棱尖状器。还有一种是由背部为砾石面的宽大石片加工的，一面为单面加工，另一面为两面加工，形成三棱，再将其修理出锋利的扁尖。

关于旧石器时代石器制造技术的研究，一直受到学界的关注。旧大陆的石器技术被英国学者克拉克（G.Clark）划分为五种模式，分别为：奥杜威技术、阿舍利技术（手斧技术）、莫斯特技术、石叶技术、细石叶技术。石片与砾石石器技术在中国境内分布时间最久、范围最广，这二者属于奥杜威技术。

阿舍利技术的出现或可追溯至距今170余万年前的非洲，因最早发现于法国的圣阿舍利而得名。阿舍利手斧以其倒梨形、椭圆形、心形或三角形等对称的外形与精细的加工修理特点，成为无数学者的关注重点。其代表性石器为两面修理刃缘的大型砍伐工具，包括手斧、薄刃斧、手镐、大型石刀等。

1944年，美国学者、哈佛大学人类学家莫维斯（H.L.Movius）参加了美国东南亚考察团，随后提出了东西方文化在旧石器时代早期就存在显著差异的观点。他认为：欧洲、非洲、西亚地区旧石器时代早期居民可以打制复杂的石核工具，如手斧、薄刃斧等，生产技艺较为先进；而同一时期的东亚、东南亚地区居民则仅能生产制造较为简陋的石核工具，如单面砍砸器、双刃砍砸器等。这一现象被归纳为两个文化圈学说，即东亚和东南亚地区的“砍斫器文化圈”及非洲、西欧、西亚和印度半岛的“手斧文化圈”。这两个文化圈之间的

大三棱尖状石器

旧石器时代中期
（距今约7万年）

长15厘米，
宽4厘米；
长18厘米，
宽7.5厘米

1954年山西省
襄汾县丁村出土

中国国家博物馆藏

分界线被称为“莫维斯线”。莫维斯认为，分界线以东的地区在早期人类进化过程中没有发挥过重要作用。

但到了20世纪80年代，随着丁村遗址等一些新的旧石器遗址的深入发掘，越来越多的学者开始讨论和质疑“莫维斯线”及其被附加的价值判断。2014年，中国东北长白山地区发现了一件旧石器时代手斧，形制非常标准，可以定义为阿舍利手斧。这件手斧经两面打制并加工修理而成，造型对称且完整，整体线条优美，器身扁平，尖部锐利，根部做钝化处理，易于抓握。这件手斧在当时被认为是我国发现的最为标准的阿舍利式手斧，它也是最早打破“莫维斯线”假说的重要证据，对于探究旧石器时代中国东北及周边地区的文化交流、早期人类与现代人类的技术行为关系，及东西方旧石器时代文化的比较有着重要学术价值。

2021年9月，四川稻城皮洛遗址发现的手斧震惊了考古界。皮洛遗址内发现了大量形态规整且技术成熟的手斧及薄刃斧，这些手斧及薄刃斧是截至目前在东亚发现的最为典型的阿舍利晚期遗存，也是目前发现的世界上海拔最高的阿舍利石器。“它彻底解决了中国、东亚有没有真正阿舍利技术体系的争议”，中国科学院古脊椎动物与古人类研究所研究员高星是这样评价皮洛遗址发现的阿舍利手斧的。“皮洛遗址发现的手斧、薄刃斧的工整性、对称性完全可以与西方阿舍利经典时期的手斧相媲美，西方看到这个不会再怀疑中国没有真正的阿舍利体系。”皮洛遗址特殊的地理位置更是将阿舍利遗存在我国的零星分布串联起来了，可以说中国境内阿舍利技术体系的扩散线路已经贯通。

近年来，中国境内发现的阿舍利遗存逐渐丰富：黄河流域的丁村遗址、洛南盆地、三门峡盆地，长江流域的汉中盆地、丹江库区，珠江流域的百色盆地和南江流域等。中国阿舍利技术表现出较为明显的区域多样性和变异性，这在一定程度上与阿舍利技术本身所具有的变异性特点有很大关系。中国南方发现的旧石器时代早期遗存中，各地发现的手斧类遗存存在一定区别，但有规律可循。以南岭为界，以北的手斧尖部较为锐利，经过通体修理，器身对称薄长；而以南的手斧尖部大多比较圆钝，通常在尖部及两侧进行修理加工，底部基本保留砾石原貌。南方地区的石器组合在阿舍利石器中不太典型。环秦岭地区发现的阿舍利手斧更为典型。从洛南盆地到蓝田公王岭遗址周边，发现了大量含有阿舍利技术因素的旧石器遗存，时代越晚，遗址数量越多，出土的石制品数量越丰富。在长江中游的洞庭湖盆地及周边地区，类似的情况也有出现，较早阶段的遗存中，石器组合只有砍砸器等简单技术产品，到距今30万年前后才有手斧等阿舍利技术石器出现并流行起来。但在丹江库区及其周边地区的发现则有些不同，这一地区发现的阿舍利石器是发现于顶部堆积的采集品，由此可见，丹江库区周边的阿舍利技术出现得可能较晚。中国南北方手斧既存在显著共性，又存在差异性。丁村遗址的阿舍利石器以大石片、大三棱尖状石器、斧状器等为代表。有研究认为，丁村早中期遗存归属于晚期阿舍利遗存。但其石制品缺乏精制加工，与欧洲阿舍利遗存存在一定差距。

通过各界学者的不懈研究，丁村发现的大三棱尖状石器已经被确认为阿舍利石器的典型代表。在中国境内发现的众多阿舍利遗存中，丁村大三棱尖状石器的特征尤为显著。阿舍利手斧的加工工艺相对于砍砸器、刮削器来说更为复杂且具有标准性，说明这是人类对环境高度适应的结果。阿舍利石器的对称性、工整性和精美程度，不仅体现了人类进化发展过程中对石器制作技术的掌握和进步，还在一定程度上体现了人类审美能力的提升。

骨耜

河姆渡人稻作农业的聪明智慧

水稻是目前世界上最重要的粮食作物之一，也是中国人最早培育的农作物之一，全球超过半数人口以水稻为食。人们餐桌上常见的大米就是去壳后经过加工的水稻。水稻依据其生长方式又被分为野生稻和栽培稻，二者之间存在显著差异。野生稻分为普通野生稻、药用野生稻和疣粒野生稻，栽培稻则是由普通野生稻驯化而来的。普通野生稻谷粒瘦小细长，另外两种野生稻谷粒偏短圆，这三种野生稻的平均粒重都只有栽培稻的一半。在浙江省龙游县荷花山遗址的土壤剖面中提取的植物硅酸体来自一些野生稻叶片和稻壳，这是距今近万年前野生稻存在以及逐渐被驯化的最直接证据。

中国是水稻的原产地之一，也是水稻栽培历史最悠久的国家，水稻是中国人最早培育的农作物之一。江西省万年县的仙人洞遗址和吊桶环遗址发现了目前最早的中国先民食用大米的遗迹，这两处遗址基本属于同一时期，且距离接近，因此推测应是同一族群留下的不同遗迹。仙人洞遗址和吊桶环遗址为旧石器时代晚期至新石器时代早期洞穴遗址，绝对年代为距今约20000—9000

年，这两个遗址内目前尚未发现明确的水稻种子，但吊桶环遗址中层的植物硅酸体分析表明，早在旧石器时代末期，野生稻已分布到江西北部地区，而且已被当地先民采集食用。湖南省道县玉蟾岩遗址、浙江省浦江县上山遗址中，也发现了年代超万年的水稻遗存。

除上述遗址外，浙江省余姚市河姆渡遗址的发现也为研究中国稻作农业起源提供了大量考古学证据。该遗址内发现了丰富的稻作遗存和各类农用工具，它们共同证明了河姆渡先民的稻作农业已经度过了较长的初创时期，进入较为成熟的时期。河姆渡遗址的发现纯属偶然。1973年春夏之交，浙江余姚东方红大队接受了排涝站基础工程任务，为了在梅汛来临之前完工，工程夜以继日地推进。当村民们挖到地下1米多深时，一些杂乱的东西影响了施工进度，再往下挖，竟然挖出了鹿角、象牙等。当时罗江公社的副主任到工地检查施工进度时，发现这里的石块、骨头像是被人为加工过的，于是选取了一些特征明显的石头送到考古人员处。经过考古工作者的考证，一个新石器时代遗址展现在公众面前。同年，浙江省文管会、浙江省博物馆对河姆渡遗址进行了首次大规模发掘，1977年又进行了第二次大规模发掘。河姆渡遗址被发现后，这种新石器时代文化被命名为“河姆渡文化”。根据河姆渡遗址的地层关系，可将河姆渡文化分为早、中、晚三期。河姆渡文化发现陶器、玉石器、骨器、角器、牙器等大量文化遗物。其中骨器、角器、牙器十分丰富是本文化的重要特征之一，包含耜、镞、哨、锥、针、匕、蝶形器、锯形器等，既有实用器，又有装饰品。

河姆渡先民还是目前发现的最早使用榫卯结构建造干栏式建筑的人群，河姆渡遗址内出土了大量榫卯构件，其制作精巧、结构科学。在河姆渡遗址内所有的发现中，尤以大量稻谷遗存最为重要——发现了稻谷、谷壳、稻秆、稻叶交互混杂形成的厚度约为20—50厘米的堆积层。其堆积数量之多，保存状况之完好，是同时代遗址的考古成果中极为罕见的。这些遗物有些已经炭化，有些保存完好。其中很多遗物在刚刚出土时还保留着原始的状态，颜色鲜艳、

骨耜

新石器时代·河姆渡文化
（约公元前5200—公元前4200年）

长17.3厘米，
宽9.1厘米；
长16厘米，
宽10厘米

1974年浙江省
余姚市河姆渡出土

中国国家博物馆藏

外形完整，但在接触空气后就瞬间氧化变黑。这些稻谷遗存发现于第四文化层上部，与大片干栏式建筑遗迹属于同一文化层。河姆渡先民可能是在干栏式建筑的地板上对稻谷进行加工，或是将稻谷堆积在地板上存放，有些稻谷从地板缝隙掉落到地面，受到风吹、流水的冲击。有趣的是，在一件陶釜底部，竟然发现了一块锅巴，说明当时的河姆渡先民已经能将稻谷进行加工，制作成米饭了。

河姆渡遗址出土的部分稻谷谷粒大且长，颗粒大小接近现代栽培稻，粒重远超野生稻。由此可以判断，河姆渡出土的稻谷，有一部分是人工栽培而成的。水稻的栽培始于河姆渡文化之前，但其完全的驯化则要到河姆渡文化之后才完成。河姆渡文化是水稻驯化过程的关键时期，也是研究中国农业产生和发展的重要因素。

河姆渡人生活在杭州湾南岸的宁绍平原，这一地区河湖纵横、土质松软，盛行使用材料来源方便、制作简单的骨耜。骨耜的使用更加适应在水田种植水稻的需要。河姆渡遗址出土的上百件骨耜，对于研究新石器时代的农业形态起了重要作用。骨耜是河姆渡遗址出土农具的典型代表，由牛等大型哺乳动物的肩胛骨制成，肩胛骨的臼部锉削平整，骨板正中部留有一道纵向浅凹槽，凹槽下端左右各凿有一孔。耜是一种铲状工具，有木质和骨质两种。木耜更易制造，但容易腐朽；骨耜制造难度大，轻薄且刃口锋利，更易保存。木耜的实物资料罕有发现，河姆渡遗址中保存比较完好的木耜仅发现了1件；而骨耜却发现了170多件，均用大型哺乳动物的肩胛骨加工制成，使用时在骨耜正中的浅槽处安装长木柄，再用藤条绑紧木柄头。这些骨耜边缘被磨蚀得很厉害，农业专家认定它们是河姆渡人在水田中使用的农具，主要用于平地、挖沟、引水、排水等。近年来，考古学者还发现，骨耜可能同时被用来深掘灰坑和柱洞，与干栏式建筑也有密切关系。

农业产生于距今约1万年前的旧石器时代和新石器时代的过渡时期，是在采集经济基础上诞生的。先民们通过长期采集野生植物，逐渐掌握了一些适宜作为主粮的植物的生长规律，再经过无数次的实践，将它们栽培、驯化，从而产生了农业。最初的农业生产还是模仿野生植物的生长过程，人们将采集而来的野生植物种子撒在地上，任其自由生长，待其成熟之时摘取。到了距今8000年前左右，农业工具的出现标志着原始农业进入了新的阶段，耕作方式明显进步。包括石斧、骨耜、石刀、石镰、石磨盘、石磨棒等在内的农业工具，使得农业生产的效率大大提高，农业生产水平也随之提高了许多。

距今约6000年前开始，原始农业进入发展时期。随着人们积累的农业生产经验越来越多，农田面积逐渐扩大，农作物产量提高，农具种类增加且制作更加精良。黄河流域和长江流域都发现了相关遗址，更为难得的是发现了农田和水田遗址。距今约5000—4000年前这一时期，是原始农业比较发达的时期。此时的农具更为精致且实用，农作物的种类增多，水稻种植已扩大到黄河流域。畜牧业也得到了进一步发展，而采集和渔猎在经济生活中的地位则显著下降。发达的原始农业既养活了更多的人口，又能产生剩余价值，为社会积累了财富。长江下游地区的农业发展为良渚文明的产生奠定了物质基础。之后，我国原始农业形成了三大经济类型，即以黄河流域为主的北方粟作农业，以黄淮地区为中心的粟、稻混作农业，以长江流域为代表的稻作农业。

以生产工具为依据，农业的发展过程通常被分为刀耕农业、锄耕农业、犁耕农业三个阶段。大量骨耜的发现表明，河姆渡遗址稻作农业已经非常发达，完全脱离了刀耕火种的最初阶段。部分研究认为：河姆渡遗址出土的大量骨耜和栽培稻，以及发现的大片干栏式建筑遗迹，一起证明了河姆渡文化已经进入了耜耕农业阶段，其属于锄耕农业的一种形式。河姆渡先民过着以耜耕农业为主的定居生活。还有部分学者认为，河姆渡遗址发现的骨耜是否作为稻田翻土工具、水稻是否达到成熟栽培阶段等问题，仍需深入探讨。目前学界对于骨耜的功能有不同看法。第一种观点认为，骨耜是一种安装直柄的挖土工具，可能用于翻地、引水等，与同时出土的丰富稻谷遗存联系起来看，河姆渡原始农业可能是一种耜耕农业。第二种观点认为，用动物肩胛骨制成的工具是较为脆弱的，可能会在挖土过程中折断损坏，因此至多是用来平整土地、覆种壅土或铲草。第三种观点认为，河姆渡文化早期，社会发展程度还未达到已知农田除草或积肥壅田的程度，因此骨耜仅用来对田面浅翻、平整，而不进行深挖。

考古证据表明，中国稻作农业在距今5000年前左右向外传播，河姆渡文化是研究稻作农业传播扩散的起点。根据当前的研究，学界普遍认为水稻传播路线可能有三条：一是从中国山东半岛或辽东半岛传往朝鲜和日本；二是从东南沿海经中国台湾，到菲律宾、马来西亚、印度尼西亚、东帝汶等地；三是自中国西南或华南往东南亚大陆。日本考古学家樋口隆康教授曾归纳出传入日本的三条“稻米之路”，分别是华北传入说、华中传入说和华南传入说。其中，以河姆渡遗址为主的长江下游众多史前稻谷遗存和日本佐贺县吉野里大型聚落遗址的发现印证了华中传入说，引起了中日学者的高度关注。我国著名考古学家安志敏教授提出：“以河姆渡及其后续者为代表的长江下游的新石器文化的若干因素，也可能影响到史前日本。如绳纹时代的玉玦、漆器以及稻作的萌芽，弥生时代及其以后的干栏式建筑，都可从长江下游找到渊源关系。”这一观点引起了日本考古学界的浓厚兴趣，日本媒体甚至以“中日交流可提早到公元前5000年”为题进行了报道。

河姆渡文化是中华文明史上一颗璀璨明珠，它为研究中国古代文明提供了非常珍贵的资料。河姆渡人使用榫卯结构建造的房屋，可能是中国古代建筑技术的起源。河姆渡文化发现的以骨耜为代表的各类农业工具和大量人工栽培水稻更体现着华夏大地远古先民的无穷智慧。在河姆渡遗址被发现之前，几乎所有的考古证据都表明，中华文明是在公元前3000年前后诞生于黄河流域，因为黄河流域以外的地区并未发现更早的人类活动证据。河姆渡遗址的发现，表明中华文明的起源并不局限于黄河流域，长江流域也是中华文明的重要发源地之一。严文明先生形象地说：“河姆渡遗址的发现，对于我们干考古的人最大的冲击就是中原中心或以黄河流域为中心的文明史观的崩溃。”不仅如此，长江与黄河二元一体结构的不断深化，更是促进了新石器时代中华文明产生各种影响深远的成就，使得这一时期成为了孕育中华文明多元一体的摇篮。

刻符号陶片

古代文字的起源

1958年，陕西西安半坡博物馆拨交给了当时的北京历史博物馆（中国国家博物馆前身）一批刻有符号的陶片。这批陶片出土于西安半坡遗址，属于一件红陶钵形器口缘处的碎片遗存，距今已有6800—6300年的历史，是新石器时代仰韶文化的重要物证。

在黄河流域已经发现的仰韶文化遗址中，以西安半坡、临潼姜寨、华州泉护、宝鸡北首岭、陕州庙底沟、郑州大河和淅川下王岗等处较为重要，它们都是当时的重要氏族村落。尤其是其中的半坡、姜寨两处遗址，不仅遗迹保存比较完整，而且村落布局十分清楚。半坡遗址位于陕西西安城东6公里外的浐河二级阶地上，总面积约5万平方米。于1953年春发现，1953年9月由中国科学院考古研究所陕西省调查发掘团进行深入调查后，于1954年9月开始考古发掘工作。截至1957年春，共进行了5次发掘，发掘面积1万多平方米。整个遗址分为居住区、氏族墓地和公共窑场3个部分，共发现46座房址、6座陶窑、200多座墓葬，出土石器、陶器、骨器等各类遗物万余件。

西安半坡遗址是20世纪五六十年代黄河流域发现的规模最大、保存最完整的环壕聚落，揭示了距今6000多年前一处典型的新石器时代仰韶文化聚落的丰富文化内涵。半坡遗址的考古发掘在中国现代考古发展史中意义重大，它是我国首次通过聚落考古研究当时社会基层组织的生产、生活各个方面的形态及其水平，是认识氏族社会的第一次全面的尝试，对我国后来的聚落考古研究和氏族社会组织的复原研究具有示范作用。半坡遗址考古发掘工作结束后，1958年4月，西安半坡博物馆正式建成，成为我国第一座就地保护和展示史前聚落遗址的博物馆。

目前在中国境内，发现的距今9000年以前的陶器或陶器残片有10多个地点，其中以广西桂林庙岩遗址的陶片测定年代最早，距今已有15000多年。从各地出土的陶器残片特征分析，陶器的器形与当时人们生活环境及习惯密切相关，是当时采集狩（渔）猎生活的产物。在半坡遗址的考古发掘中，一共发现了6座陶窑。这6座陶窑分属于不同的时期，烧造结构各不相同，从侧面反映出当时社会分工的差异，受生存条件的限制，聚落里产生了特定的人群对陶器进行彩绘、刻划和烧制。无论是在陶质、器形、装饰纹饰方面，还是从焙烧技术方面来看，半坡遗址发现的陶器都远远超过陶器发明的初期阶段。除了在半坡和姜寨发现的陶器上有相当数量的刻划符号外，在太平庄、北首岭、庙底沟和泉护村等遗址中还发现了各类陶塑艺术造型，不仅反映了当时已有较高的制陶水平，也表明当时的人们已有一定的艺术追求。

远古先民创造的陶器上的刻划符号是珍贵的出土资料，承载着悠久的远古文明，透露着丰富的区域文化信息。中国早期刻划符号可以追溯到公元前7000年的舞阳贾湖遗址的刻划符号至商代末期安阳殷墟遗址的刻划符号。从区域上看，刻划符号的年代、数量等各具特点。黄河上游发现的年代最早的刻划符号属于马家窑文化，不早于公元前4000年；东北地区发现的年代最早的刻划符号属于小河沿文化，不早于公元前3000年；淮河流域、长江中下游、黄河中下游地区发现的年代最早的刻划符号均早于公元前5000年。从数量上看，黄河中下游、长江中下游和淮河流域较为丰富；同一区域的不同遗址，刻划符号的数量呈较大差异。如淮河流域的双墩遗址发现了600余件有符号的陶器，黄河上游地区的青海乐都柳湾遗址发现了679件有符号的陶器，而其他遗址仅有少量发现。

仰韶文化的半坡类型主要分布在渭河流域的关中、甘肃东部，以及晋西南与陕南。据统计，仅半坡遗址考古出土的113件陶器碎片标本上共有22种符号。此外，其他有刻划符号的陶器还散见于陕西宝鸡北首岭，临潼零口、垣头、姜寨，长安五楼，合阳莘野，铜川李家沟，以及山西垣曲小赵等地。经过对比排序研究发现，陶器上的符号多刻划在器形较大的钵形器外口缘处。经考古学家辨认，这些符号有的是陶器未烧造以前就刻好的，有的则是在陶器烧制后或使用过一段时间后刻划上去的。它们不仅是史前先民记录生活的实物例证，而且承载着特殊的含义，对文字的起源有着重要意义。

在中华文明的发展历程中，符号的出现有着久远的历史。考古发现的史前陶器符号资料很多，主要分为两大类。一类是在仰韶文化、马家窑文化、龙山文化、良渚文化等古文化遗址中发现的陶器符号，多是一些简单的刻划，被称为“刻划符号”，其中以西安半坡仰韶文化遗址出土的为最早，可作为此类的代表。另一类是在大汶口文化遗址出土陶器上的“图形符号”。这些符号都具备简单、便捷、会意的特点，尤其是彩陶上的图形纹饰符号经历了由繁至简，从有形到抽象，最后呈现出来的是几何纹饰。诸如安徽双墩文化陶器上的鱼纹，最后演化成相对交叉的两条弧线，它所表示的就是一条鱼的抽象轮廓；仰韶文化中彩陶上的大鸟纹，隐没了写实的鸟形，呈现的是鸟纹的变形几何符号；考古新发现的浙江上山文化彩陶，则绘画着生动的太阳纹和两个顶角相对的三角形……这些鱼纹、鸟纹、太阳纹的图形符号，后来逐渐演化成中华文明中水火、阴阳的象征。

符号作为一种具有代表意义和象征内涵的有形标识，可以是社会成员共同约定的用来表示某种象征意义的记号或者标记；符号的出现，标志着人类开

①

②

刻符号陶片

新石器时代·仰韶文化

（约公元前5000—公元前3000年）

①长6.1厘米，宽4.7厘米；

②长7.5厘米，宽4.3厘米；

③长7.8厘米，宽8.1厘米；

④长6.1厘米，宽5.2厘米

1954年至1957年陕西省

西安市半坡遗址出土

中国国家博物馆藏

③

④

始主观地认识宇宙和自然，并能用特定的形式记录描绘形象信息；它来源于约定俗成，形式简单，便于记忆传播。

西安半坡遗址出土的刻划符号陶片是当时社会形态的重要物证，为中国汉字的起源研究带来了新的契机，同时也引发了学界的广泛讨论。早在1959年7月，郭沫若先生在参观落成不久的西安半坡博物馆时谈道："敦煌文字已合乎六书规律，则文字之起源必尚可逆述三二千年。仰韶龙山拟已进入有文字的时期。今来半坡，观先民遗址，其建筑结构、器制花纹、生活体制均已脱出原始畛域。陶器碎片上见有刻纹，其为文字殆无可稽。将来发掘更多时必能进一步解决此问题。"古文字学家、考古学家于省吾先生在《关于古文字研究的若干问题》一文中将陶片上刻划的符号释为"玉"字，推测它具有文字的性质，可能是我国古代文字原始形态之一；李孝定、王志俊、陈全方等也认为半坡刻划符号属于文字的范畴；也有一些专家学者，如裘锡圭、高明、汪宁生、严汝娴等人持不同意见，认为陶片上刻划的不是文字，而是一种不具有记录语言功能的表意符号。

中国地域广阔，不同区域文化的刻划符号在各区域文化的孕育中产生并各具特点，是区域文明发展的见证。各区域的刻划符号受地理因素、信仰和社会等因素的影响，在形体与意义上演进或消亡。将文字与符号进行比较：文字具有音、形、义的特点，符号有形、义，没有标准的读音；文字是语言的记录，史前的符号在使用和功能上已具备准文字的象征意义。这些刻划符号，推测是当时记事或者代表器物所有者或制造者的记号，也不排除是花押或族徽类的标记，是当时事件在人们意识形态上的具体反映。因此，从广义文字学的观点判断某种地域类型的符号就是甲骨文等原始文字的前身，是片面和不足的，应该从更广阔的角度去研究阐释。随着中华文明探源工程等项目的实施，古代文明研究取得了一系列重大成果。相信在不久的将来，通过充分利用古代文明研究成果，在各区域文化中刻划符号的分布、流变以及符号同形内在要素的阐释等诸多方面会取得更大的突破。

透过考古的一系列新发现，可以推测：在文字出现之前，符号已经成为人们日常生活中不可或缺的表达形式，让人们彼此理解、彼此认同。那个时代的符号是鲜活的，是开放的，是包容的，蕴含着人类早期的智慧和信仰，以及对自然万象的探求和对广袤宇宙的好奇。这样的原始符号在后续的传播过程中不断得以完善，最终以完备的形式流传下来，并在人类社会的发展进程中，传达着思想、信仰和生活的艺术，启迪着人类的智慧。

“人类的各种符号形式，文字的，宗教的，艺术的，以及其他任何一种符号的表现形式，共同构成了整个人类精神发展的史诗。”中华文明从史前时代起，就开始了时空的融汇交流，我们有理由相信，中国多元一体的文化基因从这些鲜活生动且记述着古老信仰的历史中孕育而生；这些刻划符号，是史前人类生活的重要见证，也是中国文字萌芽阶段的实物例证，不仅为中华民族系统文字的出现与发展奠定了重要基础，也为我们探究中华文明的起源提供了重要资料。

红山玉龙

『中华第一龙』

中华民族崇龙的历史，从诸多古籍记载中可见一斑。甲骨文中就有“龙来氐羌”“王庙龙方”的说法，证明氐族、羌族当时就已开始崇龙。《左传·昭公十七年》记载：“大皞氏以龙纪，故为龙师而龙名。”太昊是东夷部族和华夏部族的祖先和首领，与龙的关系渊源已久。五帝与龙的关系更为密切。《左传·昭公二十九年》记载：“古者畜龙，故国有豢龙氏，有御龙氏……故帝舜氏世有畜龙……有陶唐氏既衰，其后有刘累，学扰龙于豢龙氏。”那么，龙是从哪里来的呢？

在被称为塞外明珠的赤峰市东北隅，矗立着一座海拔高746米，面积约5平方公里的石山，因裸露的岩石呈赭红色而得名红山，蒙古语叫乌兰哈达，赤峰市的名字也由此而来。美丽的红山吸引了一批又一批的中外学者纷至沓来，在此进行考古探查和发掘，他们的研究和学术报告使红山早期人类文化遗址引起了学术界的广泛关注。1938年，红山文化曾被命名为“赤峰第一期文化”。直到1955年，中国考古学家尹达在《关于赤峰红山后的新石器时代遗址》一文中，根据这里出土的陶器和石器特点分析，把分布在辽宁、内蒙古和河北交界的燕山南北及长城地带的中国新石器时代的文化命名为“红山文化”。从此，红山文化得到正式命名。然而，在此后的几十年里，红山地区并没有更新的考古发现。直到1986年《人民画报》第8期刊登了一幅5000年前的玉雕龙图片。这条消息一经报道，立即在全世界引起了轰动。赤峰发现了中国第一玉龙的消息由此传遍了全世界。

关于玉龙的发现还要从1971年说起。那年8月的一天下午，内蒙古自治区翁牛特旗赛沁塔拉村村民张凤祥冒着酷暑，在离村子不远处修梯田。一锹下去，一个硬邦邦的东西让他感觉有些奇怪，再挖下去，原来是一个人工砌成的石洞。张凤祥伸手摸去，竟摸出一个像钩子一样的东西。它质地坚硬，拿在手里沉甸甸的。收工的时候，张凤祥把它带回了家里，找了一根绳子把它绑紧，让弟弟拖着玩耍。七八天之后，张凤祥惊奇地发现，原本难看的钩子，竟然被弟弟拖成了墨绿的玉器，形状有点像蛇，又有点像龙，并且在太阳底下一晒，还会散发出迷人的碧绿光泽。这一发现让张凤祥激动不已，随后他带着这件奇怪的玉器来到翁牛特旗文化馆，文化馆里的工作人员按有关规定征集了这件文物，但并未加以重视。1984年，在牛河梁，考古人员挖掘了一座5000年前的红山文化古墓。最引人注目的是，古墓主人的胸部摆放着两件精美的玉器。考古人员经过仔细辨认和研究后，认为它们是属于红山文化时期的玉猪龙。这个消息传出后，引起了很大轰动。翁牛特旗文化馆负责人得知后，突然想起1971年他们征集的那件玉器，觉得它极有可能是与牛河梁玉猪龙一样珍贵的文物。1971年在赛沁塔拉发现的玉龙，在被忽视了10多年以后，终于得到正式确认。这是一件可以上溯到5000年前由当时的红山人精心制作的、在中国首次发现的远古时期玉雕龙。这件玉龙后被誉为“中华第一龙”，极其珍贵。

这件玉龙是中国已发现的时代较早的龙的形象之一，由墨绿色的岫岩玉雕琢而成，周身光洁，大部素面无纹，在额部及颚底刻有细密的方格网状纹。它的嘴紧闭，鼻端截平，以对称的两个圆洞作为鼻孔。它身体蜷曲呈“C”

玉龙

新石器时代·红山文化

（约公元前4000—公元前3000年）

高26厘米

1971年内蒙古自治区

翁牛特旗赛沁塔拉出土

中国国家博物馆藏

形，头部长吻修目，鬣鬃飞扬，尾部有力。玉龙的脊背上有一圆孔，经过试验，用绳子穿过圆孔将玉龙悬挂起来，龙的头尾刚好处于同一水平线上。这件玉龙设计巧妙，造型灵动，雕琢精美，具有相当高的艺术价值。这件玉龙是红山文化玉器中体积最大、级别最高的，是中华龙文化、玉文化的重要象征，它标志着新石器时代西辽河上游地区对于龙形象的崇拜。

龙的形象在中国历史上起源已久，早已成为中华民族历史文化中的重要符号。新石器时代的很多遗址中都发现有类似龙形的遗存，或为蚌塑，或为彩绘，或为雕塑。关于龙的原型，研究者们提出过各种假说，如蛇、鳄鱼、蜥蜴、鱼、鲵、马、牛、猪、鹿、熊、虎、蚕、蛴螬、松树、云、闪电等。商代甲骨文中的“龙”字和妇好墓出土的玉龙都显示，龙是一种巨头、有角、大口、曲身的神兽。新石器时代最符合这些特征的文物应属红山文化中的这种蜷体玉龙，安徽含山凌家滩、湖北天门肖家屋脊也出土过类似的玉龙形象，它们有可能是龙的原始形态。红山文化发现的文化遗物中，龙的形象以玉龙的形式出现。红山文化玉龙是中国发现的新石器时代数量最多、形象最完备、功能较为明确的玉龙，分为“C”形玉龙和玦形玉龙两类。有学者提出，“C”形玉龙的原型是猪或鹿，玦形玉龙的原型是熊。也有观点认为，其原型可能是蛇、虫等。

关于龙的起源说法不一，有蛇说、鳄鱼说等，至于龙首则有来自马首、牛首或猪首之说。传统观点认为，龙的形象是以蛇为基础发展变化而来的，但这一观点只是从龙的躯干部分与蛇相似来谈的，较为片面，所以并不可靠。还有一种说法，认为龙的长颚与鳄鱼的巨嘴相近，因此龙的形象来源于鳄鱼。但原始龙纹和鳄鱼的近似点较少，只能说龙的造型在演化过程中受到了鳄鱼特征的影响。还有观点认为，龙的祖型可能是恐龙。此外，闻一多先生在《伏羲考》中提出了“多种生物融合说”，主张龙这一形象是人类文明发展到一定高度时诞生的产物，也是多种文化交流结合形成的结晶。

一个民族象征的标志物是一个民族真正形成的依据之一，也是一个民族的精神符号。在远古时期，人们会把某种动物、植物或非生物当作亲属、祖先或保护神，相信它们带有神力，能保护自己。每个部落或民族都有自己的符号，当一个部落或民族被新的部落或民族接纳时，他们原有的符号大多会被舍弃，或是融入新的部落或民族的符号中去，产生新的符号。中华民族的代表符号——龙，就是综合了多种部落或民族符号的产物。这种精神符号在中华传统文化中被赋予深厚的政治、文化和宗教内涵，它所蕴含的意义在各个时期、各个文化中都有着不同的体现，更是贯穿了中华民族的历史，是中国历史文化的重要信息载体。从属性上讲，中国龙与西方龙不同，中国龙一直具有自然崇拜的特征，不分善恶，是一种超越世俗、需要敬畏的神秘力量的存在。在政治上，龙长期以来都是帝王的象征。当中华文明开始走向世界的时候，龙又成为一种民族的象征，具有了新的意义。

龙作为一种由多种动物结合而产生的形象，无疑体现着中华民族伟大的和合文化，也是中华和合文化的源头之一。龙文化在悠久的中国历史中根深叶茂，直至今日仍体现在人民群众生活的方方面面。无论是有关龙的地名，还是有关龙的成语，抑或是各地的龙王庙，都体现了人们对龙的崇拜和敬仰。在重大节日中，舞龙、赛龙舟，就是龙文化的具体体现。民间更是有“二月二龙抬头”这一传统节日，其又被称为春耕节、春龙节等。

在先民的眼中，玉是石之精髓，集天地之灵气，取日月之精华，既有温润的气质，又有独特的色泽，给人以愉悦、安详之感。因而玉石被赋予神秘的内涵，成为远古各族群的精神纽带。玉器是红山文化的主要器类，对玉器的研究是认识红山文化的重要途径。有学者指出，红山文化形成的依据等级使用和随葬玉器的制度就是“礼”的雏形，因此，中国传统礼制的起源或可追溯至距今5000多年的红山文化。玉是红山文化的精神寄托，红山玉器借由其古朴的形式和神秘的纹样，向我们昭示着敬畏自然、崇尚秩序的思想观念，也体现着远古先民追求中和之美的审美情趣。从那时起，玉文化就根植于中国人的情感与理念，成为中华文明独特的精神标识。

红山文化的文明化进程存在着区别于中国其他区域早期文明的重要内容，体现了中华文明起源的多元性。苏秉琦先生是这样描述红山文化的：“红山文化坛庙冢三种遗迹的发现，代表了我国北方地区史前文化发展的最高水平，它的社会发展阶段已向前跨进了一大步，从这里，我们看到了中华5000年文明的曙光。”辽西这个既神秘又繁荣的地区自带的开放、包容、自由的气质，与中原地区的古文明相互影响、融合，逐渐蔓延到整个中华大地，润泽千年。

和谐、和合精神，是维系中华民族统一的纽带，在历史长河之中推动着世界的和平发展。英国著名历史学家汤因比就曾提出这一观点：未来世界的一体化只能运用东方文化，特别是中国文化来实现。他是这样说的：“就中国人来说，几千年来，比世界任何民族都成功地把几亿民众，从政治、文化上团结起来。他们显示出这种在政治、文化上统一的本领，具有无与伦比的成功经验。这样的统一正是今天世界的绝对要求。”

这一件红山玉龙历经沧桑却依然气势磅礴、神采飞扬，它的身体里蕴藏着的巨大的能量，是中华文明中和合共生、厚德载物、包容万象、和而不同等独特人文精神的极佳印证。中华民族共同体是人类命运共同体的重要组成部分，中华民族精神中无限的包容力和吸引力，正推动着中华民族走向世界舞台中央，并赢得世界人民的认同。

商周时期

宅兹中国　华夷五方

玉戚

礼制及仪式的重要载体

玉，《说文解字》称为“石之美”者，其在古代文献中泛指一切温润而有光泽的美石。玉器在中国有着悠久的历史和特殊的含义，伴随着中华民族发展至今，从无生命的生产用具、兵器、装饰品逐渐演变成具有生命力和人格化的象征之物，具有了社会历史和思想意识的内涵，其产生和发展在中华民族的发展历程中占有非常重要的地位。

中国国家博物馆馆藏玉器丰富，其中有一件西周时期的玉戚，造型优美，典雅华丽，是非常精美的仪仗用器。整件玉戚呈白褐色，上有朱砂痕，不透明，通体磨光，形状大致为长梯形；上窄下宽，近顶端正中有一个小圆孔，左侧还有一个较大圆孔，系单面钻，且上嵌一颗圆形绿松石；两侧琢出齿牙状扉棱，对称分布；弧形刃，两头翘成尖状，系由两面磨成，刃部较为锋利。这件西周时期的玉戚于1956年在陕西省西安市张家坡出土，同时期也出土了许多精美的玉质礼器，在功能上、形制上、工艺上都有着相融共通之处和异曲同工之妙。

在距今约4000—5000年前的新石器时代晚期，玉戚、玉钺等玉质兵器大量出现。在这一时期，各个氏族部落间战事不断，频繁的战争与冲突也使各部落间的交流与融合进一步发展，从而促使华夏民族的诞生。到商周时代，尽管金属兵器已普遍使用，但对玉质兵器的需求亦未间断。从出土的玉质兵器来看，未有战争使用过的痕迹，从而可以推测在当时战事纷争的社会环境下对武器的重视与崇尚。也正是由于频繁的战事，促使不同地区的玉质兵器在形制与风格上相互影响和彼此融合。

玉戚的形制一般与穿孔的玉斧、玉铲、玉钺相似，上端钻一个圆孔，上部两侧有对称的齿棱，下部两侧向内凹成弧形。玉戚的这种形制与早期的生产工具石斧相似，是对于石制穿孔斧的承袭与发展。随着礼乐制度的出现，玉戚被用作乐舞之器，同时也是身份权势的象征，后又演变成为具有某种象征意义的符号和用具，或具有某种宗教意涵，或象征着某种权势地位，抑或是某种礼制的表达。

从玉戚功能性来看，其发展和变化经历了以下三个阶段。一是由普通生产器具向实用兵器的演化。旧石器时代，作为生产工具的石斧等砍削器，也是在狩猎和战斗中的有力武器，进而转化为兵器。《周礼注疏》卷十二记载："'朱干玉戚，并是大武之舞。'是知兵舞干戚也。"干，盾之意；戚，斧之意。干戚是一种颇具威力的神性武器，干戚的组合是用于神事的礼器，起源于作战兵器的实用组合。干戚之舞最早与战事相关，后演变为祭祀礼仪的舞蹈，陶渊明曾有诗曰"刑天舞干戚，猛志固常在"。二是从一般的战斗兵器向象征权势的特殊兵器的演化。用于作战的戚类兵器更加注重实用性，诸如坚硬、锋利等特性。而在新石器时代出现的玉质戚则失去了作战的实用功能，而是以精美、考究为特征，在当时也只有特殊身份的人才可以使用，从而成了权势地位的象征。三是从兵器向礼器的演化。原始社会后期，宗教神秘氛围浓厚，巫觋在社会生活中的地位举足轻重，在祭祀活动中大量使用玉器，此时作为具有特殊权力标志的玉戚更是被赋予了神圣的职能，被广泛应用于礼神、舞蹈等特定的场合之中。

但从南方的良渚文化来看，玉戚一方面作为礼仪用具，另一方面也作为随葬品。由于其所具有的“玉礼兵”的功能而使其装饰的功能弱化，进而转变为体现礼制、身份、地位与权势的用具。在作为礼仪用具的使用过程中，玉戚在祭祀仪式中起到了非常重要的作用，玉戚的神圣性和仪式功能在仪式中得到体现。而玉戚作为随葬品，则具有祛除邪灾之意。从考古出土的玉器来看，随葬玉器的习俗发展至良渚时期已变得非常复杂，较之前期随葬玉器数量少、等级低的现象来看，良渚文化玉器已出现明显的等级划分。从事死如事生的角度来看，这也反映出玉器在现实社会中的阶级之别，从而折射出社会组织与社会权力结构的变迁——正逐渐从原始社会向阶级社会过渡。

所谓“国之大事，在祀与戎”，玉器在各种祭祀活动中作为礼器大量出现，与之相对应的便衍生出各种不同的祭祀程序。其中对于玉器的使用更是要符合规范和礼制。周代玉器有“礼仪玉器”的文化色彩，玉戚作为礼器，在西周时期用于舞，以颂扬周武王伐纣之功德。玉戚从最初的玉质兵器到最终的礼器，大致经历了三个阶段，即实用器具、仪仗用具和象征载体。这表明了其在不同阶段所发挥的不同作用，而并非表示这三个阶段的划分是泾渭分明的，正如作为仪仗用具的玉戚也显然具有一定的象征意义。随着社会的进一步发展，礼乐制度日益在人们的社会生活中发挥举足轻重的作用，到周朝时玉戚已失去了实用价值，转而成为体现礼制的象征之物。周朝时，玉戚在形制上与前朝大致相似，但在制作工艺上更加精致，凸显了审美价值和象征意味。

中国国家博物馆馆藏的这件玉戚在工艺上最吸引人眼球的是其左上角圆孔中镶嵌的绿松石。嵌绿松石的工艺最早见于新石器时代龙山文化兽面形玉冠饰，其中兽眼用绿松石镶嵌而成。夏代青玉半月形器中部有一个圆孔，孔内亦镶有圆形绿松石。此件玉戚证明了周代玉雕继承了松石镶嵌这一项工艺。在河南偃师二里头遗址中不仅有玉器嵌绿松石的器物出土，还有兽面纹铜牌饰中也嵌有绿松石，开创了中国独有的青铜镶嵌技术，这为商代玉器镶嵌绿松石工艺

玉戚

西周（公元前1046—公元前771年）

高9.9厘米，
刃宽9厘米，
厚0.4厘米

1956年陕西省
西安市张家坡出土

中国国家博物馆藏

打下了基础。在河南偃师二里头遗址还出土了大量绿松石片。商代时玉器镶嵌绿松石工艺更是大放异彩，在著名的妇好墓中就出土了多件嵌绿松石的器物，非常惊艳。如嵌绿松石象牙杯，不仅展现了精湛的雕刻艺术，还展现出超高的镶嵌工艺和审美水平。还有玉援青铜内戈，其上铜内也镶有绿松石。通过早期镶嵌绿松石的各种器物，我们可以看出，古人通过绿松石独有的颜色和属性搭配其他材质，发挥高超的镶嵌工艺，最终组合成一件件带有独特纹饰的器物。绿松石镶嵌技术的出现使器物的色彩搭配惊艳和谐，细节把握精准到位。这一工艺在历史长河中被继承和发展，表现为在诸多遗址中出土了大量与绿松石相关的器物，如贾湖遗址、二里头遗址、金沙遗址、殷墟遗址等。各地区镶嵌绿松石的器物的出土可以说明，在社会生产力极速发展、交通运输能力不断增强、人们活动范围越来越广、商品交换和贸易往来越来越频繁等多种因素的作用下，绿松石从最初的矿藏地区被运输到我国其他地区，进而与当地文化进行碰撞和交融，产生了极具当地特色的文化符号。在这个碰撞和交融过程中，镶嵌技术也得到了显著提高，使这一技术更多地出现在除玉器以外的其他物品的装饰上。

玉戚起始于龙山文化晚期，盛行于夏代或者商代早期，最初为奴隶主和贵族部落首领所有。根据考古发现可以大致看出玉戚的传播路线：一条路线为从黄河中上游始创后，由陕西、甘肃向四川、云南再往越南传播；另一路线从陕西、甘肃向黄河下游的山东、江浙、福建等地传播，最终到达广东一带。通过对玉戚的探究，可以看出一个国家礼制萌芽的出现和后续发展的情况、中国人长期以来对于玉器的特殊喜爱以及玉器在中国社会祭祀礼仪中的重要地位。新石器时代，玉戚等相关礼器已经在中国祭祀活动中占据了一席之地。同时，在宗教观念的影响下，祭祀所用玉器也得到了当时社会的极度重视，并在中国大地上传播开来，这些都体现出玉器对中华文化尤其是对祭祀文化的影响在不断加深和扩大。

随着这些变化，玉礼制大致在新石器时代后期至龙山文化时期形成了。

这一时期，随着社会的不断发展，社会分工日趋细化，社会组织与管理制度渐趋复杂，出现了礼器及宫殿等，而且经考古发掘证实此时墓葬也已有了身份等级的差别，这些表明社会正处于由部落向国家过渡的阶段。国家的诞生促进了各种制度的建立和发展，夏作为我国历史上第一个朝代，对于玉器的使用方式与规则越发制度化。商周时期是古玉发展的重要阶段，在这一阶段礼制得以形成和发展，而礼制是中国文明的一大特征，其中玉器发挥了不可替代的重要作用。之后，沿袭夏商周三代的玉器依然在社会中占有重要的地位，玉器的礼制化逐渐建立，玉的人格化逐渐形成。

一般而言，西方学界认为文明的起源与文字、城市及金属工具三个因素密切相关。而就文明起源而言，中国与西方存在较大的差异。生产工具尤其是金属工具先是被权势阶层作为财富和地位的标志，之后才逐渐在社会中普及使用。而以玉器为代表的礼制及身份的载体也逐渐集中至社会上层，与之相关的是血缘关系与宗法制度相结合并得以不断强化。在这期间，以玉器为代表的礼仪载体在社会中发挥了非常重要的作用，诸如祭祀、丧葬制度等。通过玉礼器的不断强化，整个社会的礼仪、秩序乃至规则得以诞生，也为国家的起源、政权的巩固奠定了物质和思想基础。中国的规章制度、民族精神等都与玉文化有着千丝万缕的联系。在这个过程中，作为礼制及仪式载体的玉戚等玉器起到了认同、象征和凝聚的重要作用。

“宜侯夨”簋

西周分封制的重要物证

周族在灭商以前是今陕西渭水中游以北的一个古老部族，曾经和夏、商两族同时发展。传说周的始祖为弃，其母为姜嫄。经过历代族人的励精图治，周文王时，周族日益兴盛，开始不断向外扩张势力，收服周边部族，成为西部诸侯之长，并向南扩张到今天的汉江流域，收服了南方的一部分部族。

自夏代以来，周人均以农业为主，弃及其后世世代代为稷官，至不窋时曾被西北游牧部族侵扰而率众北迁，到商代初年公刘时才最终定居于豳（今陕西旬邑西南）。公刘居豳之后，曾经“彻田为粮”，对农业进行改革，周族因而兴旺起来。

武王克商以后，基本上控制了商朝原来的统治地区，又征服了四周的许多小国。但如何牢固控制东方的大片领土，成了武王面临的一个难题。他采取“封建亲戚，以蕃屏周”的政策，建立牢固的据点，向四周扩张，不断压缩敌人的生存空间，最终形成周人的国度。于是周初实行封建制度，封周王室子弟、宗室、异姓功臣及黄帝、炎帝、尧、舜等“先王先圣”之后为诸侯，构建起以周王为宗主的宗法等级分封体系。《荀子·儒效》记载，周初先后分封了71个封国，其中姬姓占53个，文王、武王和周公裔子占26个。

这些封国，最终形成了西周王室的多重藩屏。为进一步巩固周王朝政权，周王朝统治者还制定了一系列宗法礼制和典章。首先，制定嫡长子继承制。在严格区分嫡庶、确立嫡长子的优先继承权的前提下，在宗族内区分大宗、小宗。无论大宗、小宗都以正嫡为宗子，宗子具有特殊的权力，宗族成员必须尊奉宗子。子继父、嫡统庶、兄先弟、尊临卑的原则渗透于整个社会生活之中。其次，继续完善分封制度以拱卫周室。通过制礼作乐，缓和不同阶级的矛盾。

在宗法制度下，同一宗族的成员具有共同的祖先、共同的姓氏，在一定意义上又有共同的财产，参加共同的祭祀。嫡长子继承制和分封制互为表里，使各个地区、各个部族进行了广泛的联络，进而使得西周王朝的政权得以巩固，开创了西周近300年的统治。

《左传·昭公九年》记载，西周的疆域北终燕山，南达长江，西尽河西走廊，东止于大海，疆域广大且民族众多。西周王朝还采取了“启以商政，疆以周索”和“启以夏政，疆以戎索”的民族政策。对商族殷民，采用商族旧有的风俗习惯，引导他们进行日常生产和生活，但必须接受西周的政治统治。对夏族遗民，因他们多与戎人杂居，受戎人风俗习惯的影响，因此采用夏族旧有的风俗，引导他们进行日常生产和生活，但必须接受西周对戎人的政治统治。商族殷民和夏族遗民与周族在文化、制度方面，差异性小而共同性大，三族相互交流，共同发展，逐渐融合，使得华夏族体初具规模，从而在春秋时期最终融合成为华夏族的主体。

周武王在位4年而崩，周成王即位时年幼，周公旦（即周公）摄政。此举引起了周武王派去监视纣王之子武庚的3个兄弟的不满，他们联合殷商残余势力发动了席卷全国的叛乱。周公率军东征，历时3年平定叛乱，稳固了西周的统治，实现了对东部原殷商统治地区的实际控制，堪称西周对殷商的第二次征伐，对巩固西周统治起到了决定性的作用。周公东征胜利后，以镐京、洛邑为王畿的中心，四周分布着附属于周王的诸侯小国。

为进一步巩固统治，周王朝采取了一系列措施，加强对区域管辖的控制。首先，在今河南洛阳瀍水东岸修筑洛邑，将殷商的人民迁移至此居住，并在瀍水西岸再建王城，作为朝会东方诸侯的都会，从而形成周朝在东方的军事重镇，并用以拱卫西方丰、镐地区宗周。然后，大规模封赏同姓亲戚和异姓功臣为诸侯，传说周封四百余国，服八百余国。例如，封康叔于卫，统领武父（今河南省与河北省交界处）以南、圃田（今河南中牟西）以北之地，并分得陶氏、施氏、锜氏、繁氏、樊氏、饥氏、终葵氏等殷民七族供其驱使。周公长子伯禽受封于鲁，统领东方奄国（今山东曲阜）故地，疆域北至泰山，南达泗水，东越龟、蒙，分得徐氏、条氏、萧氏、索氏、长勺氏、尾勺氏等殷民六族供其使用，并受赐“祝、宗、卜、史，备物典策，官司彝器”等，是当时代表周天子镇抚东方徐、奄、淮夷之地的诸侯大国。封唐叔虞于晋，以唐国（今山西晋南地区）故地为中心，统领诸夏与戎翟杂居的河东地区。在泰山至渤海之间的薄姑氏故地，封羌族首领姜姓吕尚（又称太公望）为齐侯，拥有今天山东省北部的大部分地区，并有出兵征伐违抗王室之命的侯伯之国的特权，成为控制东方夷族诸部的重要封国。另外，还封召公奭长子于蓟（今北京西南），建立燕国，控制燕山南北及辽西一带的戎狄部族。

周成王和其子康王统治时期，是西周的鼎盛期，后世称为“成康盛世”。“宜侯夨”簋，这件西周早期的青铜器就是成康时期的典型器物。所谓“宜侯夨”簋，宜是地名，侯是爵名，夨是作器者的名字，簋就是一种盛食器。

“宜侯夨”簋，浅圆腹，四耳，高圈足，腹外主要饰以圆涡纹和夔纹，圈足饰夔纹。“宜侯夨”簋出土后破碎，后经重新缀合，失去第七行至第十二行上部的一小块，又因器身锈蚀，增加了铭文释读的难度。其腹内底有铭文共12行，约126字，残泐约17字。铭文讲述了周康王册封“夨”为宜侯，并赏赐鬯、瓒、弓、箭、土地、庶人等，宜侯夨赞赏天子美德。铭文大意是，在四月丁未这一天，王察看了武王、成王伐商的地图，又看了东方的版图。王对宜地进行占卜之后，面向南，命令虞侯夨说：把你迁到宜地，赐给你好酒1卣，圭瓒1陈，红色的弓1张，红色的矢100支，黑色的弓10张，黑色的矢1000支。赐给你土地，包括川、田地和宅邑。赐给你人口，包括王人、甿和庶人。宜侯夨感激王的赏赐，便做了这件宝器。

1954年6月，“宜侯夨”簋出土于江苏省丹徒县龙泉乡（现为丹徒区大港镇）下聂村烟墩山南麓一号西周墓。与其一起发现的青铜器共有12件，包括鼎1件、鬲1件、簋2件、盘2件、觥1对、角状器1对、盉1对。这批出土的青铜器，从规模和形制上看，都是西周初期的青铜器，时间下限到周康王时期。虽“宜侯夨”簋出土于江苏地区，但和西周初期中原地带的青铜器相比，其共同性大于地域性。除了已发现“宜侯夨”簋的丹徒烟墩山外，江苏地区出土先秦时期青铜器的地点还包括江宁湖熟、铜山丘湾、连云港大村、丹阳司徒、南京浦口、仪征破山口、武进淹城、六合程桥、溧水乌山、邳州刘林、淮安高庄、涟水三里墩、苏州虎丘等地。这些地区出土的商周青铜器，在造型、纹饰、铭文等方面独具特点，反映出江苏地区的青铜器在吸收和融合中原文化后，既具有中原文化特点，又具备地方特色。

“宜侯夨”簋是新中国成立初期出土的最重要青铜器之一，因其铭文涉及西周分封制有关内容，具有极高的历史价值，因此受到了诸多学者的高度重视。先后有陈梦家、陈邦福、郭沫若、唐兰、岑仲勉、谭戒甫、马承源、李学勤、刘启益、杨向奎、黄盛璋等学者著文对其进行考释。从已释读出的铭文来看，“宜侯夨”簋记述了周王在四月丁未这一天观看武王伐商、成王东巡的图画后，卜问南方宜地，并在会合南方各方国时，改封虞侯夨为宜侯并进行赏赐。周王的赏赐丰厚，有酒、礼器、奴隶、土地、山川等。唐兰先生释出铭文中的“虞”字，纠正了先前释为“虔”的误识。上古时期“虞”“吴”同音，从而证实该器为吴国用器。有关吴国在《史记》中的记载分别见于《周本纪》和《吴太伯世家》，周文王姬昌的祖父古公亶父时期，

『宜侯夨』簋

西周（公元前1046—公元前771年）

高15.7厘米，口径22.5厘米，腹深10.5厘米，足径17.9厘米

1954年江苏省丹徒县烟墩山出土

中国国家博物馆藏

有长子太伯、次子虞仲、少子季历3人。而虞仲这一名称在《吴太伯世家》中被称为“仲雍”。唐兰先生考释铭文中的宜地在今江苏丹徒，并认为改封后的宜侯夨就是仲雍的第四代孙周章，进而证实3000多年前，吴国的统治中心在丹徒一带。这一说法得到了学界的广泛认可。之后也有学者认为虞地在陕西，虞侯夨由陕西改封至宜地，或说宜地在河南宜阳。“宜”“虞”“吴”三者之间的关系，尚需学术界继续深入探讨。此外，1929年，河南洛阳马坡村（今属洛阳市瀍河回族区）出土了作册夨令簋、夨令尊、夨令彝3件青铜器。其中，作器者在“作册夨令”铭文中单称“夨”，且作册夨的父亲庙号为“丁”，爵位为“公”，这与“宜侯夨”簋中“作虞公父丁尊彝”的记载相一致，宜侯夨的父亲称“虞公”，庙号为“丁”。但两器器主是否为同一人，尚需学界再深入研究考证。

学者多认为“宜侯夨”簋出土地点江苏丹徒即铭文中的“宜”地，是虞侯徙封之地。丹徒地处长江下游南岸，宁镇山脉东段的丘陵岗地间，中间又有徐戎、淮夷间隔，自古为东南重镇。周成王时期，东方诸国还有叛乱。《逸周书·作雒》记载：“三叔及殷、东、徐、奄及熊盈以略……凡所征熊盈族十有七国，俘维九邑。”《史记·周鲁公世家》记载：“淮夷、徐戎亦并兴反，于是伯禽率师伐之于肸……遂平徐戎，定鲁。”这两段文字记录了周公、伯禽征伐以上诸国，淮夷、徐戎的地望就在今江苏北部及中部一带。淮夷、徐戎一带平定之后，至康王时期，越过淮泗地区，康王将宗室成员“虞侯夨”徙封至版图东南的宜地。在周初开疆辟土的关键时期，此举是周王朝借虞国徙封而向东南进一步扩展的举措。这件出土于江苏丹徒大港烟墩山的“宜侯夨”簋，无疑是西周分封制的重要物证。

周朝实行的分封制奠定了中国早期封建制度的基础，对后世封建王朝的政治制度产生了深远影响。周朝通过分封制促进了各民族之间的交流与融合。受封的诸侯国在开发边远地区的过程中与当地民族产生了互动和融合，促进了中华民族多元一体的形成和发展。宗法制与分封制相辅相成，共同构成了周朝的政治制度框架。周朝的政治制度、经济模式和文化成就等对后世封建王朝产生了深远影响。无论是秦汉时期的中央集权制度还是唐宋时期的繁荣文化都可以看到周朝的影子。周朝不仅是中国古代历史的一个重要时期，更是中华文明发展史上的一个重要阶段。

虢国青铜器

见证西周礼制的『虢宝』

中国古代最早的国家，是在原始社会末期部落的基础上发展起来的。在原始社会，基本的社会关系是血缘关系和亲缘关系，这种社会结构在国家诞生后被较为完整地保留下来。夏商周时代，从尧舜时代的天下为公到禹启父子相继家天下局面的出现，中华民族在生产方式、社会结构、思想文化各个领域，形成了独特的历史发展轨迹。夏、商、周三代是中华文明走向成熟，形成特色的关键时期。中华文明独立起源，绵延不绝的发展格局在三代文明的演进中初步奠定。特别是在西周时期，形成了以宗法制为核心的制度体系，用分封制作为治理国家的基本方式，用世卿世禄制作为选拔官吏的基本方式。

分封制即所谓的“封邦建国，广建诸侯，以藩卫宗周”。周王室将先圣后裔、异姓功臣等分封为诸侯，如焦国为神农氏后裔封地、陈国是帝舜后裔封地、齐国是功臣姜尚封地等，但最重要的是周王室子弟，如唐叔虞封唐、周公旦封鲁、召公奭封燕、卫康叔封卫等。《左传·昭公二十八年》记载：“武王克商，光有天下，其兄弟之国者十有五人，姬姓之国者四十人。”《荀子·儒效》

记载：“（周公）兼制天下，立七十一国，姬姓独居五十三人。”被分封的诸侯，接受周王的册封和礼器，对周王承担纳贡和朝聘义务，并随王参与出征、祭祀、吊丧庆贺等事项。如果诸侯之间发生了争执或冲突，则由周王进行调处。对于不尽义务的诸侯，周王有权处罚乃至征讨。

虢国的祖先虢仲和虢叔是周文王的弟弟，周王室对他们委以重任，将虢仲封在洛邑东（今河南省荥阳市）称东虢，守卫周人成周地区；虢叔封在宗周地区（今陕西省宝鸡市）称西虢，为畿内诸侯。他们受封立国，共同辅佐周王室。历代的虢国国君在西周政治体系中的地位一直很高，与周王室一直保持着密切的关系。

成王时期，虢叔为王室重臣。康王、昭王时，虢成公是王室六卿之一。周穆王时，有虢成公。西周中期开始，由于气候变冷，北方的部族开始南下，频繁侵扰周朝疆土。因此此时的文献和出土青铜器铭文记载了周王、王室重臣及各诸侯国与戎狄作战的事件，如兮甲盘、四十二年逑鼎、不其簋、多友鼎等。而虢公作为王室重臣，受封于屏卫宗周的重要地区，自然需要带兵与戎狄作战。周夷王时，虢公就曾受王命讨伐太原之戎。周厉王时，卿士虢仲被称为“天尹”，曾受王命讨伐淮夷。

中国国家博物馆收藏的“虢季子白”青铜盘，就记载了虢公领受周宣王之命讨伐猃狁的事迹，再次佐证了西周中晚期西周诸侯国与戎狄征战的历史。这件铸造于周宣王时期的青铜盘，圆角，下腹收敛，平底，四角各有一个曲尺形足。纹饰优美，外壁上方饰一周窃曲纹，下方饰一周大波曲状环带纹。四壁各有两个衔环兽首。“虢季子白”青铜盘是我国目前发现的商周时期最大的青铜盘，庄严古朴，体现了西周时期青铜器制作工艺的水平。

“虢季子白”青铜盘内底铸铭文8行111字。铭文讲述了周宣王十一年（公元前817年）猃狁犯境，虢季子白奉命讨伐，在洛水北岸大败猃狁，俘虏50人，斩首共500人。“季”是兄弟排行中的第四位，“子白”就是这位虢国公子的名字。周宣王赞誉虢季子白勇猛忠义，在宗庙予以召见，设宴庆功并进行封赏。

『虢季子白』青铜盘

西周（公元前1046—公元前771年）

高39.5厘米，
长137.2厘米，
宽86.5厘米

清道光年间
陕西宝鸡虢川司出土

中国国家博物馆藏

青铜兽尊

春秋（公元前770—前476年）

高29厘米，长31.5厘米，
豆盘口径15.2厘米，
腹深5.3厘米

1957年河南三门峡
上村岭虢国墓出土

中国国家博物馆藏

赏赐了子白象征权力和征伐四方的钺以及车马、弓矢等。子白感怀奖赏和荣耀，命人铸造铜盘并镌刻文字将事件记录下来，以作永远的纪念。

铭文中记述虢季子白曾经“壮武于戎功”“经维四方”“搏伐猃狁于洛之阳”，反映了西周中晚期其不断受到戎狄部族侵扰的事实。猃狁是西周时期北方戎族的一支。周文王时曾大规模征伐猃狁。猃狁遭受到打击后，迁于黄土高原的西北地区和陇东高原一带。至周宣王时，猃狁南侵镐（今陕西西安西南）、方（所在地未详），至泾阳（今陕西泾阳西北），宣王命尹吉甫、南仲等出军征伐猃狁。周王室对猃狁的征伐与虢国密切相关，除了历代虢公受王命讨伐猃狁外，猃狁入侵宗周，西虢是第一道防线，承受的压力最大。

周懿王曾经命令西虢放弃守城的便利，与猃狁进行野战，不仅葬送了众多将士的性命，还让西虢大伤元气。周宣王初年，畿内诸侯们已经感觉到时势的变化越发不利，开始为自己谋划后路。先有郑桓公东迁，灭东虢。后来西虢整体迁移到上阳城（今天的三门峡一带）。周朝二王并立期间，由于虢公翰支持周携王，因此遭到了周平王集团的晋、郑、卫等诸侯国的打击，东虢被郑国所灭，周携王被晋文侯所杀，西虢眼看大势已去，不得不与周平王妥协。

然而史籍毕竟只是文字的记载，始终缺乏实物的印证，导致学者们几千年来对虢国历史的具体研究存在不少有争议的问题，长期以来，虢国历史在周王朝的国别史中仍是空白。直至20世纪50年代，河南三门峡虢国墓地被发现，伴随着大型车马坑遗址群的发掘，数以万计文物出土，虢国这个古老的诸侯国才最终揭开它神秘的面纱，走进世人的视野。

1956—1957年，原黄河水库考古工作队为配合三门峡水利枢纽工程和三门峡城市建设，在中国科学院考古研究所夏鼐和安志敏的带领下，对三门峡上村岭虢国墓地进行了第一次大规模的调查和发掘工作，共发掘墓葬234座、车马坑3座、马坑1座，出土青铜礼器、兵器、乐器、车马器、陶器、玉器、生产工具、骨器等文物9000多件，其中青铜器181件，带铭文的14件。这次考古发掘主要集中在墓地的东、西、南三部分，虽发掘出虢太子墓等234座墓，但未发现虢国君王级别的墓葬，无法确认墓地为虢国的“公墓”。

1990年，这一地区墓地发生盗掘。河南省文物考古研究所与三门峡市文物队联合对被盗的残墓进行了抢救性的发掘和清理工作，发掘了包括M2001、M2009两座国君墓在内的墓葬共18座，以及车马坑4座、马坑2座，出土珍贵文物1万多件，包括带有“虢太子”“虢季”等铭文的青铜器，基本查清了整个虢国墓地的完整布局。距离虢国墓地东南2公里处发现的李家窑遗址由城垣、城壕、宫城、宫殿，以及冶铜、制陶、制骨的作坊和粮库组成，被认为是虢国的都城所在地。这次发掘为确定虢国的地望和研究两周之际的虢国文化面貌提供了科学的资料。从一系列出土文物考察，推知南虢源于西虢，是雍州虢仲之国的延续，其起始年代早于周平王，约为西周晚期宣、幽王时期。南虢的文化特征与陕西西安、洛阳一带的周文化近似，属于典型的中原文化系统。

西虢迁移后，由于地跨黄河两岸，被习惯地分为北方和南方。位于黄河以北今平陆的北方地区被称为北虢，中心在下阳（又称为大阳、夏阳）；黄河以南今三门峡的南方地区被称为南虢，中心在上阳。南虢和北虢不属于独立的诸侯国，它们都是西虢的一部分，只是因为黄河的分界，被分成了北方和南方两个部分。虢国迁移后，靠近成周洛邑，因此虢公依然在东周王室担任重要职位，为周王东征西讨。周平王时，曾经任命虢公为卿士，分郑庄公权力，引起后者怨恨。晋国曲沃代翼期间，虢仲曾经受王命率领周边诸侯国的军队进行干涉，讨伐曲沃庄伯，迫使其放弃即将到手的胜利，从而埋下虢国灭亡的伏笔。但虢国贪图宗周故地，没有抓住东周初年在河东地区扩张的窗口期，最终失去了成为大国的机会。公元前658年，晋国假虞伐虢，攻占下阳城，灭北虢。公元前655年，晋国再次假道伐虢，攻占虢国都城上阳城，虢国灭亡。晋国在回程途中，顺便灭了虞国，从而将黄河以北的土地全部纳入自己的版图之中。

虢国虽然灭亡了，但它毕竟是西周少数的几个公爵国之一，其历代国君及高级贵族在周王室政权的建立和巩固、宗法制度的确立、礼乐制度的完善和发展等方面起到了非常重要的作用。其遗留的墓葬和出土文物对于我们研究西周宗法制度和礼乐制度等有重要意义。三门峡虢国墓地中出土的青铜兽尊，就是见证西周礼制的“虢宝”。

这件青铜尊呈立兽形，长颈，立耳，口微张，四细短足，短尾。通身为卷云纹，兽背部铸豆形器，豆形器身饰有三角形窃曲纹。尊是酒器中最重要的盛酒器之一，尊中最独特的就是做成各种动物造型的尊，如象尊、羊尊、虎尊、驹尊等，多用于朝践礼。这类兽形尊出现于商代，盛行于西周时期，到春秋以后逐渐消失。同类型的兽形尊有陕西宝鸡石鼓山商周墓地M4出土的牺尊、山东临淄商王墓地出土的牺尊以及上海博物馆藏的李峪铜牺尊等。

青铜器是西周物质文明的象征，在祭祀、战争、宴享等重大国事活动中被大量使用。青铜礼器是等级制度的代表，西周时期的等级制度是典型的鼎簋制度，天子九鼎八簋，诸侯七鼎六簋，卿大夫五鼎四簋，士一鼎。虢国墓地主人就是七鼎六簋，与虢公的地位相符。除了鼎簋，其他青铜器也是西周尊卑制度的象征。如爵，《礼记·礼器》云：“宗庙之祭，贵者献以爵，贱者献以散，尊者举觯，卑者举角。”也就是说，依据当时的礼制要求，贵族们使用的酒器，根据身份的高低贵贱有着严格的区别，只有身份尊贵的人才能使用铜爵。青铜尊作为青铜礼器，除用于盛酒之外，也有“明尊卑，别上下”的作用。《礼记·礼器》中也记载了庙堂之上，罍尊放在东边，牺尊放在西边，“君西酌牺象，夫人东酌罍尊”。古人的尊卑礼乐，在青铜兽尊中可见一斑。

中国国家博物馆所藏的虢国青铜器，造型雄奇、纹饰精美、铸造工艺精湛，既印证了西周、春秋时期周王室与诸侯国的历史，具有重要的史料价值，又是周代礼乐制度的实物见证，是古人“明尊卑，别贵贱”等级制度的实物见证。

虢氏家族的兴衰是两周时期社会政局变化的缩影，有助于我们了解两周时期国家的政治体制、经济发展、军事格局变化的情况。虽然西周王室与各地诸侯建立的是不平等的从属关系，但却在人心目中构成一个以华夏文化为中心的整体，使各地居民对周王室有一定的向心力，促进了各民族的融合，逐渐形成了“中国”天下一家的观念。

狼噬牛纹金牌饰

古代北方草原文化的多样性与民族交融

欧亚大草原自远古起就有游牧民族活动，塞人、匈奴人、哥特人、突厥人、蒙古人等先后在辽阔的草原上繁衍生息，在漫长的历史进程中形成了别具一格的文化传统。中国北方草原地区位于欧亚草原带上，向西连接中亚和东欧，向东南通往中国的中原腹地。这条天然的草原通道，同长江文化、黄河文化一起，成为中华文化的重要源头之一。

远古时期的中国北方草原是人类活动的重要区域。公元前6100—公元前2000年，该地区先后孕育了诸如兴隆洼文化、阿善文化、朱开沟下层文化、夏家店下层文化等为代表的原始农耕文化和诸如朱开沟中上层文化、夏家店上层文化等为代表的游牧文化。考古发掘发现，该地区青铜器时代和铁器时代的遗存也十分丰富。

分布于北至西拉木伦河、南临渤海、东抵医巫闾山、西界约在滦河一带的夏家店下层文化是中国北方地区的早期青铜时代文化，与中原地区的夏王朝和商王朝早期同一时期，既有自身特点，又具有龙山文化和商文化因素，可以与当时中原最发达的地区相媲美。从考古发现的古铜矿遗址来看，其是中国北方青铜文明典型的代表，也证明了中国古代青铜文明多元化的历史格局，反映出中国古代北方文明的发展进程和传承从未间断。

最早见于文献记载的我国北方古代部族就有土方、方、荤粥、鬼方、羌方等，他们活动于殷商的西北部，在今天的内蒙古中南部鄂尔多斯地区。这些部族与商长期交战，《易经》中记载“高宗伐鬼方，三年克之”，武丁历时3年击败鬼方，从而使商的势力扩张到今内蒙古南部。北魏崔鸿的《十六国春秋·前燕录》中关于远古史实记载了商人的先祖高辛氏的后代厌越、契的后代昭明早在夏初就分别往来、居住于内蒙古东南部今老哈河、西拉木伦河一带。

西周时期，北方包括猃狁、犬戎、山戎、鬼方在内的各游牧部族分布得越来越广，他们“逐水草迁徙，随畜牧而转移，居住无常处”。从周武王开始到周穆王，王室对猃狁的征战从未间断。《诗经·小雅·采薇》描述了猃狁骚扰西周，“曰归曰归，岁亦莫止；靡室靡家，猃狁之故；不遑启居，猃狁之故……岂不日戒，猃狁孔棘”。《诗经·小雅·出车》记述了周宣王多次派兵征讨猃狁并筑城防御，“王命南仲，往城于方”“天子命我，城彼朔方”。朔方在今内蒙古鄂尔多斯杭锦旗，当时猃狁就活动在这一地区。犬戎是猃狁的一支，活动在鄂尔多斯南部和陕北一带。山戎活动在燕山以北今内蒙古东南、河北北部及辽宁西南边沿地带。

春秋时期，北方的各游牧部族被统称为戎或狄，主要分布在今陕北和鄂尔多斯东南沿边一带。鄂尔多斯西南边沿、鄂托克前旗一带则居住着义渠、朐衍等部落。林胡、楼烦活动于今鄂尔多斯东北、呼和浩特、乌兰察布一带。山戎活动在今河北北部、辽宁西南及内蒙古东南部的交界处。至春秋中期，西戎被秦吞灭，“秦穆公得由余，西戎八国服于秦”。赤狄、白狄被晋降服，“晋强，西有河西与秦接境，北边翟，东至河内”。到春秋末期，这些北方草原的众多部落在中原列国纷争的影响下，或交往联合，或南下融合于列国之中。

春秋时期的山戎，到战国时期称为东胡，之后分为乌桓和鲜卑两个部族。

东胡、楼烦、林胡并称为“三胡”。公元前320年，秦惠文王“北游戎地，至河上”。秦上郡的地域包括鄂尔多斯东部，今天的准格尔一带，直抵黄河南岸。赵武灵王十九年（公元前307年）召楼缓谋胡服事，“东有胡，西有林胡、楼烦、秦、韩之边”，当时的林胡、楼烦已占据阴山以南今乌兰察布南部、呼和浩特及鄂尔多斯东北边沿一带。赵孝成王时，鄂尔多斯草原上的林胡、楼烦都归附于赵国。东胡和山戎融合后，活动在呼伦湖以东、大兴安岭北段以及西拉木伦河、老哈河、大凌河流域。战国时期的赵武灵王变俗胡服，北破林胡、楼烦，置云中、雁门、代郡；秦昭王伐义渠，置陇西、北地、上郡；燕破东胡，置上谷、渔阳、右北平、辽西、辽东等郡。当时秦北边的林胡已称为匈奴，《史记·匈奴列传》记载，“……当是之时，冠带战国七，而三国（燕、赵、秦）边于匈奴”，并皆筑长城以“拒胡”。秦长城从今天的甘肃临洮起，经宁夏固原、甘肃北部、陕西北部，再由鄂尔多斯至黄河。赵长城从高阙（今内蒙古临河）起，沿阴山向东。考古发现的诸如西沟畔战国墓地、玉隆太墓、阿鲁柴登墓、速机沟墓、宁夏固原杨郎墓等都在秦长城沿线。

西周末年到春秋中期，随着周平王东迁洛邑，王纲解纽，礼崩乐坏，中原各国陷入混乱，北方各族趁机南下侵扰中原各国。《史记·卫康叔世家》云：“（卫）懿公即位，好鹤，淫乐奢侈。九年，翟伐卫，卫懿公欲发兵，兵或畔。大臣言曰：‘君好鹤，鹤可令击翟。’翟于是遂入，杀懿公。”《史记·齐太公世家》曰：“二十三年，山戎伐燕，燕告急于齐。齐桓公救燕，遂伐山戎，至于孤竹而还。”《史记·匈奴列传》记载：“山戎伐燕，燕告急于齐，齐桓公北伐山戎，山戎走。”《左传·宣公八年》记载：“春，白狄及晋平；夏，会晋伐秦。”关于戎的记载，始于春秋，《说文解字》释戎“从戈从甲”。北方草原游牧民族以逐水草而居的生产生活方式为基础，形成了特有的奔放豪爽、雄浑强悍的文化性格。他们为了追逐水草、逃避自然灾害、扩张领地、获取财富等需求，通过迁徙、征战等方式进入中原地区。《史记·匈奴列传》记载：“其攻战，斩首虏赐一卮酒，而所得卤获因以予之，得人以为奴婢；故其战，人人自为趣利。”

狼噬牛纹金牌饰

战国（公元前475—公元前221年）

长12.7厘米，宽7.4厘米，重237.6克

1972年内蒙古自治区伊克昭盟杭锦旗阿鲁柴登出土

中国国家博物馆藏

这种战争，是一种民族对流运动，在一定程度上加速了民族大迁徙和腐朽王朝的灭亡，为各民族、各地区间的政治联系、经济文化交流创造了条件。

草原文化不是单一属于某一个民族、某个历史时期的文化，而是多民族发展形成的贯穿整个游牧文明史的文化，具有强大的生命力。战国时期，蒙古高原上生活着林胡、楼烦、匈奴等游牧民族，这些游牧民族与中亚草原游牧民族的联系比较紧密，也受到中原文化的熏陶。这些游牧民族中常见的金属制品，其纹饰、制作风格也多受中亚草原文化的影响。1972年内蒙古伊克昭盟（今鄂尔多斯市）杭锦旗阿鲁柴登出土的狼噬牛纹金牌饰采用的对称布局，就是典型的中原文化艺术风格。在战国中期之前，北方游牧民族就有接受并使用中原文化、货币的现象。战国晚期至西汉时期，秦国对鄂尔多斯地区、陕西西北部至宁夏中南部、甘肃东南部地区进一步加强控制并逐步将其纳入自己的版图，秦、魏等国的货币使用范围朝北方草原地带进一步扩大，更加有效地促进了商贸交往和社会交流。当时物品的交换以赏赐、馈赠、贸易的形式共同存在，物品的生产在不同的地域文化里也有各自的生产中心，在原材料、制作工艺等方面既保留自身的特点，又互相交流和交融。

金牌饰是“胡带”的重要组成部分。《战国策·赵策》记载：“（赵武灵王）赐周绍胡服衣冠，具带黄金师比。”《胡服考》记载：“具带者，黄金具带之略。黄金师比者，具带之钩，亦本胡名。”“古大带、革带，皆无饰。有饰者，胡带也。”这件金牌饰正面为狼、牛争斗图案。牛居中间，身体平卧，四肢平伸，以牛的脊柱为中轴，左右对称，四只狼两两成对地咬住牛颈部和腹部，极具动感，整个场景充满着紧张的气氛。牌饰周边为绳索纹，四角穿圆形孔。类似动物纹长方形金牌饰在内蒙古准格尔旗西沟畔也有发现，类似造型的铜牌饰在陕西西安张家坡、辽宁西丰西岔沟、内蒙古凉城毛庆沟都有出土。

金银器上的各种动物造型，是草原牧民生产生活的真实写照。匈奴的文化特征最显著的特点就是以动物造型为主，各种质地的器物上装饰有马、虎、鹿、羊、怪兽等动物纹样。战国时期，动物纹饰以单体动物、复合式动物、动物咬斗等常见，具有浓厚的民族文化特征。到西汉时期，动物纹饰的装饰进一步追求对称和规范构图，动物纹开始向图案化发展。从题材、风格、结构上来看，我国牌饰上的动物纹造型，与俄罗斯阿尔泰地区巴泽雷克墓出土的遗物有近似之处。匈奴器物上的动物纹中的怪兽纹和连珠纹造型，流行于中亚地区的斯基泰和阿尔泰艺术中，融多种文化为一体。由此可见，动物纹饰题材与草原文化密不可分，既反映了畜牧业、狩猎业的社会经济类型，也体现了和图腾崇拜相关的文化内涵。金银器的造型装饰、制作工艺和使用流通，反映了北方草原地区与中原地区、中亚地区文化的交流情况，是文化交流的物质表现形式，也是群体之间意识形态和价值取向的认同。

草原文化形态多样、特色鲜明、内涵丰富。我国古代北方草原地区考古发现的铜鍑、短剑、铜镜、带钩、牌饰、有銎兵器和工具、金银器、石城、石冢、岩画、玉器等证明北方草原各民族文化相互影响、交融，在变革与传承中逐步发展成为以游牧文明为特质的草原文化。

北方草原各民族在今内蒙古境内繁衍生息，交流融合，促进了古代北方草原特别是今内蒙古地区经济文化的发展，奠定了祖国北疆发展的基础。草原文化与长江文化、黄河文化相互交融共生，共同造就了源远流长、博大精深的中华文化，在多元一体、百川归海的中华文化中的地位和作用不容小觑。

错金银犀牛青铜带钩

民族间文化传播的有力见证

带钩是古代的一种束带用具，其作用与现今的腰带扣相类似。带钩的材质一般有铜、铁、玉等，由于其承载着丰富的文化信息而成为社会历史研究的重要物证。关于带钩的起源，有人认为是在东周时期由北方少数民族传入中原，也有人认为带钩产生于中原本土。一般认为带钩始作于春秋时期，并在战国晚期发展到顶峰。文献中亦有关于带钩的记载。《史记》记载，鲁国听闻齐国君主无知被杀，便派兵护送公子纠回齐国继位，同时派管仲领兵在莒国通往齐国的道路上阻拦公子小白，并射中了小白的带钩。战国时期的带钩制作工艺精湛，分布范围极广。从带钩的传播路径来看，自春秋时期开始就呈现出一种自中原向周围扩散的态势。到战国时期，带钩继续向四周传播。

此阶段带钩的分布区域很广，中原地区出土的带钩数量尤多，位置也比较集中。如河南洛阳出土的玉带钩，郑州二里岗出土的铜带钩、铁带钩等。此外，关中地区也出土了春秋战国时期秦国的带钩，如凤翔高庄秦墓出土了从春秋末至秦统一时期的近50件带钩。与此同时，西南的巴蜀地区亦出土了战国时期的带钩。1954年在四川昭化宝轮院就出土了一件巴国青铜带钩，这件带钩整体呈犀牛造型，犀牛鼻端伸出一柱形钩喙，通体用卷草纹来表现犀牛皮肤的褶皱，整体造型独特，纹饰绚烂，惟妙惟肖。从这件带钩的形制来看，既带有本地文化特色，又与其他地区出土的带钩有着异曲同工之妙。这一方面反映出战国时期各诸侯国间频繁的经济文化交流，另一方面表明巴蜀地区已掌握了青铜冶炼技术及带钩制作技艺，并且注重与当地的社会文化相结合。

关于“巴”的含义有多种不同的说法，一说为虫，《说文解字》释为“巴，虫也，或曰食象蛇，象形”。还有一种说法，认为“巴”为水名。《太平御览》卷一百六十八记载：“阆、白二水，东西流，曲折三回如巴字。”还有人认为“巴”与山名有关，即大巴山。关于“巴人”，一说为广义族群的泛称，其历史可以追溯至上古时期。关于巴人的起源说法不一，《山海经传》记载：“西南有巴国，大皞生咸鸟，咸鸟生乘厘，乘厘生后照，后照是始为巴人。”早在夏之前，巴人是生活在长江中上游地区的本地居民。关于巴人的生活区域，《华阳国志·巴志》记载，巴国“东至鱼复，西至僰道，北接汉中，南及黔涪”。随着巴国与周边部族间的军事征伐，其疆域亦在变动不居之中。在殷墟的甲骨文中，巴国被称为“巴方”。商朝末年，巴人参与了讨伐商纣的战争，其军队勇猛善战，对西周王朝的建立做出了巨大的贡献。至春秋时期，巴国不仅包括分封的姬姓巴人，同时也包含其疆域内的其他族群。战国时期，巴国受到了秦国与楚国的威胁，最终于公元前316年被秦国所灭。

在与巴国为邻的诸多部族中，南方的楚国逐渐崛起，巴、楚两国间战争频繁，既有军事征伐，又有合作联盟，双方的政治、军事关系密切。《春秋经传集解》记载，巴、邓两国交好而向楚国报告，楚王派道朔与巴使者一同前往了解情况，不料却受到邓国南部的鄾人攻击，并将巴使者与道朔杀害。其后邓国三次向巴国发起进攻，但都以失败而告终。后来，楚国与巴国联合起来讨伐邓国，大败邓军，鄾人也就此溃散了。这显示了巴、楚之间各取所需，结成了合作的联盟关系，联合起来共同伐邓国。随着这种合作联盟的建立，两国关系的发展步入正轨。不仅如此，巴、楚两国还通过联姻等方式使彼此间的关系更

错金银犀牛青铜带钩

战国（公元前475—公元前221年）

长17.5厘米，
高6.5厘米

1954年四川昭化
宝轮院出土

中国国家博物馆藏

加密切融洽。除了合作联盟外，巴、楚之间也是战事频发。巴、楚两国的文化也正是因为通过战争与联盟等方式得以相互传播与交流，形成了“你中有我、我中有你”的巴楚文化，从而促进了两国间的相互融合与发展。

作为“牧誓八国”之一，蜀国也参与了武王伐纣的战争。巴国与蜀国疆域接近，同为比较强大的部族，两者之间既有冲突战争，又有友好交往。《华阳国志》记载：“历夏商周，武王伐纣，蜀与焉。其地东接于巴，南接于越，北与秦分，西奄峨嶓。”因巴、蜀之间地域相近，文化习俗也有诸多相同点，古人常将巴蜀相连，亦有“巴山蜀水”之说，可见巴、蜀之间关系密切，地域的相邻为双方的经济文化交流提供了便利条件。在巴、蜀双方交好的同时也存在军事战争，《太平御览》记载：“蜀王据有巴、蜀之地，本治广都，后徙治成都。”这表明相对强盛的蜀国出兵伐巴，并攻占了巴国的部分领土。自此之后，双方围绕疆域不断展开争夺，不仅加强了彼此间的关系，也在客观上促进了民族融合。

楚国自熊绎立国到熊渠称霸，逐渐在当地众多部族中脱颖而出。春秋时期，楚国的疆域不断扩大，《韩非子》记载，到楚庄王时“荆庄王并国二十六，开地三千里”。至战国时期，楚国已经发展成为战国七雄之一的强国。随着楚国的逐渐发展壮大，楚国不断发起对周边国家的战争，不仅侵蚀了巴国领土，还侵占了蜀国南部。《史记》记载：“楚自汉中，南有巴、黔中。”蜀国偏居西南一隅，而楚国不断发展壮大，蜀楚之间的战争也多以蜀败而终。《史记》记载：“蜀伐楚取兹方，于是楚为扞关以拒之。”自此，蜀国意识到要想维持自身的安宁就要与楚国保持恰当的关系，由此蜀楚之间的关系更加密切，彼此间的交流也不断加强。不仅如此，楚国的疆域不仅涉及巴蜀地区，还进一步到达了今云南、广西等广大地区。随着这种军事征战和领土侵蚀，西南各国之间的联系也愈加密切，促使中原文化在西南地区传播，促进了不同民族之间的大融合，为西南地区经济社会发展做出了巨大贡献。

由于地理位置等原因，巴国、蜀国与秦国、楚国的交往比较密切。在军事上，秦国与巴国、蜀国、楚国围绕土地等问题发生过多次战争。早在春秋初期，秦、楚两国就因争夺商密而发生战争，经攻都之战使秦与楚的疆域接壤，这为秦国最终成就统一霸业起到了积极的推动作用。不仅如此，巴国、楚国与秦国也曾结成同盟，联手灭掉了庸国。经此一役，一方面使巴国扩展了其疆域，另一方面也使楚国能有更多的兵力来与巴国周旋。经过战争及联合等多种方式，西南地区各部族之间的交往交流不断加强，也促进了彼此间的不断融合。

巴国与中原地区的交往由来已久，夏代时巴国就与中原有政治军事交往，商朝末年巴国参与了武王伐纣的战争，这对于促进巴国与中原的友好往来具有积极的推动作用。一个民族要发展，就要有与其他部族相交换的资源，通过物质资源的交换来促进经济文化的交流。从巴国出土的精美带钩来看，一种可能是在各部族的密切交往中，此带钩由中原地区传入；另一种可能是巴国已掌握了冶铸青铜的高超技艺，并随着与周边各国交往而传播到各地。不仅如此，巴国还盛产盐，制盐业是其重要的经济来源，食盐作为重要的战略物资，使其在与周边国家的交往中扮演了桥梁和纽带的重要角色。先秦时期开辟的巴盐古道不仅促进了食盐的销售与流通，更是对西南地区各民族间的经济文化交流起到了重要的推动作用。先秦时期，西南地区部族林立。一方面西南地区各部族与中原汉族的往来频繁，另一方面西南地区各部族之间通过战争、贸易等方式使彼此的联系不断加强，在促使各种器物、工艺等相互传播的同时，也促进了西南地区各部族及中原汉族的民族融合。

一部中国史，就是一部各民族交融汇聚成多元一体中华民族的历史，就是各民族共同缔造、发展、巩固统一的伟大祖国的历史。作为典型的多民族地区，西南地区各部族间通过交通、贸易及战争等多种交往和交流方式，不仅促进了各自的发展和变迁，也促进了不同民族间的大融合。与此同时，少数民族在与中原汉族交往过程中不断接受汉族的先进文化，也加速了其融入华夏的进程。尤其是在秦灭巴、蜀之后，富庶的巴、蜀为秦的大一统提供了丰富的人力资源和物质基础，秦也在西南地区采取了一系列巩固其统治的有力措施，并不断引入中原的政治制度、思想文化及生产生活方式等，促进了国家的统一和民族的融合，从而为中华民族共同体的创立和发展奠定了坚实的基础。

人形青铜灯

青铜器里的夷夏文化交流

所谓“夷”,《说文解字》称之为“东方之人也”。《礼记》记载:“东方曰夷，被发文身，有不火食者矣。”在中国传统的民族发展思想中，“华夷”五方格局之说具有深远的影响，这一理论将天下分为“中夏、东夷、西戎、南蛮、北狄”五部分。其中东方部落被称为“夷”，而东夷文化即泛指华夏东部族群的文化。东夷文化与华夏文化之间的关系非常密切，夏作为我国的第一代王朝，与东夷部落进行了长期的战争，夏取得了最后的胜利，这使得一部分东夷人融入了夏，成为华夏起源时期的重要组成部分。与此同时，也有夏人东迁，并逐渐融入东夷。部族之间的战争，也在客观上促进了民族间的融合。

商朝与东夷的联系也很紧密，二者在地理位置上就十分相近，东夷的民风民俗等也对商朝产生了深远的影响。商与东夷在进行了长时间战争的同时，又联合对抗西羌部族，这种既对抗又合作的局面也促进了双方的融合。至西周，周王室对东夷部落发起了军事征讨，也在历史上出现过多种不同的对“夷”的称谓，诸如淮夷、南夷等。在这种背景下，灿烂的东夷文化也对周朝产生了重要影响。

齐国作为西周初年分封于东方的一个诸侯国，因循了东夷人的风俗习惯和生产生活方式并不断发展壮大，成为春秋五霸之首。《史记》记载，齐国具有征伐之权，而礼乐征伐是天子才拥有的权力，这显示出齐国在周王室中的重要地位。春秋时期，齐国实行宽松开放的民族政策，鼓励齐国人与东夷之间的贸易往来。《管子》记载，齐国鼓励鱼盐贸易，并命令关市对其采取免税政策。免征税等积极的贸易政策促进了齐国与东夷之间的经济交流，拉近了二者的关系，也使得东夷文化与中原文化在不断地交往交流中逐渐走向融合。

先秦时期，在东夷与华夏融合的大背景下，齐国国力强盛，与东夷往来密切，其中包括各种技术的传播和交流。1957年在山东省诸城县（今诸城市）葛埠口村出土了一件人形青铜灯，据推测其为齐国宫廷中的器物。这件人形青铜灯的造型为一男子双手托举灯盏，盏盘与盘柄之间装有可拆卸的子母扣。该男子身穿短衣，脚踏盘龙形底座。据文献记载，灯具的产生可以追溯至春秋时期。我国最早的灯可能类似于盛食用的陶豆。《尔雅注疏》记载，“瓦豆谓之登”，而在古代“登”与“镫”（同“灯”）通用，因此可以推测我国青铜灯的出现是由陶豆的形制发展而来的。考古出土的最早的青铜灯具出现在战国时期，当时灯的制作工艺已比较成熟。《楚辞》记载，“兰膏明烛，华镫错些”，这说明在战国时期已出现“镫”的称谓，青铜灯也已成为贵族生活日常之物。灯具不仅具有照明和装饰的作用，其在社会运行与发展中也扮演着十分重要的角色。

人形灯是战国时期青铜灯的典型代表，这些灯中的人形男女皆有，其造型取材于当地人形象，身份比较卑微。此件青铜灯制作精良，造型新颖，体现了古代制灯匠人高超的艺术水准，也反映了当时先进的金属铸造工艺。从人形青铜灯的分布来看，人形作为战国时期青铜灯具的代表性器型，除了在东方的齐国出现外，也在中原等多地区出现。诸如河北平山中山王墓出土的银首人俑铜灯、湖北江陵楚墓出土的人骑骆驼铜灯、河南三门峡上村岭出土的跽坐人漆绘铜灯等，这些人形青铜灯虽然出自不同地区，在具体细微之处也存在一定差

人形青铜灯

战国（公元前475—公元前221年）

高21.3厘米，
盘径11.5厘米

1957年山东省
诸城县葛埠口村出土

中国国家博物馆藏

别，但其铸造工艺都极为精湛，造型考究。除了显示出先进的铜灯铸造技艺，还显示出不同地域、不同民族间文化传播的印痕。

青铜灯具的产生离不开青铜的发现和冶铸技艺。青铜是人类最早冶炼和使用的金属，智慧的古代劳动人民用青铜制造出了制作精良的青铜器。起初青铜器多作为祭祀之用，代表着统治阶级的意志。随着社会的不断发展，春秋末期礼崩乐坏，青铜器的实用功能逐渐发展起来，在制作工艺上更加精巧创新，出现了青铜镜、青铜灯等青铜器具。冶炼青铜是人类进入文明时代的标志之一，战国时期的金属冶炼及铸造技艺相对比较成熟，青铜灯在贵族阶层已经普遍使用。战国时期处于奴隶社会与封建社会过渡交接的特殊时期，社会思想及文学艺术的发展比较活跃，社会环境倾向于一种开放、活泼的氛围，器物造型也逐渐摆脱商周时期的深沉与凝重，呈现出一种新颖、灵动的造型艺术。其表现在青铜灯饰上，造型题材多种多样，其中在人物造型的刻划上更加精致、细腻，而大多取自中原人物形象。

频繁的军事征伐及大量的人员迁徙，推动了青铜冶铸、使用及文化意蕴上的沟通和交流不断增多。伴随着青铜的普及，青铜文化渗透社会的各个方面。青铜的冶炼和使用促进了人们之间的交流，进而促进了社会整合与文明进步，使整个社会逐渐向融合汇聚的方向发展。关于青铜时代的起讫时间，目前学界还未达成一致，其中一种说法是青铜时代上至龙山文化晚期，下至春秋战国时期，从朝代来看基本跨越了夏、商、西周、春秋和战国。东夷文化历经诸多文化时期，其中包括龙山文化时期。随着龙山文化青铜器的出土，不难看出东夷人已经对铜及铜矿有了一定的认识，并已经掌握和利用了铜等金属的冶炼技术，而青铜冶铸技术的出现对中原地区的文明化进程起到了重要的推动作用，尤其是分铸法、榫卯法及镶嵌法的出现更是将青铜艺术推向了高峰。随着青铜礼乐文化的传播，青铜冶铸技艺也不断传播至广大地区。

从青铜器的使用来看，其功用主要是作为礼器，其次是实用器。其中实用器包括兵器和手工工具。作为礼器，青铜器被用作沟通天地人神的重要媒介，因而具有神圣性。所谓“国之大事，在祀与戎”，青铜器在夏、商、周三代具有重要的政治权力与身份地位的象征意义。所谓“信以守器，器以藏礼，礼以行义”，青铜器成为承载礼乐文化的重要物质载体。随着中原文化不断向周围传播，以青铜器为物质载体的青铜礼器文化圈逐渐形成，而基于对青铜礼器的文化认同为华夏族的形成奠定了心理和制度基础。

通过青铜器的出土、铸造、使用及传播，我们可以窥探出东夷与华夏之间的交流融合。根据文献记载，东夷与华夏之间还存在诸多交流方式和渠道。首先，军事战争加速了东夷融入华夏的进程。战争作为一把双刃剑，一方面会破坏文化的发展，另一方面也加速了多种文明的融合进程。其次，各部族间的政治往来密切了彼此之间的关系。再次，经贸往来也促进了彼此间文化的交流。齐国因采取开明的政策，对前朝及多种文化持兼收并蓄的态度，鼓励工商业发展，最终成为强盛的大国。最后，东夷与华夏诸国间的联姻加速了不同部族之间血缘上的融合，莒国作为东夷之雄，也有与华夏诸国通婚的事例。《春秋经传集解》记载，莒国大夫迎娶鲁国女子，表明了莒国与鲁国之间的通婚。东夷与华夏诸国间的婚姻进一步加深了彼此间的文化认同，也促使东夷逐渐形成了归于华夏的思想意识。

先秦时期，各民族往来迁徙频繁，东方诸部族更是本地人与移民的集合体，这种复杂的人员流动对各民族的发展产生了深远的影响。作为齐文化的源头之一和华夏文化融合的基础，东夷文化与华夏文化间的关系非常密切。一方面东夷文化随着人口大量迁徙而往中原地区扩展，并由中原地区进一步向南、向西及向北延伸；另一方面东夷与华夏诸国间的军事、政治、经济、文化往来也加速了东夷融入华夏的进程，使之不断融合。到战国晚期，位于东部地区的东夷诸族已基本融入了华夏族，成了华夏族的一部分。东夷与华夏之间经历了既有战争又有融合的历史过程，在这种既冲突又联合的交往过程中不断加深彼此关系，使各部族间的差异性减少、共性增加，并逐渐相互影响、相互融入，从而为中华民族共同体的形成奠定了基础。

第二编

中华民族共同体的形成开创

秦汉时期

均一天下　夷狄慕义

青铜量器

度量衡制度的统一与发展

所谓“度量衡”，其含义可单独予以解释，其中“度”指长度，“量”指容积，“衡”指重量。度量衡具有悠久的历史，与人类的交换行为密切相关，相传在黄帝时期已有初步的度量衡制度。到春秋战国时期，度量衡制度获得空前发展，已有对于量器具体的使用细则和管理制度，有“齐国三量”之称的战国时期齐国的“子禾子釜”“陈纯釜”“左关鉌”这三件青铜量器的出土便是对此有力的印证。度量衡的产生和发展，最重要的是要有标准物的设立，以此来对他物进行衡量和换算。汉朝时，度量衡制度进一步发展，这件新朝时期的青铜方斗便是当时的量器。“斗”是众多量器中的一种。《说文解字》记载：“斗，十升也。象形，有柄。凡斗之属皆从斗。”青铜方斗上口刻有篆书铭文：“律量斗，方六寸，深四寸五分，积百六十二寸，容十升，始建国元年正月癸酉朔日制。”根据其铭文及实物测算，汉新朝时期所用的尺的长度与战国时期秦国所用的尺长大体相合，这也反映了自秦统一中国后度量衡发展的连续性和稳定性。

春秋伊始周王室逐渐衰微，各诸侯国凭借自身实力纷纷展开利益角逐，从而导致了各诸侯国分裂割据的局面。分裂割据致使各诸侯国纷纷制定了独特的度量衡单位和标准，在度量衡制度的设置上各行其是。在“度”的计量上，东周王室以分、寸、尺为单位，1尺相当于23.1厘米，诸侯国中的秦国、楚国和齐国基本与之一致。在“量”的计量上，周王室则与各诸侯国间大相径庭。周王室以升、斗、斛为单位，1升相当于200毫升。魏国、赵国、韩国虽皆以溢、斗为单位，但在量值上却又不尽相同。邹国、齐国、楚国和秦国在单位上皆用升和斗，但其1升所合的毫升数量却不相同。在“衡”的计量上，周王室与各诸侯国亦不同。周王室以铢、寽、两、斤为单位，其中1寽相当于1.226千克。魏国以镒、斤、寽为单位，其中1镒相当于0.3千克。赵国以铢、两、斤、钧、石为单位，1斤相当于0.253千克。尽管齐国、楚国与秦国在所用单位上大致相同，但其量值存在差别。从各诸侯国所实施的度量衡制度来看，各诸侯国间计量的标准差别较大，这在一定程度上阻碍了各部族间的经济文化交流。

各个诸侯国之间不仅度量衡的标准存在巨大差异，就连同一诸侯国内部的计量也难以统一，从而给国家经济发展及政治稳定带来了很大的冲击。而国家若不能对度量衡实施有效的控制，危害的不仅仅是经济发展，甚至会影响国家的安危。此外，随着各诸侯国间的交往交流，在度量衡的计量方式上其地域性的差异也逐渐缩小，这也在一定程度上为秦国在全国范围内实现度量衡的统一创造了条件。秦孝公十二年（公元前350年），在商鞅变法中以大亩制授田与民。《说文解字》记载：“六尺为步，步百为亩，秦田二百四十步为亩。”通过授田制，耕地面积不断扩大，劳动生产率不断提高，从而有利于经济的发展和政治的稳固。

至秦统一六国时，这种度量衡的混乱局面依然未完全改变。秦国试图通过变法来统一度量衡，而这与其以法家思想治国渊源颇深。所谓没有规矩不成方圆，“规”和“矩”皆代表了准则与尺度，木匠做工与治理国家虽层面不同，但道理却是相通的。度量衡从各行其是到走向统一，是由人类社会不断发展、交往日益频繁所决定的。在原始社会，生活在相对隔绝的社会环境中的人们对于交换的需求尚不迫切。随着文明社会的到来，社会分工程度逐渐向细化、深化发展，不同的生产方式之间也需要交换。在这种社会背景下，不统一的计量方式显然不利于彼此间的交换，因此统一计量方式的需求便应运而生，具有统一标准的度量衡制度也就随之产生了。

随着秦朝实现大一统，“一法度衡石丈尺”，统一度量衡的诏令得以在全国推行。统一度量衡诏令的颁布，明确了度量衡的规章制度，从而促进了度量衡制度的有效实施。为了保障度量衡制度的顺利实施，秦国不仅铸造了大量度量衡器具，诸如始皇廿六年及二世元年诏铜量等，还制定了针对度量衡器具的校订制度。汉承秦制，汉朝时已经形成了完备的度量衡制度，各种度量衡的器具也已在民间广泛使用。西汉末年，朝政腐败，贫富悬殊，社会问题严峻，国力也由盛转衰。公元8年，王莽称帝，代汉建新。王莽刚登上政治舞台即面临尖锐深重的社会矛盾，为使政权稳固、经济发展，遂实行改制。新莽时期在度量衡方面亦采取新的标准化规制，量器铸造规范，量度精准，除了有方形斗，还有圆形量器，诸如始建国元年二斗量等。汉朝不仅承袭了秦朝的度量衡制度，还设置了专门管理度量衡制度的机构，对于度量衡制度的有序发展起到了积极的推动作用。

度量衡制度的确立和发展，对于秦汉时期经济发展及中央集权的巩固具有重要意义。政治方面，度量衡制度的确立是国家意志和皇帝权威的重要标志。度量衡由国家设计颁布并在全国范围内强制实施，体现了国家权力的政治表征，代表了中央集权的巩固与发展。不仅如此，度量衡制度对于地方治理也具有潜在的影响力，广泛渗透政府运作的各个层面。经济方面，度量衡制度为货物交易提供了可以计量的统一标准，也对制造业的发展影响深远，进而对于商业贸易的发展具有积极的推动作用。征收赋税方面，基于中国传统农业社会的特点，度量衡的统一对于物品税收具有举足轻重的作用。税收是一个国家得以正常运转的物质保障，这就存在一个征税标准的问题，而这个标准涉及社会

始皇廿六年及二世元年诏铜量

秦（公元前221—公元前206年）

通长30.2厘米，
口宽15.1厘米

中国国家博物馆藏

青铜方斗

新（8—23年）

通长23.92厘米，

高11厘米，

容积1940毫升

中国国家博物馆藏

始建国元年二斗量

新（8—23年）

通长25厘米，口径18.5厘米

中国国家博物馆藏

的公平及税收的连续性，再进一步则会牵涉政治稳定和皇权巩固的问题，因此度量衡的统一意义重大。文化方面，人们对度量衡的理解已经远超工具和制度的范畴，甚至扩展至社会生活的方方面面。《淮南鸿烈解》卷五《时则训》记载："天为绳，地为准，春为规，夏为衡，秋为矩，冬为权。绳者，所以绳万物也。准者，所以准万物也。规者，所以员万物也。衡者，所以平万物也。矩者，所以方万物也。权者，所以权万物也。"这表明度量衡不仅指长度、容积与重量的具体测定，推而广之，也是对万事万物的衡量与规范。《淮南鸿烈解》卷八《本经训》记载："故谨于权衡准绳，审乎轻重，足以治其境内矣。"由此可见，度量衡对于经济发展、社会运行及国家治理的积极作用。

度量衡制度不仅推行于中原汉族聚居区，同时在汉族以外的其他民族社会经济生活中也产生了巨大的影响，从而促进了边疆各族与中原汉族之间的交往交流交融。货币作为度量衡的一种计量方式，在汉朝汉武帝设置越嶲郡之后，随着彝族与汉族间的经贸往来日渐频繁，位于西南地区的彝族就已经拥有和使用货币了。新疆在古代被称为西域，是古代丝绸之路的交通要道，是多民族共同居住的地区，也是多种文化的交汇处。西域与中原的交往由来已久，早在汉代张骞出使西域之前，中原与西域开展了双向的文化交流。随着张骞凿空西域以及西域都护府的设立，汉朝对西域实施有效管辖，中原与西域之间的联系愈加紧密。在新疆出土的汉晋时期的佉卢文与汉文文书，经考证包含有度量衡的相关信息，诸如一些计量单位信息等。根据对出土于楼兰和尼雅遗址的汉文文书的分析，对于文书上出现的斗、升、匹、寸等计量单位，结合出土于和田的上面印有汉字的汉佉二体铜钱，可以推测出汉代中原的度量衡制度已经传播到西域地区。中原的度量衡制度在西域地区的传播，不仅密切了中原与西域间的经济文化交流，也促进了西域各族与中原汉族之间的交往交流交融。

秦汉时期是我国度量衡制度发展的重要阶段，自商鞅变法实施统一度量衡的措施以来，秦汉统治者皆非常重视度量衡制度的发展和完善。度量衡是人们认识自然、进行生产劳动的工具，社会生产力的发展和科技的进步为度量衡的发展提供了物质基础，而度量衡的统一又反过来促进了生产的发展和社会的进步。度量衡的产生和发展涉及科技进步、经济发展及国家制度等各个方面，对于度量衡器的研究不仅要有地域性的微观视角，更要有整体性的宏观把握。度量衡思想的产生及其制度的设置、统一，对于交换贸易标准的制定、社会的良性运行、打破贸易壁垒、推行赋税制、促进经济文化交流都具有显著的规范和积极作用。不仅如此，统一度量衡还有利于社会的整合和中央集权的巩固，进而有利于民族间的融合和国家的安定统一。与此同时，度量衡的统一也对后世产生了积极、深远的影响，从而对中华民族共同体的开创起到了积极的推进作用。

『中国大宁』瑞兽博局纹鎏金铜镜

铜镜里的『中国观』

中国是一个历史悠久的统一的多民族国家。生长在这片大地上的先民们，筚路蓝缕、砥砺前行，克服了大自然的残酷考验，创造了一个又一个璀璨的文化，形成了一个又一个古老的文明。不同地域、不同聚落的先民，在长期的战争、贸易、联姻等交流中，不断地融合，形成了统一的国家观念和民族观念。“中国”观念在大地上生根发芽，茁壮成长。

我国历史典籍和文物中的“中国”字样出现比较晚，但与其意义相近的词却很早就出现了。夏代时已经出现了与“中国”意义相近的“中邦”表述，而商代时则有“中商”的称谓。文物铭文中最早出现“中国”表述的是西周早期的青铜器何尊。何尊腹内底部铸有铭文122字，记载了西周早期周成王对周王室内部的子弟何进行训诫的话，内容说的是周武王灭商以及周公营建成周（洛邑）等历史事件。铭文中有“唯武王既克大邑商，则廷告于天，曰：‘余其宅兹中或（国），自之乂民’”等记载。

最初的“中国”，含义并非现今的国家名称，该名称经历了长期的演变。

中国的历史格局，可以说经历过三次剧变，每次剧变都伴随着“中国”含义的变化。

最早的阶段是先秦时期。这一时期，国家的统治方式是以都城为核心，辐射周边的区域，国家的统治核心在中原地区。何尊中的“中国”反映的就是这一时期中国人的中国观。“中国”的含义，一是指一国中心的京师，二是指国家政权。商代时中国指商人、商人统治地区，周代时指周人、周人统治地区。西周时期的文献出现了大量的“中国”表述,《诗经·大雅》说“惠此中国，以绥四方”，中国指京师。《诗经·小雅》说“文王之时，西有昆夷之患，北有猃狁之难。以天子之命，命将率，遣戍役，以守卫中国”,《诗经·小雅》称“小雅尽废，则四夷交侵，中国微矣”“幽王之时，西戎东夷，交侵中国，师旅并起”“何草不黄，下国刺幽王也。四夷交侵，中国背叛，用兵不息。视民如禽兽，君子忧之”，“中国”指的是商及西周的国家政权。这些“中国”表述，反映出当时的“中国”观念还只是地理和政治概念，还没有向民族和文化方面延伸。

春秋战国时期，中原各国在与戎、狄等少数民族的斗争中，形成了比较强烈的共同体意识。中原之民自称华夏，以强大的军事实力和先进的文化辐射四方。周边的少数民族逐渐接受了周人的风俗习惯与思想文化，成为华夏族的成员。这时，“中国”具有“地理中原”和“文化华夏”的含义。

秦始皇统一中国后，废除分封制，实行郡县制，书同文，车同轨，奠定了中国大一统的基础和格局。此时，中央王朝据中原地区而睥睨天下，自称中国、中华。此时的“中国”观念中，中国既指地理上的中原地区，也指观念上的中央之国。1995年10月，中日尼雅遗址学术考察队成员在新疆和田地区尼雅遗址一处古墓中发现了一块织锦，呈圆角长方形，长为18.5厘米，宽为12.5厘米，以织锦为面料，边上用白绢镶边，两个长边上各缝缀有3条长约21厘米、宽1.5厘米的白色绢带，其中3条残断，织有8个篆体汉字“五星出东方利中国”。除此之外，考古人员还在其他残片中发现了“讨南羌”3个字。将文字

『中国大宁』瑞兽博局纹鎏金铜镜
西汉（公元前206—25年）
直径18.6厘米，
缘厚0.6厘米
1951—1952年湖南长沙
伍家岭211号墓出土
中国国家博物馆藏

结合起来可以判断，此锦文字的意思就是当五星汇聚的时候，将有利于中原地区讨伐南羌。这说明在汉代人的观念中，“中国”指代的主要是中原地区。

2020年11月，中国国家博物馆推出了“镜里千秋——中国古代铜镜文化”展览。在展出的铜镜中，有一件西汉晚期“中国大宁”瑞兽博局纹鎏金铜镜，其造型精美，意蕴高远，价值极高。这面铜镜是1951年10月18日—1952年2月7日，由夏鼐、安志敏等7人组成的考古工作队在长沙近郊伍家岭地区一座汉代晚期的墓葬中发现的。此铜镜直径18.6厘米，厚0.6厘米，背面鎏金，圆钮，镂空柿蒂纹钮座，四枚凹乳分区，经典四分法布局，外围双线方框，镜背纹饰由一周双线弦纹分为内外两区。铸饰四神等瑞兽纹饰与博局纹，以博局象谶纬，四神主四彭，瑞兽表祥瑞，精美大气。近缘饰短斜线纹一周。镜缘铸有52字铭文带一周，铭文内容为：“圣人之作镜兮，取气于五行。生于道康兮，咸有文章。光象日月，其质清刚。以视玉容兮，辟去不祥。中国大宁，子孙益昌。黄裳元吉，有纪纲。”这段铭文的意思是：“圣贤冶铸铜镜啊，吸取金木水火土之精气。在博大的‘道’中产生，包含了所有的奇妙图文。镜子光明如日月，它的质地清脆刚硬。用它照视你的玉颜啊，可以驱除不吉祥的东西。祈盼中国和平与安宁，世世代代日益昌盛。遵守自然秩序大吉大利，世界万物都有纲常规律。”

此铜镜铸造的时代是新莽时期，当时王莽迫切地需要对自己篡汉行为的合法性以及新朝的正统性进行证明。他所使用的理论武器就是汉代盛行的五行说。铭文中的五行，象征阴阳的日月和对应于东、南、西、北、中五方的五行，被认为与时间和空间的运转密不可分。王莽篡汉后，一直鼓吹新朝的建立是顺应了五行生克的历史形势。长期的战乱让人们对和平充满期盼，铜镜上的铭文“中国大宁”4个字，表达了对国家和平和子孙昌盛的祈愿，更能在华夏子孙的心中引起深远的共鸣。

我国是世界上最早使用铜镜的国家之一。中国百年考古的发现证明，早在距今4000多年前的新石器时代晚期，位于黄河上游的甘肃、青海地区的齐家文化就有古人在使用类型不同、铸有纹饰的铜镜。经过夏、商、周三代和秦、汉、隋、唐、宋、元、明、清八朝的发展，我国铜镜艺术风格多样，精美作品不计其数，但这面“中国大宁”瑞兽博局纹鎏金铜镜仍然能够占据一席之地，原因就在于其铭文中“中国大宁，子孙益昌”所体现的“中国”观念。

秦以后的两汉，是我国封建社会巩固和初步发展的时期。西汉前期，由于实行了一系列“休养生息”的政策，封建经济迅速发展起来，“罢黜百家，独尊儒术”在思想上确立了儒家的统治地位，封建专制制度进一步得到了加强，中国封建社会进入了第一个鼎盛时期。在中央政权的政策推动下，第一次民族大融合出现，作为主体的华夏民族在与周围少数民族的交往中已认识到各自生产生活方式的差别，并开始自称“中国人”。这里的“中国人”不是现代意义上的国籍概念，而是对一种基于共同祖先、共同信仰、共同习俗、共同组织的统一群体的称呼，他们忠于皇帝、以农为本，安土重迁、知礼尚义，是中原政权的主体和脊梁。而其他少数民族在和这一群体发生冲突、碰撞与融合的过程中对汉代中国人的特点有了深刻的认识，开始把具有发达礼仪文化的中原原有居民称呼为“汉人”，把汉人的族群称为“汉族”。从此，汉族成为中国多民族国家的主体以及传统“中国”观念的载体，在几千年的历史中，尽管经历波折，但仍然主导了国家的发展历程，维系了“中国”观念的持续发展。

秦汉以来，我国历史上多次出现北方少数民族南下入主中原的事件。五胡十六国、南北朝时期，五代十国，宋辽、宋金对峙时期，元、清时期，少数民族曾经控制全国或地方政权。但建立政权后，他们便不得不面对更加先进的汉族文化对本民族文化的冲击。这时，他们面临两种选择：一种是坚持本民族的文化，这种选择的结局多数是快速灭亡，如十六国中的大多数政权、南北朝中的北齐政权；另一种选择是融入主体民族汉族之中，学习和采用汉族先进的传统和文化，重构自己的“中国”观念。北魏孝文帝的汉化改革、北周的汉化改革、辽的南北院制度等都是这些民族政权重构自己的“中国”观念的措施。而金朝皇帝占据中原后，急于证明金朝政权的正统性，于是历代皇帝都产生了强烈的“中国”意识。这种意识通常表现为以“中国”之主自居，并采取汉化措施以加强对中原的统治。金世宗的“中国”观念具有强烈的民族意识以及“德治天下”的观念。而金章宗的“中国”观念在金世宗的基础上有所发展，表现为文化正统观念，获得了文人集团的支持，由此巩固了政权。清朝入主中原后，面临汉族地主阶级和人民的强烈抵抗，为了稳固统治，也重新塑造了自己的“中国”观念。清朝的“中国”观念表现为主张“华夷一体”，旨在消除汉族政权当政时坚持的华夷之辨带来的汉族人民对满族人入主中原的不满，稳定了清朝对广袤国土的统治，奠定了现代中国的疆域基础。

1840年鸦片战争后，中国受到了西方资本主义的强烈冲击，传统的“中国”观念也受到了严重的挑战。中国由中央之国、天朝上国陡然降格为“世界时代的一员”，国家和民族遭遇了百年的屈辱和苦难。无数的仁人志士抛头颅、洒热血，前仆后继，共赴国难。在中国共产党的领导下，中国实现了国家的独立和民族的解放，再次屹立在世界民族之林，而且比历史上任何时代都更有信心迎接时代的挑战和机遇。古人祈求的“中国大宁，子孙益昌”的美好愿望，在中国共产党的领导下，正在坚定不移地在正确的道路上不断实现。

《熹平石经》

中国历史上最早的官定儒家经本

在中国历史上，刻石纪事之风兴于秦代，西汉时有所衰落，至东汉方又复兴。历史上最早的官定刻石经本——《熹平石经》便诞生于此时。它由东汉灵帝刘宏于熹平四年（175年）下令刊刻，到光和六年（183年）完成，共历时9年，是中国历史上最早、规模最大的一次官定石刻经学工程。

西汉武帝时，独尊儒术，经学大兴，天下读书人均以研习儒家经典为要义。汉武帝在建元五年（公元前136年）设立了《书》《易》《礼》《诗》《春秋》五经博士，以经取士。《汉书・儒林传》记载："自武帝立五经博士，开弟子员设科射策，劝以官禄。讫于元始，百有余年，传业者浸盛，支叶蕃滋。一经说至百余万言，大师众至千余人，盖禄利之路然也。"东汉经学在西汉经学的基础上发展起来。东汉光武帝刘秀称帝后，深知儒学对维护封建统治的重要作用，特别提倡讲经论理，注意从儒生中选择统治人才。建武五年（29年），光武帝建立太学，设置博士，传授经学。光武帝曾亲临太学，"会诸博士论难于前……诏诸生雅吹击磬"。博士在当时作为礼义之官，崇化励贤，受到统治者的礼遇和社会的尊重，享有很高的政治待遇和社会地位。“立五经博士，各以家法教授”，随着朝廷对博士的重视和优待，太学和儒学的地位不断提升。汉明帝到汉章帝时期，是东汉儒学的极盛时期。明帝刘庄好经学，《后汉书·儒林传》记载汉明帝常到太学宣讲经艺，“乡射礼毕，帝正坐自讲，诸儒执经问难于前，冠带缙绅之人圜桥门而观听者盖亿万计”。章帝元和二年（85年）诏令郡国向朝廷举荐通晓经籍的人才，称为“明经”，以经术试士的走向日益明显，“令郡国上明经者，口十万以上五人，不满十万三人”。质帝本初元年（146年）则对明经的年龄做了明确规定：“令郡国举明经，年五十以上，七十以下，诣太学。”汉顺帝时期又命令俸禄在六百石以上的官员弟子进入太学学习，太学声誉日高，学生人数最多时有三万余人，同西汉末年相比，人数约增加了十倍。东汉时期帝王不仅自身皆重儒学、好讲经，而且将儒学作为教育的内容，以儒学推行教化，达到移风易俗的功效。上至帝王贵胄，下至平民百姓，皆重儒崇经。在统治者的重视下，儒学在东汉时期的统治地位得到更进一步的巩固。

由于传授不同，儒经经文存在各种差异。在印刷术发明之前，书籍全靠个人手写，当时经书的底本有许多不同的来源，文本内容与书写字体也有很大差异；由于学生来自各地，师承不同，所学经书难免章句有误，更有“诸博士试甲乙科，争弟高下，更相告言，至有行赂定兰台漆书经字，以合其私文者”。一时间形成了经无定本、说无定论、字无正体的混乱局面。《后汉书·蔡邕传》记载，汉灵帝熹平四年（175年），议郎蔡邕、中郎将堂溪典、光禄大夫杨赐、谏议大夫马日磾、议郎张驯与韩说、太史令单飏等上书要求正订六经文字，以便规范教学和统一思想。

从熹平四年（175年）至光和六年（183年），在蔡邕的主持下，由专人写经于碑，工匠镌刻，共刻石碑46座，每碑宽约1.4米、高约3米，全部碑文约20万字。石经刻成后立于东汉京师洛阳开阳门外太学（遗址在今河南省洛阳市洛龙区佃庄镇）讲堂东侧，供天下士子誊抄校正。这部石经因刻于熹平年

熹平石经后记残石

东汉（25—220年）

高45厘米，宽39厘米，厚17.5厘米

中国国家博物馆藏

间，又只有隶书一种字体，故称《汉石经》《熹平石经》或《一字石经》。石经为《周易》《尚书》《鲁诗》《仪礼》《春秋》《公羊传》《论语》7种。“及碑始立，其观视及摹写者，车乘日千余两，填塞街陌。”《熹平石经》从此成为官定儒学经本。

至汉献帝初平元年（190年），挟献帝迁都长安，董卓焚烧洛阳宫，太学荒废，石经遭到破坏。北魏之初，冯熙、常伯夫相继为洛州刺史，将石经作为建筑石料。东魏时期，权臣高澄将其中两部石经迁往邺城，途中至河阳（今河南孟州）地段，河岸坍塌，石碑坠入水中，到邺城时数目已不足半数。隋开皇六年（586年）《熹平石经》被迁往长安，其间多有遗失损毁。到唐太宗时期，魏徵只收集到部分残碎的碑石。民国至今，陆续有石经残石出土，散佚各处。据不完全统计，如今《熹平石经》残石共存9000余字，散存于中国国家博物馆、故宫博物院、国家图书馆、西安碑林博物馆、上海博物馆、河南博物院、中国社会科学院考古研究所等地。

中国的文字经过甲骨文、金文、篆文和古隶的发展，至汉代，隶书作为先于篆书的首选字体，刻碑立于太学，让“天下模学”。《熹平石经》以抽象书写符号为主的隶书取代了象形符号为主的篆书，集汉隶之大成，其镌刻是我国书法史上的创举。参与石经校订者和书写者均是当时一流的儒学名士和书法圣手，不仅经文勘校精确，其书法也为当时之“顶流”。如主持并参与书写刻石的蔡邕，其隶书在当时就被称为一绝。唐代张怀瓘在《书断》中评其“篆隶绝世，尤得八分之精微。体法百变，穷灵尽妙，独步古今”。从《熹平石经》中的《周易》《春秋》等的残石可以看出，石经用隶书体系中的八分体写成，篆意尽脱，波势挑法明显，点画的俯仰呼应和左舒右展、分张外拓之势，一波三折和蚕头燕尾写法的增强，结体严整，笔画匀称，端庄肃穆，因此被公认为官方发布的“标准字体”，书写追求规正而缺乏一定的自逸之势，但这丝毫没有影响此后的1000多年里，书法家一直把《熹平石经》视为汉隶书法的正宗。

此外，《熹平石经》对我国古代造纸术、拓印技术、雕版印刷术、版本学的形成与发展都产生了积极的促进作用。此后历代出现的《三体石经》《开成石经》《蜀石经》等多种经书刻石，内容涵盖了佛经、书目、医方等诸多方面，石刻形式也从碑式逐渐发展为经幢式、摩崖式等。随着汉代造纸术的发明与技术的不断提高，拓印成为复制石经文字最便捷的方法。通过拓印，既能完整呈现石经文字原貌，又便于携带和流通，极大地方便了石刻经书内容的流传，也为后来雕版印刷术的出现与发展创造了有利条件。

《熹平石经》的镌刻是经学史上的壮举。“文章典籍，有其统宗，而学术人心，得所规范也。”《熹平石经》成为对典籍文本和文字进行双重规范的先例，显示了当时国家对儒学的尊崇，不仅大大地促进了儒家经学的传播，还改变了秦汉以来经书传播混乱的局面，为保证儒家经学长期的思想主流地位奠定了坚实的基础。作为国家最高学府太学的教材，《熹平石经》成为中国历史上第一部官方校订推行的经学教科书，在我国教育史上具有里程碑的意义。

东汉各项文化政策都以儒家思想为主导，儒学与政治、文化相结合，渗透整个东汉社会，《熹平石经》成为帝王稳固统治的重要工具。东汉朝廷将儒学立为官学，全国的教育从中央太学到地方郡国学、乡学都以儒学为核心内容，设置儒学教授系统。通过儒学教育一方面为政府培养统治人才，另一方面引导人们尊崇儒学，各级政府都极为重视儒家学说对百姓的教化作用。儒学的影响力在向社会底层转移的同时，在空间上也逐步扩大，与西汉时期相比，已经发生了较大规模的东迁南移。文化重心由齐、鲁、梁、宋地区向汝、颍、南阳一带转移。在此基础上，进一步影响到凉州、并州等边远地区。中央政府在与周边少数民族地方政权的交往过程中，以儒家思想为主体的汉文化显示出强大的向心力与凝聚力，汉文化的传播对周边少数民族文化的发展意义重大。通过派遣官员的方式，东汉统治者在民族地区建立学校，传播儒学，教民礼法，改变了当地落后的面貌。如东汉明帝永平九年（66年），匈奴亦遣子弟入学。又如东汉末年，苍梧广信（今广西梧州）人士爕游学京师，举孝廉，补尚书郎，追随老师颍川人刘子奇研究《尚书》《左传》等典籍，后朝廷任命其为交趾太守。士燮在交趾地区设立学校，教民诗书礼仪，使这一地区逐渐成为通诗书、习礼乐的文明之地，士燮遂被后人赞誉为“南交学祖”。正是儒学的广泛传播，使得东汉形成了儒学氛围浓郁的社会环境，以儒学精神为核心的社会共同价值观形成，各地区的民众在心理素质、道德风尚、生活习俗等方面逐渐趋于一致，逐步形成了以中原文化为核心的统一的汉文化。

受《熹平石经》的影响，其后刊刻石经的活动成为一种官方传统并被继承发展。《熹平石经》对曹魏时期的《三体石经》、五代时的《蜀石经》、唐文宗时的《开成石经》、北宋时的《嘉祐石经》、南宋时的《宋高宗御书石经》以及清代的《清石经》都产生了久远的影响。石经成为国家一统的象征，成为国家意志的体现，并为此后历朝封建统治者所效仿，从而确保了儒家核心经典的统一和儒学正统秩序的推行。

秦以后的两汉，是我国封建社会巩固和初步发展的重要时期。西汉前期，由于实行了一系列“休养生息”的政策，封建经济迅速发展起来，到汉武帝时期，进一步采取了政治和经济措施，实行“罢黜百家，独尊儒术”，将儒学上升为治国的统治思想，封建专制制度进一步得到了加强，中国封建社会进入了第一个鼎盛时期。东汉时期，政治稳定、经济繁荣、人才济济、文化兴盛，在中国古代文化发展史上具有重要地位。在大一统局面下，两汉社会经济迅速发展，为后世封建经济的进一步发展奠定了基础。

『单于和亲』砖范

两汉和亲政策下的民族交融

中国国家博物馆藏有一块汉代陶质“单于和亲”砖范，传出土于内蒙古呼和浩特。该砖范为制造字砖的模具，长30.5厘米，宽30.2厘米，厚5厘米。正方形砖面上有阴文篆书4行，每行3字，字间以阴线相隔，其释文为：单于和亲，千秋万岁，安乐未央。1954年，在内蒙古包头地区汉代墓葬中，也曾出土数枚“单于和亲”“四夷尽服”“单于天降”等文字内容的瓦当。内蒙古地区在秦汉时期为匈奴活动区域，亦为汉匈之间争夺拉锯之所，此类内容的瓦当、方砖，基本皆出土于此，反映了当时在汉匈邻边郡县对于和亲的赞颂。

匈奴作为北方草原上一支强悍的游牧民族，在中国历史上具有重要影响。在中原王朝与匈奴的交往过程中，和亲与战争交替其间。东汉史学家班固在论及西汉王朝有关匈奴政策的庙堂争议时，曾指出其时朝堂分为两派，儒官持和亲之议，而武将则多言征伐。相较于战争，和亲作为维护边境和平稳定的重要手段，其花费的成本较少。

两汉时期之和亲，最早缔结于汉高祖七年（公元前200年）。这一时期，匈奴在冒顿单于统治下盛极一时，东灭东胡，西击月氏，南并楼烦及白羊河南王，一统辽阔草原，“控弦之士三十余万”。而西汉王朝正值初建，百废待兴，民业凋敝，加之“白登之围”的惨败，亟待休养生息，汉高祖刘邦遂采纳了谋臣刘敬的建议，实施和亲政策。《史记》记载，刘敬认为对于匈奴，既不可以武力屈服，又不可以仁义说之，只有将长公主嫁与匈奴，再厚加赏赐，与匈奴结成翁婿关系，方为“兵可无战以渐臣”之计。但因吕后不愿以女嫁匈奴，高祖遂以家人子（汉朝宫中没有职务和名号的宫女）冒名长公主，嫁与匈奴单于，并派刘敬前往缔结和亲，这位“长公主”是两汉时期首位出嫁到匈奴的汉家女子。其后经文景之世，直至汉武帝初期，西汉与匈奴之间和亲不绝。

经过70余年的休养生息，汉朝国力益强，汉武帝遂逐渐调整对匈奴的政策，转而采取武力征伐，此后“匈奴绝和亲，侵扰北边，兵连而不解，天下共其劳”。后来，随着汉匈实力对比的变化以及匈奴内部的分裂，匈奴开始倾向于恢复与汉朝的和亲关系。汉元帝时，呼韩邪单于率部归附，汉匈之间结束了长达百年的战争状态。竟宁元年（公元前33年），呼韩邪单于入朝，“自言愿婿汉氏以自亲”，表达了续结和亲的意愿，元帝遂以后宫良家子王嫱（字昭君）赐单于为阏氏。东汉时期延续了西汉的和亲政策，其和亲人员既有宗室女子，亦有官吏之女。《后汉书·张奂传》记载，张奂初任安定属国都尉时，南匈奴左薁鞬台耆、且渠伯德等七千余人寇美稷，东羌亦举种响应。张奂遣将王卫招诱东羌，“因据龟兹，使南匈奴不得交通东羌，诸豪遂相率与奂和亲，共击薁鞬等，连战破之”。

汉与乌孙之间的和亲，主要出于“断匈奴右臂”的战略考量。汉初，匈奴势力已远及西域，楼兰、乌孙、呼揭及其周围26国皆为其属。而乌孙西邻康居、大宛，南接城郭诸国，为当时西域诸国中之最强大者。早在张骞第一次出使西域回来，就曾向汉武帝建议厚赂乌孙，令其东迁于故地，同时建立和亲关系，以“断匈奴右臂”。汉武帝采纳了这一建议，遂于元封中封江都王刘建之女细君为公主，嫁与乌孙昆莫（乌孙对其首领的称呼），昆莫以之为右夫人。昆莫年老，欲使其孙岑陬再娶公主为妻，细君遵从朝廷“从其国俗，欲与乌孙共灭胡”的旨意，再嫁岑陬为妻。细君公主死后，武帝再以楚王刘戊的孙女解忧为公主，嫁给当时的乌孙昆莫岑陬。岑陬死后，解忧又先后嫁与翁归靡（岑陬堂兄）及泥靡（岑陬子）两位继任昆莫，其侍女冯嫽亦嫁乌孙右大将为妻。

据学者统计，两汉时期与匈奴、乌孙之间的和亲，文献记载可考者十余次。汉朝和亲政策的制定，是对以往“毋亲夷狄，以疏其属”“务安诸夏，不事要荒”等传统观念的重要突破，对于巩固和发展汉族与边疆民族之间的关系，以及加强统一的多民族国家的发展具有重要意义。

首先，和亲在一定程度上减缓了双方之间的政治、军事冲突，维护了地区间的稳定。避免与边疆民族之间的战争，是中原王朝和亲的主要原因。后元二年（公元前162年），汉文帝曾在诏书中表明与匈奴“俱弃细过，偕之大道，结兄弟之义”，并缔结和亲，其目的是“以全天下元元之民”。而和亲之后，匈奴单于致书汉文帝时，亦明确表示：“二国已和亲，两主欢悦，寝兵休卒养马，世世昌乐，翕然更始。”文帝回信称愿与单于“俱由此道，顺天恤民，世世相传，施之无穷，天下莫不咸便”。可见缔结和亲的初衷，是希望借此消弭战争，实现双方的和平昌乐。景帝时，“复与匈奴和亲，通关市，给遗单于，遣翁主如故约”，因此，终景帝之世，匈奴虽“时时小入盗边，无大寇”。武帝初期，继续实行这一和亲政策，与匈奴“明和亲，约束厚遇，关市饶给之”。从高祖和亲之始到武帝前期，汉匈关系以和亲为纽带，总体上维持着和平友好的关系，这使得西汉的经济得到了较快的恢复和发展。史载：“至武帝之初七十年间，国家亡事，非遇水旱，则民人给家足，都鄙廪庾尽满，而府库余财。京师之钱累百巨万，贯朽而不可校。太仓之粟陈陈相因，充溢露积于外，腐败不可食，众庶街巷有马，阡陌之间成群。”

和亲女子出嫁边疆民族政权后，亦充分利用其身份、地位，积极维护双方的友好关系。有学者研究认为：和亲女子具有常驻使节的作用，她们利用其

『单于和亲』砖范

汉（公元前206—220年）

长30.5厘米，

宽30.2厘米，

厚5厘米

传内蒙古呼和浩特出土

中国国家博物馆藏

『单于天降』瓦当

西汉（公元前206—25年）

长43.6厘米，

直径17.1厘米

1955年内蒙古

包头召湾出土

中国国家博物馆藏

对和亲国国情的了解，为朝廷决策提供情报和建议，甚至直接参与谈判；同时，和亲女子还通过繁衍后嗣，将和亲效应在时空上延展。如解忧公主的侍女冯嫽便曾持节作为公主特使，行赏赐于西域诸国，为各国所敬信，而被尊称为“冯夫人”。冯嫽能够代表公主持节出使西域诸国，可见解忧公主必具有出使的身份和权力。解忧公主在乌孙期间“从其国俗”，曾先后三嫁乌孙昆莫。她积极与西域诸国交好，将女儿弟史嫁与龟兹王绛宾，而其子万年亦曾承继莎车王位。在其于西域生活的半个世纪中，进一步密切了汉朝与西域各国的友好关系，不仅为“断匈奴右臂”打下基础，也为中原与西域之间的交往打开了广泛的空间。

而昭君出塞，则将汉匈关系推向了新的高峰，双方边境呈现出一派和平安宁之象，“边城晏闭，牛马布野，三世无犬吠之警，黎庶忘干戈之役”。但由于王莽当政后对匈奴采取了错误政策，汉匈关系一度紧张。为了改善双方关系，王昭君的女儿云、女婿须卜当、外孙大且渠奢和醯椟王，及在朝为官之侄儿王歙、王飒等，不辞劳苦地奔走于长城内外，并积极促成两方和亲，使汉匈之间的紧张关系得到一定缓和。尽管其后因王莽错误的民族政策将这一努力付诸东流，但云、须卜当等人在其中的积极作用不可抹杀。

其次，和亲对于各民族之间的交往交流交融也起到了积极的促进作用。游牧民族受自然地理影响，畜牧业兴旺，而农业、手工业、纺织业则不甚发达。游牧生产方式具有脆弱和不稳定的特点，需要中原地区稳定的农产品及其他物质资源，以弥补自身经济结构的缺陷，而和亲在一定程度上满足了游牧民族的物质需求。和亲时往往有大量物质赏赐，《史记·匈奴列传》记载，汉匈和亲之故约为“汉常遣翁主，给缯絮食物有品，以和亲；而匈奴亦不扰边”。在有关两汉和亲的史料记载中，亦不乏关于“厚赠”的记载。如汉高祖九年（公元前198年）以家人子冒充长公主嫁给冒顿单于，并约定“岁奉匈奴絮、缯、酒、米、食物各有数”。武帝建元六年（公元前135年），“饰子女以配单于，金币文绣赂之甚厚”。元封中，乌孙以马千匹求聘汉室公主，武帝以细君公主嫁之，并“赐乘舆服御物，为备官属宦官侍御数百人，赠送甚厚”。这些来自中原的纺织品、生活用品、食物等，对于当地民族社会的发展产生了重要影响。

随着和亲的不断深入，其经济作用也在不断扩展与延伸，尤其以通关、互市等为典型。《册府元龟》记载，互市之设，其目的在于怀柔羁縻，该议始自汉初，通过在边界要塞及交通要冲建立关市，“通彼货贿，敦其信义”，以达到互通有无及和辑戎狄的目的。汉代始行和亲之时，便开通了关市贸易，史书中对于和亲互市多有记载。如景帝与匈奴订立和亲之约后即“通关市”，武帝初期与匈奴之和亲，亦“关市饶给之”。可见，互市是和亲的一项重要内容，通过互市，双方“以有易无”，逐渐形成了互惠互利的经济共同体，甚至出现“匈奴自单于以下皆亲汉，往来长城下”的盛况。

在文化交流方面，和亲进一步促进了中原与边疆民族之间的文化互动，使中原的物质文化、制度文化乃至精神文化，在边疆民族地区获得了更广泛的认同。宣帝时，解忧公主曾遣其女儿弟史到长安学鼓琴，弟史嫁给龟兹王绛宾后，绛宾在其影响下对中原文化产生了浓厚的兴趣。史书记载，绛宾曾“数来朝贺，乐汉衣服制度，归其国，治宫室，作徼道周卫，出入传呼，撞钟鼓，如汉家仪”。《后汉书·南匈奴列传》记载，东汉光武帝建武二十八年（52年），北匈奴来朝，“更乞和亲，并请音乐”，可见匈奴对汉朝音乐之喜好。中原与边疆民族在物质文化方面的交流则更加广泛，在汉代匈奴墓地的出土文物中，经常可以见到大量汉地器物。如属于西汉武帝至昭帝时期的西岔沟匈奴墓地，即出土了斧、锛、镬、锄、铜镜、带钩、镀金铜牌饰、汉式剑、环首刀、刻有汉字的铜矛及五铢钱等，足见其物质文化受汉族文化影响之深。

而文化的传播与互鉴从来都是双向的，边疆民族的文化也给中原文化注入了新鲜的血液。以乐器为例，鞞鼓传入中原地区后，与舞蹈结合，形成鞞鼓舞。曹植曾作《鼙舞歌·大魏篇》，其中即有“乐人舞鼙鼓，百官雷抃赞若惊”之语。在南阳画像石中亦有胡甬乐舞百戏表演的情景，画面中即有一人击鼙鼓表演。胡笛是在汉代由匈奴传入内地的又一种乐器，《后汉书·五行志》记载：“灵帝好胡服、胡帐、胡床、胡坐、胡饭、胡空侯（即竖箜篌）、胡笛、胡舞，京都贵戚皆竞为之。”至东汉后期，胡笛已是中原地区较为流行的外来乐器，并对我国古代横吹单管乐器产生了深远影响。

如今，以解忧公主、昭君出塞等为代表的和亲故事，在民间为各族人民所传颂，成为中华民族交往交流交融的史话和民族友好团结的文化符号。和亲虽始于汉朝，但为此后历代王朝所沿用，成为王朝治边政策中一以贯之的重要政策。在统一的多民族国家发展的历史长河中，中原王朝与边疆民族之间的和亲关系对国家发展起到了积极的促进作用。同时，和亲作为中华民族凝聚力不断增强的一个缩影，亦进一步推动着中华民族共同体意识的凝聚与发展。

两汉时期的少数民族官印

民族『归义』

中国国家博物馆藏有六方汉朝中央王朝赐予少数民族首领的官印，分别为“滇王之印”金印、“汉归义賨邑侯”金印、“汉匈奴归义亲汉长”铜印、“汉归义羌长”铜印、“汉丁零仟长”铜印及“汉叟邑长”铜印。其中，滇王、賨邑侯及叟邑长皆为“西南夷”部落的首领，匈奴、丁零为北方民族，而羌人则主要分布于西部。这六方少数民族官印，尽管仅有方寸大小，却是汉朝民族交往与交融的重要物证，体现了在大一统政权下汉朝与周边各少数民族融合的历史。

西汉王朝建立之初，曾面临着“北胡南越”夹击的局面，其中“北胡”主要指匈奴。匈奴是我国历史上兴起较早的民族，发祥于阴山河套地区，以蒙古高原为主要活动区。战国时期，匈奴逐渐强盛并不断南下侵扰，成为北方诸侯国的主要威胁。为抵御匈奴，燕、赵、秦三国就曾修筑长城以资防卫。秦始皇统一中国后，派大将蒙恬率兵30万北击匈奴，一举夺回了“河南地”（今内蒙古鄂尔多斯一带），并曾一度“却匈奴七百余里”。同时，为了加强北部边防，秦始皇将燕、赵、秦三国长城重新修缮，加以连接并东西扩展，筑成西至临洮（治今甘肃岷县），东到辽东（今辽宁的东部和南部）的万里长城。尽管在秦末汉初时，匈奴曾乘虚占据河套南北地区，但至汉武帝时期，通过几次大规模对匈奴用兵，不仅夺回了秦时的“河南地”，还把匈奴“攘之于幕北”。终两汉之世，汉匈之间基本以长城为界，“长城以北引弓之国受令单于”，“长城以内冠带之室”则由汉朝统治。

两汉为汉匈关系发展的重要时期，这一时期，受汉匈实力变化、战争及外部环境等因素的影响，出现了匈奴归附内迁的现象。如元狩二年（公元前121年），浑邪王因惧被匈奴单于所杀，率部众四万余人归降，汉朝分徙其部众于边五郡（陇西、北地、上郡、西河、五原）故塞外，并因其故俗而置属国。而汉宣帝时期呼韩邪单于的归附，则打破了“胡、越不与受正朔”的传统，拉开了北方游牧民族政权主动臣属于中原政权的先例。截至宣帝末年，归附汉朝的匈奴人数已有10余万人。建武二十四年（48年），匈奴分裂为南、北二部，南匈奴归附内迁，其所属部落分驻于北地、朔方、五原、云中、定襄、雁门、上谷、代郡等地，并承担起保塞助战的职责。此后，南匈奴作为汉朝内属的少数民族而逐渐融入边疆社会历史的发展进程中。“汉匈奴归义亲汉长”铜印便是这一历史的重要见证，其中的“归义”即表示归附、降服，而“亲汉”则寓意结欢示好。

除匈奴外，在汉朝的北部还分布着众多的民族，如东北地区的乌桓、鲜卑、夫余、高句丽、貊（亦称秽貉）等民族，及西北的氐、羌等。在东北诸族中，乌桓、鲜卑与汉王朝的关系最为密切。乌桓、鲜卑同属东胡族系，自汉武帝反击匈奴以后，一直被匈奴役使的乌桓、鲜卑逐渐南徙。《后汉书》记载，骠骑将军霍去病击破匈奴左地后，汉朝遂将乌桓徙置于上谷、渔阳、右北平、辽西、辽东五郡塞外，为汉朝侦查匈奴动静。汉朝设置护乌桓校尉一职加以监管，并在政治上、经济上扶植乌桓，使其成为汉朝的防御屏障。在出土的两汉时期乌桓官印中，常冠以“保塞”之号，如“汉保塞近群邑长”“汉保塞乌桓率众长”便体现了乌桓南下后的保塞助战职责。

而鲜卑的南下，主要发生于匈奴南、北分裂后。东汉初时，匈奴强盛，鲜卑人常跟随匈奴入侵汉朝边郡。在汉朝边郡守臣的平定征讨及慰纳赏赐下，一部分鲜卑部落被纳入到东北民族朝贡制度下。如建武二十一年（45年），鲜卑万余骑入侵辽东，辽东太守祭彤率数千人大败之。为分化匈奴势力，祭彤对鲜卑示以恩威与财利，鲜卑大都护偏何遂遣使奉献，表示愿意归化，并以攻击匈奴自效。汉朝这一政策吸引了众多的鲜卑人南下归附，至明帝永平元年（58年）时，“鲜卑大人皆来归附，并诣辽东受赏赐”。乌桓、鲜卑的南迁附汉，在很大程度上改变了原有的民族分布和政治格局，极大地增强了汉王朝在北方边境的防御力量，并推动了东北民族文化的融合发展。

汉王朝对西北民族地区的经营治理，亦与其抗击匈奴的政策密切相关。西羌最初与汉朝产生联系，就与匈奴有关。秦汉时期，匈奴迅速崛起，其势力延伸至河西走廊及西域地区。以河湟谷地为中心的羌人，便曾一度受制于匈奴，为其役使。有的支系不堪忍受匈奴的奴役，便举众内迁。如汉景帝时，留何率其族人归附，求守陇西塞，汉朝将其迁居于陇西郡狄道、安故、临洮、氐道、羌道。为“隔绝羌胡”，汉武帝时设置了酒泉、武威、张掖、敦煌四郡，统称河西四郡，使汉王朝的统治势力进一步深入到羌人主要聚居区。同时，出于巩固和加强统治的需要，汉朝又设置了护羌校尉一职，以统领诸羌，并向河西大规模移民以戍边和屯田。汉宣帝时，因对诸羌措置不当，曾激起羌人大规模的反抗。平定以后，西汉王朝又专门设置了金城属国以安置降羌。

东汉时期，汉羌战争频繁，东汉政府对战败归降的羌人往往采取内徙的措施，将之安置于塞内郡县下进行治理。如光武帝时，先零羌归降后，被徙置于陇西、天水和扶风三郡。其中，扶风郡地处关中，此为羌人进入关中的开始。明帝时，烧何羌为卢水胡所击，比铜钳（烧何羌女首领）率其族人归附，被安置于临羌县。明帝永平元年（58年），窦固、马武等击败烧当羌，徙其降者七千口于三辅。和帝永元十三年（101年）及灵帝建宁元年（168年），东汉

『汉匈奴归义亲汉长』铜印

东汉（25—220年）

印边长2.3厘米，通高2.9厘米

1979年青海大通上孙家寨出土

中国国家博物馆藏

『汉归义羌长』铜印

汉（公元前206—220年）

印边长2.3厘米，高3.5厘米

1953年新疆沙雅于什格提出土

中国国家博物馆藏

『滇王之印』金印（附印背）

西汉（公元前206—25年）

印边长2.3厘米，
厚0.65厘米，
通高1.8厘米

1955—1960年云南
晋宁石寨山出土

中国国家博物馆藏

朝廷又两次将败降的羌人徙置于安定、汉阳、陇西三郡。两汉时期的羌族内迁，在一定程度上可视为魏晋时期少数民族内迁的前奏。在辗转流徙的过程中，羌族不断与其他民族交相融合，共同推动了统一的多民族国家的发展。而内地汉人的移民屯田，以及与当地胡羌的长期杂居交融，则进一步加强了汉王朝对羌族聚居区的统治，并在客观上促进了羌族聚居区的开发和羌族社会的发展。

汉朝对羌族的经略，也为其经营西域打下了重要基础。为实现“断匈奴右臂”，仅“隔绝羌胡”是不够的，还需要使西域诸国脱离匈奴而臣属于汉。在汉朝与西域的交往中，西域都护府的设立具有重要意义。汉宣帝神爵三年（公元前59年），西汉在西域乌垒城（今新疆轮台）设立西域都护府。这一机构的设置，标志着汉朝在西域统治的正式确立，西域自此成为中国统一的多民族国家的重要组成部分。尽管在两汉之际，西域曾一度因中原内乱而重被匈奴控制，但随着汉王朝政权的稳定及在战争中取得胜利，加之班超等对西域的数十载经营，至汉和帝时，“西域五十余国悉纳质内属”，“自译长、城长、君、监、吏、大禄、百长、千长、都尉、且渠、当户、将、相至侯、王，皆佩汉印绶，凡三百七十六人”。汉朝对西域的经营，为此后历代中央王朝治理西域奠定了基础，促进了西域各地与中原地区的经济文化交流与民族交往，同时也为中西方文化的交往提供了重要便利。

除了“北胡”的“数入边地”，带甲百万的“南越”也同样对汉朝的国防安全构成隐患。“南越”泛指百越，《汉书·地理志》记载，其分布区域“自交趾至会稽七八千里”。百越族群支系繁多，各有地望。在西汉初期，这一地区尚未被纳入王朝的郡县统治之下，而被视为“声教不及”之所。这一时期，匈奴屡犯汉朝北境，汉朝为集中力量对抗“北胡”，免于腹背受敌，对“南越”地区采取的主要是“和辑百越”的民族政策。汉武帝继位以后，经过“汉兴七十余年”的休养生息，国力大增，加之北方匈奴问题逐步解决，遂开始将注意力转移到“名为外臣，实一州主”的南越国。元鼎五年（公元前112年），汉朝以南越国吕嘉、赵建德反叛自立为名，发动了大规模的南越战争。此战历时一年，最终以番禺城降，吕嘉、赵建德被擒而结束。南越战争以后，汉朝于其地设置儋耳、珠崖、南海、苍梧、郁林、合浦、交趾、九真、日南等九郡。至此，南越政权被真正纳入大一统政权下。

汉朝在南越国的旧地设郡置吏，在岭南历史发展中具有重要意义。而随后的西南夷归附，则使得汉代呈现出超过秦代的大一统，进一步推动了南北之间的交流与融合。“西南夷”一名最早见于《史记·西南夷列传》，其所属族群较多，分布亦较为广泛，包括今四川西部和南部、贵州、云南等地各少数民族。汉朝以前，西南夷与中原之间的政治联系较为松散，史书上仅留下楚人庄蹻入滇为王的传说，以及秦将常頞“略通五尺道，诸此国颇置吏焉”的简略记载。汉武帝继位以后，开始积极经营边疆。建元六年（公元前135年），派唐蒙出使南越，招降夜郎，并其地入犍为郡，由此拉开了两汉王朝经略西南夷的序幕。元光五年（公元前130年），越巂郡邛、筰君长请求归附，司马相如以中郎将的身份出使西南夷，于其地设置一都尉、十余县，并撤除汉朝与西南夷之间的边关，使西汉王朝的统治疆域扩大到“西至沫、若水，南至牂牁为徼”。从元鼎六年（公元前111年）开始，汉武帝借灭南越兵威征伐西南夷。在汉朝的伐叛柔服下，西南各夷纷纷归附，先后归入犍为、牂牁、越巂、沈犁、汶山、武都、益州等郡，汉朝基本上将西南夷纳入其统治版图。

东汉时期，在西汉经营西南夷的基础上，将统治势力进一步向益州郡的西部和西南部边疆发展。建武二十七年（51年），哀牢部落首领贤栗率族人一万七千余口内附，光武帝封其为君长。永平十年（67年），东汉在益州郡西部的巂唐县设置“益州西部都尉”，以镇慰归附的哀牢、叶榆等部族。永平十二年（69年），哀牢王柳貌遣子率部族内属，汉明帝以其地置哀牢、博南二县，并割益州西部都尉所领六县，合为永昌郡。至此，西南夷地区全部归入汉朝版图。

两汉对西南夷的经略，开启了西南夷融入统一的多民族国家的历史进程，奠定了中国古代西南边疆的雏形，具有重要的历史意义。在汉朝经略西南夷的过程中，十分重视西南夷本土政治势力的作用，故虽建立起了郡县制度，但仍采取“因其故俗”的统治方式，通过封赐地方部落首领为王、侯、邑长等职，使其“复长其民”“主其种类”。如元封二年（公元前109年），汉朝发巴蜀之兵击灭劳浸、靡莫，并以兵临滇。滇王离难率先举国而降，并请求置吏入朝。汉朝遂于其地设置益州郡，并赐给滇王王印。东汉时期，出于抚绥考虑，对于降服的西南夷首领也多授予一定的爵位，故有“有邑君长，皆赐印绶”的记载。“汉归义賨邑侯”金印及“汉叟邑长”铜印概为这一时期所授。这些归附的部落首领，成为两汉时期统治西南夷的重要支柱。

秦汉时期是统一的多民族国家发展的第一个高峰时期，而汉代在继承秦代“大一统”理念的基础上又将之不断深化，真正实现了“广地万里，重九译，致殊俗，威德遍于四海”的目标。在两汉四百余年中，汉王朝积极经略边疆。通过采取多元的民族管理模式及“因其故俗”而治的政策，逐渐将其统治延伸至边疆民族地区，初步奠定了中国统一的多民族国家的疆域基础。而在这一过程中，边疆民族对汉文化的主动融入与归附，甚至不惜“陵海越障，累译以内属”，则进一步发展了以汉族为主体的多民族格局。汉朝这一边疆民族治理模式，也为后世王朝的统治提供了重要参考，如三国诸葛亮平定南中后的“皆即其渠率而用之”，南北朝时的“左郡左县”制，唐宋时期的羁縻府州制度，元代以来的土司制度，无不是对“因其故俗”而治的借鉴与发展。因此，无论是疆域的扩张及民族格局的奠定和发展，还是经略边疆民族，两汉都是中国统一的多民族国家发展史上的重要一环。

魏晋南北朝

五胡竞起　迁徙交融

『二爨碑』

南中大姓的崛起及民族融合

“二爨碑”指《爨宝子碑》与《爨龙颜碑》，两碑皆出土于云南曲靖。《爨宝子碑》全称《晋故振威将军建宁太守爨宝子碑》，碑刻署年为“太亨四年岁在乙巳”，即东晋义熙元年（405年）。全碑共四百余字，碑文十三行，每行三十字。下另题立碑人名十三行，每行四字。《爨龙颜碑》立于南朝刘宋大明二年（458年），晚于《爨宝子碑》五十三年，碑额题名为《宋故龙骧将军护镇蛮校尉宁州刺史邛都县侯爨使君之碑》。碑文共二十四行，每行四十五字，共一千余字。两碑皆为研究由隶书向楷书过渡阶段的典型实物，在中国书法史上具有重要意义。其中，《爨宝子碑》书法结构古朴、方正有劲、拙中带巧，被康有为评为“正书古石第一本”。而《爨龙颜碑》则保留了较为浓重的隶书风格，被视为南北朝碑刻中之“最隽者”，康有为评其书法“为雄强茂美之宗”“当为隶楷极则”，并将其列为“神品”第一。

同时，作为爨氏统治时期留存下来的南碑瑰宝，“二爨碑”也具有重要的文献史料价值，反映了南中大姓的崛起及其积极参与王朝治理的历史。“南中”

一词最早见于《三国志》，以其地在巴蜀之南而得名，属两汉时期之西南夷地区，其范围大致包括今四川西南部，贵州西部、北部，以及云南大部分地区。秦汉以来，王朝统治力量在南中地区不断增强。从“秦时常頞略通五尺道，此诸国颇置吏焉”，到汉武帝以后“开西南夷，置郡县”，大量汉族移民在这一过程中进入南中地区。研究表明，两汉时期西南夷地区的汉族移民群体，经西汉中叶以来的持续发展，至东汉中后期已有近百万人规模。而在这些移民群体中，一些大姓家族羽翼渐丰，逐渐成为地方首领，发展为所谓的“方土大姓”。仅《华阳国志·南中志》所载之大姓即有十余家，如建宁郡“大姓焦、雍、娄、爨、孟、董、毛、李”，朱提郡“大姓朱、鲁、雷、兴、仇、递、高、李”，永昌郡“大姓陈、赵、谢、杨”，等等。而在南中大姓中，爨氏家族则为其佼佼者。

爨氏为建宁郡大姓，其家族最早见于记载者为东汉末之爨习。《华阳国志·南中志》记载，诸葛亮平定南中后，曾将南中劲卒、青羌万余家迁移至蜀地，分为五部，号为飞军。同时，还将在战争中俘获的部分老弱“夷人”战俘，分给焦、雍、娄、爨、孟、毛、李等大姓豪族为部曲。为笼络当地豪族势力，诸葛亮对其中之俊杰多加以任用，比如授予建宁爨习、朱提孟琰及孟获领军、辅汉将军、御史中丞之职。自东晋至南北朝时期，爨氏世守南中，并称雄于其时。《爨龙颜碑》记载：“祖，晋宁、建宁二郡太守，龙骧将军，宁州刺史。考，龙骧辅国将军，八郡监军，晋宁、建宁二郡太守，追谥宁州刺史、邛都县侯。金紫累迹，朱黻充庭。”说明这一时期，爨氏家族已基本制霸南中。清人袁嘉谷曾就梁、陈以来爨氏称强，称其为“闭门天子，开门节度”，足见其权势之盛。

爨氏统治南中的四百余年，是西南边疆民族发展进程中的重要历史阶段。汉族移民群体在与当地少数民族交错杂居的过程中，随着双方经济文化交流的不断加强，出现了民族融合的历史现象，并突出表现在汉族的“夷化”方面。造成这一现象的原因是多方面的，而人口的减少则是其“夷化”的前提条件。

蜀汉时期，诸葛亮为削弱大姓势力，曾“移南中劲卒、青羌万余家于蜀”。而西晋泰始年间以爨谷为首的南中大姓率部曲与吴国在交趾激战，以及两晋之交建宁大姓毛诜、李睿，朱提大姓李猛及五苓夷帅于陵承等，与南夷校尉李毅及其继任者王逊的连年混战，则使南中地区人口进一步锐减，呈现出“晋（汉人）弱夷强”的局面，此为南中汉族“夷化”的重要原因。

而大姓与当地族群的通婚，则进一步加速了其“夷化”的进程。《华阳国志·南中志》记载：“与夷为婚曰‘遑耶’，诸姓婚为‘自有耶’。”其中，“诸姓”即指南中大姓，而“遑耶”本为“夷语”，意为儿女亲家。因此，“遑耶”特指南中大姓与当地少数民族上层之间的通婚，而其中关系亲厚者则被称为“百世遑耶”。魏晋南北朝时期，南中大姓与当地夷帅联姻的情况较为普遍，并最终促成了包括南中大姓在内的汉族移民群体逐渐融入当地少数民族之中。这一点从史籍对爨氏家族的表述中体现得尤为明显，“两爨碑”时期的爨氏，其汉文化特质仍较为明显，故二碑形制、碑文体现出与中原文化一脉相承的特点。但至南朝萧齐时期，爨氏形象已发生改变，《南齐书》记载，宁州“蛮夷众多，齐民甚少，诸爨、氐强族，恃远擅命，故数有土反之虞”，可见这一时期爨氏与“氐”已被同等视之。至隋唐时期，爨氏家族人物则多被冠以“土民”等称谓，可见其已最终同化于当地少数民族之中。

爨氏统治时期的民族融合，在南北朝后期至唐中叶突出表现为“西爨白蛮”“东爨乌蛮”等新型民族群体的形成。《新唐书·南蛮传下·两爨传》记载：“爨瓒既死，子震、玩分统其众。”此为两爨之分的开始，其时间当在南北朝后期。唐樊绰《云南志》对东、西爨之民族及分野有明确记载，即“西爨，白蛮也。东爨，乌蛮也。……在石城、昆川、曲轭、晋宁、喻献、安宁至龙和城，谓之西爨；在曲靖州、弥鹿川、升麻川，南至步头，谓之东爨”。袁嘉谷先生对两爨分野有较为简洁的概括，其在《滇绎》中指出：“两爨之分，一以地理，一以人种，一以语言，一以文化。”大体而言，“东爨乌蛮”主要由叟、昆明族中的一部分演化而来，并融入了汉族移民及僰人后裔；而“西爨白蛮”则主要

《爨龙颜碑》拓片

原碑：南朝·宋（420—479年）

拓本：清·道光（1821—1850年）

每开长19厘米，宽33厘米

中国国家博物馆藏

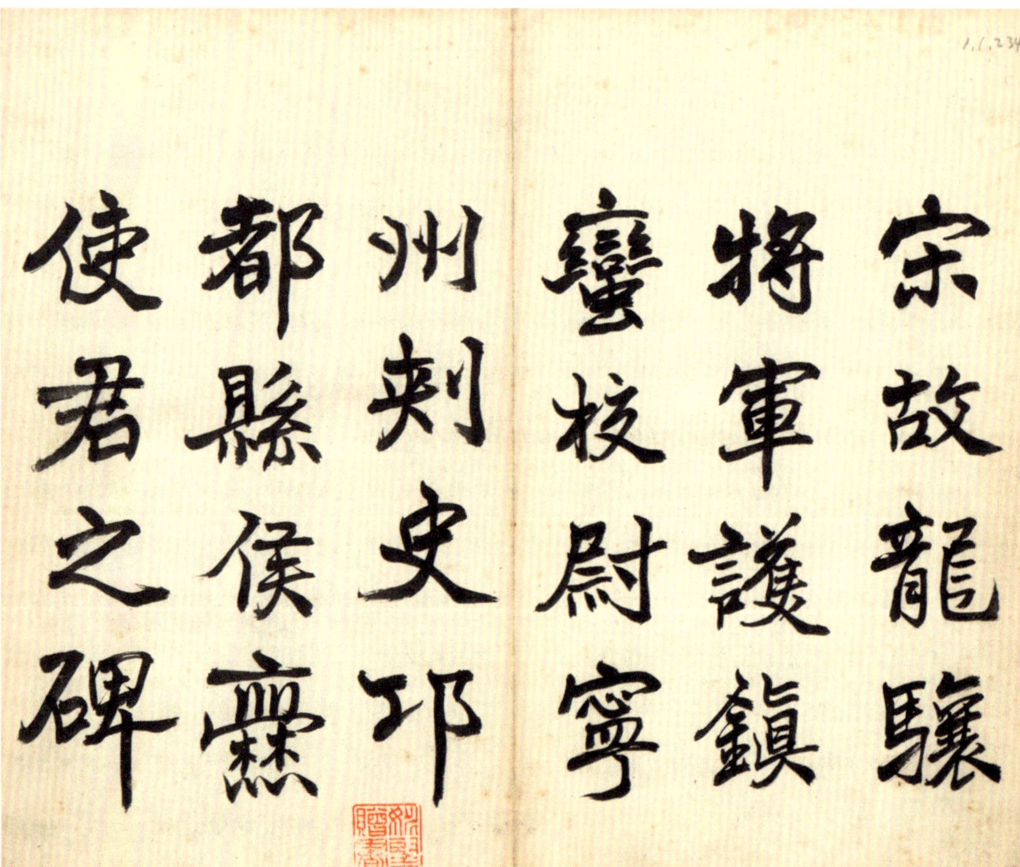

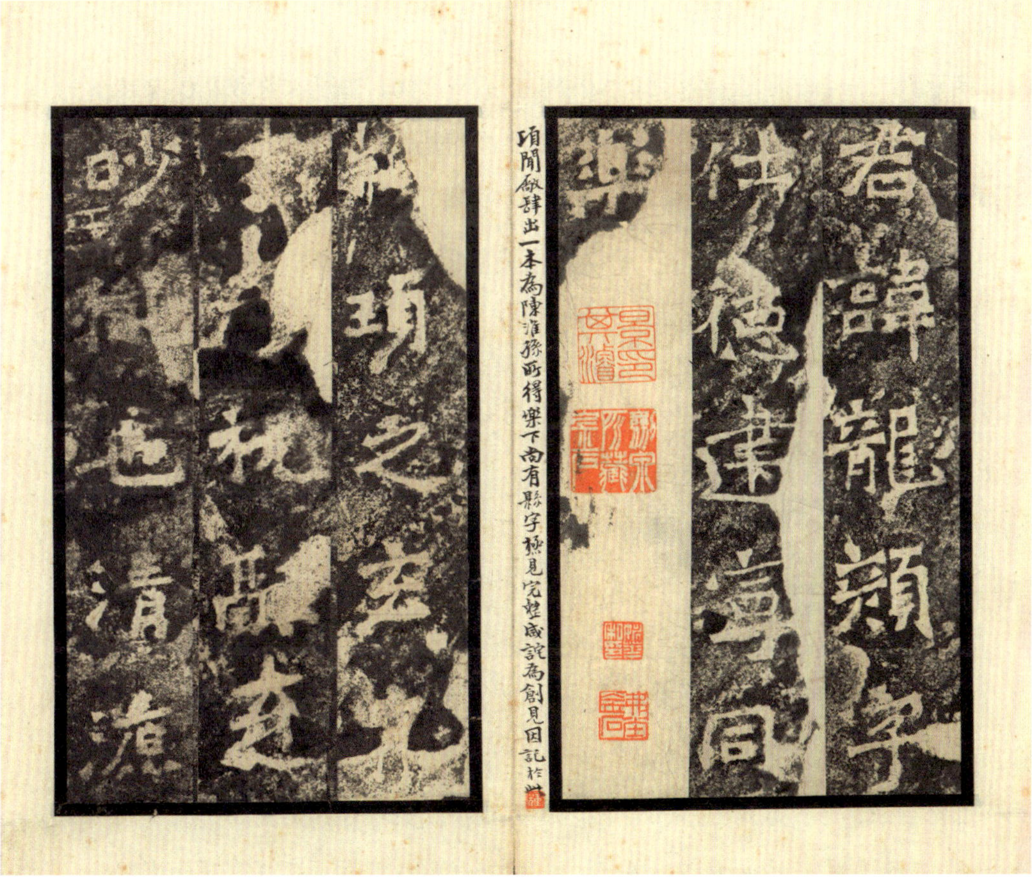

由秦汉以来古僰人后裔与汉族移民融合而成。至此，“爨”已由最初的姓氏，衍化为蕴含地域、民族、文化等多重含义的称谓。这一概念的衍化，不仅折射出爨氏统治时期南中政治的发展轨迹，也体现出南中汉族和少数民族融合的历史进程。

魏晋南北朝时期，由于中原战事频发，使得以爨氏为代表的地方势力在社会建构中的作用日趋凸显。在爨氏称雄南中时期，始终奉王朝正朔，故历代王朝虽无法对南中进行切实控制，但仍以“遥领”形式保持着对南中地区的统治。这一时期，在爨氏的统治下，南中地区总体上保持着较为稳定的发展态势。《爨龙颜碑》中之“宁抚氓庶，物物得所”及《隋书·梁睿传》所载之南宁州“户口殷众，金宝富饶”即是其部分真实写照。

随着民族融合的加强，文化的交融亦在不断深化。由于大姓兼及汉文化与本土文化，故其能够更好地调适与当地族群的关系。《华阳国志·南中志》记载，晋时“夷人”“论议好譬喻物，谓之‘夷经’。南人言论，虽学者亦半引‘夷经’”，此处之“夷经”为当地少数民族之格言、譬喻等，而“南人”则指南中汉族移民。南中汉族大姓在论议时能够“半引‘夷经’”，足见其对本地民族语言之熟知程度。蜀汉时期，益州大姓雍闿杀死太守正昂，并通过吴交趾太守士燮表示欲归附吴国。蜀国继委张裔为太守，径直赴郡上任，雍闿遂“假鬼教曰，张裔府君如瓠壶，外虽泽而内实粗，杀之不可，缚于吴”，诱哄当地“夷人”将张裔执送于吴。雍闿诱哄“夷人”之言，即采用典型的比喻手法，故而为众所信服。

魏晋南北朝时期之南中，是多重文化交汇的重要区域，汉文化与本土文化在此不断碰撞与融合。汉族移民群体的到来，不仅为南中地区注入了新鲜的血液，也促进了这一地区的开发及农业经济的发展。史料记载，汉代文齐任犍为南部都尉时，曾“穿龙池，溉稻田，为民兴利”，其迁益州太守后，又于滇中地区“造起陂池，开通灌溉，垦田二千余顷”。蜀汉时期，庲降都督李恢曾迁濮民数千于云南、建宁二郡，进行军民屯田，使得以味县为中心的滇东地区农业获得较大的开发。农田水利的发展，为水稻的推广种植打下了基础，至唐代时，已形成“曲靖州以南、滇池以要西，土俗唯业水田”的耕种传统。随着农田水利设施的建设、牛耕技术的广泛运用以及水稻的推广种植，在爨氏统治下的南中地区，已基本完成由旱地农业向水田农业和由锄耕农业向牛耕农业的初步转型。

总体而言，爨氏称雄南中时期，是南中地区民族交往交流交融的重要阶段。通过建立“遑耶”婚姻关系及积极吸纳本土文化，以大姓为代表的汉族群体逐渐融入当地族群中。而民族之间的融合，又极大地促进了南中地区经济、社会、文化的发展，形成了互相尊重、互融共生、共同发展的民族性格，为后世西南民族的进一步融合以及中华民族共同体的建构起到了积极的推动作用。

《元鉴妃吐谷浑氏墓志》拓片

拓跋鲜卑的族际通婚与民族融合

在拓跋鲜卑早期的历史中，曾发生过两次大规模的迁徙。《魏书·序纪》对此曾有记载，称拓跋先世以前繁衍生息于“大鲜卑山”，推寅被立为君长后，率众“南迁大泽”，但由于其地卑湿昏暗，遂“谋更南徙，未行而崩”。诘汾继位时，拓跋鲜卑才开始第二次大规模迁徙。早在诘汾父亲邻在位时，就“有神人言于国曰：此土荒遐，未足以建都邑，宜复徙居”，但因邻“时年衰老”，遂传位于子诘汾。诘汾率部南移，最终抵达“匈奴之故地”。其迁徙路线大致为自呼伦贝尔大兴安岭北段迁徙至呼伦湖周围，再由呼伦湖迁移至河套山阴地区。拓跋鲜卑徙居于匈奴故地后，“匈奴余种留者尚有十余万落，皆自号鲜卑，鲜卑由此渐盛”，逐渐形成以拓跋鲜卑为首的部落联盟。至始祖拓跋力微时，又“迁于定襄之盛乐”，以盛乐为中心的统治区域至此形成。伴随着大规模的迁徙，拓跋鲜卑也开启了与其他民族之间不断交往融合的历程。

拓跋鲜卑在“大泽”时期，即已与驻牧于其地之匈奴、高车等部落有所交往。《魏书·官氏志》记载，邻在位时，“七分国人，使诸兄弟各摄领之”，其所分“国人”中即包含有归顺之匈奴、高车等部族。从“大泽”西迁至“匈奴之故地”后，拓跋鲜卑与周围各民族之间的交往进一步深化，其中突出表现在与中原汉族王朝的交往上。《魏书·序纪》记载，始祖拓跋力微欲“与魏和亲”，遂于神元四十二年（261年）遣子沙漠汗至魏，以“且观风土”之名与魏建立友好关系，双方“聘问交市，往来不绝”，至“魏晋禅代，和好仍密”。在拓跋氏与魏、晋的交往过程中，拓跋鲜卑由原先“国俗宽简，民未知禁”的松散部落联盟，逐渐走向“明刑峻法”的封建社会，此为拓跋鲜卑日后建立统一的封建王朝奠定了基础。

同时，为改善与周边少数民族及政权之间的关系，减少敌对势力，拓跋鲜卑统治者亦以联姻为手段，寻求建立联盟关系。如为消除与匈奴之间的隔阂，改善两族关系，代国（北魏政权前身）平帝七年（292年）时，拓跋绰将其女嫁给匈奴宇文部大人普拨之子丘不勤。昭帝五年（298年），匈奴宇文部大人逊昵延朝贡时，昭帝拓跋禄官又“以长女妻焉”。平文帝二年（317年），匈奴南单于后裔刘虎据有朔方，并进犯拓跋鲜卑部，平文帝拓跋郁律大破之，刘虎从弟刘路孤率部内附，“帝以女妻之”。昭成帝四年（341年），刘虎死后，其子务桓继位，并表示愿意归顺，昭成帝亦以女嫁之。昭成帝二十三年（360年），务桓子卫辰向昭成帝求婚，昭成帝“许之”。

在拓跋鲜卑的族际通婚中，其与同属鲜卑的其他部族之间的关系更为密切。据文献记载，慕容鲜卑在其首领莫护跋带领下，于曹魏初年入居辽西。东晋咸康三年（337年），慕容皝以龙城为政治中心，建立前燕政权。这一时期，慕容部东破高句丽，西平段部，成为东北地区最强大的部族。而匈奴宇文部则逐渐衰落，拓跋部遂转而积极与慕容部建立联姻关系。昭成帝二年（339年），拓跋什翼犍聘慕容皝之妹为皇后。两年后，皇后慕容氏崩，“慕容元真遣使朝贡，并荐其宗女”。昭成帝六年（343年），慕容皝再次请求和亲，第二年昭成帝遂遣使迎娶慕容皝之女为皇后。同年，慕容皝“遣使奉聘求交婚”，昭成帝遂以烈帝之女妻之。慕容皝故后，其子慕容儁亦延续了这一联姻策略。昭成帝十九年（356年）冬，慕容儁请婚于拓跋氏，并获得同意。昭成帝二十五年（362年）冬，慕容儁之子慕容暐又“荐女备后宫”。婚姻联盟的建立，为拓跋鲜卑统一北方提供了契机。

拓跋鲜卑在道武帝拓跋珪时期不断发展壮大，南攻独孤部，北击贺兰部，东破库莫奚部及解如部，西败高车回纥部及柔然部，并歼灭了西边的匈奴铁弗部刘卫辰，基本统一了代北地区。为进一步实现“扫平中土”的宏愿，拓跋珪大举攻燕，夺取了燕信都、中山、邺城等地，奠定了其黄河以北的霸主地位。北魏皇始三年（398年），拓跋珪称魏帝，改元天兴，迁都于平城，建立了北魏王朝，至此拓跋鲜卑正式入主中原。至太武帝拓跋焘时，又“藉二世之资，奋征伐之气”，最终“廓定四表，混一戎华”，使北方进一步趋于一统。

这一时期的北方地区，诸族聚居相处。北魏建立政权后，便以平城为其统治中心，积极发展与诸族之间的友好关系。后秦由羌人姚苌建立，并由其子姚兴发展壮大，是十六国时期北方较为强盛的一个少数民族政权。天兴五年（402年），为拉拢后秦，拓跋珪曾派遣贺狄干送马千匹，向后秦求婚。姚兴表示同意，但以北魏未立其女为后而终止和亲，并派遣其弟姚平率众四万攻陷了北魏之乾壁。同年八月，北魏与后秦激战于柴壁，并大败其军。此后，姚兴“复与魏通和”，并先后于永兴三年（411年）六月及永兴五年（413年）二月，两次“遣使来聘”。永兴五年（413年）十一月，姚兴再次“遣使朝贡，来请进女”，拓跋嗣准许了这一请求。但这次和亲并未付诸实施，姚兴遂于神瑞元年（414年）八月重提和亲之事，并于第二年十月派散骑常侍东武侯姚敞、尚书姚泰送西平公主至魏，拓跋嗣“以后礼纳之”。此外，北凉、柔然亦曾与北魏建立和亲关系。如匈奴卢水胡沮渠蒙逊承袭北凉国主后，积极与北魏和亲，太武帝拓跋焘遂“遣李顺迎蒙逊女为夫人”。但适逢沮渠蒙逊亡故，其子牧犍受父遗意，送其妹兴平公主至魏。柔然可汗吴提亦曾于延和三年（434年）迎娶北魏西海公主，太武帝拓跋焘则纳吴提妹为夫人，后进为左昭仪。

《元鉴妃吐谷浑氏墓志》拓片

原碑：北魏（386—534年）

拓片：中华民国（1912—1949年）

纵49.5厘米，横48.5厘米

中国国家博物馆藏

孝文帝拓跋宏继位后，实行了一系列改革措施。通过推行均田制、三长制、租调制以及完备的官禄制度，进一步加速了拓跋鲜卑的农业化和封建化进程。同时，孝文帝十分注重对汉族官员及士族的任用，并将都城从平城迁至洛阳。此后，孝文帝以汉法为制，对北魏社会生活进行了一系列移风易俗的改革。如太和十九年（495年），孝文帝“诏不得以北俗之语言于朝廷，若有违者，免所居官”，“北俗之语”即鲜卑语。在“断诸北语，一从正音”政策的强力推行下，汉语作为“正音”，日益成为北魏朝廷的官方用语。同年，孝文帝又下令“迁洛之民，死葬河南，不得还北，于是代人南迁者，悉为河南洛阳人”，迫使南迁洛阳之民改变原有的乡土观念。同时，禁止“士民胡服”，改穿汉装，并针对“诸功臣旧族自代来者，姓或重复”的情况，下令皆改为与汉姓相同的单姓，如改拓跋氏为元氏、独孤氏为刘氏、步六孤氏为陆氏、丘穆陵氏为穆氏等。通过禁北语、改籍贯、禁胡服、改姓氏等“汉化”措施，极大地促进了拓跋鲜卑的“汉化”进程。

在族际通婚方面，孝文帝于太和七年（483年）十二月发诏，明令同姓婚娶“自今悉禁绝之，有犯以不道论”，从制度层面上推动了族际通婚。这一时期，北魏上层在族际通婚中，更加注重与汉族世家门阀的政治联姻。《资治通鉴》记载，孝文帝“雅重门族”，以范阳卢敏、清河崔宗伯、荥阳郑羲、太原王琼四姓为“衣冠所推”，而皆将其女纳入后宫。陇西李冲亦因才识为当朝所重用，其女亦被孝文帝纳为夫人。此外，孝文帝还曾一次性为其六个弟弟联姻，具体为咸阳王拓跋禧、河南王拓跋干、广陵王拓跋羽、颍川王拓跋雍、始平王拓跋勰、北海王拓跋详，分别聘娶颍川太守陇西李辅女、中散代郡穆明乐女、骠骑谘议参军荥阳郑平城女、中书博士范阳卢神宝女、廷尉卿陇西李冲女及吏部郎中荥阳郑懿女。北魏上层与汉族世家门阀的联姻，进一步淡化了汉、鲜卑之间的民族界线，促进了两族之间的融合。

同时，与其他少数民族上层宗室贵族之间的联姻，也依旧流行于北魏上层间。《元鉴妃吐谷浑氏墓志》即反映了北魏皇室与吐谷浑上层通婚的史实。

元鉴为北魏皇族,《武昌王元鉴墓志铭》记载，其为“道武皇帝之玄孙，河南王之曾孙，成王之孙，简王之子”。而其妃吐谷浑氏,《元鉴妃吐谷浑氏墓志》记载，“则为吐谷浑国主胄胤，安西将军、永安王斤之孙，安北将军、永安王仁之长女，太尉公三老录尚书、东阳王之外孙”，可见其妃出身于吐谷浑王室。北魏时期，各民族上层间族际通婚广泛，在《魏书・皇后列传》所记载的20余位皇后中，就有鲜卑没鹿回部、鲜卑慕容部、匈奴铁弗部、匈奴独孤部、匈奴贺兰部、羌族、汉族、高句丽、柔然等部族。

北魏上层的重视以及北方诸族杂居格局的形成，推动了民间族际通婚的发展。《魏书》记载，自拓跋猗卢定居于陉北至孝文帝迁都洛阳前，北魏曾多次进行人口迁移，其中规模较大者就有十八次，迁移人口百余万。如拓跋猗卢据有陉北后，曾“徙十万家”以充实雁北、大同地区，此次迁徙为拓跋氏建都平城打下了基础。拓跋珪建都平城前，亦于登国六年（391年）及天兴元年（398年）初进行了两次大规模人口迁移，其中仅后者即“徙山东六州民吏及徒河、高丽杂夷三十六万,百工伎巧十万余口”。这种大规模的人口迁徙，打破了原有的地理格局、民族界限，逐渐形成了诸民族“大杂居、小聚居”的分布格局，也使得族际通婚成为北魏社会生活的常态。

魏晋南北朝时期，是中国历史上的又一次民族大融合时期。在这一进程中，拓跋鲜卑具有特殊的历史地位。从拓跋推寅带领族人走出“大鲜卑山”，迁于“大泽”，到拓跋诘汾再次率部迁徙于“匈奴之故地”及拓跋力微称雄于漠南，再到拓跋珪建都平城，建立北魏，最后到孝文帝拓跋宏迁都洛阳，拓跋鲜卑成为第一个入主中原的少数民族。在拓跋鲜卑数百年的发展过程中，通过迁徙、通婚、改革甚至战争等方式，拓跋鲜卑不断吸收和借鉴其他民族的优秀文化，从而促进了自身的不断发展与壮大。拓跋鲜卑融入华夏民族的历史过程，堪称中华民族由多元走向一体的典型范例，生动揭示了中华民族从隔阂冲突到接触融合再到在潜移默化中走向一体多元的发展历史。

万岁千秋神鸟画像砖

魏晋南北朝时期是中国自秦汉大一统后走向大分裂的一个历史时期。这一时期虽然朝代更迭频繁、战争接连不断、社会动荡不安，但也是一个大融合的时代。北朝上承五胡十六国，进一步加速了民族融合的进程。北魏拓跋宏积极学习和接纳汉族文化，实行姓氏改革并迁都洛阳，这种“汉化”政策的实施一方面促使其政权的稳固，另一方面也促进了民族间的深度融合。晋室南渡，不仅使大量北方的人口、生产资料等流向南方，还使北方的思想意识、文化艺术传往南方，南北人交错杂居在一起，从而愈加为南北文化交流提供了更为便利的条件。在这一战乱频繁的历史时期，人们更需要精神层面的安抚和慰藉，宗教的传入不仅满足了人们精神上追求自由的需求，同时使得人们在思想上得到了极大的解放。在这个过程中，出现了多种文化的交融和碰撞，从而产生了许多文化和艺术领域流传至今的佳作，可以说魏晋南北朝时期是中华文化发展的高峰时期。

画像砖起源于战国时期，是墓葬装饰艺术的一部分。魏晋时期墓室建筑中应用了大量画像砖，它们的精妙程度令人叫绝。这一时期，画像砖形式多样、内容丰富、题材繁多，生动地再现了古代劳动人民的生活场景、社会面貌、人生百态，以及体现了当时人们对生活的热爱和由此迸发的艺术创造力，同时也表现出这一时期南北方之间的文化交流与互鉴。1957年在河南邓县（今邓州）学庄村出土了一件南朝时期的画像砖——万岁千秋神鸟画像砖。此画像砖砖面的彩画保留完好，边框饰忍冬纹，中部绘盛开的莲花，两边各有一只神鸟。左边的神鸟为人首鸟身，鸟爪边有“千秋”二字；右边的神鸟为兽首鸟身，鸟爪侧边有“万岁”二字。鸟形象崇拜是人类原始图腾崇拜的普遍形式，《山海经》记载，“凡九山，一千六百七十里，其神皆人面而鸟身”。人首鸟身这种组合形式反映了上古时代人们对鸟的崇拜，人们试图以扮鸟的形式来获得神灵的庇佑。

《抱朴子》记载：“腾黄之马，吉光之兽，皆寿三千岁。千岁之鸟，万岁之禽，皆人面而鸟身。”这表明了人们以神鸟、神兽来表达生死观念，而这在墓葬体系中也有所体现，其中万岁千秋神鸟画像砖便是其鲜活的例证和体现。魏晋南北朝时期“万岁千秋”形象的内涵与道教教义等传统思想不无关系。道教作为我国本土的宗教，其起源可以追溯至商周时期，至汉代发展为黄老道，并逐渐与方仙道结合演化为道教。魏晋南北朝时期战事频繁，社会危机深重，以修道成仙为思想主旨的道教也迎合了人们渴望长生不老的心理需求，因而道教具有了产生和发展的社会土壤。而画像砖中“万岁”“千秋”等文字的出现，正是人们“寿如其名”的理想体现，也反映了南北朝时期画像砖的道教文化意蕴。

“万岁”“千秋”纹样在魏晋南北朝时期多有流行。除了1957年在河南邓县墓葬中出现了南朝时期的“万岁千秋”绘画形象，在其他地区的墓葬中也曾出现同类型绘画形象，例如常州戚家村画像砖墓、镇江东晋画像砖墓、邗江南朝画像砖墓、南京王家洼南朝画像砖墓等。与此同时，北朝墓葬中也有类似题材的绘画形象出现，如太原南郊北齐壁画墓、磁县湾漳北朝壁画墓、北魏苟景

千秋

万岁千秋神鸟画像砖

南北朝（420—589年）

高19厘米，宽38厘米，厚6.3厘米

1957年河南邓县学庄出土

中国国家博物馆藏

墓志、北魏元谧墓志等，另外在固原及大同发现的北魏时期的棺椁上也绘有人首鸟身形象。这一时期南北墓葬中的“万岁千秋”绘画形象虽然存在细微差别，但其人首鸟身、兽首鸟身的总体形象依然清晰可辨，这也就从墓葬绘画及雕塑的题材中展现了当时南北文化交流的印记。

万岁千秋神鸟画像砖除以“万岁千秋”纹饰反映文化交流融合之外，还与佛教思想有着密切的关联。据考证，《经律异相》记载：“千秋，人面鸟身，生子还害其母。复学得罗汉果，畜生无有是智及有尊卑想，不受五逆罪。”这从另一侧面也反映出当时社会佛教的盛行。除此之外，画像砖上的忍冬纹也从另一侧面反映出佛教在当时整个社会中占据了重要地位。在植物学上忍冬被称为金银花，但在艺术学上忍冬纹却被赋予更多的象征意蕴。关于忍冬纹的来历目前还尚无定论，有人认为是从国外传入的，也有人认为是在中国本土由云纹和莲花纹结合演化而来。由于忍冬具有耐寒的特性，越冬而不死，因而被广泛运用到佛教中以表示灵魂不灭。

莲花纹与忍冬纹都具有典型的佛教文化内涵。莲花因其“出淤泥而不染”而被赋予纯洁高贵的意象。莲花纹作为一种传统纹饰，其产生及演变有着悠久的历史，尤其是汉朝时随着佛教的传入，又与佛教中的莲花纹样相融合，逐渐与佛性清净的精神追求相契合。发展到魏晋南北朝时期，莲花纹饰广为流行，被广泛应用于石刻、铜镜等多个艺术门类。从北魏时期云冈石窟的莲花纹饰来看，其形制既承袭前朝，又吸纳外来文化元素，既具有秦汉时期本土莲花纹样的特征，又具有印度、龟兹等异域纹样的风格，从而具有了融汇创新的特征。

“南朝四百八十寺，多少楼台烟雨中。”魏晋南北朝时期，南方佛教寺塔大兴，在南朝墓葬中出土的画像砖上的莲花纹也是重要的装饰内容。由于受佛教思想的影响，南朝莲花纹样造型感强，具有洒脱飘逸的总体风格。不仅如此，云冈石窟的莲花纹饰在借鉴北方植物纹样的同时又具有南朝莲花纹饰的特征，北魏莲花纹饰体现了中外及南北纹样的交汇融合，而南北朝的莲花纹样都体现了佛教文化给中国带来的深远影响，进而也佐证了这一时期南北文化交流的深度与广度。佛教传入中国以后存在着南向和北向两条传播路线。一种观点认为佛教是经北方的丝绸之路通过西域传入中国的，并逐渐由西北往中原地区传播；另一种观点认为佛教是通过海上丝绸之路传入中国的，经由广州传至江苏一带，并逐步往北传播。佛教的这两条传播路线，不仅使佛教形成了不同的风格，也推动了南北文化交流，加速了南北各民族的汇聚融合。南北朝时期的画像砖中诸多佛道题材的出现，充分说明这一时期佛教文化、道教文化并存发展的繁荣局面。

除了“万岁千秋”题材的画像砖，还有以儒家孝道为故事题材的画像砖。汉代“独尊儒术”的思想发展至魏晋时期，随着玄学思想及佛教的传播，儒家学说的独尊地位受到很大挑战，在社会思想领域形成了各种思想碰撞与交融的局面，尽管如此，儒家思想的影响亦不容小觑。如1957年在河南邓县和湖北襄阳出土的南朝画像砖中，就有对孝子故事的描绘，反映了人们对孝悌观念的重视。统治阶级出于维护自身政治地位的需要，力行以孝道作为一种道德约束的规范，孝子故事也因此成为古代绘画艺术中经久不衰的题材。1957年在河南邓县学庄出土的画像砖中也有儒家孝文化的题材，其中有代表性的是“郭巨埋儿”画像砖。“郭巨埋儿”意象虽然从艺术风格来看在南北墓葬中的表现形式存在差异，但从题材内容来看，两者体现了对儒家“孝”的重视，进而又反映出南北文化在不断交流融合基础上的共性和一致性。

每一种艺术形式都是社会文化背景的反映，南北朝时期的画像砖题材丰富多样，在艺术风格上具有民族性与融合性，在内容上不仅有神话传说、宗教文化等题材，还以日常生活作为表现题材，诸如农业生产、牛车侍从、狩猎出游等场景。邓县出土的画像砖不仅在形制、题材等方面与南朝早期的艺术形式一致，而且又与北方一些墓志的绘画风格相类似。这些画像砖的内容题材不仅是当时社会生活场景的再现，也是墓主人社会地位的反映，还是南北间迁徙交往的社会现实及思想意识的鲜明体现。

南北文化交流的方式和渠道多种多样。一是聘使往来。《南北史合注》记载："既南北通好，务以俊乂相矜，衔命接客，必尽一时之选，无才地者不得与。"聘使具有合法性和规范性，尤其是在当时分裂割据的社会形势下，这种往来形式对于南北政治、经济及文化交流起到了积极的推动作用。二是军事征伐。分裂割据与战争虽然带来了武力的破坏，但在客观上也促进了南北文化的交流。战争造成了大批人员的迁徙，随着人员迁徙，文化典籍也随之流转，进而加速了各民族间的沟通与了解。中原汉族与北方少数民族的相互征服更是促进了民族融合，逐渐迈向统一的多民族国家的建立。三是经贸往来。社会的发展离不开经济的繁荣，贸易在于交换和沟通，南北朝时期商业贸易的发展也带动了文化的交流。南朝商业繁盛，在商业政策的支持下商业贸易获得大发展，商贸往来虽以经济利润为目的，但同时也促进了双方的文化交流。

魏晋南北朝时期是继春秋战国之后第二次分立争雄的时期，同时也是一个多元、开放、大迁徙和大融合的历史时期，因为这一时期的分裂割据是在经过秦汉统一的背景之下出现的。这一时期，文化上上承汉晋、下启隋唐，各民族在不断交往交流中呈现出相互融合、兼收并蓄的总体态势。这种南北文化交流使中华文明在各民族的交往融合中不断发展完善，从而铸牢中华民族共同体意识。

马头鹿角形金步摇

步摇文化在北方的传播

我国是历史悠久的国家，各民族曾经在中华大地上繁衍生息，互相交流，互相融合。有些民族虽然最终消逝在历史中，但他们的遗物在中国各地不断被发现，他们的文化融入了中华文化之中。鲜卑就是这样一个民族，兴起于我国北方大兴安岭地区，活跃于魏晋南北朝时期，隋唐文化也深受其文化的影响。中国国家博物馆收藏的一件北朝时期的马头鹿角形金步摇，就是鲜卑文化给当代中国人的馈赠。

这件具有浓烈草原特色的金步摇是4世纪慕容鲜卑的遗物。步摇底端为马头形，马头上是鹿角形的枝丫，枝丫末端均上卷成圆环，环上各挂一片金叶。步摇的鹿角与马耳的尖部有桃形金片。

步摇，中国古已有之。战国时期，在楚国宋玉的《讽赋》之中有“垂珠步摇，来排臣户”的诗句。女子们将步摇固定在头发上，在行走之时，下垂的金属珠玉会不停地摇曳或者撞击，发出清脆的响声，给人以视觉和听觉上的美感，所以称之为“步摇”。后来人们将步摇固定在冠上，称之为“步摇冠”。东汉刘熙《释名·释首饰》中说："步摇，上有垂珠，步则摇也。"汉代文献中记载的我国传统的垂珠步摇与后来考古发掘出土的摇叶步摇都有"步则摇也"的特点，因此统称为"步摇"。但类似的饰物在商代已经出现，根据考古资料，当时步摇已经是王后在祭祀或者参加庆典之时必须佩戴的重要头饰。

汉代时，步摇是宫廷女子的重要首饰、皇族身份的重要象征。到南北朝时期，不仅嫔妃可以佩戴步摇，贵族妇女甚至平民也可以佩戴，只不过民间的步摇更加简单。汉族传统步摇与西域传入的步摇虽然名称相同，但在形制结构、质地、用法、流行时代等方面均有所不同。《续汉书·舆服志》中记载的流行于东汉时期皇后谒庙时所戴的步摇，大体形制为以黄金做成山题（步摇的底座），金丝穿白珠绕成桂枝状，其间缀以花朵、鸟雀、吉兽等形象的饰件，并垂有珠玉坠饰。中国国家博物馆所藏的步摇以山题、桂枝为基干，带有浓郁的草原风格，应当是丝绸之路打通后，西域文化和汉族文化交融的产物。

建武二十二年（46年），匈奴贵族间爆发了争立单于的内讧。建武二十四年（48年），单于率众到五原塞归附东汉王朝，曾经雄踞漠北草原400多年的匈奴分裂成南北两部。建武二十六年（50年），东汉政权让南匈奴单于率部南下，设匈奴中郎将对南匈奴单于进行监护，每年供给南匈奴一亿钱以上的财物作为赏赐。南匈奴则遣子入朝，并分置诸部于北地、朔方等缘边八郡，协助东汉防御北匈奴的侵扰。南匈奴同东汉和平相处，边境安宁，原内徙的边郡居民，也陆续返回本郡。

南匈奴内附后，留在漠北草原上的北匈奴势力大为削弱，但仍控制着西域，常常侵扰河西和北方郡县。永平十六年（73年），汉明帝为解除北匈奴的威胁，恢复汉朝与西域各国的友好关系，派奉车都尉窦固等分兵四路进击北匈奴。窦军在天山击败了北匈奴呼衍王，追至蒲类海（今新疆巴里坤湖）。窦固派吏士留屯占领的伊吾卢（今新疆哈密西），控制了通往西域的门户。汉和帝永元元年（89年），东汉大将窦宪、耿夔率军击败北匈奴，北单于率主力西迁，鲜卑转徙占据漠北之地。没有西迁的十余万匈奴人，皆自号鲜卑，鲜卑由此渐盛，在很长一段时期内相对稳定自由地发展起来。

东汉桓帝时期，鲜卑分裂，其中最强的一支居住在慕容寺，因而改号为“慕容”。其余拓跋部、宇文部、段氏也有所发展。此时，鲜卑檀石槐部日益壮大，在高柳（今山西阳高）北弹汗山（今河北尚义大青山）一带建立王庭。檀石槐的人马非常强盛，东部和西部的部族首领都归顺于他。檀石槐趁此机会向南抄掠汉边境地区，北面抵御丁零，东面击退夫余，西面进攻乌孙，占领了匈奴原先的全部地盘，“东西万四千余里，南北七千余里”，强盛一时。156年，檀石槐统一了鲜卑各部落。檀石槐去世后，鲜卑开始没落。三国时期，鲜卑部落首领莫护跋开始投靠曹魏，后归于西晋。

除鲜卑等少数民族南下外，东汉末到西晋后期中原地区的汉族居民又大批北上，进入幽州、平州等地。这种民族对流运动，促进了各民族的杂居和融合，加速了先进文明的传播和吸收，使得一些游牧民族过渡到定居的农业生活或半农半牧的生活，从而走上了封建化的道路。

西晋灭亡后，中国北方进入五胡十六国的混战时期，匈奴、鲜卑、羌族、氐族、羯族进入中原，先后建立了十六个政权，互相攻伐。鲜卑族建立了五个政权，南凉为拓跋鲜卑所建，西秦为乞伏鲜卑所建，前燕、后燕、南燕都为慕容鲜卑所建。慕容鲜卑人才济济，慕容恪、慕容垂都堪称一代战神，前燕、后燕也曾经称霸一时，但时运并不在他们手里。386年，拓跋鲜卑建立北魏，开始崛起，在参合陂一役中大破慕容鲜卑的军队，不久统一黄河流域。拓跋珪称帝后，将国都从盛乐迁至平城，解散各部族，将部族民众归于郡县统治，将部族联盟制的鲜卑国家转变为君主独裁的封建国家。这种一元化的统治，更有利于鲜卑族和汉族的统一融合。拓跋氏以“炎黄子孙”自居，统治被征服的汉族百姓，致力于推动鲜卑族的“汉化”和各民族的融合。北魏中期，文明太后和孝文帝拓跋宏进行了一系列改革，诸如太和八年（484年）实行官吏俸禄制、太和九年（485年）实行三长制、太和十年（486年）实行均田制，断北语、禁胡服、改胡姓、通婚姻等政策，都是游牧文化同农耕文化的巧妙融合，为后来中

马头鹿角形金步摇

北朝（386—581年）

高16.2厘米，

重约70克

1981年内蒙古达尔罕茂明安联合旗出土

中国国家博物馆藏

国的统一奠定了基础，对隋唐时期制度的继承与完善都产生了重要影响。

而无论是慕容鲜卑还是拓跋的民族融合政策，都体现在北朝物质文化史中。作为草原部族，鲜卑人常年居于马背之上，逐水草而居，迁徙无常，与人形影不离的首饰、服饰以及马具就显得更加重要，金银也多用在这些方面。来自西亚地区的域外摇叶步摇通过西汉的丝绸之路，历经数世纪的传播，到中国北方草原后被东部鲜卑吸收，其中的慕容鲜卑东迁到大凌河流域后接触到燕代地区的“汉式步摇文化”，经过融合从而产生了极具民族特色、盛极一时的金步摇饰。金步摇饰是慕容鲜卑特有的重要服饰品，在草原民族中更被珍视，是草原部族身份与地位的象征，其主人不仅限于贵族女子，还包括国王和男性的高级贵族。鲜卑族慕容部贵族都喜欢戴步摇冠。

到魏晋时期，步摇成为常见的头饰。金步摇饰是当时的时尚饰品，也是其拥有者的身份和地位的象征。从南北朝开始，步摇已经不受地域和民族的限制，被各族女子广泛接受。一直到明清时期，因为民间手工技艺的日渐精细，步摇的式样和材质都有了新的发展和变化。明清两代经典的首饰工艺——珐琅彩、点翠等，都给步摇注入了新鲜的血液。

金步摇饰是北方民族钟爱黄金的见证。从先秦时期开始，欧亚草原地区就多有黄金制品出土，尤其是北方草原。这得益于该地游牧民族偏爱金器。黄金制品不易损坏，对于常年居无定所的北方民族极其重要。如虎和大角怪是匈奴金器的惯用纹样，而鲜卑人则崇拜一种似马的神兽。鲜卑人对黄金制品情有独钟，他们将黄金打造成各种首饰和服饰配件，其中金步摇独具特色。

中国考古发现的步摇实物，主要出土在慕容鲜卑遗迹中，集中在辽西的朝阳、吉林东部的集安、内蒙古中东部、河南北部、山东及江苏南京等地有少量出土。步摇实物均带有典型的北方草原文化特征，如金花树状步摇冠饰、金花蔓串饰、金步摇冠顶等。孙机先生在《步摇・步摇冠・摇叶饰片》一文中将步摇和步摇冠进行了区分，认为目前发现的此类饰品除冯素弗墓出土的冠饰能够看出步摇冠的踪迹外，其他的发现都只能归入单件步摇之列。孙机先生认为步摇冠起源于西亚，从萨尔马泰女王墓和阿富汗席巴尔甘大月氏墓出土的金冠中可以找到步摇冠的典型形态，随着游牧民族的征战、迁徙向东传播，进而传入中国的燕代地区，后被慕容鲜卑吸收并流行，公元五六世纪经我国的东北地区传播到了朝鲜半岛和日本列岛。

这件马头鹿角形金步摇的制作、使用和发现都充分反映了魏晋南北朝在我国历史中承前启后的重要地位。魏晋南北朝上承秦汉、下启隋唐，是我国继春秋战国时期之后，又一次大动荡、大分裂、大变革、大融合的关键时期。这一时期，我国经历了历史上少见的人口大流动与民族大迁徙。由于汉末三国北方战乱，广大北方人民为了寻求安定的生活环境，纷纷向外迁徙。人口迁徙的方向大致为：青州之民流徙幽州或辽东，关陇之民迁入荆州、益州、汉中，京洛之民东迁徐州，南阳之民流入益州，皖北、江北之民渡江至江南，远者至交州。西晋八王之乱与永嘉之乱，导致中原人口以更大的规模向外流动迁徙。与此同时，北方长城内外的各少数民族也大举进入中原。当时被称为五胡的匈奴、鲜卑、羯、氐、羌等少数民族，原来在塞外过着游牧生活，入居中原后逐步由游牧生产转向农耕生产。他们与汉族人民长期接触，共同生活与生产劳动，对农耕文明有了进一步的了解。其上层人物在建立政权的过程中，通过向汉族士人学习，吸收汉族士人参与其政权建设和经济文化改革，最后实现互相融合。在东晋南朝时期，随着南方地区的深入开发，南方的少数民族，也逐渐开始与汉族融合。

各少数民族人民在与汉族融合的同时，也带来了文化上的大交流。各少数民族人民将西域传来的文化和本民族自有文化同中原汉族文化互相融合，各少数民族人民固然在学习汉族的先进文化和制度，但汉族人民也在自觉或不自觉地学习吸收各少数民族文化中的有益成分，给汉族文化输入了新鲜血液，为隋唐时期的文化大繁荣奠定了坚实的基础。“云鬓花颜金步摇，芙蓉帐暖度春宵。”白居易的这两句诗充分反映了经过魏晋南北朝时期的民族融合和文化交融，来自中亚的草原特色步摇和汉族传统步摇在隋唐时期已经融合，成为当时妇女争相佩戴的首饰。马头鹿角形金步摇所代表的特色文化，已经在中华大地甚至在中华文化圈广泛传播。

合背『永通万国』铜钱

北周朝廷改革的历史见证

西晋时期，为了便于监控各族以及增加兵源和劳动力，朝廷以招引或强制的方式，将边疆的北方各族内迁，与中原的汉族进行混居。北部、东部和西部，尤其是并州和关中一带，少数民族的人口过半。这些少数民族虽然臣服于西晋朝廷，但经常反叛。八王之乱后，西晋朝廷对全国的掌控力急剧削弱，各族趁机作乱。306年，巴氐首领李雄称帝，国号“成”，338年李寿改国号为“汉”，史称成汉。308年，匈奴首领刘渊宣布独立，称汉王，国号“汉”。这两件事标志着五胡十六国时期的开启。西晋灭亡后，中国北方进入五胡十六国混战时期，人口大量减少，北方的商业也遭到了重创，钱货的交易基本断绝，《魏书·食货志》称太和改制前“钱货无所周流”。

但在战争的间隙，安定地区的商品经济仍有所恢复和发展，钱币交易仍部分存在。与当时中原地区的混战局面相比，河西地区相对安定，而且与西域和中亚的商业交流没有中断，商旅往来频繁，因此钱币的使用率仍然很高。前凉张轨时期就曾铸行钱币，后凉时则以钱标明谷价，北凉沮渠蒙逊“散钱以赐百姓”。前秦时，苻坚一度统一黄河流域，使得经济和商业得到了较快的恢复和发展，都城长安汇聚了来自中亚和西域的胡商，“旅行者取给于途，工商贸贩于道”。其后的前燕、成汉等政权也有发行铜钱的记录。北魏太和改制前，虽然“钱货无所周流”，基本上以实物交易为主，但钱币的使用也没有完全断绝。北魏世祖在位时，崔浩指责李顺“受人金钱，欲为之辞”，以钱为贿赂之物。世祖还以战功赏赐王慧龙“剑马钱帛”。北魏显祖在位时，元澄之父云治理徐兖有方，“为百姓所追恋，送遗钱货，一无所受”。当时绢的价格也有以钱标定的，如“天安、皇兴间，岁频大旱，绢匹千钱”。虽然北魏建国后百年间没有铸造钱币，以物物交易为主，但由于汉族百姓使用钱币的习惯根深蒂固，魏晋时期的旧钱也不可能完全废弃，因此人们在日常交往和社会生活中依然使用钱币。

北魏孝文帝在位时，进行了政治、经济等方面的全面改革，币制的改革也是一项重要内容。从太和十九年（495年）起，北魏官方三次大规模的铸造钱币。《魏书·食货志》记载，孝文帝太和十九年（495年）铸太和五铢，并要求内外百官禄都准绢给钱，每匹绢值200钱，允许民间私铸。宣武帝永平三年（510年）铸五铢钱。孝庄帝永安二年（529年）改铸永安五铢。北魏分裂后，仍然沿用了永安五铢。东魏武定年间曾经改铸五铢钱，仍称永安五铢；西魏大统六年（540年）和十二年（546年）两次铸造五铢钱。北齐代东魏后，仍沿用永安五铢，文宣帝高洋天保四年（553年），废除永安之钱，改铸常平五铢。

北周武帝宇文邕继位后，面临十分严峻的内外形势。一方面，国内真正掌握朝政的是其堂兄宇文护。为了把持大权，宇文护曾先后废黜了孝闵帝宇文觉，毒杀了明帝宇文毓，拥立宇文毓四弟宇文邕为帝。北周武帝名为皇帝，实为傀儡。而在国外，北周、北齐是分别继承西魏、东魏的鲜卑政权，政权的基础是原北魏政权的六镇武人，两国相互敌对。而占据了当时较为富饶的东方且收拢了大部分六镇武人的北齐，在国力上更占优势。另一方面，在北方，北周面临着突厥等困扰中原王朝已久的游牧民族的威胁；在南方，则有自居为中华正统、以恢复中原为己任的陈国窥伺。

为了强化皇权，北周武帝设计诛杀了宇文护，之后进行了多方面的改革。

一是改革府兵制，加强武备。北周武帝对府兵制进行了改革，对北周的军制加以完善。建德二年（573年），“改军士为侍官，募百姓充之，除其县籍。是后，夏人半为兵矣”。侍官是天子的近臣。改军士为侍官，改变过去府兵专属于某一个军队统帅的传统，增进军队和皇帝的亲近关系，使府兵直接隶属于君主。这样一来，军队分权的倾向有所改变，皇帝加大对全国军事力量的掌握力度。

二是全国灭佛，让僧尼还俗，增加劳动力。建德二年（573年）十二月，北周武帝召集道士、僧尼和官员讨论佛、道、儒三教的问题。这一次，“帝升高坐，辨释三教先后，以儒教为先，道教为次，佛教为后”。把佛教抑为最末，事实上已是灭佛的前奏。建德三年（574年），北周武帝下诏灭佛。此次灭佛运动对北周时期的佛寺势力造成了沉重打击，大量僧尼重新回到土地上劳作。不仅如此，宇文邕还曾下诏解放北周境内大量奴婢，恢复他们的平民身份，这样也使相当大部分人口得以解放，北周的经济逐渐好转了起来。

在钱币方面，北周初期沿用西魏五铢钱制。北周武帝采取新的货币制度，于保定元年（561年）铸“布泉”，与五铢钱并行。新发行的钱币不标明具体重量，只留“布泉”二字，在实际流通中直接与五铢钱兑换，“以一当五，与五铢并行”。根据出土实物测量结果，一枚标准的布泉钱重3.5克左右，也就是稍微多于一枚标准五铢钱的重量，却“以一当五，与五铢并行”。这无疑属于一种虚值货币。与此同时，北周统治者还对货币的流通区域做了划分。在梁、益二州杂用古钱交易而不使用布泉钱；在河西之地既可以使用新发行的布泉钱，也可以使用金银流通。

布泉钱流通了13年之后，宇文邕再发新钱“五行大布”。在不标明重量的情况下一“五行大布”等于十“布泉”，与五铢钱同时在市面上流通，兑换比

合背「永通万国」铜钱

北周静帝时期（579—581年）

直径3厘米，重6克

中国国家博物馆藏

值为一比五十。虚值货币的大量使用，必定会对国家经济造成严重影响。为了规避这种不利情况，北周政府严格限制新钱只能在河西地区流行，用于同西域和中亚诸国进行贸易，企图通过大额面值的钱币在对外贸易中获利。其他地区仍旧使用旧钱，“梁、益之境，又杂用古钱交易”“齐平已后，山东之人，犹杂用齐氏旧钱”。通过设立4个不同货币流通区，北周政府将虚值货币对社会经济所产生的破坏性影响屏蔽在北周统治区域的核心地带之外。

这种做法与北周财政状况十分拮据有关。北魏末年以后，关陇一带长期地瘠人贫。西魏多次攻掠东魏，意图获取粮食以解决财政危机，北周代西魏后，北周与北齐处于拉锯战中，也使得北周时常处在捉襟见肘的状态中。《周书》卷十九《列传十一·杨忠传》云：“时军粮既少，诸将忧之，而计无所出。”北周连军队的粮食都无法保障，可见其财政之艰难。北周统治者发行虚值货币，意图在对外贸易中获取暴利，缓解财政危机。这个措施实施之后，北周境外的金银货币大量流入境内，这成为北周的重要收入来源，很大程度上解决了国内财政的窘迫问题。

北周武帝的改革让北周的国力和军力都有了很大的提高，从而在拉锯战中取得了绝对战略优势。577年，北周武帝派军消灭北齐，重新统一了中国北方。

北周武帝死后，其子宇文赟继位，是为北周宣帝。宣帝荒淫无道，北周国势自此衰落。他在位仅一年即禅位于年仅7岁的长子宇文阐，就是北周静帝。随后北周为了解决财政问题，又发行了“永通万国”钱，希望能够扭转国家的颓势。然而，王朝命运并不会因为一枚钱币而改变，仅仅在“永通万国”钱发行后不到两年时间，北周就被隋朝取代了。

“永通万国”钱可以说是北周货币改制的见证，始铸于北周静帝宇文阐大象元年（579年）十一月。钱币双面玉箸篆，因此叫“合背”，对读“永通万国”四字，文字精美，形制润厚。“永通”意为永远通行，“万国”意为天下万国可用。北周的统治者希望铸造的此类钱币可以永远地流通于各国之间，并为其带来财富。“万国”一词的使用并不是统治者的临时起意。北朝自北魏太武帝的时候，就曾经自诩为“万国宗主”。后来的东西两魏，以及北齐、北周也都曾经以“万国之首”自居。因此，北周铸造新钱时，选用“永通万国”作为钱文，就是这种自视为“万国之宗”思想的体现。“永通万国”钱“以一当十，与五行大布及五铢，凡三品并用”，虚值过高，堪称大钱之冠，因此受到民间抵制，流通时间不长。

虽然“永通万国”钱并没有实现铸造者希望的永远流通万国的愿望，且很快就被废弃，但这并不影响它的收藏价值。“永通万国”钱与“布泉”“五行大布”并称为“北周三泉”，文字、铸工、铜质都很讲究，被誉为六朝钱之冠。而“永通万国”钱又以钱文篆势华美，雍容绮丽，圆润流畅，疏密有致，为“北周三泉”之冠。“永通万国”钱是代表当时工艺水平及造型艺术的典范作品，在中国铸币史上具有重要地位，为后世铸造的“开元通宝”钱文奠定了基础。

557年，宇文泰之子宇文觉在宇文护等人的拥护下建立北周。至此，在中国的北方，先后形成了东魏—北齐、西魏—北周相对峙的格局，自北魏孝武帝出奔（534年）至北周建德六年（577年）灭齐，共持续了43年。在北周受禅于西魏的同一年，南朝陈霸先代梁，建立了陈。于是，北周与北齐交往的同时，也与南朝交往，形成了东与西、南与北都有交往的政权格局。北周代西魏，由弱变强，先是收纳巴蜀千里沃野，而后吞并文化昌盛、人口众多的北齐政权，统一了国家的大部，为之后的隋朝一统天下奠定了坚实的基础。北周在北魏至隋唐系统中的转折性作用和在南北统一中的奠基性作用不容忽视。

第三编

中华民族共同体的深化融合

隋唐五代

海纳百川　文化互鉴

北庭都护府残文书册

西部边疆的开拓、巩固与发展

北庭都护府残文书册，原为罗振玉先生收藏，后由唐兰先生购于海王村。该书册共存十页，册后有唐兰先生题跋，其内容包括《北庭都护府西州户名籍》《长行典杨节七月粮取减牒》《长行马秋季料未支牒》《长行坊牒》《分明地界状》《司仓乐慎知牒》《专当官摄县丞李仙牒》《恩节六月粮支给讫牒》《军府结账残籍》等。该书册是研究唐代西北边疆政治、经济的重要史料。

唐朝是我国古代封建社会发展的鼎盛时期，特别是唐代前期国力强盛、经济繁荣、文化兴盛，为唐王朝经营西域奠定了坚实的基础。唐朝实行开明的民族政策，并致力于边疆的经营与扩展，唐太宗即以“夷狄亦人耳，其情与中夏不殊”，认为若施德泽于“夷狄”，则“四夷可使如一家”。在这一治边思想指导下，唐朝设置了众多的羁縻府州以进行统治。关于唐代羁縻府州之设置，《新唐书·地理志七下·羁縻州》记载：“自太宗平突厥，西北诸蕃及蛮夷稍稍内属，即其部落列置州县。其大者为都督府，以其首领为都督、刺史，皆得世袭。虽贡赋版籍，多不上户部，然声教所暨，皆边州都督、都护所领，著于令式。……大凡府州八百五十六。”

唐代对羁縻府州的管理，主要经由边州都督府和都护府进行，其中又以都护府为主。都护府为唐代于边疆地区设置之最高权力机关，其主要职能为“抚慰诸蕃，辑宁外寇，觇候奸谲，征讨携贰”。《新唐书·地理志》记载，有唐一代，主要设置有单于、安北、安南、安东、安西、北庭六大都护府。北庭都护府初设于武则天长安二年（702年），统辖天山以北地区。这一地区为古代西域重要组成部分，两汉以后曾先后为匈奴、鲜卑、蠕蠕（柔然）、铁勒、突厥等民族的活动范围。唐初，其地尽属西突厥。贞观十四年（640年），唐太宗派侯君集灭高昌，并于可汗浮图城（今新疆吉木萨尔北）置庭州，此为唐朝经营天山北麓之始。

与此同时，唐太宗又于高昌设置西州，于交河城设置安西都护府。贞观二十三年（649年），阿史那社尔平龟兹后，安西都护府南迁龟兹，统辖焉耆、疏勒、于阗及龟兹四镇。高宗永徽二年（651年），西突厥酋长阿史那贺鲁举兵反叛，并攻陷庭州。经过反复争夺，唐朝于显庆三年（658年）复置庭州。此后唐朝为加强天山北麓边防实力，又于庭州设立金山都护府。武则天长安二年（702年），唐朝在金山都护府基础上建立北庭都护府。景云二年（711年），北庭都护府升为大都护府，直隶于朝廷。至此，北庭都护府与安西都护府分天山南北而治。北庭都护府统管天山以北、巴尔喀什湖以南，远至两河流域的西突厥十四姓诸部及各藩国；安西都护府则镇抚天山以南、塔里木盆地及葱岭以西诸部。

北庭都护府的设置，对于稳固唐王朝在西域的统治具有重要意义。在行政建置上，北庭都护府升大都护府后，其主管官大都护官阶为从二品，职责为“掌统诸蕃、抚慰、征讨、叙功、罚过，总判府事”。大都护以下设副都护4人，正四品上；长史、司马各1人，正五品上；录事参军事1人，正七品上；录事2人，从九品上；功曹、仓曹、户曹、兵曹、法曹参军事各1人，皆正七品下；参军事3人，正八品下。可见北庭都护府有着一套完整的机构组织，其

“诸曹，如州府之职”，民政、赋役、军事、司法、人事皆有专员以司其职。北庭都护府残文书册之《北庭都护府西州户名籍》记载有“北庭都护府功曹府流外四品、云骑尉营田第一等赏绯鱼袋王孝□（似为“方”）”“北庭都护府仓曹府流外四品、上柱国赏绯鱼袋康处忠年册一”“北庭都护府录事史流外五品、骑都尉营田第一等赏绯鱼袋曹怀嶷年册六”“北庭都护府户曹史流外五品、武骑尉营田第一等赏绯鱼袋张虔礼年册八”等，其职官包含了功曹、仓曹、录事及户曹。

关于北庭之军事建置，《通典》记载，早在庭州设置之时，朝廷即“每岁调内地更发千人镇遏”。北庭都护府设立后，又于城内建立瀚海军以加强军镇防务，体现出唐王朝欲加强在西域统治的意图。为应对景云二年（711年）东突厥西征后所造成的西域动荡，唐朝于先天元年（712年）设立伊西节度使（又称北庭节度使、伊西北庭节度使），确立了北庭对伊州、西州二州的节制关系，北庭军政地位进一步提高。先天二年（713年）前后，唐朝又设立四镇节度使（后更名安西四镇节度使），四镇节度使与伊西节度使分统安西四镇及伊、西、北庭地区。《旧唐书·地理志》记载：“自永徽至天宝，北庭节度使管镇兵二万人，马五千匹，所统摄突骑施、坚昆、斩，又管瀚海、天山、伊吾三军，镇兵万余人，马五千匹。”其中突骑施属西突厥，坚昆即黠戛斯，而斩啜则代指东突厥。

在北庭都护府残文书册之《分明地界状》中，有“衙前健儿（爰及兼使）贴傔、若居两院”“其健儿并于南营安置”等语，其中“衙前”初指行军统帅的指挥机关，后逐渐专指节度使的使衙，而“南营”一名，仅见于瀚海军文书。故此处之“衙前”指瀚海军驻地北庭，而文书内容为开元中期瀚海军为分明地界并于南营安置健儿等的意见。北庭、安西节度使之军事建置，有效地牵制了西突厥、吐蕃等势力，保障了唐代西北边疆的稳定。

所谓“王师外镇，必藉边境营田”，唐代北庭地区之屯垦始于庭州屯田。贞观十四年（640年）置庭州后，唐朝不仅派军队驻扎屯垦，亦迁西州汉民于

北庭都护府西州户名籍

唐（618—907年）

长27.3厘米，宽20.5厘米

中国国家博物馆藏

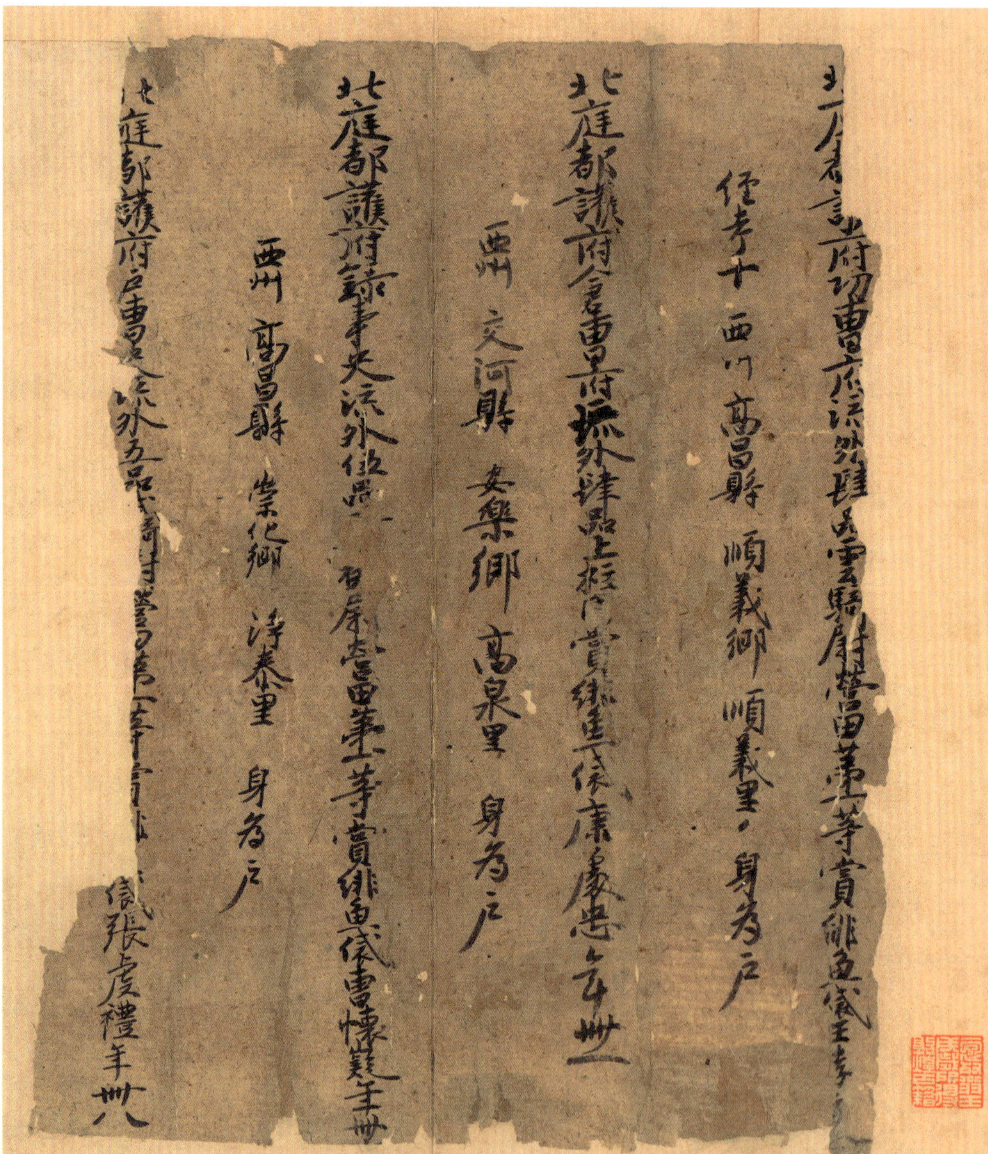

分明地界状

唐（618—907年）

长28.3厘米，宽19.6厘米

中国国家博物馆藏

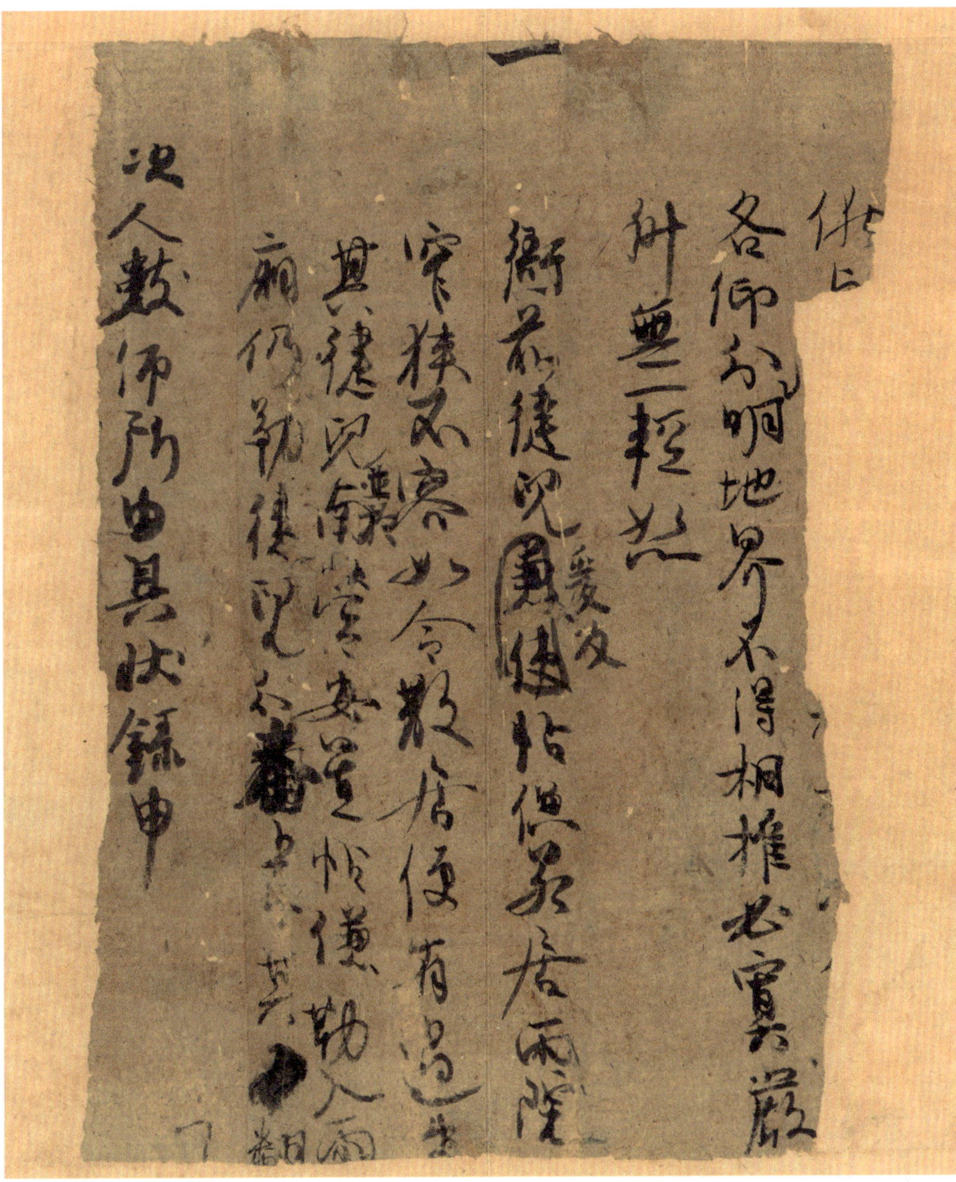

长行马秋季料未支牒

唐（618—907年）

长27.7厘米，宽30.1厘米

中国国家博物馆藏

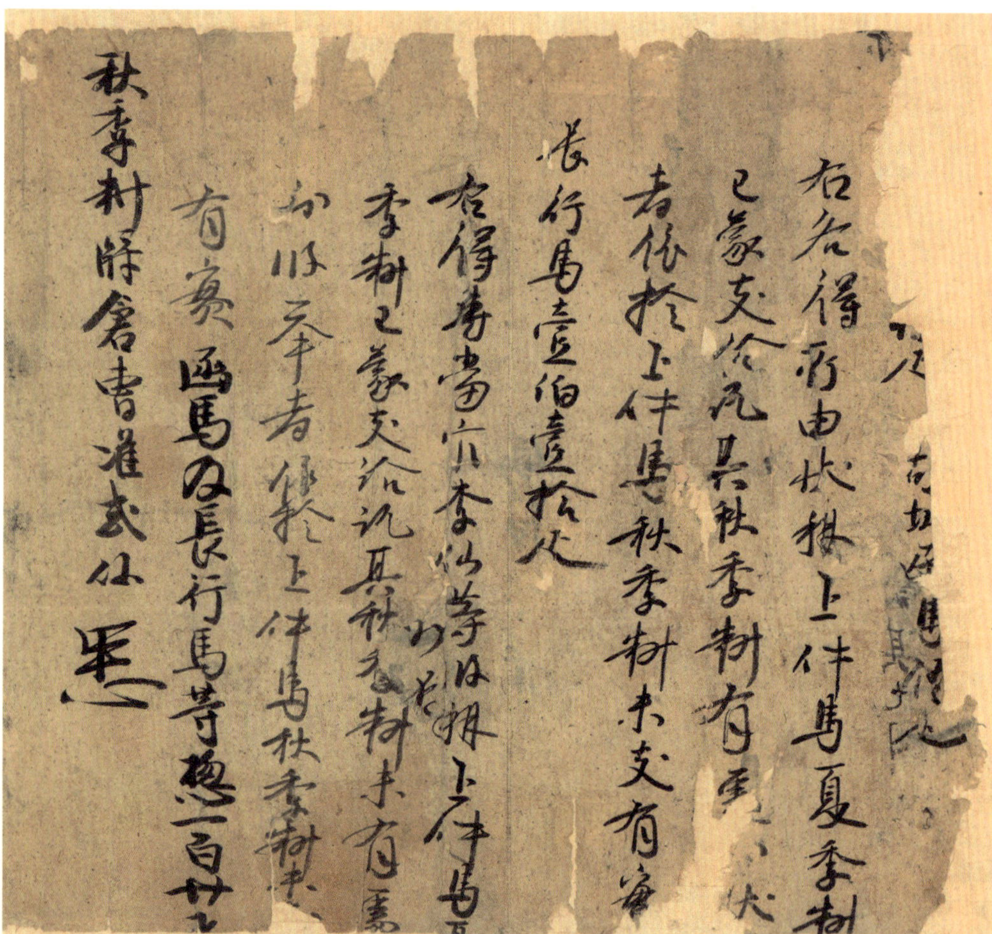

此。龙朔三年（663年），唐委裴行俭为金山副都护兼庭州刺史，并再次大举迁徙西州汉民于庭州屯垦。北庭都护府建立以后，其府城内有一万两千名瀚海军屯戍。《唐六典》记载，北庭都护府有“屯田二十屯”。唐代“司农寺每屯三十顷，州、镇诸军每屯五十顷”，若以“百亩为顷”的标准计算，则北庭屯田至少有十万亩。为管理这些屯田，唐朝设有专门的支度营田使，而北庭、安西大都护往往兼任营田使，如郭虔瓘的官职即为“右骁卫将军，兼北庭都护、瀚海军经略使、金山道副大总管、招慰营田等使”。屯垦经济的发展，不仅在一定程度上解决了驻军的粮食供应问题，也在客观上提高了西域社会的生产力水平，促进了其农业、工业、商业的发展与繁荣以及城市的兴起。

唐朝设置庭州及北庭都护府后，还在这一地区建立起一整套以馆驿为核心的交通体系，以作为唐王朝维护地区统治的重要保障。北庭为北疆地区的重要交通枢纽，其西可由弓月等城至碎叶，南由谷道经焉耆、高昌、伊吾可达河西走廊，东北则有“回鹘路”通漠北之回鹘可汗牙帐。唐代在北庭地区曾建立长行坊，长行坊是与驿馆并存的交通机构。有学者认为长行坊的建置，是在沿袭前代某种行之有效办法的基础上（如高昌国时期远行马制度），在承担非紧急任务时，根据当地自然条件所采取的管理交通运输的措施之一。这一管理制度的实施，体现了中央王朝对新疆地区管理的强化。在日本京都藤井有邻馆所藏新疆出土唐代文书中，即有“北庭长行马一匹……仍具录状上长行坊者”之记载。在中国国家博物馆所藏的北庭都护府残文书册中，亦有《长行马秋季料未支牒》《长行坊牒》。

便利的交通条件，保障了唐朝各项政策在西北边疆地区的贯彻执行。2021年在北庭故城遗址出土刻有“悲田寺”字样的陶器残片，有学者认为此可能与武则天长安年间开始创办悲田养病坊并在北庭都护府开办悲田养病坊有关。悲田养病坊为设置于寺院内的一种半官方半民间性质的疗养所，此后逐渐演变为包含有救济贫困、疗养疾病等功能的慈善机构。悲田养病坊最初开办于长安、洛阳，后渐及诸道州。“悲田寺”刻字陶器残片的发现，体现了这一慈善机构在西北边疆地区亦得到了有效开办。

同时，北庭作为天山北麓的重要交通枢纽和贸易中转站，也是多元文化的汇聚之所。日本京都藤井有邻馆收藏有一件《唐开元十六年庭州金满县牒》，其中记载金满县所辖之1760户中，即包含百姓（于籍贯所在地登录户籍者）、行客（于籍贯所在地外登录户籍者）及兴胡（粟特商胡）三类。粟特人早在唐王朝建立之前就已经进入中原从事商品贸易，并在中国境内形成了一系列聚落。唐朝建立以后，将其自治性的聚落纳入地方州县管理之中，金满县之兴胡即属此类。《开元户部格残卷》记载，诸蕃商胡"其贯属西、庭、伊等州府者，验有公文，听于本贯以东来往"，可见唐朝批准边州粟特商人突破地域范围，前往内地交易。在文化交流方面，随着唐朝对西域统治的加深，汉文化也随之传播开来。北庭都护府故城中所发现之刻有"龙兴寺""白鹤观"等字样的汉文碑刻残片，即说明内地佛、道二教在西域流行。

唐代在西域的统治，以安史之乱为分界，此后逐渐走向衰败。安史之乱爆发后，唐朝廷曾调北庭、安西等地劲卒来抵御叛军。《资治通鉴》记载，安禄山反叛后，大量边军精锐入关勤王，使得边境空虚，河西、陇右所属州县不断为吐蕃所蚕食，短短"数年间，西北数十州相继沦没"。但北庭与安西在与中原隔绝不通的情况下，仍坚守数十年，在一定程度上缓解了唐朝的边疆压力。大历三年（768年）左右，唐王朝在得知安西、北庭尚未陷落后，曾发布《喻安西、北庭诸将制》，以褒赞河西节度使周鼎，安西、北庭都护曹令忠、尔朱某等守疆卫土之功，并认为"微三臣之力，则度隍逾陇，不复汉有矣"。建中四年（783年），泾原镇士卒兵变并攻占长安，唐德宗为发吐蕃兵助战，曾承诺事成后将伊西、北庭与之。兴元元年（784年），德宗欲将安西、北庭割让与吐蕃，李泌以安西、北庭"分吐蕃之势，使不能并兵东侵"为辞谏止之。直到贞元年间，北庭、安西相继陷落，唐朝遂失去了在西北的最后屏障。

争取对西域的控制，是汉代以来王朝治理西北边疆地区的一贯战略。唐朝在继承这一战略思想的基础上，于此设立北庭、安西两大都护府及安西四镇，从而巩固及加强唐王朝对西部边疆的统治，并维护了唐王朝的稳定与统一。而屯田、长行马等制度的建立，则在保证朝廷政策指令得到传达贯彻的同时，也进一步密切了中原与西域各族的关系，并促进了当地社会经济的发展、城市的兴旺以及文化的交流，形成了多元文化并存的格局，为后世王朝推进西部边疆治理及构筑中华民族多元一体的文化格局打下了基础。

唐代西州书文

唐代对吐鲁番地区的经营与征纳

唐代西州位于今吐鲁番盆地，是东天山的重要绿洲及丝绸之路的重要行经地，加之优越的自然地理条件，使这一地区自汉代以来便成为多民族聚居之地。尤其是自高昌郡、高昌国建立以后，吐鲁番盆地逐渐形成一个汉人移民社会，积淀了较为深厚的汉文化底蕴。《魏书·高昌传》指出高昌国主要居民为“汉魏遗黎”，他们因战乱而避居西域，在此繁衍数代并成家立国。《周书·高昌传》亦记载其“文字亦同华夏，兼用胡书”。故唐太宗在《贞观年中慰抚高昌诏》中以表示虽居塞表，但“编户之氓，咸出中国”，表明唐朝出兵是为了消除因历史原因而造成的双方隔绝，从而“置立州县，同之诸夏”，将高昌重新纳入华夏体制内。也正是基于这一文化传统及政治认同，唐朝在西州顺利推行了与内地相同的郡县、府兵、均田、赋役等一系列制度。

贞观十四年（640年）八月，唐太宗派交河道行军大总管侯君集等率军讨平高昌国，以其地置西州，以交河城为交河县，始昌城为天山县，田地城为柳中县，东镇城为薄昌县，高昌城为高昌县，标志着西州地区州县制的正式确立。为巩固唐统一西域的战果，保卫西北边防，唐王朝于西州建立了安西都护府，以都护“掌统诸蕃，抚慰、征讨、叙功、罚过，总判府事”。显庆二年（657年），西突厥阿史那贺鲁反叛，唐高宗派苏定方等率兵征讨，“大破阿史那贺鲁于金牙山，尽收其所据之地，西域悉平”，遂于其地列置州县，以安置诸部族，并设置蒙池、昆陵二都护府以统之。西突厥所属之诸国，亦皆置州府，将之并隶属于安西都护府。显庆三年（658年）五月，唐王朝移置安西都护府于龟兹，于西州置都督府，令其“掌督诸州兵马、甲械、城隍、镇戍、粮廪，总判府事”。

西州在唐代具有重要的战略地位，作为中原进入西域之门户及连接天山以南绿洲国家之孔道，唐朝一直将西州视为其经略西域的前沿阵地，故于其地广置镇戍。《唐会要》记载，侯君集破高昌后曾“留兵镇守”。《资治通鉴》亦记载置安西都护府于交河城后，“留兵镇之”，此当为西州地区之早期驻防镇兵。此后为了加强这一带的军事防御力量，唐太宗下令“每岁调发千余人，防遏其地”。开元以后，唐王朝又于包括高昌在内的“缘边数十州戍重兵”，这些镇兵成为唐王朝经营西域的重要力量。

除从内地派兵镇戍西州外，唐朝还于西州实行府兵制。府兵制为唐朝前期最重要的一种军事制度，贞观十年（636年）开始推行于全国，在各地共设置了634个折冲府，分隶于中央诸卫。每府置折冲都尉1人，左右果毅都尉各1人，长史、兵曹、别将各1人，校尉6人。有唐一代，曾于西州先后设立有前庭府、岸头府、天山府及蒲昌府四折冲府，分别位于高昌、交河、天山及蒲昌四县。四折冲府统属于右领军卫，武周时期改为右玉钤卫，其人员多以当地豪族充任。1968年在新疆阿斯塔那一座唐墓中发现的开元三年（715年）《西州营名籍》，即为当时西州府兵的花名册，其上记载了“西州营”40名火长及40名士兵的姓名。

府兵制的实行，为西州落实屯戍制度提供了基础保障。屯垦戍边是中原王朝治理西域的千古之策，早在西汉宣帝时期，郑吉击破车师后，便于其地屯戍。初元元年（公元前48年），西汉在吐鲁番地区设置戊己校尉，负责西域屯田。此后，高昌、柳中等绿洲城市逐渐兴起，并由此奠定了日后吐鲁番地区的屯戍格局。唐朝平定高昌后，便开始于其故地实行屯戍制度。《旧唐书》记载，贞观时期，李靖破吐谷浑，侯君集平高昌，阿史那社尔开西域，建立四镇。为巩固边防及维护边疆社会稳定，唐朝从内地大量征调兵员以加强防戍，其每年所征调之山东戍卒，即“大军万人，小军千人，烽戍逻卒，万里相继”。

为了实施屯戍制度，唐时曾规定：“凡军州边防镇守，转运不给，则设屯田，以益军储。”有唐一代在西州之重要军镇要地皆有屯戍，《唐西州都督府上支度营田使牒为具报当州诸镇戍营田顷亩数事》中所记载之屯戍军镇即有“赤镇”“柳谷镇”“白水镇”等。日本龙谷大学所藏的《唐开元年代西州屯营田收谷计会》中亦有“天山屯营田五十顷收”及“柳中屯营田卅顷收”的记载。“天山”即天山军，《元和郡县志》记载：“天山军，西州城内，开元二年置。管兵五千人，马五百匹。”以百亩为一顷计，则天山屯营田达五千亩，柳中屯营田亦达三千亩，足见其屯田规模之大。

西州绿洲农业发达，《通典》记载，其“垦田九百顷”。其农作物品种丰富多样，《梁书·高昌传》中有“高昌备植九谷”的记载。据近年考古发掘实物及吐鲁番出土文书记载，唐代时内地农作物品种几乎全部引进西域，其中尤以小麦、粟、青稞等为主。由于吐鲁番地区气候干燥，水利灌溉对于农业具有重要意义。在西州水利事务中，地方政府非常重视水利建设及水资源的管理分配，并形成严格的灌溉管理制度，日常用水需向地方政府提交申请，不能随意取水。在新近出土的吐鲁番文书《唐龙朔三年四月十日西州高昌县麴武贞等牒为请给水事》中，对于给水原因、亩数、途径及报给官员皆有详细记载，体现出地方政府对于农田用水的严格控制。屯戍制的广泛推行及农田水利建设，不仅促进了西州农业的开发及社会经济的发展，也为西州地区的稳定及唐王朝进一步经营西域打下基础。

在社会管理方面，唐朝将中原地区通行的乡里制、城坊制、邻保制等推

《天山县南平乡受田牒》残纸

唐（618—907年）

长27厘米，宽17.3厘米

中国国家博物馆藏

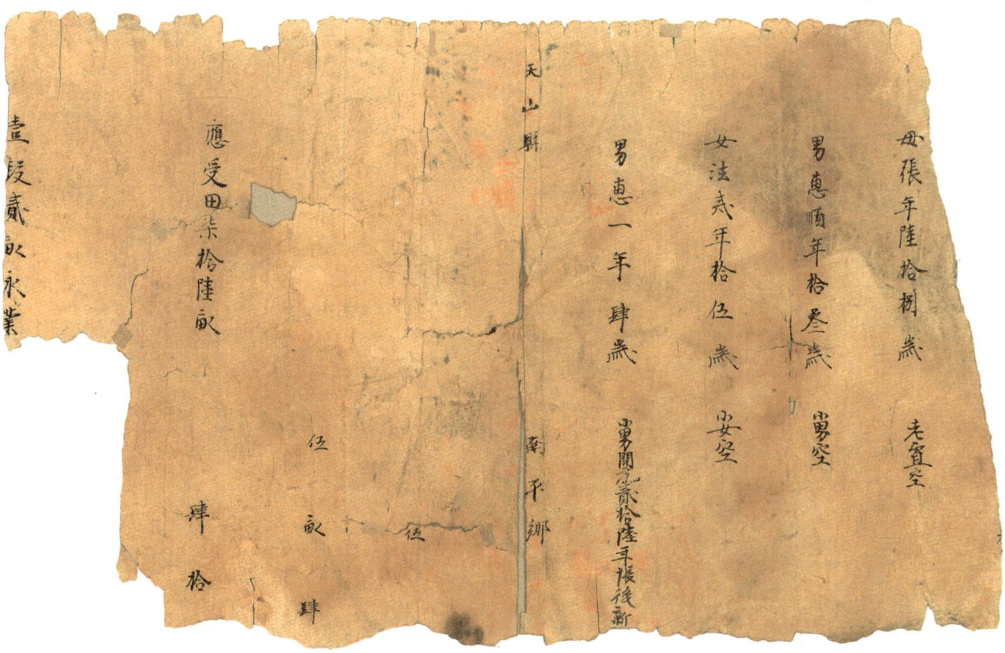

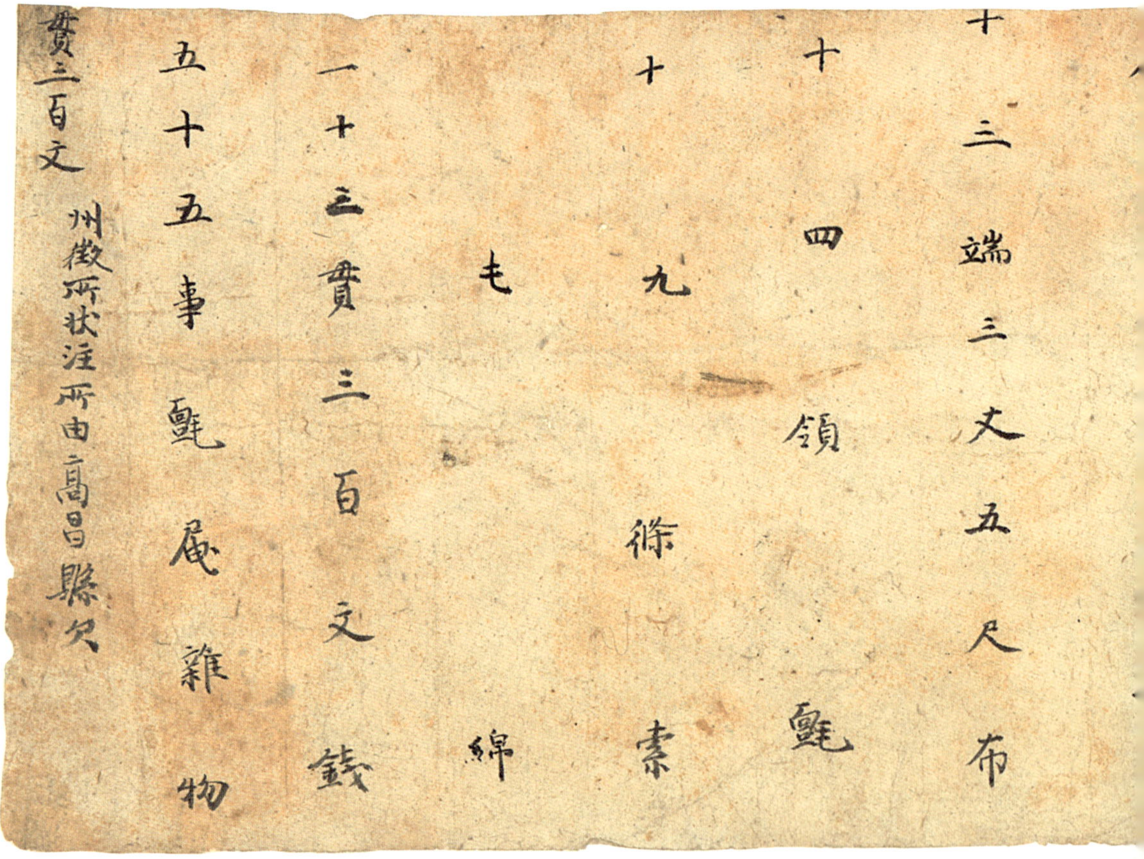

十三端三丈五尺布
十四領氈
十九條素
毛綿
一十三貫三百文錢
五十五事氈屜雜物
貫三百文
州徵所狀注所由高昌縣欠

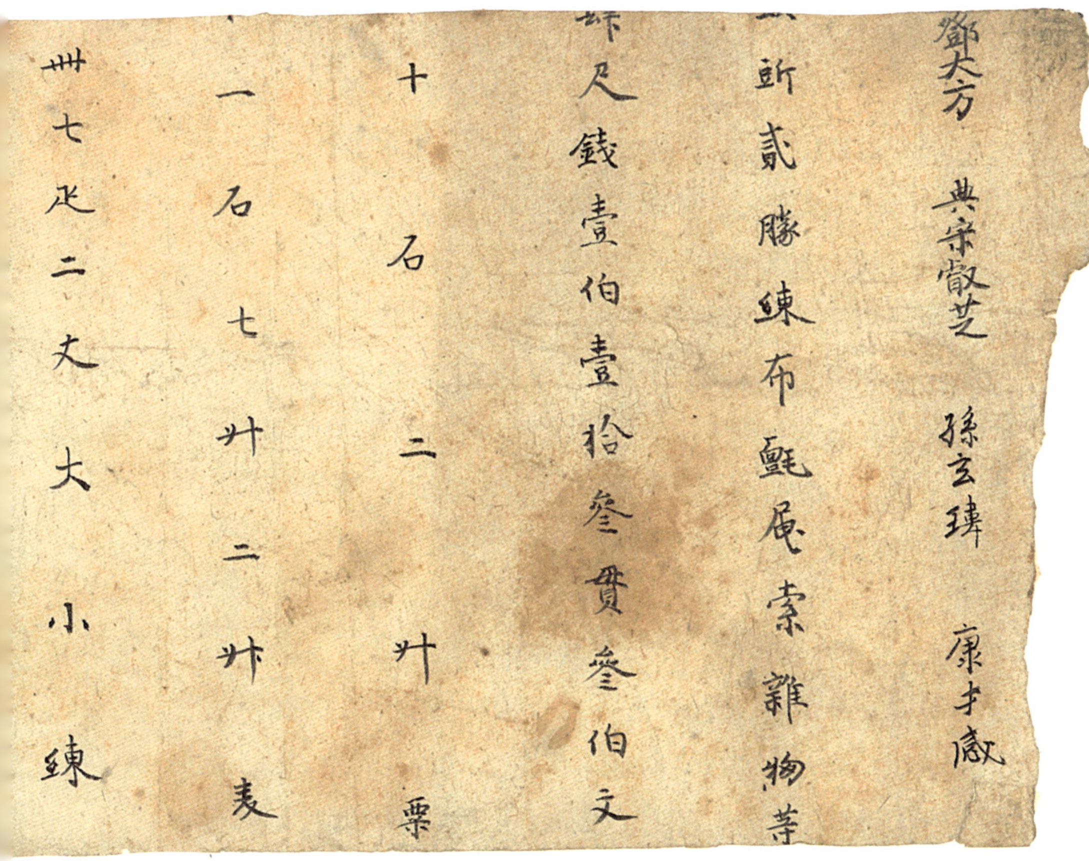

鄧大方　典宗敬芝　孫玄瑋　康才感
斤貳縢練布氈毼索雜物等
綿尺錢壹伯壹拾叁貫叁伯文
十石二㪷粟
一石七㪷二㪷麦
卌七疋二丈大小練

《西州征物残牒》
唐（618—907年）
长40厘米，宽14.6厘米
中国国家博物馆藏

行于西州，进一步规范了西州地区的各项行政制度。唐平高昌置西州设五县后，于诸县下设置乡、里等行政组织，以负责“掌按比户口，课植农桑，检察非违，催驱赋役”。随着乡里制度的发展与完善，西州还于城内推行了城坊制度，在阿斯塔那墓所出土的唐代文书中，即曾出现“义节坊”“安乐坊”“安西坊”等坊名，体现了西州乡里制的普遍化。邻保为唐代乡村基层组织，按照“四家为邻，五家为保”，家庭与邻里之间建立起互保连带责任。从吐鲁番出土的唐代西州涉及邻保内容的文书来看，邻保组织除具有协助里正“按比户口”“检察非违”外，更多侧重于向官府做出担保及在司法事务中提供相关证明等职责。乡里、城坊、邻保等制度，在保证唐代西州基层社会运转方面发挥了重要作用，进而推动了唐朝律令制度在西州的贯彻推行。

为迅速稳定地方并实现有效管理，唐平高昌后还曾将大量高昌王室、大族及百姓迁于长安、洛阳一带。在《贞观年中慰抚高昌文武诏》中有“其伪王以下及官人头首等，朕并欲亲与相见，已命行军发遣入京”之语。有学者通过对唐平高昌前后高昌户口的统计，发现其户数由原来的8046户降至6466户，减少了1580户。尽管造成高昌故地人口减少的原因是多方面的，但唐王朝的强制性易地迁移应当是其主要原因。同时，为填补高昌旧民内徙所造成的空缺，唐王朝曾下令将犯罪之人配防西州，并将不少中原民户迁入西州，以加强和充实西州力量。如贞观十六年（642年）正月辛未“诏在京及诸州死罪囚徒，配西州为户；流人未达前所者，徙防西州”。对于未被迁徙之“高昌旧官人并首望等”，出于抚慰考虑，则择其品行高洁并为乡闾所服者，授予骑都尉以下官衔，以此稳定地方。

人口的大规模迁移必然会引起土地关系的调整，高昌王室、大族内迁，遗留下大量官田，内迁百姓所遗留之田土，一般亦由官方征收。对于这部分土地的分配，贞观年间的巡抚高昌诏中曾有明确规定，即“彼州所有官田，并分给旧官人首望及百姓等”。为实际掌握西州的土地占有情况以便于推行均田制，唐平高昌后便着手清查其地之户口及土地状况。在各户申报的同时，地方政府亦进行了实地的勘查及丈量。在此基础上，唐朝在西州地区进行了广泛的授田，从出土的吐鲁番文书来看，其中有很多涉及授田的内容。如《天山县南平乡受田牒》中即有“应受田七十六亩”之载。

按照唐代均田令规定，“授田之制，丁及男十八以上者，人一顷，其八十亩为口分，二十亩为永业；老及笃疾者，人四十亩，寡妻妾三十亩，当户者增二十亩，皆以二十亩为永业，其余为口分。……田多可以足其人者为宽乡，少者为狭乡。狭乡授田，减宽乡之半”。唐代西州人稠地窄，属于狭乡范畴，按照均田制授田标准进行减半。但从吐鲁番出土的唐代西州文书来看，其授田标准与律例所载有所不同。唐代西州授田，以常田、部田代替了永业、口分之别。其授田标准，据吐鲁番出土文书《唐侯菜园子等户佃田簿》记载，为“一丁合得常田四亩，部田二亩”。卢向前先生则进一步研究指出，西州授田额有基准额、折算额与标准额三种，分别为一丁常田四亩部田二亩、常田四亩部田四亩及常田四亩部田六亩。可见西州地区之授田标准，更多的是结合吐鲁番地区的历史传统及环境条件，因地制宜制定的一种原则。

租庸调制为唐代前期之主要赋役制度，《唐六典》记载，一般课户每丁租粟二石，其调随乡土所产，绫绢絁各二丈，布加五分之一。西州地区之租税情况，在《西州征物残牒》中有所记载。《西州征物残牒》为西州所属各县向州征纳物资之账单，其中注明之属县有柳中、蒲昌、高昌三县，所纳物资有练布、生絁、毡、绵、绳索、粟、麦及钱等，并皆标注其数量。每项物品下还载有负责征收之经办机构及人员，如“已上准前状注所由柳中县”“（前）状注所由蒲昌县”“所由高昌县”“户曹王道忱欠未纳”“所由里正范行忠”等。

晋唐时期，吐鲁番地区广泛种植棉花，棉纺织业亦有较大发展，《梁书・高昌传》中有高昌“多草木，草实如茧。茧中丝如细纻，名为白叠子，国人多取织以为布。布甚软白，交市用焉”之记载。“叠”为当时人们对棉花的习称，唐代西州文书中多将之称为“緤”。按照“随乡所产”的原则，緤布及緤花为唐代西州户调的主要征纳对象，甚至出现了以緤纳庸、以緤纳户税的现象。关于唐代西州户调绁之征收数额，据李锦绣在《唐代财政史稿》中的研究，认为按照西州属于“狭乡”，其租调征收采用“半输”原则，调以緤布计，每丁二丈或半匹。除广泛植棉外，唐代西州蚕桑业亦颇具规模。《西州征物残牒》中所载之练布、生絁即为当地所产丝织品。大量纺织品被纳入赋税征收范围，说明了唐代西州经济及纺织业已相当繁荣。

有唐一代，西州以其优越的交通区位条件、完善的制度建设、发达的绿洲农业经济以及厚重的中原文化，成为唐朝经营天山廊道的示范区。乡里制度、土地制度、赋税制度等的全面推行，开展以及人口的迁移流动，使得西州地区社会经济、文化获得较大发展的同时，民族融合亦日趋深化。唐代吐鲁番文书的出土，不仅直观反映出唐朝政令在西域实行的历史事实，而且有力证实了唐制在西域的全面贯彻，说明了边疆与内地一体化进程的进一步深化。

饺子、点心及食具

蕴于饮食中的文化交往

中国国家博物馆藏有1000多年前唐代的饺子和点心，在“古代中国基本陈列”中展出。这些饺子和点心是1972年在新疆吐鲁番阿斯塔那一座唐代墓葬中发掘出土的，由于当地气候干燥少雨，其因快速脱水来不及变质而留存下来。这些出土的饺子与今天饺子的形状并无二致，这也就从文物实物的角度佐证了吃饺子的饮食习俗在唐代已经从中原地区通过丝绸之路传播到了西域各地，进而成为各民族间交往交流交融的鲜活例证。

饺子的历史非常悠久，虽然其确切起源目前还有待考证，但阿斯塔那墓出土的饺子为目前发现的最早的饺子实物。据文献记载和考古出土，至少在汉代饺子就已成为当时人们喜爱的佳品。在重庆的一座汉墓中出土的陶器庖厨俑前的案上摆有饺子造型的陶器，其形为半月形，与现代饺子的造型几乎一致，由此可以推测饺子在两汉、三国时期已成为人们餐桌上的美食。《能改斋漫录》记载，“世俗例以早晨小食为点心，自唐时已有”，这也表明“点心”之名即源于唐朝。新疆阿斯塔那墓出土的花式点心已经非常精致，特别是其中带馅的梅花形点心更是可以与现代的面点工艺相媲美。阿斯塔那墓出土的饺子、点心等食品，是中原与西域饮食文化交流的可靠物证，也是不同民族、地区之间文化交往与交流互鉴的重要体现。

隋唐时期，是中国社会政治、经济、文化发展的重要时期，也是民族深度融合的重要阶段。这一时期，北有突厥、回纥等族，东北有靺鞨、室韦等族，西南有吐蕃、南诏等族，西方则有吐谷浑及西域诸族。尽管王朝国家与周边民族之间仍不乏冲突与征伐，但各民族之间的交往却从未中断。另外，建立羁縻府州制及采用和亲、册封、互市等方式，不仅加强了中央王朝对周边各民族的统治和管辖，也为各民族之间的经济文化、民风民俗的交流奠定了政治基础。隋唐以来，中央王朝统治者积极致力于边疆的经营与扩展。“夷狄亦人耳，其情与中夏不殊”，唐太宗认为若施德泽于“夷狄”，则“四夷可使如一家”。这一开明的民族观，为其开放的民族政策奠定了思想基础，也对促进各民族间的交流融合起到了积极的促进作用。《隋书》记载：“西域多诸宝物，令裴矩往张掖，监诸商胡互市。”《资治通鉴》亦曾记载，武德八年（625年），“突厥、吐谷浑各请互市，诏皆许之”。民间的经济及文化交往有了政府的允许和支持，加之现实社会生活的需要，变得愈加繁荣兴盛，而饮食文化的传播亦基于此。

在中原与边疆诸族的饮食文化交流中，交通的发展起到了至关重要的作用。盛唐时，水陆交通便利，驿站制度完备，以长安为中心的道路通向全国各地，总长度2.5万多公里，驿站多达1639所。交通线路方面，陆路有丝绸之路，可直通西域的龟兹、康居、安息、天竺、大食，乃至大秦诸国。水路则有大运河及诸漕运，可直接沟通南北。此外，还有海路，东可通新罗、日本诸国，南可通东南亚诸国。交通的便利，为中原与边疆诸族的经济、文化交往，乃至中外之间的文化交流提供了良好的保障。甚至这些交通通道本身，已经成为各民族碰撞融合、交流汇聚之所。完备的交通网络，在将更广阔的地域连接起来的同时，也造就了食材的丰富性及饮食习俗的多样性，从而赋予美食更多的文化意蕴。

饺子

唐（618—907年）

长约5厘米

1972年新疆维吾尔自治区吐鲁番市出土

中国国家博物馆藏

点心

唐（618—907年）

长约3—7厘米

1972年新疆维吾尔自治区吐鲁番市出土

中国国家博物馆藏

唐朝以后，中原王朝制茶及饮茶的习俗逐渐在西域得到推广，西域诸族结合当地的生产生活方式，发展出将牛奶或羊奶和茶叶混在一起制成奶茶的饮用方式，此后饮用奶茶逐渐成为人们日常中不可或缺的仪式和生活方式。《唐国史补》记载，常鲁公使西蕃，烹茶帐中，赞普问曰："此为何物？"鲁公曰："涤烦疗渴，所谓茶也。"茶叶在唐代传入吐蕃地区后，亦与当地的饮食习俗相结合，逐渐发展出独具民族特色的酥油茶。与此同时，中原先进的生产技术和生产工具也陆续传入吐蕃，如留存蔬菜种子、使用碾等技艺和习俗的传播，有力地促进了吐蕃社会经济文化的发展。

由于游牧民族的经济形式比较单一，商品交换成为其社会生活的重要组成部分。中央王朝与边疆诸族之间的交换有互市和贡赐两种形式，其中互市主要有绢马互市和茶马互市两种形式，并以茶马互市为主。《新唐书》记载，回纥人入朝，始驱马市茶。《封氏闻见记》记载，往年回鹘（回纥改名）入朝，大驱名马市茶而归。可见在中原与回鹘的交往中，马与茶是重要内容。而茶马互市的形成，则在互通有无的基础上进一步密切了中央王朝与边疆民族之间的关系。通过互市，中央王朝将茶叶运送至边疆地区，以此来换取作为重要军事物资的马匹，这种互市交往的方式，使得内地与边疆诸族皆受裨益。

在中原与边疆各族饮食文化的交流互鉴中，边疆各族的饮食文化也对中原产生了重要影响。《后汉书》记载，灵帝好胡服、胡饭。所谓"上有好者，下必有甚焉者矣"，这对少数民族饮食文化在中原地区的推广起到了积极的推动作用。自汉代开始，多种西域美食通过丝绸之路传入中原，这一情况到隋唐时期更加繁盛。《旧唐书》记载，"贵人御馔，尽供胡食"，唐朝胡食的种类很多，如饆饠、胡饼等。原属胡地的农作物和烹饪方法，在长期的民族交往中陆续传入中原地区，与中原地区的饮食风俗融合在一起，成为当地饮食文化的有机组成部分。如葡萄酒在汉代就从西域的大宛、龟兹等地传入中原地区。至唐代，中原地区又引进了西域的葡萄酒酿法，并开始种植西域的马奶子葡萄。随着葡萄种植的大力推广，中原朝野还掀起了一股"葡萄热"，不仅对饮酒文化产生了重要影响，也带动了诸如艺术创作、工匠技艺等方面的提升和发展，极大地丰富了中原地区的经济和文化生活，“芳辛酷烈，味兼醍益”“葡萄美酒夜光杯”等便是当时对葡萄酒的生动描述。

《宋书》记载，晋武帝后中原已使用貊盘等盛具，而貊盘等食物盛具及煮、炙等具体烹法的出现，表明了北方民族的饮食风俗在其时已传入中原地区，并得以广泛流行。晋人束皙在论“饼”的名称时，言之“或名生于里巷，或法出乎殊俗”。此“殊俗”一说便与“饼”前冠以“胡”字相印证。胡饼是汉族对从西域传入的一种扁平状烤制面食的称呼，胡饼在汉代已传入中原，由于其具有便于携带、适宜保存等优点，因此其成为当时深受人们喜欢的食物。随着丝绸之路的开通以及民族文化交融的日益深化，至唐代时，胡饼已逐渐成为中原地区人们生活中的主食，并在后世发展演变出了诸如烧饼、大饼、锅盔、火烧等多种形式的面食。一直到宋朝，胡饼之名在中原地区仍较为普遍，西域文化对中原饮食文化的影响可见一斑。

而南方诸族的饮食文化，也在不断影响着中原地区。唐代时，大量南方的茶叶、果品、水产品、稻米等开始通过不同方式运至中原地区。特别是随着漕运的发展，南粮北运更是达到空前规模，如在中唐以后每年南粮北运即达百万石。《太平广记》记载，由于唐文宗好食蛤蜊，因此蛤蜊成为皇家及权贵阶层的饮食佳品。此外，南方的调味品（如豆蔻、橘皮）、水果（如橘、梅）等也以商人贩卖和地方进贡的方式而大量输入中原地区。随着南方诸族食品及饮食习俗的传入，中原地区与南方诸族间的饮食文化不断走向融合。

这种饮食文化的交流在唐代不仅囿于中原与边疆诸族，也广泛存在于中外之间的文化交往中。唐朝时，从海外引进了西瓜、莴苣、扁桃（巴旦木的古称）等物品，同时也将荔枝、生姜、茶叶等物品传播到海外。而在唐朝的对外文化交往中，其与东亚诸国的关系更为密切。出于对唐文化的浓厚兴趣，新罗曾大量派遣遣唐使及留学生到唐朝学习。随着人员的往来，各种饮食文化也得以传播。《清异录》记载：“新罗使者，每来多鬻松子。”与我国一衣带水的日本，为学习唐朝先进的文化和各种典章制度，亦曾向唐朝派遣大批遣唐使，而茶叶即于此时经海上丝绸之路传入日本，并发展出了日本的茶道，其影响可谓深远。

所谓“饮食男女”“民以食为天”，这些古语形象地表达了绵长厚重的饮食文化在中华民族发展历程中举足轻重的地位。就此而论，饮食已不仅仅是人类赖以生存的物质条件，更是社会文明进步的重要标志。作为中华文化重要组成部分的饮食文化，其交流互鉴，使民族融合在民间和微观层面得以细化、深化和拓展，从而使各民族之间形成了更为强大的、共同的文化磁场，推动中华民族迈向更具包容性和凝聚力的命运共同体。

唐代陶俑

兼收并蓄的多彩文化

中国国家博物馆藏有一件唐代三彩釉陶骆驼载乐俑，在“古代中国基本陈列”中展出。这件文物出土于陕西西安鲜于廉墓，骆驼昂首挺立，驼背上载有正在表演西域乐舞的5人，其中3位是深目高鼻多须的胡人，2位为汉人。这种将现实的舞台艺术呈现于驼背之上的表现方式，一方面体现了陶俑匠师丰富的想象力和精湛的雕塑技艺，另一方面也体现了唐代各民族之间交往交流交融的生动历史。这件唐代三彩釉陶骆驼载乐俑成为盛世大唐以开放包容、高度自信的气度开展中西文化交流的重要佐证。

唐朝一承两汉雄风，处于中国封建社会的鼎盛时期，政治稳定，经济繁荣，文化发达，加之统治阶级采取开明的治国理念和开放的外交政策，吸引了西域诸族及周边国家的人们来到大唐，或学习，或贸易，推动了各民族间及中西文化的交流。“胡人”是我国古代中原汉族对北方及西域各民族的泛称，在不同的历史时期，其所指代的范围亦不尽相同。先秦和秦汉时期，“胡人”主要是对北方草原游牧民族匈奴的称呼。随着张骞通西域，中原人开始将西域族群称为“胡”。到了隋唐时期，“胡人”则主要指以深目高鼻多须为体貌特征的西域族群，多分布于包括中亚、西亚在内的广大地区。而随着多种不同民族文化的不断交流与融合，“胡人”在内涵上也进一步延伸，指异于汉人的所有外藩人，包括粟特、突厥、天竺、波斯、大食、吐火罗、东罗马以及西域的其他民族。

西域的音乐、舞蹈传入中原，从西汉张骞通西域时即已开始。《资治通鉴》记载，“灵帝好胡箜篌、胡笛、胡舞，京都贵戚皆竞为之”。唐朝由于历经了南北朝时期的民族大迁徙与大融合，其乐舞文化呈现出兼收并蓄的特点。中国国家博物馆所藏之唐代演奏男陶俑，由六件组成，他们或盘坐或跪坐进行演奏，所用之乐器有竖箜篌、拍板、横笛、排箫、琵琶及笙。其中，箜篌和琵琶皆于汉代由西域传入内地，至南北朝时期已广为人知。尤其是琵琶，由于其音域广阔、演奏技法丰富，一经传入就受到中原上流社会的普遍欢迎，并对本土的音乐产生了重要影响。

而随着胡乐胡舞的传入并逐渐风行，中原传统乐舞文化亦逐渐发生变化，突出表现在西域乐舞的盛行，朝廷与民间皆“唱突厥歌，作胡旋舞”。唐朝注重礼乐的发展，收纳各种音乐之精华。《旧唐书》记载，太宗曰“礼乐之作，盖圣人缘物设教，以为撙节”。意即唐太宗认为礼仪和音乐是圣人为了教化百姓、节制欲望而设立的，应该符合一定的规范。唐朝在继承前朝雅乐的基础上，广泛吸收周边各国、各族的音乐，使具有胡乐特色的宫廷燕乐盛行起来。在民间社会，胡乐的影响亦较为广泛，《唐书合钞》所载之“歌者杂用胡夷里巷之曲”便是这一时期胡汉相融风格的写照。而随着陆上丝绸之路的往来畅通，作为“沙漠之舟”的骆驼艺术造型日益深入人心，这种“兽载乐舞”的特殊表演形式便应运而生。中国国家博物馆收藏的这件骆驼载乐俑造型优美生动，五位胡、汉演奏者围坐在一起进行胡乐表演，其中一人拨奏琵琶，一人吹奏觱篥，两人击鼓，中间一名胡人则在跳舞。这种于驼背上载歌载舞的艺术表现形式，反映了表演者的高超技艺。而这件具有浓烈西域风格的文物，也体现了胡、汉民族间的密切关系与深度融合。

在西域舞蹈中，胡腾舞尤具代表性。唐代诗人刘言史在《王中丞宅夜观舞胡腾》中写道：“石国胡儿人见少，蹲舞尊前急如鸟，织成蕃帽虚顶尖，细氎胡衫双袖小。”诗人李端在《胡腾儿》中亦有“胡腾身是凉州儿”之语，表明了胡腾舞是由中亚经由丝绸之路传至西域、凉州，再传入中原地区的。胡腾舞在唐朝曾风靡一时，并深得中原贵族的赏识。该舞为男子单人舞，其舞步迅快，动作富有节奏感，这一极具西域民族艺术特色的舞蹈，体现了游牧民族健朗、豪放、刚毅的性格特点，也是唐朝与西域及中亚地区文化交流与融合的重要体现。

唐朝以包容的姿态广泛学习域外文化中的精华，推动形成了以汉文化为根基、多民族文化交融的具有强大生命力的大唐文化，呈现出胡风劲吹长安城的繁荣景象。不只是乐舞方面，在服饰饮食、体育娱乐及艺术审美等多个方面，也都受到了胡风的巨大影响。唐朝初期，汉族服饰就已经出现了胡汉融合的趋势，无论是在衣服还是在佩饰等方面，都呈现出一派鲜明的异域风格。唐朝男子的便服吸收了胡服褊窄紧身及圆领、开衩等特点，穿圆领袍、裹幞头、系腰带、蹬长靿靴成为唐朝男子日常生活的主要着装风尚。与此同时，胡帽作为胡服的重要组成部分，受到了广大唐朝女子的青睐，《旧唐书》记载，“开元初，从驾宫人骑马者，皆著胡帽”。这一时期，胡服成为东、西两京的一种时尚着装。在此背景下，唐朝服饰文化不断推陈出新，还出现了唐朝女子着男装的现象。《新唐书》记载，太平公主在内宴上着紫衫玉带的男性装束，高宗却以调侃的口吻表达了赞赏之意，这也从另一角度反映了唐朝社会开明开放的一面。元稹在《法曲》中所言“女为胡妇学胡妆，伎进胡音务胡乐”，则反映了胡服胡妆在当时社会中所产生的巨大影响。白居易在《时世妆》中亦道“乌膏注唇唇似泥，双眉画作八字低。……髻堆面赭非华风”，形象地描述了唐代女子在妆容上所呈现的异域风格。而在饮食方面，唐朝时期增加了许多新的食材、生产技术和烹饪方法。《旧唐书》记载，“贵人御馔，尽供胡食”，唐朝的

三彩釉陶骆驼载乐俑

唐（618—907年）

骆驼头高58.4厘米，首尾长43.4厘米，舞俑高25.1厘米

1957年陕西西安鲜于廉墓出土

中国国家博物馆藏

男装女陶俑

唐（618—907年）

高51厘米

1958年陕西西安

杨思勖墓出土

中国国家博物馆藏

演奏男陶俑
唐（618—907年）
高约12厘米
1955年陕西西安
座墓出土
中国国家博物馆藏

胡食种类繁多，诸如胡饼、菠菜、胡芹、扁桃、波斯枣、葡萄酒、胡椒等。

唐人体育娱乐活动丰富多彩，其中不乏具有鲜明异域特色者。中国国家博物馆所藏之唐代“毬场”石志，即为马球在唐代风行的重要佐证。这块石志于1956年出土于西安大明宫遗址，石志上刻有“含光殿及毬场等，大唐大和辛亥岁乙未月建”字样。马球作为舶来品，一般认为该运动起源于波斯，后经西域传入中国；也有人认为马球是由吐鲁番传入内地的。由于唐太宗李世民的提倡，马球运动首先在宫廷中盛行，“上好击球，由是风俗相尚”。《封氏闻见记》记载，“玄宗东西驱突，风回电激，所向无前”，可见唐玄宗球技之娴熟精湛。所谓上有所好，下必甚焉，马球运动逐渐传及民间，经过改进并与本土运动相融合，逐渐发展成为一种全民体育活动。据记载，唐代宫城中多处设有“毬场”或“毬场亭”。此外，中国国家博物馆所藏的唐代彩绘陶打马球女俑，亦为唐代马球运动的生动体现。此套女俑共有五件，皆骑马、着紧身服，其策马打球的身姿栩栩如生。唐朝的体育运动除打马球之外，还有蹴鞠、骑马射猎等多种活动形式。

在艺术审美方面，异域胡风亦是创作的主要灵感和源泉，并对唐朝审美风貌产生显著影响。由于胡人的身体特征有别于中原汉人，诗人在诗歌创作中渐有对胡人相貌的描绘。如唐代诗人张说在《苏摩遮》中写道：“摩遮本出海西胡，琉璃宝服紫髯胡。”一方面“摩遮”一词本身就具有鲜明的西域色彩，而“本出海西胡”则直接表明了其源自西域；另一方面，诗歌创作中的胡风题材也体现出唐代胡汉交往交流交融的深度与广度。不仅是诗词，唐代在绘画方面也呈现出了胡风胡韵。如唐代安伽墓葬石榻后屏的野外宴请商旅图，据研究在这幅屏画中有突厥人及粟特商队等，此图生动描述了粟特人在丝路商旅中与突厥人及其他民族相遇并一起畅饮的场面，从而反映出丝绸之路上各族交往交流交融的密切关系。在书法创作上，对雄壮气魄的推崇亦有胡风的影子，具体则表现为对阳刚之气的赞美。如唐代书法家孙过庭在《书谱》中写道：“观夫悬针垂露之异，奔雷坠石之奇，鸿飞兽骇之资，鸾舞蛇惊之态。”唐朝的全面

彩绘陶打马球女俑

唐（618—907年）

高33厘米

1958年陕西西安唐墓出土

中国国家博物馆藏

繁盛和对外开放造就了其兼收并蓄、包容自信的气度和审美观念，正如英国学者威尔斯在言及唐朝与西方时表示，当西方人的心灵为神学所缠迷而处于蒙昧黑暗之中时，中国人的思想却是开放的，兼收并蓄而好探求的。

大唐开放开明的政策使其呈现出多姿多彩的异域风情，胡风胡韵风靡大唐朝野上下，各民族在交往交流中不断加深融合。“九天阊阖开宫殿，万国衣冠拜冕旒”，即体现了唐人博大的胸怀和强烈的文化自信。随着中西文化的双向传播与影响，唐朝与世界各国之间的交往交流也日益频繁。

墨绿地狩猎纹印花纱

丝绸之路上的经济文化交流

中国是世界上最早养蚕、缫丝、纺织的国家，丝织业是中国最古老的传统手工业之一，具有非常悠久的历史。我们不仅拥有先进的蚕丝技术，而且还制造出了备受世界赞誉的丝织品。1968年在新疆吐鲁番阿斯塔那105号唐墓出土了一件墨绿地狩猎纹印花纱，此件印花纱作为染缬丝绸，图案为狩猎纹，在飞鸟与花卉的衬托下生动表现了骏马与骑士的形象。这件印花纱在一定程度上反映了唐代当时的丝织业水平以及人们通过丝绸之路在各个地区之间进行贸易往来和文化交流的情况。

据研究，唐朝前期的丝织业主要集中在中原的河南道、河北道等地，而到了唐代后期，江南逐渐发展成为丝织品主要产区。就目前出土的唐朝前期的丝织品来说，大多为新疆吐鲁番、甘肃、巴蜀等地出土，荆楚一带也有所涉及。在这众多的出土地中，又以新疆吐鲁番地区为主。20世纪60年代，出土于吐鲁番的锦条采用了五色丝线，并用晕染织法织成，具有极高的学术研究价值和历史文化内涵，同时也体现出唐朝初期西部地区丝织业的繁荣。吐鲁番地区地处丝绸之路的交通要道，此处常年干旱少雨，为丝织品的保存提供了良好的条件。在此地墓葬中出土的丝绸制品，不管是供本地人使用还是外销需要，都体现了西域与中原地区之间的密切交流，反映了丝绸之路上的经贸关系及各民族交往交流交融的生动事实。

唐朝丝织品的工艺水准和艺术审美较前朝都上了一个新台阶，最典型的是出现了织锦的提花技术。唐朝织锦图案丰富，线条流畅，在花纹的选择上具有本国文化及审美特点，同时还吸收了伊朗、波斯、拜占庭等外国的文化元素，因此唐朝丝织品的花样和纹路丰富多样。在唐朝不同的历史发展时期，丝织品也具有不同的时代特点。如初唐时期的纹样主要以走兽为主；发展到盛唐时，走兽纹样逐渐被各种禽鸟的图案所替代；而到了中晚唐，丝织品的纹样就有了更多的选择，比如花鸟相结合的图案，并且造型更加生动，形态更加饱满。在色彩的搭配和使用上，唐朝丝织品也多采用明艳鲜亮的颜色进行搭配，通常在一件丝织品上相交相配的颜色和花样四到六种。同时，这些花样的排列方式也多采用晕染式，即颜色由深入浅，最终以白色勾边，这样一件丝织品整体看上去，在白色的衬托下显现出更加明快的色调，突出体现了唐朝丝织品整体搭配的雍容华贵和富丽堂皇。

从丝织品的分布和工艺水平来看，唐朝丝织品分布地域、技术水平都达到了前所未有的新高度。丝织业空前发达也离不开唐朝的一些制度，例如和籴制度的实行，在一定程度上推动了丝织业的发展。和籴是一种对粮食进行商业化管理的国家行为，其实施主要是为了取有余补不足。由于西州实行屯戍制，带动了商业及移民的发展，加之大量戍边兵士等都为商品经济的发展提供了人力及社会基础。而在唐代的贸易交换中，多用布帛作为等价物进行交换，加之布帛亦作为军队所需的物资，因而纺织业得以大力发展。这些原因的背后都能够反映出在经过300多年的分裂割据与民族融合后，唐朝进入了繁荣发展的鼎盛时期，人口众多，国力雄厚，疆域不断扩展，各民族的交往交流交融不断加深，唐朝成为继秦汉之后我国统一多民族发展的重要阶段，也是当时世界上威

墨绿地狩猎纹印花纱

唐（618—907年）

长35厘米，

宽18厘米

1968年新疆吐鲁番阿斯塔那

105号唐墓出土

中国国家博物馆藏

名远播的大帝国。

除墓葬中出土的丝织品外，吐鲁番文书中也有大量关于丝织品的记载。吐鲁番即古高昌，唐太宗贞观中以其地为西州。贞观十四年（640年），唐太宗平定高昌，力主实施有效管辖，并以可汗浮图城为庭州，在交河城设安西都护府。作为连接丝绸之路的重要交通枢纽，西州是唐代丝绸之路上重要的丝织品集散地。而从考古发掘出土的吐鲁番文书中所记载的丝织品的定名、特征可以看出，从内地运至吐鲁番地区的丝织品更是不在少数，并且质量上乘。吐鲁番唐墓中曾出土了一批反映当地物品交易价格的文书，文书正面及背面骑缝处钤有交河郡都督府之印，其时代属天宝年间。在这些交易物价文书中，纺织品占有相当大的比重，其中不仅有当地所产织物，还有“梓州小练”“河南府生絁”“蒲陕州絁”“常州布”“益州半臂段”等来自内地的纺织品。唐代诗人张籍在《凉州词》中有“无数铃声遥过碛，应驮白练到安西”之语，生动地描绘了唐代丝绸之路上纺织品运输的繁忙景象。

通过出土文物和文献记载，不难看出吐鲁番曾是丝绸之路的交通要冲。在这里聚集的纺织品不仅种类繁多，而且来源也非常广泛，除了本地生产的、从内地运输而来的，还有来自印度、波斯等远道而来的。阿斯塔那170号墓出土的《高昌章和十三年孝姿随葬衣物疏》中有关于波斯锦的记载：“故波斯锦十张，故魏锦十匹，故合蠡大绫十匹，故石柱小绫十匹。”另《五代史记注》卷七十四中有关于波斯锦的记载：“周世宗时又以元忠为归义军节度使，元恭为瓜州团练使，其所贡硇砂、羚羊角、波斯锦、安西白氎、金星矾、胡桐律、大鹏砂……”虽然仅靠文字的记载不能断定此波斯锦便是来自波斯地区，但其不同地区、不同民族间交往交流交融的文化特征却已跃然纸上。

所谓“丝绸之路”，是由德国地理学家李希霍芬于19世纪70年代提出的，意指古代中国与中亚及印度之间以丝绸为媒介的贸易通道。丝绸之路作为一个交通网络，其内容不仅限于商贸往来，与之相关的丝绸制作方法和艺术形式随着各地间的经济、文化交流而传播至世界各地，从而促进了不同文明间的交流与融合，包括民族迁徙、宗教传播、艺术审美等。自西汉张骞通西域以来，丝绸便成为丝绸之路上的大宗商品。据考古研究发现，早在公元5世纪，丝绸就已经通过丝绸之路传入了印度和波斯，而丝绸在海外的广泛传播也促进了我国纺织工业的繁荣发展。丝绸之路经过历朝历代的经营，至唐代已非常成熟和繁荣，沿线国家、地区和民族之间的关系也已经非常密切。而丝绸之路之所以能在唐代得以大发展，与唐代国力强盛、安定统一是密不可分的。它以长安为核心，连接了当时世界上部分经济文化发达的地区，也促使了唐朝经济更加繁荣。《纲鉴正史约》记载："是时中国盛强，自安远门西尽唐境，凡万二千里，闾阎相望，桑麻翳野。"这充分反映了唐代丝绸之路的畅通、经济的发达和社会的富庶。

另外，唐朝对边疆地区的有效管辖也是促使丝路繁盛的又一原因。唐朝沿袭西汉时期的管理体制，并对其进行发展，逐渐探索出新的管理路径，即加强西域的军事力量。唐朝首先在西州设立安西都护府，后又将安西都护府转移到龟兹，随着庭州的战略地位越来越重要，围绕庭州建立了历史上有名的北庭都护府，都护府制度最终成了唐朝新的军政体制。北庭都护府和安西都护府也成了管理西域和丝绸之路的最高行政和军事机构。随着北庭都护府的建立，唐朝得以在西域有效地行使政治、军事权力。唐朝的政治、经济制度在这一带也得以推行。这对维护国家的统一，巩固西北边防，发展中西交通，促进西域和中原以至中外的经济文化交流都有重要的积极意义。同时，这标志着唐朝对于西域和丝绸之路的管理新体制正式形成了。事实证明，这一管理体制在维护边疆稳定和丝绸之路畅通方面，发挥了不可或缺的重要作用。

唐朝官方实行的这些新的管理制度也使得边疆各族产生了很强的内附性，各民族交往密切，军队之中也不乏不同民族交往的例证，所谓"花门将军善胡歌，叶河蕃王能汉语"。而中华文化与丝绸之路沿线文化接触、碰撞和交融之后，尤其是在接触地带出现了不同于各自文化的新的文化现象，如盛世大唐里的胡风胡韵、沿线地区的中原文化迹象等。如西域地处中原文化和西方文化交汇地带，随着唐朝丝绸之路的大发展，各种文化于此汇聚，从而使西域地区的文化呈现出兼收并蓄、包容多元的特点。除管辖政策外，唐朝对到西域及丝路沿线各国的考察与交流亦非常重视，一些沿线国家、地区和民族的文化也相继传入中国。一部《大唐西域记》洋洋洒洒十余万字，详细记述了玄奘所经历及听闻的多个国家、城邦及地区的语言信仰、风土人情及疆域气候等相关信息，这对于唐代加深对丝路沿线国家和地区的了解具有非常重要的意义。

丝绸之路起始于古代中国，具有丰富的经济及文化内涵，其在时间与空间上都具有广泛的延展性。丝绸之路作为沟通东西方经济文化的大通道，促进了东西方不同文明间的交流互鉴。随着考古等相关研究的不断推进，人们对于丝绸之路的认识也更加全面、系统和深入，试图在整个历史长河中考察丝绸之路的起源、演变及其对人类社会发展进步的重要作用，而不只是将其限定在某一个特定或具体的历史阶段。丝绸之路的繁荣发展不仅彰显了大唐强盛的国力与开放的胸襟，也谱写了唐朝大一统的辉煌篇章，更是促进了不同国家、地区与民族间的交往和交流，使丝路沿线地区的经贸关系、文化融合进一步发展，在不同文化的接触、碰撞和交融中促进了中华民族进一步融合。

辽宋夏金元

分立角逐　归于一统

契丹文鎏金铜钱

契丹民族的汉化及『契汉一体』的践行

辽朝为中国北方少数民族契丹所建立之政权，自神策元年（916年）辽太祖耶律阿保机仿照中原王朝体制建立政权，至保大五年（1125年）天祚帝耶律延禧为金所灭，共历时200余年。其最盛时，“总京五，府六，州、军、城百五十有六，县二百有九，部族五十有二，属国六十。东至于海，西至金山，暨于流沙，北至胪朐河，南至白沟，幅员万里”。辽朝境内民族众多，主要有契丹族、汉族、奚族、渤海族等，以汉族人口居多。为巩固辽朝的统治秩序，消除契丹族与汉族之间的隔阂，辽朝统治者积极构建“契汉一体”的观念，促进了契丹族与汉族之间的交流与融合。

契丹南下建国时，曾掳掠了大量汉民。为缓和契丹族与汉族之间的矛盾，辽朝统治者“树城郭，分市里，以居汉人之降者”。辽初还曾设汉儿司，以韩知古总理其事。在一系列措施下，“汉人安之，不复思归”。同时，针对契丹族、汉族之间的文化差异，辽朝统治者采取了“因俗而治”的政策。《辽史·百官志》记载，太宗时期，“兼制中国，官分南北。以国制治契丹，以汉制待汉人。……辽国官制分南北院，北面治宫帐、部族、属国之政，南面治汉人州县、租赋、军马之事”。在官职设置及人员选任上，辽朝统治者积极借鉴中原管理模式，吸纳汉族士人，史载“公卿百官皆效中国，参用中国人”。

在法制建设方面，辽朝亦经历了一个由“因俗而治”到“契汉同法”的过程。契丹建国之初，辽太祖曾“诏大臣定治契丹及诸夷之法，汉人则断以律令，仍置钟院以达民愿。至太宗时，治渤海人一依汉法”。但在具体的贯彻执行过程中，不平等的现象仍然十分严重。《续资治通鉴长编》记载：“蕃人殴汉人死者，偿以牛马；汉人则斩之，仍没其亲属为奴婢。”针对这一现象，辽圣宗遂更定法令，对契丹人及汉人相殴致死“一等科之”。统和十二年（994年），辽圣宗又下旨，令“契丹人犯十恶，亦断以律”，并于太平六年（1026年）进一步颁布诏令“自今贵戚以事被告，不以事之大小，并令所在官司按问，具申北、南院覆问，得实以闻；其不按辄申，及受请托为奏言者，以本犯人罪罪之”，以杜绝内族及外戚之“恃恩行贿，以图苟免”。至辽道宗时期，再度“更定条例，凡合于律令者，具载之；其不合者，别存之”，使得契丹族、汉族在法律上更趋于平等。

针对汉族“尊孔崇儒”的文化传统，辽太祖于神册三年（918年）五月在上京“建孔子庙，诏皇太子春秋释奠”，并于次年亲谒孔庙。辽朝统治者还在境内广设儒学：太宗时于上京置国子监，于南京立太学；道宗时又“诏设学养士，颁五经传疏，置博士、助教各一员”，并于中京“置国子监，命以时祭先圣先师”。《辽史拾遗》记载：“至道宗乃诏设学养士，于是有西京学，有奉圣、归化、云、德、宏、蔚、妫、儒等州学。各建孔子庙，颁赐五经诸家传疏，令博士、助教教之，属县附焉。”

辽朝统治者不仅大力倡导儒家文化，亦身体力行地学习儒家经典，并延请名儒入宫讲学。如大安二年（1086年）二月，道宗“召权翰林学士赵孝严、知制诰王师儒等讲五经大义”，大安四年（1088年）四月，又“召枢密直学士耶律俨讲《尚书·洪范》”。在当朝统治者的大力推动下，辽朝境内渐有“骎骎崇儒之美”，契丹皇室亦多受儒风之熏陶。据史书记载，辽圣宗“幼喜书翰，十岁能诗”，尤“好读唐贞观事要，至太宗、明皇实录则钦伏，故御名连明皇讳上一字”，甚至“亲以契丹字译白居易讽谏集”。其子辽兴宗亦“好儒术，通音律”。而辽道宗更是精于诗赋，其《题李俨黄菊赋》《君臣同志华夷同风诗》皆颇负盛名。此外，其宗室子弟如耶律倍、耶律隆先、耶律琮等，亦具有较高儒学造诣。

儒学的推广及官学的发展，也吸引了大批官员子弟前往求学，使得生员不断增多。《辽史·圣宗本纪》记载，统和十三年（995年）九月戊午，“以南京太学生员浸多，特赐水硙庄一区”。南京太学生员的激增，与统和六年（988年）之“诏开贡举”有密切关系。辽代科举取士始于辽太宗获取燕云十六州后，为笼络燕云地区之汉族士子，辽太宗于会同元年（938年）决定在这一地区率先实行科举，并于次年正式开科取士。统和六年（988年）“诏开贡举”后，科举制度由燕云十六州推向全国。

科举制度的实行及辽朝统治者对汉族士人的提拔与任用，促进了辽政权向文官政治的转变。而大量汉族士人进入政权体系中，有利于调和民族矛盾，扩大辽朝的统治基础，对于其各项制度亦起到了积极作用。其时，契丹人精于骑射而昧于典章文物，故辽朝初建之时，其各项制度建设多依赖于汉族官员。如在出使契丹期间被阿保机留用的韩延徽，即曾多次为辽主建言献策，如“教契丹建牙开府，筑城郭，立市里，以处汉人。使各有配偶，垦艺荒田”。辽太祖建国后，遂任命韩延徽为“守政事令、崇文馆大学士，中外事悉令参决”。韩延徽任职期间，还厘定了赋税制度，《辽史·食货志》记载：“夫赋税之制，自太祖任韩延徽，始制国用。”此外，在国家典章制度及机构设置方面，韩延徽亦出力良多，史载：“凡营都邑，建宫殿，正君臣，定名分，法度井井，延徽力也。”

而契丹文字的创建亦是在汉人的直接参与下进行的，通过对汉字偏旁笔画加以损益，辽朝先后创制了“契丹大字”及“契丹小字”两种文字，逐渐

契丹文鎏金铜钱（正、反面）

辽（907—1125年）

直径2.4厘米，重2.7克

中国国家博物馆藏

Y1595
H8.122.

改变了过去“本无文记，唯刻木为信”的面貌。《新五代史·四夷附录》记载，辽太祖时，“稍并服旁诸小国，而多用汉人，汉人教之以隶书之半增损之，作文字数千，以代刻木之约”，从而创制了契丹大字。其具体之创制时间，《辽史·太祖本纪》记载，神册五年（920年）春正月乙丑，“始制契丹大字”，至九月壬寅，“大字成，诏颁行之”。而契丹小字则是阿保机之弟迭剌在参考汉字及契丹大字字形的基础上，创制出的一种表音性质的文字。中国国家博物馆所藏的契丹文鎏金铜钱的钱文即为契丹小字，四字均为吉祥之意，按不同顺序组合释读，分别为“寿永福昌”“寿福永昌”“福寿永昌”“寿昌永福”。

受中原文化的影响，契丹的生活方式亦发生了一定的转变。早期契丹人以游牧为生，史载“畜牧畋渔以食，皮毛以衣，转徙随时，车马为家”。契丹建国后，随着中原农耕技术的传入，辽朝统治者开始致力于农业生产。如辽太祖在“平诸弟之乱”后即开始“弭兵轻赋，专意于农”，辽太宗亦多次下令有关部门“劝农桑，教纺织”。辽圣宗时对于“田园荒废者，则给牛、种以助之”。通过这一系列措施，辽国农业得到迅速发展，“辽之农谷至是为盛”，收到“公私兼裕”的效果。农业生产的发展及农耕技术的提高，也推动了契丹生活方式由游牧向农耕定居的转变。

同时，为进一步消除契丹族与汉族之间的隔膜，加强汉族对辽朝的认同，辽朝统治者还在服饰等方面进行变革。依据长城内外不同的生活方式及服饰习惯，辽太宗曾制定了不同的服饰制度。《辽史》记载：“会同中，太后、北面臣僚国服，皇帝、南面臣僚汉服。”“于是，定衣冠之制，北班国制，南班汉制，各从其便焉。”这一服饰制度一直延续至辽朝中期，至辽圣宗时又有了新的变化，史载：“乾亨以后，大礼虽北面三品以上，亦用汉服。重熙以后，大礼并汉服矣，常朝仍遵会同之制。”不唯统治上层多着汉服，民间着汉服现象亦较为普遍。北宋路振奉使辽时，所见人民“俗皆汉服”，仅“杂胡、契丹、渤海妇女”仍着胡服，足见汉文化对其影响之深。辽朝服饰制度的演变，体现了“一元两制”政治制度下辽朝统治者的治国理念，对于怀柔汉族及促进契丹族与汉族的民族交流与融合起到了积极的作用。

在契丹族与汉族的不断交往与融合过程中，辽朝的正统观亦逐渐形成。在辽朝前期，“华夷之分”的观念广泛存在于辽朝统治者之中。因此，辽人对于五代及宋人自称“中国”而称其为“北朝”并无异议，对于后晋所献具有“正统”意义之传国玉玺，亦不以为意。辽圣宗以后，随着汉文化影响的加深，辽人开始淡化“华夷之别”，并以“中国”自居，而视周边为“诸番”。如大安末年，太子洗马刘辉曾上书辽道宗言：“西边诸番为患，士卒远戍，中国之民疲于飞挽，非长久之策。”随着正统意识的建立，辽朝统治者开始重视玉玺传承正统的意义，故辽圣宗于开泰十年（1021年）“驰驿取石晋所上玉玺于中京”。辽圣宗为此还专门作《传国玺诗》，诗云：“一时制美宝，千载助兴王。中原既失守，此宝归北方。子孙宜慎守，世业当永昌。”至辽兴宗重熙七年（1038年），又以《有传国宝者为正统赋》为题赋试进士。辽朝正统观念的形成，是契丹汉化及封建化的重要体现。在其形成与发展过程中，契丹人逐渐摒弃了过去以汉族为中心的“内诸夏而外夷狄、贵华夏而轻夷狄”的传统正统思想，建立起符合自身特点并满足其统治需要的正统观。这一正统观被金、元、清继承并得到进一步发展，对中华民族多元一体格局的演进具有重要意义。

辽代是统一的多民族国家建构过程中的重要历史阶段，以契丹建国为发端，北方民族如浪潮般加入中华民族形塑的进程中，先后建立起辽、金、元、清4个统一的多民族的中央王朝。而在这一进程中，契丹族起到了先导作用。在其200余年的王朝统治中，契丹族积极借鉴中原政治体制，并在此基础上形成了“一元两制”的政治体制，为后世王朝提供了重要借鉴。而文化上的“尊孔崇儒”，法制建设上对“契汉一体”的践行，以及生活习俗、文化艺术等方面的变革，都进一步推动了契丹族逐步融入以中原文化为核心的中华民族中。“多元一体”的中华民族，便是在这一不断的交流与融合过程中，如滚雪球般发展壮大起来的。

绿釉云龙纹马镫壶

契丹人游牧生活中的汉文化元素

中国国家博物馆收藏的绿釉云龙纹马镫壶是一件珍贵的辽代陶器。它具有典型的契丹文化特征，其器型来源于皮囊壶，是游牧民族常用的典型器具。因与宋同时期并立，辽朝的单色釉陶受到宋代瓷器以及唐三彩制造风格的影响，并同时保持了草原游牧民族的独特特点。

契丹源于东胡鲜卑的宇文部。东晋初，鲜卑分为宇文、段、慕容三部，鼎立于辽河流域，其中宇文部位于辽河上游。“契丹”一词始见于《魏书》，北魏时，契丹八部落各自为政，以马匹和皮毛与北魏贸易往来，或频繁在北魏边塞侵扰。隋朝建立后，契丹与隋争战，并遭受沉重打击，丧失大量人口和牲畜。出于对外作战的需要，契丹各部逐渐走向联合。唐贞观二年（628年），契丹酋长大贺氏摩会率领各部依附于唐朝。贞观二十二年（648年），唐朝在契丹驻地设置松漠都督府，以契丹部落联盟长窟哥为松漠都督，契丹八部分设九州，加上松漠都督府大贺氏，共为十州。各部落长称刺史，受窟哥管辖，这时的契丹八部统属于部落联盟。从唐初开始契丹进入大贺氏联盟时代，这一时期的契丹快速地发展壮大，与唐朝一再爆发大规模的战争。武则天时期，契丹大酋长李尽忠起兵攻唐，后李尽忠病死，叛乱被平定。此时的突厥再次称雄北方，契丹余部转而依附突厥。在此后数年中，契丹依旧与唐多次争战，各有胜败。契丹各部重新组成了部落联盟，推举遥辇氏阻午为联盟长，并采用突厥联盟长的称号，称可汗。从此之后，联盟的军事首长有了专门的称号——夷离堇。遥辇氏部落联盟的重建，使离散的部落又重新集结在一起，促进了契丹的进一步发展，为此后契丹联盟的世袭制奠定了基础。745年，回纥汗国推翻了突厥汗国的统治，契丹又处于回纥汗国的控制下。840年，回纥汗国被黠戛斯推翻。842年契丹遥辇氏联盟长屈戍投附唐朝，此后随着唐朝的衰败，契丹迎来了自身发展的有利时机。

唐咸通十三年（872年），耶律阿保机出生于迭剌部的世里氏家族。从阿保机的七世祖涅里时起，其家族一直在联盟中掌握军事大权，到阿保机叔父述澜时，又在夷离堇之上任于越（史称总知军国事），总揽联盟的军政大权，其实际权力超过了可汗。阿保机于901年取得了夷离堇职务，控制了联盟的兵权；903年，他又成为于越，掌握联盟的军政大权。阿保机统率契丹期间，契丹连年对外征战，军事实力迅速提升。唐天祐四年（907年），阿保机通过部落选举仪式，取代遥辇氏的痕德堇可汗，成为契丹新的首领。此后，阿保机平息各部叛乱，统一契丹，916年于龙化州称帝，改国号为辽，自号“天皇帝”，建号“神册”，立子倍为皇太子。至此，世袭制的辽国建立。辽神册三年（918年），阿保机命人在契丹故地兴建皇宫“西楼”，926年，又在此基础上扩建城郭。在辽太宗耶律德光时，皇都称上京，为契丹国的政治中心。辽国建立后，阿保机依然不断地开疆拓土，大规模侵略周边地区。阿保机死后，契丹国仍保持了对外扩张的强劲势头。在辽太宗耶律德光时，契丹国兼并了燕云十六州，后又攻灭渤海国，吞并渤海地区（今牡丹江上游一带），并以铁骑征战室韦，长驱中原，降服漠北诸部，开疆拓土，后又使西夏、高丽臣服，迫使北宋为兄弟之国，也就是历史上的“澶渊之盟”，以宋每年向辽输送银绢，辽不再南侵中原，

绿釉云龙纹马镫壶

辽（907—1125年）

通高28.5厘米，口径5.5厘米，宽10.5厘米

中国国家博物馆藏

来达成和平共处的协议。

全盛时期的辽国，设立五京，以皇都临潢府（今内蒙古林东）为上京，中京大定府（今内蒙古宁城），改原南京（今辽宁辽阳）为东京，西京大同府（今山西大同），升幽州（今北京）为南京（又称燕京），燕京成为统治汉人的政治中心。辽代疆域辽阔，住有契丹、汉、渤海、回鹘、党项、女真、奚、室韦等民族。因此契丹对不同的统治区域实行不同的制度，在契丹旧地和西北游牧地区实行部族统治，在原属中原王朝的燕云十六州和渤海地区，沿袭了原有的官制和法律，实行汉族封建统治，即一种“胡汉分治”制度，所谓“以国制治契丹，以汉制待汉人”。具体方法是：统治契丹和其他游牧民族，一律用契丹贵族，办事处所设在皇帝牙帐之北，称为“北面官”，管理契丹政事；统治汉人和旧渤海国人，用汉人和契丹贵族，办事处所设在皇帝牙帐之南，称为“南面官”，负责汉人事务。

辽太宗在统领燕云十六州后，便决定让燕云和渤海地区汉族人以农业为主，契丹和其他游牧民族则从事游牧，辅以狩猎。狩猎生活使得契丹人“居处无常”，狩猎对象也因四季不同而有差异。契丹人不仅擅长狩猎，契丹的冶铁、陶瓷、皮革、马具、渔具等手工业也都很发达，当时契丹的马具享有“天下第一”的美誉。游牧民族喜欢使用便于携带的生活用具，马镫壶就是游牧民族喜爱的典型生活用具，其外形仿制游牧民族经常使用的皮囊壶形式。皮囊壶是用皮革缝制而成的扁体弧底的囊状制品，草原上的游牧民族使用它盛水或炒米、马奶、牛奶等食物。在游牧或行军的时候，皮囊壶悬挂于马鞍的一侧，便于携带，方便使用，但皮革材质容易腐蚀，难以长久保存。皮囊壶的造型最早在唐代就已出现，契丹民族建立了辽国后，特别是在攻占了燕云十六州和渤海国后，生活方式逐渐开始变化，趋于稳定的定居式生活。这时辽代的瓷器也受到来自中原地区的陶瓷烧制技艺的影响，陶瓷烧制技艺日渐成熟，在这种情况下，烧造工匠便尝试利用陶瓷材质来模仿皮囊壶的造型制作相关器物。于是，吸收了中原陶瓷风格，并结合游牧民族生活习俗等特点的瓷器相继诞生了。绿釉云龙纹马镫壶，就是在这种情况下被制造出来的。

这件绿釉云龙纹马镫壶的口部为直筒管状流，流上覆盖（这种直筒管状流造型使壶腹中的液体不易外溢），肩部扁薄，瘦瘦的背脊上有两个穿绳的孔，可以系绳索，也有壶肩处是提梁造型的，便于马上携带，也可以居家使用。整个壶身肥硕，上窄下宽，下腹逐渐收成圆底，这种由颈至腹的斜坡面适合挂在马的背部或颈部、臀部。由于这种壶最早是皮革质的，在壶的边缘处，还可以看到仿皮页缝合状的突起，并附有针戳而成的一圈针孔造型，在龙形图案的龙身上也同样有仿缝制针脚的一圈针孔造型，试图赋予陶瓷皮革般的柔软质感，有的陶瓷制壶还仿制皮质壶的皮扣、皮刻、皮条、皮绳环等部件，制作成装饰，保留有浓郁的游猎生活的气息，从中也可以看出契丹人对皮革制器具怀有深厚的感情。这种仿皮囊壶的壶还有金银等金属材质的，但较为少见。

绿釉云龙纹马镫壶的胎体采用模印成型法或泥片围合法，其通体施鲜绿色釉彩，通过壶底釉面剥落处可以看到呈浅褐色的胎体。辽代的低温釉陶，是在中原地区釉陶特别是唐三彩的影响下发展起来的，是富有北方游牧民族特色的陶瓷艺术品。它与宋代釉陶工艺相近，但其单色釉陶以及三彩工艺与唐三彩较之，在品种、工艺精细程度、装饰手法及色彩的呈现度等方面都未超越唐三彩。

壶体表面采用了贴塑、刻花、戳印等工艺手法，在壶两侧的中心刻画有龙形纹饰，其周围有一圈类似太阳光芒的放射状圆形图案，龙纹的周围刻有行云流水般卷曲升腾的云纹，仿佛神龙驾云而来，构图简洁明快。其中刻花、戳印的工艺风格是宋代定窑所特有的，对辽代的陶瓷器影响颇深。龙纹的出现，是契丹族受到中原汉文化影响的结果。辽代中期，即辽圣宗到兴宗时期，辽朝进入到鼎盛时期，多元文化在辽境内并存，其中以中原汉文化为代表的农耕文化在辽代境内乃至整个北方地区得到广泛传播，使得契丹的游牧文化、生活结构逐渐发生了转变。因为游牧经济无法满足牧人对农副产品的需求，部分契丹人迁入农业地区，从事农业，与汉人、渤海人、奚人共同开垦荒地。由此，传统的游牧生活方式逐渐被半农半牧的生活方式取代。这种影响反映在辽代陶瓷的种类与造型设计上，即中原形式的陶瓷器种类明显增多，如各种造型的碗、盘、碟、罐、盏、盏托、盆、瓶等器物同时出现。到了辽代晚期，契丹的游牧生活方式、民间习俗、观念信仰均已被调整和重构，农耕经济与农耕文化已成为主体，辽代传统游牧文化发生巨大的变化。所以在契丹人的器具当中，出现大量龙凤等典型的汉化图案，并且无论在器型、种类和纹样上都有更加明显的汉化。同时，佛教在辽代的传播与盛行对于契丹人的汉化产生了重要的作用，它从政治、经济、文化、思想等多方面给契丹社会以深刻的影响。契丹民族最早信仰萨满教；辽代建立之初，阿保机尊崇儒家；到耶律德光统治时期，统治者开始尊崇佛教；辽景宗时，佛教已经非常盛行，占据了国教的地位——佛教在辽代得到广泛推崇与辽代统治者出于政治原因的大力倡导密不可分。

辽代陶瓷器是我国北方契丹人在接受五代时期汉文化的影响后，结合本民族的习俗而创造出来的具有地方和民族特色的实用工艺品，反映了契丹人和汉族人的历史文化互相交融影响。其器型富有浓郁的游牧生活气息，造型别致、形体变化丰富是其精粹，在我国五代与北宋时期的南北瓷窑所烧制的产品中独树一帜。辽代陶瓷器的造型和装饰是适应人民生活要求和文化传统而产生的，其粗犷、雄浑的风格，与中原瓷器安逸凝练的静态风格形成了鲜明的对照。虽然辽与北宋征战不断，但仍没有影响两方百姓文化艺术方面的交融。正如此件绿釉云龙纹马镫壶，它不仅凝聚了契丹人的思想感情、审美情趣，还具有中原汉文化的因素，体现了我国历史发展中不同民族间文化艺术的交流和互鉴。

宋番人献宝青玉把件

朝贡贸易的发展与深化

“番人”，即蕃人，是我国古代对外族或异国之人的泛称。在中央王朝与边疆少数民族及异域之国的交往中，往往将官方的进贡与民间的交易统称为“献宝”。中国国家博物馆所藏宋番人献宝青玉把件，番人为跪进姿势，双手托举宝物。其形象表现为上身袒裸，赤足，腰间缠布，为典型的南方热带地区人物形象。“番人献宝”主题作为中国封建社会繁荣昌盛、万邦来朝的现实反映，在我国古代艺术品中较为常见，一直到明清而不衰。“番人献宝”所体现的官方层面的进献，早已有之。通常认为，古代中国与周边少数民族及域外国家所建立的朝贡关系及其制度，由先秦时期中央与地方、天子与诸侯间的朝聘制度延伸和发展而来。《三国志·魏书·乌丸鲜卑东夷传》中曾记载：“自虞暨周，西戎有白环之献，东夷有肃慎之贡。”《周礼》记载，周朝曾专门设置“怀方氏”一职以管理周边民族来朝事务，其具体职责为迎送招待四方邦国之人，并接纳其所献特产礼品等。

秦汉时期，随着统一的多民族国家的建立，中央王朝与周边民族之间的关系进一步密切，西域各国“三十有六，修奉朝贡，各以其职”“南夷之君，西僰之长，常效贡职，不敢惰怠”。魏晋南北朝时期，尽管政治格局分裂，但朝贡制度并未废止，反而获得进一步发展。各王朝及政权都在积极经营其朝贡体系，被纳入朝贡体系的族群范围有所扩大。如随着乌桓、鲜卑的内迁，其逐渐由不稳定的塞外朝贡成员，发展成为郡县下之朝贡成员，甚至一度建立起自己的朝贡体系。

隋唐时期为我国统一的多民族国家进一步发展的重要时期，隋朝尽管存续时间较短，但《册府元龟》记载，自开皇元年（581年）至开皇十七年（597年）间，突厥曾向隋朝朝贡十一次。唐代是中国封建社会的繁荣时期，政治统一，经济强盛，文化融合。这一时期，“四夷宾服”，对外关系取得较大的发展，朝贡制度亦进一步完善。《资治通鉴》中曾对周边民族赴唐朝朝贡盛况有所记载，称曰：“四夷大小君长争遣使入献见，道路不绝，每元正朝贺，常数百千人。”

与唐代相比，宋代政治军事实力偏弱。在对外关系上，突出表现为宋与辽、金、西夏等几个实力强大的少数民族政权长期对峙。在这种长期对峙关系下，宋朝统治者十分重视朝贡的政治意涵，即欲以朝贡证明其“正统”地位，并期望以此达到“柔远人以饰太平”的目的。大体而言，宋朝的朝贡体系包括羁縻地区及藩属国两个方面。宋朝对南方民族地区实行羁縻州制，通过“树其酋长，使自镇抚”的羁縻政策，对少数民族“厚之以恩，守之以信，姑息而羁縻之”。南方少数民族土酋亦通过“奉职贡，受爵命”的形式，与宋王朝保持着君臣名分。如广西各羁縻州“奉正朔，修职贡”，黔州、泸州、戎州及施州所管羁縻州，亦“时通朝贡”或“通时贡”。

两宋时期，西南地区土酋朝贡频繁。《宋史》记载，西南诸蕃、邛部川蛮及溪峒之属，或几年一贡，或一年数贡，且朝贡队伍人数动辄数以百计。如：太平兴国五年（980年），西南蕃“夷王龙琼琚遣其子罗若从并诸州蛮七百四十四人，以方物名马来贡”；雍熙二年（985年）八月，奉化王子以慈等350人以方物来贡；咸平元年（998年），夷王龙汉尧遣其使龙光腆率千余人来贡。其朝贡规模可见一斑。

对于北方地区，北宋时主要实行蕃官制，通过任命少数民族首领为蕃官，以达到利用其对抗辽朝和西夏的目的，此亦属于羁縻统治的范畴。西北各族以甘州回鹘及吐蕃各部之朝贡记载较为丰富，其中尤以甘州回鹘朝贡最为频繁。宋太祖建隆二年（961年）至天圣六年（1028年）这段时间内，甘州回鹘有史可考的朝贡即达40余次。其中，景德元年（1004年），其所派贡使更是多达192人。而吐蕃各部中，则以凉州吐蕃部及湟水流域之唃厮啰部与宋朝朝贡往来较为密切。凉州吐蕃朝贡见诸记载者如：淳化五年（994年），折平族首领、护远州军铸督延巴率六谷诸族、马千余匹来贡。咸平元年（998年），折逋游龙钵来朝，献马2000余匹。咸平五年（1002年），六谷蕃部首领潘罗支又遣使来贡马5000匹。而唃厮啰部首领亦"世受朝廷封爵"，时以方物、名马进献。但随着宋王朝对熙河、湟州、鄯州等地的开拓，宋与吐蕃关系逐渐恶化，双方朝贡往来减少。

除羁縻各族外，被宋朝视为宗藩体系下之藩属国者，亦与宋朝保持着朝贡关系。有学者根据《宋会要辑稿·蕃夷》中有关资料统计，认为与宋朝建立朝贡关系的国家共有26个，入贡次数为302次，但其实际数量当不止于此。宋朝之朝贡国主要有高丽、于阗、高昌、占城、交趾、三佛齐、真腊、大食、注辇、蒲端、渤齐等。高丽与宋的朝贡册封关系确立于乾德元年（963年），该年宋廷派遣册命使时赞赴高丽，册封王昭为高丽王。此后，高丽与宋建立了较为密切的朝贡关系。终宋之世，高丽共向宋朝派出官方使臣60余次。尽管其间因受辽、金掣肘，高丽与宋朝贡关系时断时续，但其官方和民间贸易则始终较为繁荣。

而西域各国与宋朝的贡赐往来则始于于阗。据学者统计，北宋与于阗的贡赐往来达34次。早在北宋政权建立之初的建隆二年（961年）十二月，于阗王李圣天即遣使朝贡，试图恢复五代后期业已中断的贡赐往来。乾德四年

（966年），于阗王又“遣其子德从来贡方物”，进一步密切了双方的往来。喀喇汗王朝灭于阗后，亦遣使向宋朝朝贡，特别是自宋神宗熙宁以后，喀喇汗王朝与宋朝之间的贡赐往来更趋于频繁，一两年一贡，甚至一年两贡。此外，高昌、龟兹等国家，亦与宋朝维持着朝贡关系。

但随着辽国和西夏势力的日渐强盛，西域诸国与中原之间往来的丝绸之路受到阻隔。而经济中心的南移以及沿海港口的开发，则最终促使宋朝的对外交往由陆上丝绸之路转向海上丝绸之路，南海诸国遂由此开启了北上朝贡之路。如三佛齐位于南海水路要冲，东自阇婆诸国，西自大食、故临诸国，皆须经由其境而至中国。三佛齐优越的地理位置，使其与宋建立起较为密切的关系。《诸番志》记载，三佛齐在建隆年间曾三次遣使入贡，至景德、大中祥符、天禧、元丰、元祐等时期更是频繁入贡。

伴随朝贡而来的，还有大规模的贸易往来。这种贸易往来主要分为三种。第一种为以贡物换取回赐。由于朝廷回赐多遵循“计价酬答，务从优厚”的原则，故羁縻各族及藩属国皆乐于朝贡。史载：“二圣（太祖、太宗）已来，四夷朝贡曾无虚岁。”马端临亦评论称：“高丽之臣事中朝也，盖欲慕华风而利岁赐耳。”丰厚的回赐及接待费用，给宋王朝造成了巨大的经济负担。而贡物数量、使团人数及使团滞留时间，则是影响宋朝回赐及接待费用的主要因素。为此，宋王朝不得不对朝贡规模加以限制，以减少其经济支出。如大中祥符九年（1016年），宋朝规定海外藩属国贡献方物至广州者，只有犀象、珠贝、拣香、异宝可以赴朝入贡，除进京贡物外之其余物品皆作为商品，纳入市舶管理制度予以征税。同时对于进京贡使人数也进行了限制，规定每国贡使、副使、判官各一人；防援官人数方面，大食、注辇、三佛齐、阇婆等国不超过20人，占城、丹流眉、渤泥、古逻、摩逸等国不超过10人。在贡期方面之限制，如天圣元年（1023年），“许唃厮啰岁一入贡”。对于溪峒诸蛮及抚水蛮，则将朝贡之期由一岁一朝或“间岁朝贡”变为“三年一贡”。元丰时期，又“诏西南蕃五姓蛮五年一入贡”。以上这些关于贡使人数、贡物种类及朝贡频次等方面的

宋番人献宝青玉把件

宋（960—1279年）

长2.5厘米，宽1.8厘米，高4厘米

中国国家博物馆藏

规定，在一定程度上减少了宋朝的回赐支出。

第二种为在朝廷特许与兼管下于地方或者边境所进行的互市贸易。宋与辽、金的分立，客观上促进了互市的发展，通过彼此之间的互通有无，缓解政治分裂导致的物质匮乏问题。在这一时期，互市贸易甚至成为华夷关系的一种主要模式。史籍中对于各地互市活动多有记载，如“西州沿边羌戎，皆听与民通市”。西北地区互市以马匹为主要交易对象，西北之吐蕃、回纥、党项等族皆善养马，宋朝每年都差遣官吏赴蕃部招买，西北各族亦可直接到市马处进行交易。河东之府州、岢岚军，陕西之秦、泾、原、仪、环、庆、文州、镇戎军及川陕之益、黎、戎、茂、雅、夔州、永康军，皆设立茶马互市机构，由官员主理其事，以布帛、茶等物易马，每年可得马五千余匹。熙宁七年（1074年），朝廷命李杞入蜀经画榷茶买马事宜，并于秦凤、熙河诸路设立官茶场，以四川之茶易西番之马，茶马互市遂兴。

而西南各族更是“生理所资，悉仰给于汉”，故宋朝在西南汉夷交错之地广开互市。如荆湖路溪峒缘边州县、川陕路威茂州等皆曾置“博买场”或“博易场”，甚至儋、崖、万安之生黎，“亦时出与郡人互市”。互市贸易是宋王朝调节与少数民族关系的重要方式，以“绝其贡奉”“停其互市”为手段，宋王朝加强了其对周边少数民族的羁縻统治。

第三种为海外贸易。唐代以来，商品贸易随着贡赐活动而广泛开展起来。自唐朝于广州设立市舶使以主管海路邦交贸易，大量蕃客云集广州。他们中有许多人留居不归，聚居于沿海城区近海之地，并“筑石联城，以长子孙”。宋代对外贸易较唐代发展得更好，《宋史·食货志》记载，太祖“开宝四年，置市舶司于广州，……凡大食、古逻、阇婆、占城、勃泥、麻逸、三佛齐诸蕃，并通贸易”。此后，便呈现出“越商海贾，朝盈夕充”的繁盛景象。至南宋时期，随着政治、经济中心南移，海外贸易日益繁荣。广州的蕃商越来越多，其中有一部分于此长期居住下来，史载：“诸国人至广州，是岁不归者，谓之住唐。”为此，宋朝专门于广州划定蕃坊以供其居住。蕃坊中设置蕃长，由中央王朝任命，其职责为“管勾蕃坊公事，专切招邀蕃商入贡”。《宋史·大食国传》记载，淳化四年（993年），大食国王的遣使来华朝贡，便“曾得广州蕃长寄书招谕，令入京贡奉”。

朝贡贸易的广泛开展，有助于宋王朝加强对羁縻各族之抚绥，从而在一定程度上维护了边境的和平安定。如邛部川蛮自宋初以来即与宋王朝保持着朝贡关系，并立誓曰“永不侵犯，为国藩篱”，宋朝亦视“其族素效顺，捍御边陲”。故嘉定九年（1216年），邛部川蛮伏属云南后，宋室认为其“失西南一藩篱”。而施州蛮在宋朝“以盐与之，且许其以粟转易”后，亦“自是不为边患”。可见，朝贡贸易往来在维护边境稳定的同时，也促进了宋王朝与边疆民族地区之间的政治联系及经济文化交往的进一步深化。而朝贡贸易所带来的丰厚经济利益，特别是海外贸易的大力发展，则最终促使宋代朝贡关系从“壮朝廷之威灵，耸外夷之观听”向更加追求实利方面转变，朝贡之优先地位逐渐让渡给贸易。这一朝贡体系的形成，为古代中国与海外诸国的交往提供了新的机制，并为此后朝贡体系的发展打下基础。

西夏文敕牌

国家严密管理、皇权至上的体现

西夏是以党项族为主体民族，在我国西北地区建立的民族政权。它的历史可以追溯到881年李氏任定难军节度使，成为唐、宋两代的属地。1038年党项族首领李元昊称帝，国号大夏，又号白高国，建都兴庆府（今宁夏银川），1227年被蒙古灭。西夏立国后，长期受到宋、辽、金等大国的封锁，因此为发展经济采取了诸多措施。

党项族是西夏王朝的主体民族，它源于羌族，又与鲜卑族相融合，大约形成于6世纪中叶，在“东接临洮（今甘肃岷县）、西平（今青海乐都），西拒叶护（今新疆地区），南北数千里”的山谷间，过着“牧养牦牛、羊、猪以供食，不知稼穑”的生活。其内部由姓氏家族组成部落，有细封氏、费听氏、往利氏、颇超氏、野利氏（又作野律氏或野辞氏）、房当氏（又作旁当氏）、米擒氏（又作来擒氏）、拓跋氏八大部。各部分立，互不统一，大者五千余骑，小者千余骑，其中以拓跋部最为强大。这一时期，党项族尚无文字、法令、徭赋等，社会结构十分松散，处于原始社会氏族制阶段。

隋朝以后，内地出现了统一安定的局面，因此党项人与内地的联系逐渐密切。开皇四年（584年），有千余家党项人内附。次年，拓跋部首领宁丛亦率部众归顺。贞观三年（629年），细封部首领步赖举部附唐，唐太宗给予优厚礼遇，在其居地设置轨州（今四川松潘西），命步赖为刺史。贞观八年（634年），拓跋部首领赤辞助吐谷浑抗唐，兵败后请降，唐于其地设32个羁縻州，以归降的各部首领分任刺史，授赤辞西戎州都督，赐李姓。

7世纪中叶，党项人因不断受到吐蕃北上扩张的威胁，纷纷请求内附。唐政府遂将陇西党项移置庆州（今甘肃庆阳等地）。安史之乱后，更多的党项部落迁徙到银州（今陕西榆林东南）以北，夏州（今陕西靖边北）以东，以及绥州（今陕西绥德）、延州（今陕西延安）等地区。此后，居住在庆州一带的党项人称作东山部，居住在夏州一带的党项人称为平夏部。拓跋部则属平夏部中的大族。

11世纪初，在夏州政权被北宋吞并的背景下，部分党项人在领袖李继迁的带领下，联系各部落，使散漫的部落凝聚成一个团结统一的党项部落联盟，对党项人民进行有效的统治，并集结党项人民的力量，发动大规模的收复失地、开疆拓土的战争，开始了对北宋统治的反抗。其目的是建立一个以党项民族为主的割据政权，摆脱北宋王朝的统治。

党项族自内迁以后，受先进的汉族文化影响，逐渐向封建制转化。至元昊称帝前，封建制基本确立。因此，强化封建王权，便成为拓跋贵族迫切需要解决的问题。1032年，李元昊继承夏王位，是西夏发展史上的一个重大转折。元昊“性雄毅，多大略”，并“晓浮图学，通蕃汉文字”，他仿照唐、宋官制，“得中国土地，役中国人力，称中国位号，仿中国官属，任中国贤才，读中国书籍，用中国车服，行中国法令”，同时又极力保留一些党项旧俗，以显示自身政权的独立性。

西夏的国家体制和统治方式深受儒家政治文化影响。官制自1038年夏景宗立国后确立，大体上学习宋朝制度。官分文武两班，中书司、枢密司与三

西夏文敕牌

西夏（1038—1227年）

通高18.5厘米

直径14.7厘米

中国国家博物馆藏

司（盐铁部、度支部与户部）分别管理行政、军事与财政。御史台管监察、开封府管理首都地区的事务，其他还有翊卫司、官计司、受纳司、农田司、群牧司、飞龙苑、磨勘司、文思院、番学与汉学等机构。隔年，夏景宗仿照宋朝制度设立总理庶务的尚书令，改宋朝二十四司为十六司，分理功、仓、户、兵、法、士六曹，此时西夏官制和机构已颇具规模。到夏毅宗时又增设各部尚书、侍郎、南北宣徽使及中书、学士等官。一来职官和机构愈分愈细，二来官制改革由扩充政治、军事的官职转向扩充社会经济、文化方面的官职。地方行政编制分州、县两级，在特殊的政治中心和军事国防要地有时也设郡、府。

夏仁宗在“尚文重法”的主张下颁布《天盛改旧新定律令》，简称《天盛律令》。该法典主要由北王兼中书令嵬名地暴与中书、枢密院宰辅要员及中兴府、殿前司、合门司等部门的重要官员参与编写。该法典参考了唐朝、宋朝的法典，并且结合本国的国情、民情和军情，更加切合实际。

西夏的军事制度是在党项的部落兵制的基础上吸取宋制而发展起来的。枢密院是西夏最高的军事统御机构，下设诸司。军队由中央侍卫军、擒生军和地方军三部分组成。中央侍卫军包括“质子军”、皇帝亲信卫队和京师卫戍部队。“质子军”约5000人，是由从豪族子弟中选拔出来的善于骑射者组成的一支卫戍部队，负责保卫皇帝安全，号称“御围内六班直”，分三番宿卫。另有皇帝亲信卫队3000人，由从境内各军中精选出来的强勇之士组成，皆为重甲骑兵，分为10队，每队300人，随皇帝出入作战。京城地区还屯驻一支训练有素的卫戍部队，共2.5万人，装备优良，是中央侍卫军的主力。擒生军人数约10万，是西夏的精锐部队，主要任务是承担攻坚和机动作战。西夏的地方军由各监军司所辖，共有50万人，兵种主要分骑兵和步兵两种。西夏兵役制度是全民皆兵制，平时不脱离生产，战时参加战斗。其兵役制度中的最小单位是“抄”，每抄由3人组成，主力1人，辅主1人，负担1人。

为便于与辽朝建立同盟关系，完善全国道路交通网，构筑西夏东部军事驻防体系，西夏开辟了一条从其统治中心至辽国临潢府城的驿道。首先，主要是通使，与辽建立长期稳定的联系，取得辽的支持与帮助，从而与北宋抗衡。宋太宗雍熙三年（986年），李继迁附辽。“继迁事契丹谨，岁时进奉及贺正、生辰使不绝于道。”据记载，李继迁附辽时，贡使往返频繁，平均一个半月就进贡一次。

其次，以国都兴庆府为中心，建立了遍及全国的驿路网络。除主要干线外，西夏境内还有许多联系州、郡、军的支线，满足西夏国内的交通需要。驿路干线纵横交错，沿路广设驿馆、驿站。为了有效地管理遍及全国的庞大驿路系统，西夏建立了专门的制度。

一是信使骑乘征用制度。驿卒和驿马所需粮草禄食均由官府统一划拨，沿途“不许于家主摊派食粮、马草等”。但是，为保证文书尤其是机要文书和时限性文书及时送达，信使所乘坐骑则实行沿途征用制度，所有被征人员必须无条件服从，如有违背则会被治罪。

二是逾期罚罪制度。西夏的文书分为紧急文书和一般文书。紧急文书分为火急件和急件。传递火急件失误者，会受到杖打、发配以至绞杀等惩罚；传递急件延误者，会受到发配三个月到无期徒刑的处罚。一般文书分为定期文书和不定期文书，传递延误者会受到罚钱、杖打和多至两年的有期徒刑的惩罚。

三是盗隐、损毁、亡失文书的处罚制度。根据所涉及文书的类型和重要性，若有上述三种失误，相关人员会受到轻则杖打、有期徒刑，重则绞杀的处罚。

四是敕牌制度。敕牌制度是公文驿传制度的重要组成部分，是皇帝授权的凭证，见敕牌如见天子，持敕牌者，可以传达皇帝的旨意。使者凭敕牌可以指挥行军作战、调发军马，也用于征调和统管地方的兵、刑、钱、谷等。在对外交往中，敕牌是国家及帝王的象征，代表国家的权威。

西夏敕牌的品类多。按形制、文字和用途主要分为三类：第一类是“敕燃马牌”，一般为套合式，有钮有穿。《俄藏黑水城文献》中的西夏文《敕牌赞歌》中说明此种敕牌是西夏王朝亲授处理军国要事、传达紧急文书和军令的信牌。中国国家博物馆收藏了一件敕牌，由两个圆形青铜牌组成，牙口咬合，两牌之间为空腔，上端为扁方形提钮。敕牌一面为双线阴刻西夏文“敕”字，另一面刻“敕燃马牌”4字，释为“敕令驿马昼夜疾驰”之意。第二类是“防守待命”牌，大多有悬佩銎孔，有钮有穿，一面单线或双线阴文刻西夏文“防守待命”4字，另一面是所有者的名字，此时是西夏军队防卫身份的标识。第三类是“内宿待命”牌，一般形式多为长方铲形，大小有别，上部多有供佩戴用的銎孔，铜牌周边起沿，正背两面均有文字，一面多为西夏文“内宿待命”4字，一面为西夏人名，此牌是皇宫内宿卫人员身份的标识。除上述用途明确的三类敕牌外，还有其他马蹄形、桃形、圆形的敕牌，主要特点是一面有字，另一面或有字或无字，用途不详。

西夏对敕牌的管理严格。根据西夏法律，朝廷的敕牌都密藏在宫中，有专人看护，其收藏地不得随便打听和接近。朝廷发给地方的敕牌除要登记造册外，还要由地方最高长官亲自保管。《天盛改旧新定律令》还规定了签发敕牌要遵循的原则：地方擅自签发敕牌者要被绞死，任何丢失、损坏敕牌的行为，都要严格治罪。

西夏敕牌有银、铜、木、纸等质地，手持敕牌的使者称为“带牌天使”，意思是天子的使者。《宋史·夏国传》《文献通考》《续资治通鉴长编》中都记载有“铁骑三千，分十部，（元昊）发兵以银牌，召酋长而受约束”。可见李元昊在军事指挥、管理国家事务时均使用敕牌。

西夏立国近200年，西夏文化一个重要的特点，就是吸收了儒家文化作为其治国之本。创建西夏的党项人本来是比较原始的游牧民族，建立独立政权后，其统辖区内有大量汉人及其他民族，又处于汉文化的长期影响之下，因此，党项人积极吸收先进的汉族文明，凭借宜农宜牧的自然条件，创造了独具特色的西夏文化。西夏文化是中华各民族文化融汇的典型。西夏推进了西北地区的统一及民族融合、经济发展，为中国元代大统一奠定了基础。

天盛元宝背『西』铜钱

最早见于著录的西夏铸币

党项内迁后，与当地的汉族人民共同生产，促进了祖国西北地区的进一步开发，在吸收内地先进的生产技术的基础上，西夏的社会经济得以发展。中国国家博物馆收藏的一枚西夏天盛元宝背“西”铜钱，是最早见于著录的西夏铸币，有助于我们进一步了解西夏的商业贸易。

这枚铜钱铸于西夏仁宗李仁孝天盛年间，最早见于清乾隆朝编撰的《钦定钱录》，是钱谱中首个明文著录的西夏铸币。面文楷书“天盛元宝”，右旋读，背穿上“西”，代表“西兴监”。像这样背穿上有“西”的天盛元宝非常少见，这枚铜钱是天盛钱中的珍品。

公元1038年，李元昊正式称帝。在称帝之后，李元昊要求宋廷承认，惨遭拒绝。1040年起，李元昊不断发起对宋的战争，最后以北宋惨败告终。宋夏争战，西夏虽胜多败少，但战争消耗国力。战争爆发后，宋朝停止了对西夏的大宗岁赐，关闭了边境榷场，导致西夏境内粮食、布匹、茶叶等生活必需品奇缺，严重影响了正常的社会经济生活。庆历四年（1044年）十月，宋与西夏订立和约。元昊以西夏国主的名义向宋称臣，允许下国自置官属，宋每年岁赐西夏银、绢、茶，重开安军、高平寨等沿边榷场，恢复双边贸易。宋夏战争结束后，西夏与辽国的关系开始紧张，逐渐处于战争边缘。河曲（今内蒙古鄂尔多斯）之战，是夏、辽矛盾的总爆发。天授礼法延祚七年（1044年）十月，辽兴宗亲率骑兵10万人，在北院枢密使萧惠等的配合下，击败夏兵于贺兰山北，并乘胜追击，西夏则采取了坚壁清野的办法，大败辽军于河曲，最终双方议和。西夏通过与宋、辽的战争，成为西北地区一个强大的政治实体，与宋、辽分疆而治，分庭抗礼。西夏虽然与宋、辽战和不断，但三方通过榷场、和市、贡使贸易等方式开展经济交流，社会生产力得以恢复与发展。金灭辽、北宋后，西夏向金称臣，在金和南宋之间保持平衡，直到西夏被蒙古所灭。

由于西夏本地铜产量极少，再加上辽和北宋对西夏限制铜、铁出口，西夏早期钱币不仅数量不多，而且质量很差。从目前出土的西夏钱币的数量和类型来看，西夏成立之初的铸币与随后的崇宗、仁宗时期相比，文字之间的间距相对粗疏，字体浮浅，写法多样，铸造不精。西夏钱币薄厚不均，穿孔、轮廓多不规则，有背错范者，钱文也多漫漶不清。西夏崇宗年间出现了一些铸造相对精美的钱币，如贞观宝钱、隶书元德通宝等，奠定了后期钱币发展的基础。

1139年，李仁孝即西夏皇帝位，庙号西夏仁宗，是西夏第五位皇帝。他在位期间，与金国修好，重用汉臣，设立学校，实行科举，变革经济，西夏进入历史上社会经济文化发展的巅峰时期。仁宗在位期间，改变了西夏过去的铸钱模式，开始大量铸造铜钱和铁钱进行流通。《西夏书事》记载："绍兴二十八年夏五月，立通济监铸钱。"之所以如此，除仁宗时期经济发达，贸易旺盛，对钱币的需要量大外，也与西夏和南宋贸易断绝，国内出现钱币荒有关。此外，金朝对西夏的封锁和不平等贸易也迫使西夏大量铸币来解决双方贸易不平等的问题。西夏失去陕北铁矿产区后，不得不用食盐换取北宋铁钱用于流通。宋朝占领陇西后，为了本国利益，严禁国内铜钱流出，榷场贸易更是采用不平等方式对使用宋朝铁钱的西夏商人进行盘剥。金朝还经常关闭榷场来牵制西夏的外交和经济。为了改变金和西夏在贸易中的不利地位，西夏不得不效仿金朝设立通济监，铸造天盛元宝，来缓解对金贸易出现的问题以及贸易中出现的钱币荒。由于西夏缺少铜矿，不可能持续性地大规模铸造铜钱，因此西夏铸造了大量的天盛、乾祐铁钱，设立铁钱流通区，防止国内铜钱过快流出。由于天盛年间大量铸造铜钱，西夏铜资源储备消耗过快，因此仁宗以后西夏很少再铸造铜钱。

天盛年间铸造的钱币是西夏钱币中的精品。依托于强大的国力和比较充盈的铜铁储备，仁宗设立的通济监铸造了汉文钱天盛元宝、乾祐元宝和西夏文钱乾祐宝钱。天盛元宝是西夏历史上有明确记载的钱币，有铜、铁两种质地。铜钱一般直径2.2—2.5厘米，重1.8—4.7克。钱文楷书、旋读，版式多样，包括宽缘、窄缘，宽廓、窄廓，大字、小字，光背、背星、月纹、背“西”字，等等。文字端庄秀丽，布局不一，大小、重量、厚度多变。铁钱除了稍小于铜钱，最大钱径只有2.4厘米外，其余特征与铜钱相同。

天盛元宝有西夏文和汉文两种版本，这是西夏钱币的显著特点，反映出西夏曾经根据自己民族的传统和历史，创造了独具特色的西夏文字，来传承本民族的文化。

西夏文字的创造始于西夏开国皇帝李元昊。李元昊建立西夏后，为了巩固政权，采取了种种措施，发展农业、畜牧业和手工业生产，促进了社会经济的发展，为祖国西部开发做出了贡献。李元昊在位期间，西夏创造了文字，为我国增添了优秀的传统文化。西夏文字和汉字一样，也是表意文字，字形方正，笔画匀称，疏密有致，造型很美。但其与汉字相比，笔画相当繁复，大多在十画以上，曾巩评价它“文类符篆”。西夏文字也有楷、篆、行、草诸体，但没有明显的隶书字体。楷书多用于雕版，常见于现存的西夏文献中，多为西夏文佛经，有写本，但多为印本；篆书留存下来的很少，散见于金石；行书、草书常用于佛经和世俗文书的书写。西夏文字经过惠宗、仁宗时期的宣传推广，惠宗时期的大范围传播，到仁宗时期已经频繁使用，成为西夏境内各族使

天盛元宝背『西』铜钱

西夏天盛年间（1149—1169年）

直径2.4厘米，重3.9克

中国国家博物馆藏

H8.239.
Y1617.

用的通用文字，推动西夏文化在此时达到巅峰。西夏灭亡后，西夏文字在元代时仍然使用，明朝时则随着民族的融合而消亡。考古学兴起后，随着大量西夏文物被发掘发现，器物上的西夏文字被广泛发现并研究，如今已经形成了许多成果，为进一步研究西夏历史文化提供了佐证。

西夏铸币还是西夏与宋、金关系的见证。以天盛年间西夏设立通济监为分界线，西夏铸币呈现截然不同的特点。天盛以前的铸币很少，从出土的西夏钱币来看，天盛以前铸造的福圣钱、大安钱、贞观钱、大德钱等屈指可数，只有元德钱相对多些，但是不管哪一种钱，在一个出土地点最多3枚。这些钱币铸造工艺略显粗糙，相当部分有明显的不足之处，如钱体略小、版式众多、钱文不甚清晰，粗制滥造。而天盛年间设立通济监后，西夏的钱币水平和规模有了很大的进步。在工艺上，钱币之间的厚薄大体一致，缘廓规整，布局得当，字体庄重秀丽，铸造精工，有些钱的精美程度甚至超过宋钱。在规模上，如天盛钱、乾祐钱、光定钱等出土的地区多，数量也多。在铭文上，西夏文钱的铸造早于汉文钱的铸造，其总体发展变化：从只采用西夏文铸钱，到西夏文与汉文共用铸钱，再到全部改铸汉文钱。而这种文字的变化，反映出西夏与宋、金关系的变化。

西夏建立之初，李元昊极度排斥汉族文化，采取了一系列番化的措施，如改汉姓为党项姓、强令党项族人一律剃光头、创造西夏文字等，在与宋、辽的交往中，强制使用西夏文字的文书。相关措施反映在西夏钱币上就是西夏早期的铸币全部使用西夏文字。仁宗以后，西夏势力渐弱，不断受到蒙古的攻伐，此时西夏钱币完全采用了汉文字，因为此时钱币已经完全成为流通的工具，汉文化的影响已经在西夏占据优势。

西夏钱币的流通还反映了当时西夏参与丝绸之路贸易的情况。根据考古情况来看，宁夏、甘肃和东北地区都发现了西夏钱币，反映出西夏与辽、金、西域的贸易十分繁荣。传统观点认为，西夏的建立阻断了丝绸之路，导致这条贸易路线的衰落。但1984—1986年，宁夏回族自治区灵武县（今灵武市）磁窑堡瓷窑遗址中出土了一枚喀喇汗王朝铜币。铜币的正反两面均印有文字，为阿拉伯文库菲体。背面铭文磨损锈蚀严重，上两行漫漶不清。这枚铸币让我们重新认识到西夏也曾积极参与丝路贸易，与西域甚至遥远的阿拉伯国家进行贸易。

这枚天盛元宝背“西”铜钱，能够让我们认识到西夏文字演化反映出的西夏与邻国关系的变化，西夏传统文化的发展和受汉文化影响而非自觉进行的民族文化的融合，以及西夏参与丝绸之路贸易的情况。它是今人重新认识西夏的重要媒介。

西夏极盛时期，其领地东临黄河，西尽玉门关（今甘肃敦煌西北），南迄萧关（今宁夏彭阳东），北抵大漠。它先后与辽、北宋和金、南宋并立，时战时和，政治、经济和文化交往密切。西夏在吸收内地及其他民族先进文化和生产技术的同时，不断开发西北地区，对促进本地区内民族交融和经济文化水平的提高，以及沟通中西部的交流，均起了重要的作用。进入宋辽夏金时期后，无论契丹建立的辽朝，还是党项建立的西夏以及女真建立的金朝，都是包括汉族在内的多民族政权，其文化在多样杂糅的基础上，占主导地位的是中华传统文化，三个政权都自认为是中国而非夷狄。这种文化上的认同，更是历史上中华民族共同体的重要体现。

柳毅传书故事场面青铜镜

金人铜镜中的汉地故事

金朝是我国东北地区的古老民族——女真族建立的政权。金人凭借自身强大的实力与中原进行了长期的军事战争，“曾不十年，荡辽灭宋”。在与周边政权的战争与对峙过程中，“金国方强盛，天下莫不畏服”，金人占领了中原的大片领土，与周边各民族间的交往频繁，不断学习、吸收汉族及其他民族的先进文化，各方面的融合不断加强。金人虽在战事上取得胜利，但是中原文化对金人的文化产生了深远的影响。金朝在其政权巩固后便采取了汉化的策略：政治上积极借鉴中原的统治体系，以儒家思想建立典章制度；经济上逐渐从游牧和渔猎转向农耕；文化上积极推崇儒家文化。《通鉴续编》记载，金世宗曰：“朕所以令译五经者，正欲女真人知仁义道德所在耳。”作为中原文化核心的儒家思想也被确立为金朝的统治思想，至此金朝“典章制度，几及汉唐”，从而促使金朝发展为具有完备封建制的民族政权。随着金代政治、经济的强盛，文化也随之繁荣起来。在此背景下，中原文化在金地流传也便顺理成章，而青铜镜作为一种艺术表现形式，成为中原文化元素的承载者，其中人物故事铜镜的典型代表——柳毅传书故事场面青铜镜成为金人与中原地区交往交流交融的鲜活例证。

铜镜作为人们正衣冠的日常器具，与人们的生活息息相关。铜镜以铜为主要原材料制作而成，正面光亮。铜镜背面装饰各种精美纹样，是整面镜子艺术魅力的集中体现。一方面展现了其构造、布局的形式之美，另一方面因其所传达的文化内涵而具有深刻的意境之美，展现了中国传统文化的魅力。

铜镜最早出现于四千年前的齐家文化时期，铜镜自产生起，后经数千年发展变化，无论是在形制、纹饰、制作工艺还是文化内涵等各个方面都发生了诸多变化，呈现出不同地域、不同民族间社会文化相互交流融合的整体特征。春秋战国时期，铜镜在形制、纹饰等方面都有了较大发展，最终在汉代达到了铸造的鼎盛时期。魏晋南北朝时，铜镜铸造逐渐走向衰落，在经历了一段低潮期后，在隋唐时期达到了第二次繁荣。辽宋时期，铜镜发展虽比较缓慢，但位于北方的金朝，在铜镜的铸造技艺上却独树一帜。

铜镜经过前朝的发展，至金代其装饰纹样逐渐走向了写实，通过较为直观的形式表达当时社会的现实生活，诸如人物故事纹、花鸟纹、瑞兽纹及双鱼纹等。金代人物故事铜镜的题材多来源于中原的民间传说，这体现了中原文化对金代社会的影响和辐射，对于研究金代社会思想变迁和民族间交流往来具有重要的价值和意义。

柳毅传书是根据唐朝李朝威的作品《柳毅传》改编而成的民间爱情故事。故事讲述了主人公唐代儒生柳毅偶然间在路边遇见牧羊的龙女，龙女向柳毅哭诉了自己遭受丈夫欺凌的悲惨境遇。柳毅听后义愤填膺，不顾艰难险阻，毅然承担起为龙女传送书信的重任，在历尽艰辛之后终于将消息送至龙女的亲人手中。龙女的叔叔钱塘君设法救出侄女后，为报答柳毅恩情，欲将龙女嫁给柳毅，但因言辞傲慢而被柳毅拒绝。后柳毅归乡，娶妻成家，但连娶两房妻子皆亡故，龙女听闻后不忘其当初搭救之恩，最终化身为民女卢氏与柳毅成婚并生下一子，一家人幸福圆满。柳毅传书的故事为后世所传颂，它反映了在封建婚

柳毅传书故事场面青铜镜

金（1115—1234年）

直径10厘米，
边厚0.2厘米，
重100克

1964年黑龙江阿城出土

中国国家博物馆藏

双鱼纹青铜镜

金（1115—1234年）

直径36.7厘米，
重4.3千克

1964年黑龙江阿城出土

中国国家博物馆藏

姻制度下广大妇女的痛苦和不幸，从而表现出对自由婚姻生活的追求与渴望。柳毅传书故事场面青铜镜，其纹饰呈现了洞庭湖龙君小女儿于牧羊道旁向柳毅诉说婚姻不幸的情景。

柳毅传书故事具有典型的中原文化特征，这与金朝社会的生产方式、文化习俗的差异较大，这一类人物故事铜镜何以在金朝出现并逐渐流行？这就要从当时宋金战事频繁、对峙并存的社会背景来看，尽管金人在军事上占据优势，但中原汉地具有深厚的传统文化积淀，儒家学说无论是在人伦秩序上还是在统治策略上都对金朝有显著的吸引力。基于此，尽管金朝统治者也试图保持和发展本民族的文化特色，但中原先进文化的价值体系不可避免地对金人社会产生了强有力的影响。文化作为一种价值观念体系，需要有物质载体予以表达和呈现。在此背景下，具有鲜明中原文化特色的人物故事铜镜遂得以在金地出现并逐渐流行。金代铜镜不仅其故事题材来源于中原，连纹饰特征、铸造技艺也无不具有中原铜镜的烙印。一方面，金代铜镜传承了汉唐时期精美的装饰艺术；另一方面，北方的草原文化与中原农耕文化彼此碰撞交流，呈现出多民族文化相互融合的整体特征。金代铜镜纹饰精美，内容多样，生活气息强烈，注重塑造人物及景物的状态，包含着丰富的社会内容和审美意蕴，不仅反映出浓厚的草原文化气息，而且体现了中原儒家学说的思想内涵，并且与当时社会的精神文化密切结合。这些题材广泛的纹饰也反映了女真族开放包容、善于学习的民族精神。

除人物故事铜镜外，鱼纹饰青铜镜在金地也具有典型性和代表性。《金史》记载："金之初年，诸部之民无它徭役，壮者皆兵，平居则听以佃渔射猎习为劳事。"这反映出金地生活具有典型的渔猎文化特征。金代铜镜既有北方民族粗犷豪放的气质，又具有中原民族精致细腻的特征，体现出北方民族与中原民族之间的交往、交流与交融，彰显出鲜明的民族气质。金代双鱼纹青铜镜就是中原传统文化和北方民族相互交流、融合的产物。在中国传统文化中，"鱼"与"余""裕"谐音，具有吉祥、富足、连年有余的美好寓意。《周易》云：

《女真文进士题名碑》拓片

原碑：金（1115—1234年）

拓片：中华民国（1912—1949年）

长139厘米，宽62厘米

中国国家博物馆藏

“积善之家，必有余庆。”《诗序》记载：“鱼丽美，万物盛多，能备礼也。”而在女真族的社会生活中，渔猎的生产方式是其主要经济来源之一，尤其是繁殖能力较强的鲤鱼更是在人们的生活中占有重要地位，这也为鱼纹饰青铜镜的产生、流行奠定了现实基础。

金代铜镜不仅在题材、纹饰上体现了中原文化的元素，在其他方面也无处不体现着这一特点。在形制上，金代铜镜既沿袭前朝又创新多变，呈现出造型多样化的特点。在制作工艺上，由于大批中原工匠涌入北方地区，因此金代铜镜的铸造工艺展现出南北交融的艺术风格。我们不难看出，中原文化元素在金代铜镜中的影响和渗透，呈现出交融汇聚的繁荣景象。

民族间的交流和融合是相互的、多层次的，不仅在金地出现中原的汉地故事，同样在中原地区也不乏女真族的文化元素。一方面，在金灭北宋的大背景下，随着金朝的统治从东北延伸至中原地区，一些中原的汉族人口也随之处于金朝的管辖之下。另一方面，为了对中原地区进行有效统治，金朝也将大批的女真人南迁至中原腹地，除女真外，还有鞑靼、奚、黑水、契丹及党项等。《金史》记载，“猛安人与汉户，今皆一家，彼耕此种，皆是国人”，汉族与女真族在这种交错杂居的过程中民族融合得以进一步加深。不仅如此，与金并立的政权有辽、宋、夏、元诸国，各政权间往来频繁且形式多样，诸如贸易往来、军事攻伐等，经济及战争等各种因素导致人口流动频繁，从而在客观上促进了各民族间的交往、交流与融合。与此同时，金代提倡不同民族间的通婚，而婚姻可促使不同民族间的差异缩小，进一步促进了民族大融合，从而使传统的“内诸夏而外夷狄”的思想观念悄然发生了变化，进而促进了中华民族多元一体格局的形成和发展。

金朝的统治者发现，国家的强盛不能只靠一味地武力征伐，文化的强盛才是国家长治久安的内聚力和思想基础。一方面，中原汉族的先进文化对女真族具有非凡的吸引力，因此其在与汉族频繁接触的过程中不断学习汉族文化。《隋书》记载，女真先人就“与边人来往，悦中国风俗，请被冠带”，积极学习和吸纳中原汉族文化。另一方面，汉族文化博大精深、兼收并蓄，对于少数民族文化也持开放的态度。发现于中原腹地的女真文石刻——《女真文进士题名碑》是研究金代科举制度和女真文字的重要碑刻之一，碑文内容记述了科举进士所录取的女真族人，并且其进士榜的记述方式也近似于宋制，这说明了女真族入主中原后对汉地文化的全面学习和接纳。

女真族在入主中原的过程中主动学习和接纳中原文化，随着双方的交往交流不断加深，文化差异亦逐渐缩小，促使“华夷”之论逐渐向汇聚融合的积极趋势发展，从而也为统一的多民族国家的形成、发展起到了积极的推动作用。中原汉地的民间传说在金地流传，体现了金人对汉地文化的学习和接纳；女真文化的南渐也为中原文化的发展注入了新的活力，促使中华文化逐渐迈向兼收并蓄、多元一体的完整体系。辽金时期是我国历史上继魏晋南北朝之后又一个民族融合的重要阶段，各少数民族在学习、吸纳汉族先进文化的同时，也注重保持和发扬本民族的文化特色，并以此来增强本民族的凝聚力和向心力。各民族政权都是我国历史发展进程中不可分割的一部分，各民族通过相互借鉴与学习丰富了中华文化的内涵与外延，也由此结成了你中有我、我中有你的亲密关系，各民族间的交往交流交融共同汇聚成了中华民族多元一体的历史。

《成吉思汗像》

成吉思汗本名铁木真，是蒙古部乞颜氏首领也速该的儿子。1206年，他统一了漠北草原上的若干游牧部落，建立大蒙古国，或称蒙古汗国，尊号“成吉思汗”，蒙古族由此统一并逐渐形成。中国国家博物馆收藏有《成吉思汗像》。

相传，蒙古部乞颜氏最初居住在黑龙江上游、大兴安岭北端的额尔古纳河流域，后来西迁至今蒙古国境内的斡难河（今鄂嫩河）、怯绿连河（今克鲁伦河）、土剌河（今土拉河）三河之源的不儿罕山（今肯特山）一带，征服了当地的兀良哈人后游牧居住于此。13世纪的漠北草原上形成了几大游牧部落，主要有蒙古、塔塔尔、克烈、蔑儿乞、乃蛮以及斡亦剌、八剌忽等。成吉思汗曾祖、乞颜氏首领合不勒汗是蒙古部第一个称汗的首领，他将蒙古各部逐渐统一。合不勒汗统治时的蒙古部与金朝支持的塔塔尔部不断发生战争，成为世仇。铁木真出生后其父被塔塔尔人毒死，部众也纷纷散去，铁木真一家陷入困境。走投无路之际，铁木真率属下投奔其父的结义兄弟克烈部首领王罕，成为其属部。依靠王罕的支持和铁木真结义兄弟札只剌部首领札木合的帮助，铁木真得到蒙古部乞颜氏贵族的认可，被推举为汗。但此后不久，札木合即与铁木真反目。

南宋庆元二年（1196年），铁木真联合王罕帮助金朝军队重创塔塔尔部，铁木真从金朝获得“扎兀惕忽里”的称号。南宋嘉泰元年（1201年），铁木真联合王罕在阔亦田（今哈拉哈河上游一带）又击溃札木合集结的泰亦赤兀、扎只剌、篾儿乞、塔塔尔、合答斤、散只兀、弘吉剌、斡亦剌、乃蛮等部落联军。次年，铁木真又击灭世仇塔塔尔残部，统一了蒙古高原东部，其统治区域与草原中间的克烈部、西面的乃蛮部形成三足鼎立的局面。此时，铁木真与王罕之间的依附关系已发生了变化。1203年秋，铁木真趁其不备对王罕营地发起进攻，一举攻灭克烈部；第二年，又率部于土剌河西面的纳忽崖击溃乃蛮部联军，统一了漠北草原。

南宋开禧二年（1206年），铁木真在斡难河源头召开忽里台（即大会，在蒙古部落中，凡领袖选举、战争决议等大事件都通过部落首领召开忽里台进行决议），称“成吉思汗”，建立大蒙古国，蒙古部从此统一。大蒙古国推行千户制，由千户长管领，共封95个千户，千户下又分百户、十户，千户成为大蒙古国最基本的军事和行政单位。大蒙古国实行分封制，成吉思汗将百姓和牧地分封给其“黄金家族”的兄弟子侄，形成诸王的兀鲁思（相对独立的小封国）。蒙古汗拥有自己的军队，称为怯薛。大蒙古国建立后，成吉思汗扩建怯薛，使其成为一支强大的常备军，怯薛由各级贵族子弟组成，是保护大汗的主力，由大汗直接掌控，并规定怯薛歹（护卫士）身份高于千户长。成吉思汗还设立了大断事官一职，掌握司法和立法方面的权力，并拥有行政和财政方面的权力。最后编定了大蒙古国法典《大扎撒》，记录成吉思汗颁布的各项诏令。这种军民合一的制度，使得国家的权力被牢牢掌握在大汗手中。蒙古部创立了自己的文字，13世纪形成回鹘式蒙古文，17世纪又在此基础上创制出托忒式蒙古文。自此，一个以成吉思汗和他的亲属们组成的“黄金家族”为核心的蒙古族开始形成。

大蒙古国建立后继续扩张其领土，成吉思汗清剿了乃蛮部和蔑儿乞部余部，征服了西北的乞儿吉思、斡亦剌、八剌忽等部，西域的畏兀儿和哈剌鲁部主动归附。彼时，宋、金、西夏等政权割据并立，成吉思汗为了剪除金朝的羽翼，3次出征西夏，从1205年始至1227年攻入中兴府，夏末帝投降，历时22年最终迫使西夏臣服。1211年，蒙古对金发起进攻，成吉思汗及其子拖雷率领东路军进攻金中都，他的另外3个儿子术赤、察合台、窝阔台率右路军向西京进军，这次进攻并未攻入金中都城内。此后，蒙古军多次发起进攻，直至金中都陷落。1227年，成吉思汗病逝，他在临终之际提出了联宋灭金的策略。西夏灭亡后，失去了西方缓冲的金朝在蒙宋联军的进攻下，最终于1234年灭亡。

1235年，蒙古灭金后同时规划东征高丽、西征钦察和进攻四川、襄汉的几条征伐路线。由于战线太长，进攻南宋并未取得显著的成果。直到蒙哥继位后，命忽必烈掌管漠南汉地的军国庶事，指挥对宋作战。1247年，西藏也纳入到蒙古的管辖范围内。1254年，忽必烈率军灭大理国，南宋岌岌可危。几年后，蒙哥亲自率兵南下攻宋，蒙古军攻入四川，然而就在战争推进到合州时，因蒙哥的去世，战事中断，南宋得以喘息。忽必烈稳定政权后再度挥师南下进攻襄樊，襄樊之战持续了6年，襄樊才被攻破。1276年，元军攻占南宋都城临安，宋恭宗投降。南宋将领李庭芝、张世杰、文天祥等率兵顽强抵抗，最终在广东崖山被元军击败，1279年南宋亡。

大蒙古国在征服西北诸部后，又发起了对西方世界的征战。1219—1223年，蒙古大军西征花剌子模，成吉思汗亲自率兵开始了蒙古人的第一次西征。成吉思汗先是攻入河中地区（在中亚阿姆河和锡尔河之间，今乌兹别克斯坦和哈萨克斯坦境内），进而攻破其都城玉龙杰赤（今土库曼斯坦库尼亚-乌尔根奇），花剌子模国王摩诃末在逃亡途中病死，其子扎兰丁遁入印度，于蒙古军队班师后返回复国，被窝阔台汗再次西征时击败，花剌子模亡。在征服花剌子模后，成吉思汗回师蒙古。原先奉命追击摩诃末的哲别和速不台继续西进，他们击溃欧亚草原上的阿速人和钦察人，消灭了伏尔加河西、莫斯科和基辅一带的俄罗斯诸王公与钦察的联军，一直挺进到克里米亚半岛，势力直达欧洲，一

成吉思汗像

明（1368—1644年）

纵58.3厘米，横40.8厘米

中国国家博物馆藏

个横跨欧亚的帝国已经形成。

窝阔台继承汗位后，发起了第二次西征，此次西征也被后人称之为“拔都西征”或“长子西征”。1236—1237年，西征军先是征服了不里阿耳部落（在今伏尔加河上游一带）和在亦的勒河（今伏尔加河下游）的钦察人，后又征服斡罗斯，攻下波兰和匈牙利，1241年底窝阔台去世，西征军只能东返。直到蒙哥继承汗位后，才发起了对西方世界的第三次西征，此时古波斯的大部分地区已被蒙古征服。这次西征又攻克了位于里海之南的木剌夷地区，包括被古代中国称为“黑衣大食”的阿拔斯王朝和叙利亚。正当蒙古军进攻伊斯兰世界最后一个强有力的国家埃及时，大汗蒙哥去世，旭烈兀回师参加忽里台，攻克马穆鲁克王朝未遂。在先后灭了西夏、金、南宋，同时又展开了东征、西征后的蒙古，此时已是有史以来疆域最广阔的王朝。

成吉思汗建立蒙古汗国，成为大蒙古国的第一代大汗。第二代大汗窝阔台是成吉思汗各项政策的忠实执行者，在他的带领下，蒙古灭金，向西征服了花剌子模并继续向古波斯地区挺进。他建立了大蒙古国第一座都城哈剌和林，听取耶律楚材等人的建议并进一步完善国家各项制度。窝阔台去世后蒙古内部经历了一段混乱的夺位期，最终蒙哥被推举为大汗。蒙哥汗时期设立三个行省对中原地区、畏兀儿至河中地区以及阿姆河迤南地区进行管辖。蒙哥汗还重用他的两个兄弟，旭烈兀负责西征，忽必烈总管漠南汉地事务以及攻打南宋。蒙哥汗在攻打南宋的过程中去世，此后大蒙古国走向了分裂。

蒙哥去世后，忽必烈从南宋前线赶回，于1260年3月召开忽里台宣布继位，一个月后阿里不哥在哈剌和林亦宣布称汗，大蒙古国历史上首次出现了两个大汗同时在位的局面，因而此时忽必烈的政权并不稳固。忽必烈因一直掌管漠南事务，倾向于吸收儒家传统，采用汉制来治理国家。1262年，汉军世侯李璮发动兵变，兵变被镇压后忽必烈重新制定了朝廷政策，形成以蒙古人为首，汉、回相互制约的格局。第二年，忽必烈将开平升为都城，定名上都，将政治中心转移到开平；第三年，又将燕京改名中都，定为首都，上都开平改为陪都。

1268年，窝阔台的孙子海都联合察合台汗国，对忽必烈的汗位发起挑战。此后，钦察汗国及其他宗室也对忽必烈的汗位提出挑战。1271年11月，忽必烈将国号改为元，建立元朝，次年将燕京更名为大都。元朝沿用辽、金时期就有的“四时捺钵”两都巡幸制度，每年二三月份从大都前往上都避暑、狩猎、祭祖等，九月前后回到大都。这种制度有助于加强对中原乃至全国各地区的统治，同时又能加强与草原诸部落的联系以稳固政权。忽必烈称汗后，形成了元朝与成吉思汗诸子后裔成立的四大汗国并立的局面。

成吉思汗的长子术赤的封地是自也儿的石河以西地区，术赤的次子拔都在西征后封地不断扩大，在东起额尔齐斯河，西至黑海、里海和咸海及其以北的地区，北达今北极圈一带，南越今高加索山，直至伊朗的广阔疆域上建立起钦察汗国，又称金帐汗国。钦察汗国为元朝的宗藩国，14世纪初演变为伊斯兰国家，不久后走向分裂，1502年灭亡。

成吉思汗的第二子察合台在其封地上建立察合台汗国，西征后其领地扩展，东至哈密，西达阿姆河，北及塔尔巴哈台山，南越兴都库什山，包括了河中和楚河、伊犁河流域及今我国新疆大部分地区。14世纪前期，察合台汗国分裂为东、西两个汗国。改信伊斯兰教的西察合台汗国于1370年被帖木儿帝国所灭；1487年，东察合台汗国在长期内战后也彻底分裂。

成吉思汗第三子窝阔台在其封地额尔齐斯河上游、巴尔喀什湖和阿尔泰山周围地区建立窝阔台汗国，后将封地转交儿子贵由。窝阔台汗国在窝阔台之孙海都掌控期间，曾把察合台汗国变为其附属，并与忽必烈展开长期的对抗。海都死后其子察八儿被察合台汗国的笃哇控制，最终察八儿因复国无望向元朝投降，窝阔台汗国灭亡。

成吉思汗幼子拖雷的第三子旭烈兀在第三次西征后，被封为伊利汗，建立伊利汗国。忽必烈为了得到旭烈兀的支持，将旭烈兀在西征中所征服的土地都分封给他，其领地东起阿姆河和印度河，西临小亚细亚半岛的大部分，北至高加索山脉，南濒波斯湾和阿拉伯海，也因此伊利汗国与元朝的关系最为紧密。在伊利汗国的第三代汗阿合马时期，内战不断，最终1388年伊利汗国为帖木儿帝国所灭。

忽必烈建立的元朝，疆域空前广阔，容纳了众多的民族，从数量上讲蒙古族占极少数，为了统治阶层自身的利益和政权的稳固，元朝将领土内的民众划分为四个等级，此项民族政策也就是后世人所总结的“四等人制”。四个等级呈金字塔式结构：居于顶端的是以“黄金家族”为核心的蒙古族；其次是色目人，主要指以回族为主的来自西北和西域的人们，也包括藏族人；第三等级为汉人，指淮河以北原金朝境内的居民；最后一等级为南人，指归附元朝最晚的汉人。每个等级的人在司法、任职、科举等诸多方面享有的权利不同，元朝以此制度来对被征服的民族进行压制和分化。

元朝前期忽必烈在位期间，国家经济稳步发展，忽必烈死后汗位不断更迭，元朝处于残酷的弑杀夺位中，政局不稳，逐渐走向衰落。元惠宗（顺帝）统治期间，人民不堪重负纷纷起义。颍州等地爆发了红巾军起义，朱元璋所率队伍在起义战争中慢慢壮大。1368年朱元璋部攻占大都，朱元璋在应天称帝，建立明朝。元朝只留下一个史称“北元”的残败政权，并于1635年被后金所灭。

至元通行宝钞

元政府对吐蕃的管辖

1959年在西藏自治区日喀则的萨迦寺内，发现一张发行于元朝的至元通行宝钞，简称至元钞。这张宝钞反映了元朝中央政府对西藏地区的管辖，是元朝政治统一和币制统一的结果，也是萨迦寺作为当时西藏地区的政治中心对加强祖国统一和民族团结起过积极作用的说明。

这张至元通行宝钞是用桑皮纸在铜版上印制的，最上方一栏是正楷横书的钞名“至元通行宝钞”，两端饰以火焰宝珠纹样。钞名下方的版面四周装饰有纹饰，版面中间分为上、下两栏。上栏中央横书至元钞面额“贰贯”，字下绘有两贯钱纹，左右分别刻有八思巴字译写的汉文“至元宝钞”“诸路通行”，文下则是汉字“字料”“字号”。下栏是十行汉字，内容为：尚书省奏准印造至元宝钞，宣课差发内并行收受，不限年月，诸路通行。宝钞库子攒司、印造库子攒司。首告者赏银五定（锭），伪造者处死，仍给犯人家产。至元年月日。宝钞库使副。印造库使副。尚书省提举司。上下栏各盖一朱色正方官印。至元钞背面也盖有官印，这是元朝后期宝钞的特征。中国国家博物馆同时收藏有印制此面值宝钞的铜钞版。

至元通行宝钞发现于萨迦寺，还要从西藏地区纳入元朝的版图说起。9世纪中叶，“禁佛”运动后吐蕃王朝已濒临崩溃，西藏地区进入四分五裂的状态，这一割据局面持续了近四百年。在此期间，藏传佛教发展出各种派系，并与世俗的权势融为一体，形成了互不统属的地方势力。在这些教派中止贡、萨迦、帕竹等最具影响力，势力远及青海、四川等地，但仍没有出现一个拥有威望和实力的政权可以统一西藏。

窝阔台继位蒙古大汗后，派其次子阔端驻守凉州，此时吐蕃的北面、东面都被蒙古占据，只有东南角的大理政权尚存，吐蕃已处于蒙古军战略包围之中。1239年，阔端派大将多达那波领兵入藏，并攻击了拒绝招抚的噶当派的两个重要寺院，于是西藏各教派和地方势力不得不表示对蒙古军的屈服。蒙古军希望物色一名声望高且有号召力的宗教领袖，前往凉州商讨吐蕃归顺事宜，并传布佛教。多达那波在《请示迎谁为宜的详禀》中称：“在边野的藏区，僧伽团体以噶当派为多，善顾情面以达隆法王为智，荣誉德望以止贡敬安大师为尊，通晓佛法以萨迦班底达为精，迎请何人请示明谕。”萨迦班底达即萨迦班智达，他最终成为西藏地区的代表，前去凉州谈判。

班智达是对精通佛法以及各种相关知识的高僧的敬称，这位宗教领袖出身于有着悠久历史的西藏贵族款氏家族。款氏家族最早起源于今天日喀则市萨迦县附近，贡却杰波于1073年始建萨迦寺，占有颇具规模的领地和属民，建立了宗教权威与世俗势力紧密结合的萨迦派教团。萨迦班智达是萨迦派教团第四代领袖，在他的主持下，萨迦派已直接控制当地政治、经济权力，发展成为西藏势力最大的教派之一。

1244年底，萨迦班智达带着两个年幼的侄子八思巴和恰那多吉从萨迦寺启程，一路上与当地各教派以及政界上层等多方详细认真地切磋商议，以听取各方对于归顺蒙古的条件和要求，最终于1246年8月抵达凉州。次年正月，萨迦班智达与阔端在凉州会见，经过反复协商，最终达成包括隶属关系、征收赋税、地方官吏等内容的协议。会谈后萨迦班智达写了一封给西藏僧俗领袖们的信，也就是著名的《萨迦班智达致蕃人书》，主要有几项内容：叙述自己到凉州之后所受到的优待，赞扬了阔端对佛教的虔诚；向西藏僧俗界说明归顺蒙古是大势所趋，奉劝各领主权衡利弊做出明智选择；归附蒙古后的各地首领保持原有的地位和管理原有属民，行事必须与蒙古任命的萨迦派金字使者商议，不能擅自行事；各地要将官员姓名、百姓数目、贡品数量等写成三份，分别送阔端、萨迦、各地长官收执；等等。

凉州会谈解决了大蒙古国与西藏的关系问题，为西藏地方纳入元朝中央王朝管辖之下奠定了基础，实现了中国疆域进一步的统一，促进了统一的多民族国家的巩固与发展；同时结束了西藏四分五裂的局面，保证了西藏社会的安定，为西藏经济的恢复与发展提供了有利条件。蒙古族原本以萨满教为主要信仰，从此开始接受藏传佛教。元朝建立后继续通过萨迦派对西藏实行治理，萨迦派的地位得到进一步的稳固和提升，并在元世祖忽必烈统治时期达到顶峰。

班智达圆寂后，八思巴继承其位，成为萨迦派的领袖，他靠卓绝的人品、渊博的学识赢得了忽必烈的赏识。中统元年（1260年）忽必烈封八思巴为国师，1270年又晋封其为帝师，八思巴获得了代表佛教最高领袖的称号“大宝法王”。忽必烈还命八思巴创制蒙古新字，即八思巴字，被命为“国字”，于至元六年（1269年）颁行。八思巴字是一套可以兼顾多语言的符号系统，用于拼写元朝管辖范围内的蒙古语、汉语、藏语、梵语、畏兀儿语等多种语言。八思巴字拼写精确，但造型烦琐，不利传播，因此多用于官方文件，仅在蒙古上层中流传。八思巴字的创立在一定程度上推动了蒙藏文化的交流，促进了两族文化的发展。蒙古贵族还与萨迦派贵族通婚，使得大蒙古国与西藏的关系更加稳固。

因西藏地区具有地方政权和宗教融为一体的特殊性，元朝政府对此采取有针对性的措施加以管理，尤其是帝师制度的建立。帝师，即皇室的宗教导师，亦是天下佛教的最高领袖，统领宣政院和管理吐蕃宗教事务，在佛教界和政界都有极高的地位和影响力。从八思巴被封为帝师后，帝师成为元朝朝廷的

至元通行宝钞

元（1206—1368年）

纵31厘米，

横21.8厘米

1959年发现于西藏自治区

日喀则萨迦寺

中国国家博物馆藏

至元通行宝钞贰贯铜钞版

元（1206—1368年）

纵28.5厘米，横20.2厘米，厚1.3厘米，重3550克

中国国家博物馆藏

常设职务。至元元年（1264年），忽必烈迁都燕京，设置了总制院，管理全国佛教和藏族聚居区事务，八思巴以国师身份兼管总制院；至元二十五年（1288年），总制院改名宣政院，其地位与中书省、枢密院等平行，帝师为宣政院最高统领。元统二年（1334年），在西藏地区宣政院分设三道宣慰司：吐蕃等处宣慰司都元帅府（又称朵思麻宣慰司），吐蕃等路宣慰司都元帅府（又称朵甘思宣慰司），乌思藏、纳里速、古鲁孙三路宣慰司都元帅府（又称乌思藏宣慰司）。宣慰司将西藏地区人民划分为十三万户，又下辖安抚司、招讨司、宣抚司和元帅府、万户府等。自宣慰使都元帅至万户等各级官员多以当地僧俗首领担任，由帝师或宣政院荐举，朝廷授职。万户以下官职则任命当地僧俗上层人物担任，并可世袭。

元政府设立帝师制度和宣政院是为了利用藏传佛教加强对西藏的控制。这一措施使藏传佛教成为蒙古族信仰体系中的组成部分，促进了蒙藏佛教文化互动和兴修寺院、广办佛事等崇佛风气的形成。萨迦派协助元朝中央政权在西藏地区推行各项行政措施，如建立政权、清查户口、规定赋税、修筑驿站等，对维护国家统一起到积极作用。直到元朝末年噶举派的帕木竹巴夺取权力时止，萨迦派一直保持着这种重要地位。

在萨迦寺发现的至元通行宝钞是元政府对西藏地区的管辖在经济上的体现。宋、金时期已有“交子”“会子”等纸币在使用。“交子”最初是一种存款和取款凭据，而非货币。随着商品经济的发展，为了避免铸币搬运带来的不便，“交子”被直接用于支付货款，使用范围越来越广泛。元朝初年，币值不一，加上地区间彼此阻隔等原因导致币制紊乱，不利于经济的交流和发展。在这种背景下，元世祖开始推行钞法，统一币制。

中统元年（1260年）七月，元政府统一印造发行交钞，以丝为本，以两为单位，丝钞二两，值银一两。但当时盛行以银为单位的价值尺度，于是同年十月，又印造发行以银为本的中统元宝交钞，简称中统钞，面额按习惯分为十文、二十文、三十文、五十文、一百文、二百文、三百文、五百文、一贯文、二贯文共十种。为支持中统钞的使用，元政府还制定了一套严密的钞法，内容包括银钞兑换、发行机构、发行规则、流通规则以及违法处置等。这套周密的钞法使得中统钞发行后流通很好，不受区域和时间的限制，可用于缴纳租税，可兑换金银，按法定比价，中统钞二贯同白银一两，十五贯同黄金一两。中统钞使用后物价平稳，其在商品贸易中信誉较高，很快成为通行于全国各地的统一货币，甚至波斯、印度等国也纷纷效仿发行。当时中国成为世界上第一个使用纸币的国家，这在世界货币史上也具有重要意义。

至元十二年（1275年）废止宋制铜钱，以中统钞收回金、宋流通的纸币，发行二文、三文、五文的厘钞作为辅币。至元十九年（1282年）禁止私自交易金银，持有金银者只许在各路官库兑换。至此，交钞成为元朝唯一的通货，币制趋于统一。中统钞的发行，标志着元朝以纸币为主的货币制度的确立。

元朝统一南宋后，钞法推行至江南，当时的当权者阿合马等人滥用钞法导致钞值大贬，物价飞涨。为了挽救这一状况，至元二十四年（1287年），元政府印造发行至元通行宝钞，至元钞面额比中统钞多了一种即五文，共计十一种。至元钞一贯抵中统钞五贯，中统钞照旧流通，保持了货币制度的连续性，避免新币发行所带来的不便和可能造成的混乱。至元钞的发行也配有一套相应的钞法。至元二十五年（1288年）起停止印造中统钞，中统钞版亦被销毁。但至元钞发行后也没能恢复钞法的正常运转。至大二年（1309年），元武宗尝试发行至大银钞，即至大钞，“至大银钞一贯准至元钞五贯”，以一比五的比例兑换至元钞。

至此，元朝钞法经历了三次较大的变化。后来又铸造了“至大通宝”铜钱和“大元通宝”铜钱。元仁宗即位后，废至大钞，仍用中统钞和至元钞。顺帝至正十年（1350年），又发行至正交钞，名曰新钱。至正印造的中统钞，一贯相当于铜钱一千文，相当于至元钞二贯，至元钞通行如故。钞法变更后没过几年，至正交钞已形同废纸，纸币管理体系也逐步瓦解。在元朝的大部分时间里，通用的货币始终是中统钞和至元钞，基本的核算单位是中统钞。

元朝为了促进全国经济的统一，还配合制定了较完善的纸币管理制度。至元十九年（1282年）出台了《整治钞法条画》，至元二十四年（1287年）由叶李拟定了《至元宝钞通行条画》，并制定严格的法律制度来惩治制造伪钞的犯罪行为以及规范对昏钞的换新、回收和销毁。元政府在制定钞法的同时，还设有专门的管理机构。中统四年（1263年），设印造宝钞库，主管纸币的印造；至元元年（1264年），始置昏钞库；至元二十四年（1287年），又分立烧钞东、西二库，主管纸钞的销毁；至元二十五年（1288年），设宝钞总库，主管纸钞的贮藏。此外，还设有行用六库，专门负责纸币兑换。地方也设有各路平准库、诸路宝钞都提举司等机构，主管纸钞的印制发行、金银兑换和平准物价。

然而从元中期开始，战争、赏赐等原因导致元政府入不敷出，大量增印纸币，导致通货膨胀、经济崩溃，加之制造伪钞、私钞、代用货币等情况猖獗，吏治败坏，最终导致元朝纸币制度的失败。但元朝政府在总结宋、金纸币发行经验基础上，制定了较为完善的纸币管理制度，元朝成为中国历史上第一个以统一的纸币作为基本货币的朝代。元朝创立的钞法和纸币管理制度是值得肯定的。受元朝纸币制度的影响，在日本、高丽及东南亚一带，也曾流行使用纸币作为流通货币。

随着元朝纸币制度在西藏地区的推行，是在萨迦寺发现的这张“至元通行宝钞”以赏赐或交易等方式而流入的，见证了元朝中央政府与西藏地方政府在财政金融上的密切联系。这张宝钞的背后，蕴含着元朝对西藏地区在宗教、政治、经济等全方位的管辖治理。

胡人与狮题材文物

狮子的传入及其艺术形式的『中国化』

自汉武帝时期张骞凿通西域后，各种珍禽异兽便逐渐由丝绸之路传入中国，狮子便是其中之一。狮子在中国古代文献中有“狻麑”“狻猊”“师子”等不同记载，其最早概见于《汉书·西域传》。《汉书·西域传》记载，汉武帝通西域后，“钜象、师子、猛犬、大雀之群，食于外囿”。另有《太平御览》记载：“三辅故事曰：‘师子圈在建章宫西南。’……汉宫殿疏曰有彘圈，有师子圈，武帝造。”可见汉武帝时曾专门建立豢养狮子之所。

东汉时期，西域诸国遣使贡狮的记载渐多，如：章和元年（87年），“月氏国遣使献扶拔、师子”。章和二年（88年）冬十月，“安息国遣使献师子、扶拔”。永元十三年（101年）十一月，“安息国遣使献师子及条枝大爵”。阳嘉二年（133年）六月，“疏勒国献师子、封牛”。由于狮子的来源渠道十分狭窄，这一时期狮子仅限于宫廷观赏，平民百姓难得一见。

魏晋南北朝时期，文献记载可考的贡狮共五次，分别为北魏太武帝太平真君十一年（450年）“頞盾国献师子一”，北魏孝明帝正光末及孝庄帝永安三年（530年）六月嚈哒国两度“遣使贡师子一”，南朝梁武帝普通元年（520年）滑国“献黄师子”及南朝宋孝武帝大明时期之粟特“遣使献生师子”。这一时期，除贡狮外，还出现了贡献狮皮的现象。《南史·高帝纪》记载，建元三年（481年）九月，“蠕蠕国王遣使欲俱攻魏，献师子皮裤褶”。可见在当时，狮子仍极为珍贵罕见，故狮皮亦可作为稀缺贡物。

唐朝是中西方文化交流的高峰时期，特别是安史之乱以前，由于实行开放的民族政策并积极开展对外交往，故史载之唐代八次贡狮全部集中于这一时期。相较于前朝，唐代贡狮地域范围进一步扩大，但仍集中于葱岭以西地区，此与狮子的分布及中原王朝加强对西域的控制有直接关系。《旧唐书》记载，武则天时期，“大石国使请献狮子”，朝廷以“狮子猛兽，唯止食肉，远从碎叶，以至神都，肉既难得，极为劳费”而“遽停来使”。大石国，位于于阗、疏勒以西，尽管该国这次贡狮未能成行，但其“请献狮子”的行为本身即体现了西域诸国对唐朝在西域统治的认可。

宋代时由于陆上丝绸之路的阻隔，出现了从海上贡狮的国家。《明集礼》记载，乾德四年（966年），“三佛齐献狮子、象牙、孔雀、凤”。另《宋史》记载，大中祥符四年（1011年）十一月，“占城国贡狮子”。三佛齐、占城均为南海诸国，这些国家与宋朝的朝贡贸易皆通过海上丝绸之路，故其贡狮亦必由此。元代疆域辽阔，基本囊括了前世文献所载之所有产狮地及贡狮地，但元代贡狮的相关记载并不多，体现出这一时期贡狮活动的相对沉寂。

明代为西域贡狮的高峰时期，明朝前期统治者将狮子视为祥瑞，并赋予其“威德远著”的政治意义。明宪宗在《西番贡狮图》绢本诗堂处曾御笔亲题《御制狮子赋》，其中即称狮子为“诸福之物，难致之祥”，并认为狮子等祥瑞之至实因“制圣政治之隆而兆于物”。中国国家博物馆所藏《明宪宗元宵行乐图》中，亦绘有胡人与狮子的形象。明朝中期以后，随着明政府财政上的日益紧绌及边疆形势的日趋紧张，明朝统治者对贡狮态度逐渐发生转变，“养狮无益”“所费无算”的呼声在朝中兴起，却贡现象遂逐渐增多。

至清代时，文献中关于贡狮的记载仅见于康熙十七年（1678年）。《清实录》记载，康熙十七年（1678年）八月，“西洋国主阿丰素遣陪臣本多白垒拉进表贡狮子”。据学者考证，“西洋国主阿丰素”即葡萄牙国王。从汉代开通丝绸之路，西域诸国遣使贡狮开始，至康熙十七年（1678年）西洋古里国贡狮为止，贡狮活动持续了一千余年。狮子在西域诸国被视为神兽，是神圣与王权的象征。西域向中原王朝贡狮，不仅体现了其对中原王朝的崇敬之意，还体现了其对中原王朝统治权威的认可。

伴随着狮子入贡而来的，还有驯狮技艺及狮子舞等艺术形式。驯狮是中亚及西亚地区古老的杂技项目，随着西域与中原往来，这一杂技项目亦通过丝绸之路传入中原。曹魏时人孟康在论及《汉书·礼乐志》中之“象人”时，称其“若今戏虾鱼、师子者也”，此为关于驯狮表演的最早记载。由于当时贡狮数量有限，且驯狮表演惊险刺激，因此驯狮者往往为熟悉狮子习性之西域胡人。为方便驯养狮子，这些掌握驯狮技艺的胡人，很有可能随狮子一起进献。

文献记载中虽较少有胡人驯狮的直接记录，但多将“昆仑奴”“蛮人”“夷人”等与驯兽联系起来。如唐释玄应、释慧琳《一切经音义》中“昆仑语”条下曾记载南海洲岛中夷人“甚黑，裸形，能驯伏猛兽犀象等”。唐顾况《杜秀才画立走水牛歌》中亦有“昆仑儿，骑白象，时时锁著师子项”之句。另《宋史·占城传》记载，大中祥符四年（1011年），占城国“遣使贡师子，诏畜于苑中。使者留二蛮人以给豢养，上怜其怀土，厚给资粮遣还”。明人田艺蘅在《留青日札摘抄》中曾详细记载了明代之驯狮表演：“至嘉靖四十二年（1563年）又贡。内兄张子文，时为陕西布政使，亲见之，云：大抵黄色，如金毛狗，而尾长有威。夷人以铁索二条锁之，载以铁笼，命之当堂放阅，则先将大铁椿长可六七尺，钉没地中，方可带索放纵。任其盘旋，不使见犬马之类，恐触其怒也。夷人与之狎习戏舞，偶一犬失逐过前，即狰狞大吼一声，草木屋瓦皆震。此犬仓皇惊仆，不知逃避之所。夷人亦大忙追，遂收之。”

从以上记载可以看出，驯狮者主要为贡狮国家及地区之人。这一点亦可

《明宪宗元宵行乐图》中之胡人与狮子

明（1368—1644年）

长630.6厘米，宽36.6厘米

中国国家博物馆藏

从出土及传世文物中得以印证，胡人与狮子的组合造型最早见于胡人骑狮水注（或灯台），此类造型器物流行于东汉至南北朝时期。唐代以后，这一题材日渐增多，其纹样亦趋于多元化，并大量出现于陶瓷、石刻、石雕、壁画、玉器等器物上。如洛阳市杨文村出土的唐代三彩驯狮扁壶，其腹部即雕刻了胡人驯狮主题纹饰。胡人髻发，头戴胡帽，右手举至头顶，左手执绳于腰际。狮子则颈部系绳，怒目圆睁，作腾越状。唐武惠妃石椁外壁亦刻绘有胡人牵兽、骑兽等形象，有学者认为此即属于传统观念上的胡人驯狮图。

胡人与狮子的组合纹样，在宋代被称为“狮蛮纹”。自宋代开始，“狮蛮纹”被引入带制，出现于官员带銙之上。南宋岳珂《愧郯录》记载：“金带有六种：毬路、御仙花、荔枝、师蛮、海捷、宝藏。”宋人陈世崇所著《随隐漫录》中所记载之三十二种金带纹样中，亦有“师蛮”。这一时期木雕式样中亦有胡人与狮的纹样，北宋李诫在《营造法式》中即有所记载，在其卷十二中有言曰“雕混作之制有八品……四曰拂菻”，其下注载“蕃王夷人之类同。手内牵拽走兽或执旌旗矛戟之属”。《营造法式》卷十四《彩画作制度》“五彩遍装”条下又载“走兽之类有四品：一曰师子，二曰天马，三曰羚羊，四曰白象”，文后注云“其骑跨牵拽走兽人物有三品：一曰拂菻，二曰獠蛮，三曰化生，若天马、仙鹿、羚羊亦可用真人等骑跨”。

此类纹饰在元代主要表现胡人驯兽、杂戏等场面，中国国家博物馆所藏的元白玉浮雕胡人戏狮纹带銙，便是其中的精品之作。带銙中驯狮者皆为深目高鼻、头戴高帽的胡人形象，狮子则或呈卧姿，或作跳跃状，形象生动，富有情趣。此后，胡人与狮题材的纹饰不断发展，并在造型上演化出汉人、洋人等与狮子的组合形式，且人物在驯导、驾驭方面的作用愈加凸显，而狮子的威猛性、神圣性特征则逐渐淡化，体现出了社会精神面貌及时代审美风尚的重要变化。

狮子的豢养、驯化极为不易，且驯狮表演亦具有一定的安全隐患，因此以拟兽表演替代真狮表演的形式逐渐兴起。中国古代即有扮作动物形象进行表演的形式，如《尚书》中所谓“击石拊石，百兽率舞”“鸟兽翔舞”等皆属此类。魏晋南北朝时期，在宫廷表演中增加了“杂伎”，并且创演了包括辟邪等各种动物形象在内的百戏。《魏书》记载，天兴六年（403年）冬，“诏太乐、总章、鼓吹，增修杂伎，造五兵、角抵、麒麟、凤皇、仙人、长蛇、白象、白虎及诸畏兽、鱼龙、辟邪、鹿马仙车、高絙百尺、长桥、缘橦、跳丸、五案以备百戏”。这一时期之南齐政权，亦曾“设辟邪伎”。辟邪为中国古代传说中的神兽，在历史文献记载中，其形象“似鹿”“似麟”。随着狮子的传入及佛教的影响，狮子被赋予神圣地位及辟邪护法功能。在传播的过程中，狮子进一步与中国传统的神兽意象结合，辟邪即为其“中国化”的重要体现。魏晋南北朝时期，辟邪多以狮子的形象出现，故宫廷百戏中的辟邪极有可能是以狮子的形象进行表演。

唐代时，狮子舞正式进入宫廷，成为太常寺太乐署管理的乐舞之一。《通典》记载，太平乐又被称为五方狮子舞，五头狮子各饰以五方之颜色，表演时身披毛衣，以表现俯仰驯狎之容。每头狮子配有两人，皆持绳秉拂，为逗弄之状，另外有一百四十人跟着五头狮子歌舞《太平乐》，服饰皆作昆仑奴状。另据唐段安节《乐府杂录·龟兹部》记载，五方狮子舞中每狮有十二人，称为狮子郎。其首戴红色抹额，穿画衣，执红拂，舞太平乐曲。作为宫廷乐舞之一，五方狮子舞只用于朝飨，不能随意演出。《旧唐书·赵宗儒传》记载：“太常有师子乐，备五方之色，非会朝聘享不作。”唐代的狮子舞在保留其原有之驯狮意涵及胡人装扮等异域色彩的同时，又吸收了中国传统之五方五色观念，从而形成了具有中国特色的艺术表演形式。

宫廷乐舞自宋代开始逐渐衰落，关于北宋时期的宫廷百戏表演，《宋史》中有详细记载：“（教坊）百戏有蹴球、踏跷、藏擫、杂旋、狮子、弄枪……”南宋时期，教坊在几经取消复置后，于隆兴二年（1164年）正式退出舞台。乾道以后，宫廷每需百戏表演，多提前两旬从民间招募艺人进行“教习”。明代时宫廷狮子舞多于宴飨时表演，这一传统一直延续至清代，在清代九部宴乐中

白玉浮雕胡人戏狮纹带銙

元（1206—1368年）

桃形饰：长5.8厘米，宽5.4厘米；
铊尾：长10.7厘米，宽6厘米；
方銙：长6.8厘米，宽5.9厘米

中国国家博物馆藏

即有《番子乐》。《清史稿》记载，番子乐舞即为金川的“阿尔萨兰”（金川藏族乐舞之一），三人吹奏乐器，三人舞蹈。狮子身长七尺，披五色毛，藏语名称为“僧格乙”。引狮者身穿杂彩衣，手执绳，系一五色耍球，藏语名为“僧格乙阿拉喀”。可见，番子乐舞即为狮子舞。

狮子舞在民间的传播，则与佛教的广泛传播有很大的关系。狮子作为佛教中具有指代意义的动物，被赋予神圣的宗教属性。相传释迦牟尼出生时，“一手指天，一手指地，作狮子吼状……众人皆以为‘佛为人中狮子’”。且在佛教经典中将佛祖广施救度称为“狮子游戏”，在佛门弟子的推动下，逐渐形成了以狮子娱佛的一种表演形式。北魏杨衒之在《洛阳伽蓝记》中即曾记载，每年四月四日长秋寺佛像出行时，有百戏表演，辟邪狮子作引导开路，其后便是各种杂技幻术表演，吸引了大量信众观看，以致拥堵严重，甚至引发踩踏现象。狮子的这种宗教意象，为狮子舞在民间的进一步传播奠定了基础。

而狮子与杂技、舞蹈等百戏表演的结合，则使狮子舞实现了“圣”与“俗”的统一。《隋书》记载：“旧元会有黄龙变、文鹿、师子之类，太建初定制，皆除之。”可见在南北朝时期，狮子舞已与民间节庆融为一体，成为庆祝民间节庆时的重要表演项目。自宋代从宫廷走向民间，狮子舞在数百年发展中不断与民间文化相融合，至今已遍布中国各地并形成众多流派与风格，成为独具特色的中国乐舞文化。

东西方文化交往的日渐频繁，使得中原王朝境内出现了许多域外物种，以狮子为代表的珍禽猛兽即为其中的重要组成部分。这些来自域外的猛兽及驯兽技法、艺术表演形式等，是古代中国对外开放并积极与世界各地进行文化交流的重要见证。其传入不仅开阔了中原王朝的知识视野，而且极大丰富了人们的精神文化生活。在不断传播的过程中，其与本土文化元素相结合，并逐渐融入现实生活中，成为中华文化不可分割的一部分。这一“本土化”的过程，生动展现了不同文化之间的交流、互鉴与融合。

明清时期

华夷如一　因俗而治

木答里山卫指挥使司印

明朝对东北边疆的经营

1957年3月，在内蒙古自治区乌兰浩特市曾出土一枚铜质印章。该印为正方形，印边长8.8厘米，厚2.2厘米。印背有椭圆形柱状柄，柄长9.1厘米。柄上端最长处为3.4厘米，下端为5厘米。印文为“木答里山卫指挥使司印”，印背左侧刻“礼部造　永乐四年十月　日”，右侧刻“木答里山卫指挥使司印”十字，印章左侧刻款为“慈字五十五号”六字。

木答里山，一作木塔里山，是明朝在东北边疆地区所设奴儿干都司下属卫所之一。卫所制度为明代所创制的重要军事制度，明代于天下各处战略要地广设卫所，“系一郡者设所，连郡者设卫”。《明史》卷九十《卫所》记载：“洪武、永乐间，边外归附者，官其长为都督、都指挥、指挥、千百户、镇抚等官，赐以敕书印记，所设有都司卫所。”有明一代，共设置一都司（奴儿干都司）、三百八十四卫及二十四千户所，木答里山卫即在此三百八十四卫中。《大明会典》记载“木塔里山卫，……永乐四年置”，此与“木答里山卫指挥使司印”印背所刻年代一致。

明灭元而兴后，明朝统治者鉴于东北地区特殊的政治、军事及民族情况，遂着力于开拓东北边疆，并对其部族首领“累加招谕”。自洪武年间开始，明朝先后于东北及北部边陲设置辽东、大宁、奴儿干都司及其属下卫所进行辖治。奴儿干都司地处黑龙江下游，洪武二十一年（1388年）十月，元代故臣老撒、捏怯来、失烈门遣火儿灰、剌哈、答不歹等，“率其部三千人，至京进马乞降”。永乐元年（1403年），明成祖“遣行人邢枢偕知县张斌往谕奴儿干，至吉列迷诸部落招抚之，于是海西女直、建州女直、野人女直诸酋长，悉境来附”。次年二月，忽剌温等地野人女真头目把剌答塔来朝，遂“置奴儿干卫，以把剌答塔、阿剌孙等四人为指挥同知，古驴等为千户所镇抚”，“赐诰印、冠带、袭衣及钞币有差”，此为明朝在黑龙江下游地区建置之始。

自“置奴儿干卫”至永乐七年（1409年）设置奴儿干都指挥使司，明朝在鄂嫩河、嫩江、松花江、黑龙江、精奇里江、格林河、亨滚河、乌第河及乌苏里江流域之广大地区，相继设立了诸多卫所。据明张萱《西园闻见录》记载，永乐元年（1403年）诸女真酋长“悉境来附”后，“乃诏自开元东北至松江以西，置卫一百八十四，曰建州、必里等；所二十”。永乐七年（1409年），头目忽剌冬奴等赴卫朝贡，并以其地冲要请求设立元帅府，明朝遂决定设置都指挥使司，并任命东宁卫指挥康旺为都指挥同知，千户王肇舟等为都指挥佥事。永乐九年（1411年），康旺、王肇舟等前往奴儿干都司赴任，遂正式“开设奴儿干都司”。

永乐十一年（1413年），明朝政府于奴儿干都司所在地特林附近建造了永宁寺，并先后刻石立碑两座。一座立于永乐十一年（1413年），镌刻《永宁寺记》；另一座立于宣德八年（1433年），镌刻《重建永宁寺记》。此二碑详细记载了明朝奴儿干地区的民族构成、王朝慰抚及建置奴儿干都司的经过，可与史志记载互为补充印证。《永宁寺记》记载，由于东北奴儿干地区地处极边，虽闻风慕化，但因道远而不能至。于是朝廷遣使三次巡视该地，以招安抚慰其民，并于永乐九年开设奴儿干都司，使“昔辽、金畴民安故业，皆相庆曰：

‘□□今日复见而服矣。’”。《重建永宁寺记》亦记载了朝廷对奴儿干地区的巡抚情况，据碑铭记载，永乐至宣德年间，朝廷曾七次派员巡抚其地。永乐中，命内官亦失哈等“五至其国，抚谕慰安”；“宣德初，复遣太监亦失哈部众再至”；宣德七年（1432年），“命太监亦失哈同都指挥康政，率官军二千，巨船五十再至”。以上这些巡抚活动，体现了明王朝在奴儿干地区行使国家权力。

奴儿干为多民族地区，《永宁寺记》记载“其民曰吉列迷及诸种野人杂居焉”，《重修永宁寺记》亦载其“人有女直或野人、吉列迷、苦夷”。吉列迷为东北古代民族之一，自唐至清先后有多种族称，如“郡利部”“吉里迷”“济喇敏”“贴列灭”“费雅喀”等，主要分布于黑龙江下游、鄂霍次克海沿岸及库页岛部分地区。“女直野人”，在明代史籍中亦称“野人女直”，主要居住于伯力河以下至奇集湖间，另外在松花江下游至三姓及乌苏里江沿岸亦有分布。而“苦夷”部落，即唐代之“窟说部”，元代之“骨嵬”，主要指库页岛上之阿伊努人。有学者由此指出，奴儿干都司之管辖，已“远及库页岛”。

在奴儿干都司建立之初，为保障其机构安全，明朝曾派遣军队进行驻扎。《明实录》记载，永乐十二年（1414年），因都指挥同知康旺奏请增派驻军，朝廷遂在既有的二百名官兵基础上，命辽东都司再行增派三百名官兵前往奴儿干都司驻防，并饬令康旺两年后遣还。为加强奴儿干都司的权力，明朝又于宣德二年（1427年）增设都指挥使官职，并将康旺由都指挥同知升任为都指挥使。在官员任命方面，奴儿干都司职官皆为朝廷任命之流官，本不应袭职，但鉴于“怀抚远人”的考虑，其职官常得以世袭。如宣德六年（1431年）六月，朝廷“命都指挥佟答剌哈侄胜袭为都指挥佥事”。当时兵部曾提出“都指挥流官不应袭”，但当朝以“怀抚远人勿拘常例”为由批准了佟胜的袭职。再如宣德八年（1433年），朝廷又“以奴儿干都司都指挥同知王肇舟老疾，命其子贵袭为都指挥佥事，食副千户俸”。

对于奴儿干都司属下各卫，明朝政府则多“官其酋长为都督、都指挥、指挥、千百户、镇抚等职，给与印信，俾仍旧俗，各统其属，以时朝贡”。因

『木答里山卫指挥使司印』铜印（附印背）

明（1368—1644年）

印边长8.8厘米，厚2.2厘米，柄长9.1厘米

1957年内蒙古自治区乌兰浩特市出土

中国国家博物馆藏

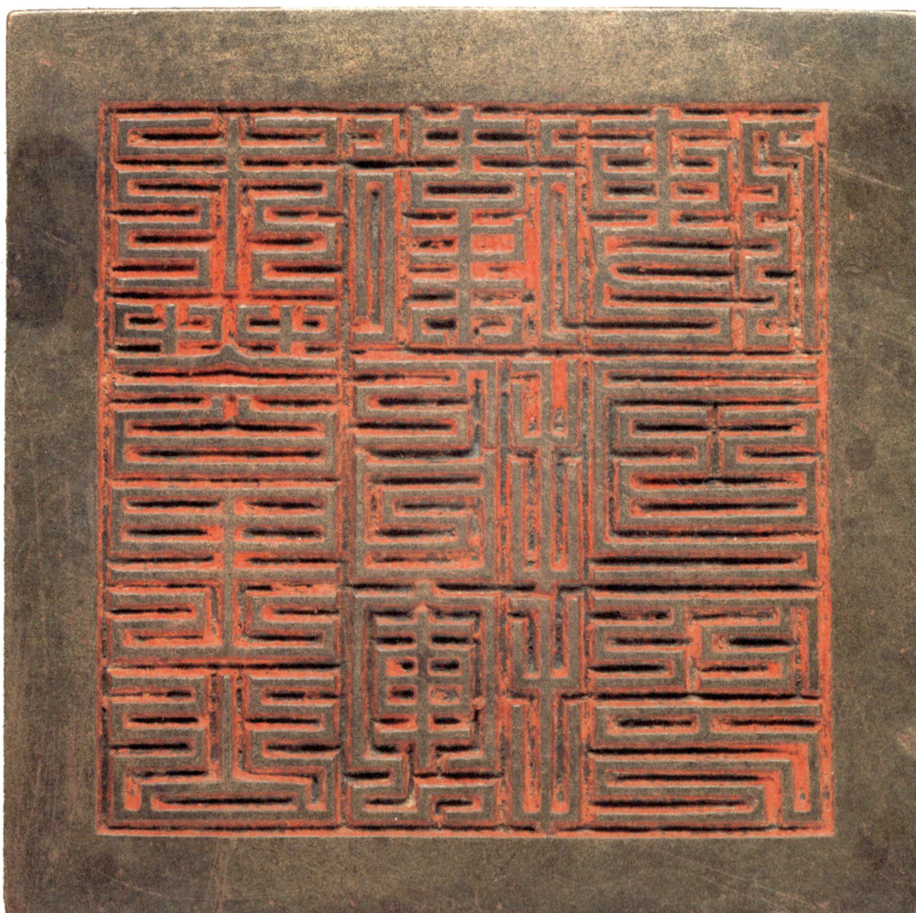

此，奴儿干都司属下各卫的各级官员一般实行“世官”制，即所谓“世领其地，世长其民，世袭其职”。有学者将明朝在边疆民族地区施行的土司制度归为四种形式：一为在边疆发展较好的民族地区设立之土府、土州、土县；二为在边疆不甚发达的民族地区边境地带及山地设置宣慰司、宣抚司、安抚司、长官司；三为在西北通衢要冲地区所设的卫中实行“参用土人”；四为在东北边疆民族地区设羁縻卫所，奴儿干都司属下各卫即属此类羁縻卫所，而其各级“世官”即为卫所土司。

明朝对奴儿干地区少数民族招抚后，依据其辖地大小、人口多寡及势力强弱，授予其首领不同级别的官职，并“赐诰印、冠带、袭衣”等信物。如永乐六年（1408年）十月，野人女真头目贾令哈、火秃等一百六十五人来朝，朝廷遂置弗朵秃河、斡难河、薛列河、希滩河、克默而河、阿真河、兀里奚山、撒义河、阿者迷河、木忽刺河、钦真河、童宽山等十二卫，并分别任命贾令哈等为指挥、千百户、镇抚等，赐以诰印、冠带、钞币、袭衣等。出土于奴儿干地区的木答里山卫指挥使司印、朵颜卫左千户所百户印、成讨温卫指挥使司印、实山卫指挥使司印、禾屯吉卫指挥使司印等，即为明王朝赐印的历史物证。而明王朝对于奴儿干地区少数民族首领官职、信物等之授予，说明了明朝已将奴儿干地区少数民族首领统治地方纳入王朝版图内，其已成为我国统一的多民族国家不可分割的一部分。

在明代土司制度下，土司负有“统其官军及部落，听征调、守卫、朝贡、保塞之令”的责任，作为羁縻卫所之奴儿干诸卫亦然。在明代史料中多有这方面的记载，其朝贡方面如益实卫土司宣德间几乎“无岁不贡”，屯河卫土司宣德时亦曾“朝贡四次”。在服从王朝调发方面，《明实录》记载，为阻击蒙古势力，永乐二十年（1422年）至永乐二十二年（1424年）曾三次调征毛怜卫。正统十四年（1449年），塔山、考郎兀等卫亦因“保守疆土”而被“特令”嘉赏。作为清室先祖之建州卫、建州左卫，更是屡次随征效力，史载：“每有调发，能效勤劳，尽其职守，效忠朝廷。”可见，奴儿干羁縻卫所须服从王朝征调，并在稳定社会秩序、巩固边疆方面发挥了积极作用。

为加强对奴儿干地区的开发，明朝政府曾大力发展这一地区的水陆交通网络。其水路见诸记载者如嘉靖《辽东志》，据该志卷九《外志》记载，建州“江上有河，曰稳秃，深山多产松木。国朝征奴儿干，于此造船，乘流至海西，装载赏赉，浮江而下，直抵其地”。稳秃河即今温德河，在今吉林市西南郊汇入松花江。这条水路从今吉林市松花江出发，顺江而下，直抵奴儿干都司，为“海西东水陆城站”之水路构成。《重建永宁寺记》所载亦失哈等于永乐中五次“锐驾大航”及宣德七年（1432年）“巨船再至”，当皆由此水路至奴儿干。为保障王朝对这一地区的顺利巡抚，明朝还曾于松花江沿岸处设造船厂。《明史·巫凯传》记载，永乐时，“帝尝遣使造舟松花江招诸部”。《明实录》亦载："比遣中官亦失哈等往奴儿干等处，令都指挥刘清领军松花江，造船运粮。”自永乐年间“发匠卒数千造船，将以开边”，至宣德十年（1435年）“凡采捕、造船、运粮等物悉停止”，明朝于松花江沿岸的大规模造船活动历时三十年。

其陆路交通主要为驿道建设，《明实录》记载，永乐十年（1412年），朝廷为方便使臣往来，饬令恢复奴儿干都司及各卫所旧有驿站，遂置辽东境外满泾等四十五站。可见其驿站设置目的，主要为配合奴儿干都司对黑龙江流域诸部落的招抚。明代，在奴儿干都司辖境曾设置两条主要交通驿道，一为“海西东水陆城站”陆路，一为“海西西陆路”。“海西东水陆城站”陆路由底失卜站出发，沿松花江及黑龙江下游两岸之四十五站东北而行，最终至满泾站而止。“海西西陆路”则以肇州为始西行，经龙头山、哈剌场、洮儿河、台州等站到达终点站兀良河。这两条驿道是明朝经营东北边疆地区的主要交通线，亦是松花江、黑龙江下游诸卫所头目进京朝贡的主要路线。此外，明朝还于辽东都司及奴儿干都司辖境内设有“开原东陆路至朝鲜后门”“纳丹府东北陆路”“开原西陆路”“开原北陆路”，以上诸驿道将奴儿干与其南部地区，进而与中原地区及今天的朝鲜、俄罗斯等地密切联系起来。

奴儿干都司是明代东北疆域中最后设立的一个都指挥使司，也是明王朝对黑龙江、乌苏里江、图们江流域等地区各民族管辖的最高军政机构。奴儿干都司及其属下卫所的设置，不仅推动了明朝统一这一地区的历史进程，有效加强了其对东北边疆民族地区的管辖，还在一定程度上促进了奴儿干等东北边疆民族地区的开发。而奴儿干地区水陆交通驿道的建立，则进一步加速了东北各少数民族之间及其与汉族间的经济文化交流与交融，促进了中华民族多元一体格局的进一步构建。

《么些图卷》

纳西族的迁徙与融合

《么些图卷》由明人何景文所绘，纵35厘米，横314厘米。该图卷左下方有“古滇何景文写”，并有两方“何景文印”，其下钤有“大明味画楼王氏藏”“为知己用”印，右下方则钤有“陆氏纫庵家藏”等印。《么些图卷》内容丰富，自右而左依次描绘狩猎、砍樵、汲水、火把节、跳锅庄、游戏、泼水迎亲、平整土地、犁地、牛帮运输等场景，其中所反映的服饰、风俗、交通、建筑等，对研究明代纳西族社会及风俗文化具有重要参考价值。

在古代文献记载中，纳西族有多种族称，如“摩沙”“磨些”“末些”“么些”等。其中，以“摩沙”之称最早，始见于东晋时期之《华阳国志·蜀志》。此后，关于“摩沙”的多种同音或近音族称出现在各个时期的汉文史籍中，如：唐《蛮书》记载在今金沙江、雅砻江流域即有“磨些部落”分布，他们“负阻深险”以自保，使得南诏政权虽欲攻讨而不能。在《蜀中广记》《元史·地理志》《明一统志》《滇略》等书中，这一族群则多被书为“么些”。而在明王圻《稗史汇编》、明末清初顾炎武《肇域志》等史志中，则使用“末些”进行表述。如《稗史汇编》卷十四《地理门·夷方类》记载“末些蛮在大理北，与吐蕃接界，临金沙江，地多羊马及麝香名铁，依江负险，酋寨星列，不相统摄……”。

关于这一族群的渊源，学界一般认为纳西族源于自河湟地带南迁的古羌人的一个支系——牦牛羌。古羌人部落原居于黄河、赐支河、湟水河三河间的青海一带，此后逐水草而居。战国时期，羌人部落中有一个名叫卭的首领，“畏秦之威，将其种人附落而南，出赐支河曲西数千里，与众羌绝迹，不复交通。其后子孙分别，各自为种，任随所之”，由此开启了纳西族迁徙融合的进程。这支羌人部落向南迁移，先到达陇东南、川西北、川西南一带，后又迁徙至越嶲（今四川西昌东南等地区），各自有了部落的种别名号，“或为牦牛种，越嶲羌是也；或为白马种，广汉羌是也；或为参狼种，武都羌是也”。

此后，这一族群继续沿大渡河、雅砻江流域迁徙南下。至唐代时，一部分纳西族由盐源、盐边进入永北、永宁一带，另一部分则渡过金沙江迁于丽江一带居住。唐贞元十年（794年）铁桥之役后，南诏将铁桥及昆池（盐源）等诸城“凡虏获万户”的么些部落，迁移至“昆川（昆明一带）左右及西爨故地（滇中至禄丰一带）”，此为纳西族历史上规模最大的一次迁徙。至宋代，纳西族聚居区属大理段氏政权管辖，但其地方土酋各有势力，使得大理政权不能有效控制纳西族聚居区。

自元代以后，随着土司制度的建立，纳西族从“依江附险，酋寨星列，不相统摄”的状态，逐渐归于土司政权统治之下。特别是在丽江木氏土司的经营下，纳西族经济文化获得了较快发展。《明史》载称“云南诸土官，知诗书，好礼守义，以丽江木氏为首云”，反映了中原传统文化对边疆民族的凝聚力。木氏土司统治时期，诸土司头人积极学习汉族文化，并与中原名士多有交往，如董其昌、杨慎、张志淳、李元阳、徐霞客等皆与之有交，《么些图卷》作者何景文概为这一时期进入丽江的汉族知识分子。

纳西族在历史发展过程中，大致经历了三个发展阶段，即从游牧到游牧、农耕并举，再到农耕。作为古羌人的一个支系，纳西族本身即具有游牧民族属性。在明代志书中，纳西族多被赋予“勇于战斗”“勇厉善骑”的形象。其后纳西族虽于各地定居下来，但狩猎及畜养牲畜的传统仍得以保留，天启《滇志》即记载其“好畜牛羊，产麝香、名马，能制坚甲利刃”。从《么些图卷》所绘动物来看，便有狗、水牛、黄牛、鸡等多种动物。明代时，在纳西族聚居区，猎犬极为宝贵，并曾一度作为贡品，天启《滇志》中即曾记载其“兽有猎犬，即旅獒之贡”。《维西见闻纪》中亦有“喜猎而爱犬，犬易三犊”之载。

在《么些图卷》中描绘有两组狩猎的情景，其中一组画面中，两男子皆肩扛长矛，一人左腋下还夹有一弩，身旁跟有一猎犬。在该画面的左下方，则为另一组狩猎场景，旨在表现利用鸡媒诱捕野鸡的活动。利用驯养动物的叫声以诱捕同类动物的狩猎方式早已有之，《周礼·秋官》中即曾记载名为“翨氏”之官——该官负责攻捕猛禽，以其异性同类为媒进行诱捕，并按时献纳猛禽羽毛。而汉刘歆《西京杂记》中亦载有茂陵人文固阳“善驯野雉为媒，用以射雉”之事。而这种被驯养的动物，即所谓“媒”。在《么些图卷·狩猎》这组画面中，共绘有五人。其中一人右手持鸡媒，以此引诱野公鸡前来，左腋下夹一长柄扣网，用以捕捉飞来的野鸡。另有两人亦持有此种形制的扣网，此类扣网具有渔猎合一的特点，既可以捕捉禽类，亦可作为捞鱼工具使用。

随着纳西族的逐渐定居及社会经济的发展，其生计方式逐步由以畜牧为主转变为以农业为主。但明代以前，纳西族的饮食结构仍较为单一，据元李京《云南志略·诸夷风俗》记载，纳西族“饮食疏薄，一岁之粮，园根已半实粮也”。圆根即蔓菁，学名为芜菁，在中国种植历史悠久。在中原地区，其主要作为辅助农作物，如《后汉书》即曾记载桓帝时，因“蝗灾为害，水变仍至，五谷不登，人无宿储”，曾命令“所伤郡国种芜菁以助人食”。但在纳西族聚居区，蔓菁则为其重要的传统农作物。至明代时，纳西族聚居区农作物种类不断丰富，据天启《滇志》记载，丽江地区谷属以下共九类，其名称有三十七种，如谷、麦、荞、稗等。其中有些品种从其他地区引进，有些则不见闻于内地。

《么些图卷》（局部）
明（1368—1644年）何景文绘
纵35厘米，横314厘米
中国国家博物馆藏

《么些图卷》（局部）

明（1368—1644年）何景文绘

纵35厘米，横314厘米

中国国家博物馆藏

如宝山州之“无芒麦”，即因其穗无芒且实圆而得名。

在耕作技术方面，明代时丽江已形成了轮休耕作的制度。徐霞客在其游记中记载，“其地田亩，三年种禾一番。本年种禾，次年即种豆菜之类，第三年则停而不种。又次年，乃复种禾”，这一制度一直延续至今。清代纳西族诗人杨品硕在《火种》一诗中，亦有“块压松枝火有烟，铲平待雨种荞田。先苦次甜继燕麦，收在三禾荒几年”之句。《么些图卷·平整土地》即是对这一主题的呈现，画面中一男子以条锄挖地，一妇人及一少年则各以竹耙平整土地，为春耕作准备。

而《么些图卷·犁地》亦体现了农业生产活动的场景，画面中绘有二人一牛，其中一人左肩扛锄，另一人则左手牵牛，右肩扛一架曲辕犁。该曲辕犁形制短小，并配有调节深浅的犁箭。据宋兆麟先生考证，由于此犁较为轻便，故在犁地时仅用一牛挽拉即可，较之乾隆《丽江府志略》所载“耕用二牛，前挽，中压，后驱”更为先进。这也说明了生活在不同地区的纳西族，其农业发展水平并不一致。牧业文化向农业文化的变迁，是纳西族社会变迁中的重要方面。这一转变对于纳西族民族性格的形塑亦产生了重要影响，使其逐渐从元明时期文献记载中的“好战喜斗”形象，转变为清朝治下“性轻捷柔弱”“安分畏法”之民。

关于明代纳西族的服饰，《南诏野史》、景泰《云南图经志书》、正德《云南志》、《滇略》、天启《滇志》等史志中多有记载。受地理环境、风俗习惯等影响，各地纳西族在服饰文化上呈现出不同的特点。如景泰《云南图经志书》记载：丽江纳西族“男子头绾二髻，傍剃其发，名为三搭头。妇女结高髻于顶前，衣服止用麻布”。永宁纳西族常披毡衫，虽盛夏亦如此，富者则披至二三件；头戴厚重的牦牛尾帽，俗称“喜鹊巢”，其厚实之程度，箭头亦难以穿透。蒗蕖州纳西族亦喜披毡，男子性格强悍，善战喜猎，佩戴短刀，刀上饰以砗磲；妇人跣足高髻，年轻女子则剪发齐眉，以毛绳为裙。《么些图卷》中所绘之人物形象，成年男子既有将发盘于头顶，形成上下两髻，状如葫芦者，亦有以青布包头者。其中，前者即为景泰《云南图经志书》中所载之“三搭头”。妇女则梳髻于顶，有的以青布包头，上穿短衣，下着长裙，腰间扎以彩色腰带。此与天启《滇志》所载丽江纳西族“男子梳发二缕以绳缠之，耳戴绿珠，妇人布冠”亦相合。综合以上几点来看，《么些图卷》所绘当为丽江地区之纳西族。

此外，在《么些图卷》中还有描绘牛帮运输的画面。画面中绘有五人六牛，牛背上皆备有牛鞍并驮有口袋，其头牛颈下拴有七枚铃铛。五人亦肩负货物，或以竹篓盛之，或以背架背之，位于队伍末尾者还手持一根树枝用以赶牛。牛帮驮运曾广泛流行于西南民族地区，如云南傣族聚居区曾组建过庞大的牛帮，以驮运茶叶、盐巴、粮食等，藏族牛帮则由体格矮健、耐寒且善跋涉的牦牛组成。丽江地区亦有牦牛，《徐霞客游记》记载：“其地多牦牛，尾大而有力，亦能负重。”但就《么些图卷》所反映的牛帮运输的画面来看，其牛帮主要由黄牛构成。作为一种传统的运输方式，牛帮对于纳西族的物质文化交流及经济发展皆起到积极的作用。

除上述场景外，《么些图卷》中还有表现在芦笙伴奏下围以圆圈翩翩起舞的欢乐，斟酒相敬或对饮的闲适，泼水嬉戏的愉悦，满载汲水而归的满足，无不呈现出一派祥和安乐的景象。尽管就绘画技法而言，《么些图卷》较为拙朴，但真实反映出明代纳西族生产生活、服饰饮食、风俗习惯、民居建筑、交通运输等各方面的内容，生动展现了明代纳西族丰富多彩的民族文化。而其蔚为大观的民族文化，源于纳西族在漫长的历史时期中，通过不断与其他民族文化的交流交往交融，才最终形成了这一独具特色的民族文化。可以说，整个纳西族迁移发展的历程，本身就是一部民族交流交往交融的历史。

班着尔领真袭国师之职制诰

藏传佛教在青海地区治理中的纽带作用

中国国家博物馆收藏的西纳家族首领班着尔领真袭国师之职制诰，颁发于明神宗万历四十四年（1616年）九月二十三日。该制诰宽30厘米，长152.5厘米，采用汉藏两种文字书写，其上钤有“制诰之宝”方印，制诰内容如下：

奉天承运，皇帝制曰：朕惟佛道大慈大悲，爰清爰净。其精足以治身，而绪余足以及物。朝廷广化厥宗不废，非用以辅世长民，盖借以神道设教也。尔班着尔领真，乃故西纳族演教寺通慧净觉国师班着坚昝之侄，夙敦戒业，恪守师传，化俗安禅，良足嘉尚。兹特命尔袭尔祖国师之职，封号如故。尚其广宣秘谛，普振法门，永笃乃心，以昭恩宠。钦哉。

演教寺，亦名“西纳上寺”“西纳寺”，藏语称“西纳桑珠林”，是由西纳家族建立并以之命名的藏传佛教寺院。该寺位于今青海省西宁市湟中区拦隆口镇上寺村。西纳，为藏族历史上一个古老族姓。《安多政教史》等藏文史籍记载，西纳家族属于藏族原始四大族姓之一的董氏。藏族谚语中有“天下人一半属董氏，董氏中一半属西纳”的说法，可见其在藏族历史上的影响。在汉文典籍中，西纳在宋时被称为“斯纳”，在《续资治通鉴长编》《宋史》中见于有关唃厮啰部的记载，明时亦译为“洗拿”，皆为藏语汉译的不同译写。西纳寺为青海地区较为古老的萨迦派寺院之一，与元、明、清三代中央王朝保持着较为密切的关系。

《安多政教史》记载，早先西纳家族中有一个叫多杰坚赞的人，武力雄强，曾消灭过多康绷波岗（今四川省甘孜藏族自治州一带）的一支凶悍军队。其子西纳兰巴及西纳格西皆曾前往西藏。哥哥西纳兰巴在那里建立了基业，后发展为宗吉坚赞桑波和多杰仁钦官人等支系；弟弟则前往萨迦学习显密经教，并成为著名的学者。此后，西纳格西依照度母“前往北方蒙古区，弘扬佛法”的授记，觐见成吉思汗，并赢得了蒙古人的敬信。自西纳格西起，其家族中历代均有出家为僧者，称为西纳喇嘛，以此延续着其家族的宗教地位。

蒙元时期，蒙古统治者十分推崇藏传佛教。萨迦派利用统治者的扶植，在甘青地区建立寺院，西纳家族即在这一时期进一步发展了势力。《安多政教史》记载，斯纳堪布·喜饶耶喜巴藏卜曾作为八思巴的亲信侍者，追随八思巴往返于蒙古王庭与西藏之间，并因政教事务措置有方而得到了忽必烈的赏识。忽必烈遂将宗喀、肃甘、贵德、般掭、东康等广大地区的村庄、寺院及百姓赏赐给喜饶耶喜巴藏卜。其家族成员亦被委以朝廷及西宁一带地方各种僧俗要职，“以后又给斯纳·华本赐了三颗珠宝虎头印，敕授为宗喀万户”，统治今湟中和大小峡一带的湟水故地。同时，西纳家族与蒙古王族互相联姻，结为姻亲。这一婚姻政治联盟关系的建立，使得西纳家族在湟中一带的政治、宗教势力更为稳固。

明朝建立后，元朝残余势力虽退居漠北一带，但仍对明王朝构成严重威胁。因此，北疆地区一直是明朝政治军事战略的中心，而西北边地更被明廷视为“北拒蒙古，南捍诸番”的重要战地。明朝继续沿用元代“用其俗而柔其人”的策略，仍将尊崇藏传佛教作为西部边疆治理的重要手段，即“缘俗立教，加意诸羌，故大建梵宇，特赐专敕”，对于其中之戒行勤精者，多授以喇

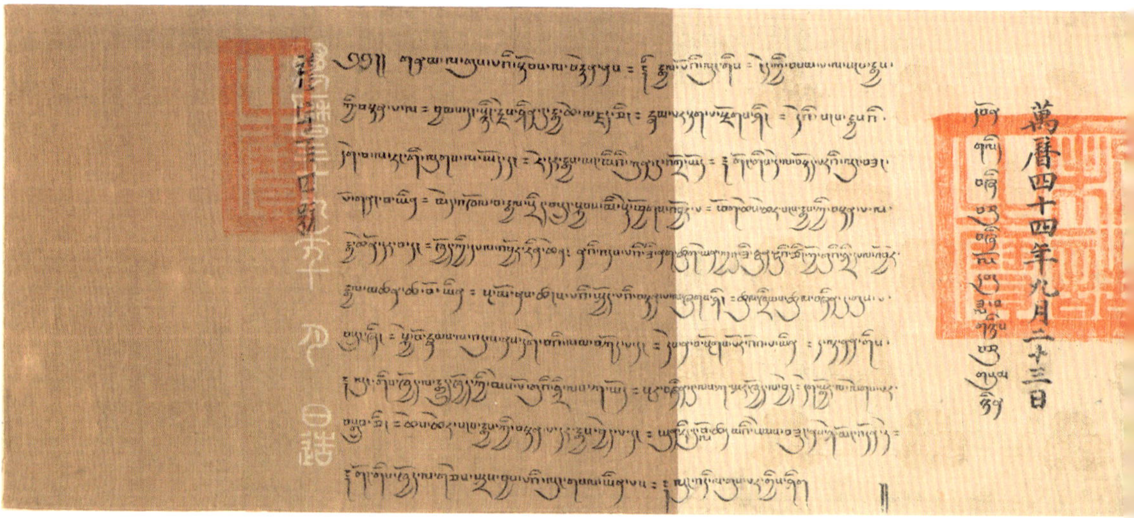
萬曆四十四年九月二十三日

万历四十四年九月二十三日给番僧班着尔领真袭国师之职制诰

明万历四十四年（1616年）

长152.5厘米，宽30厘米

中国国家博物馆藏

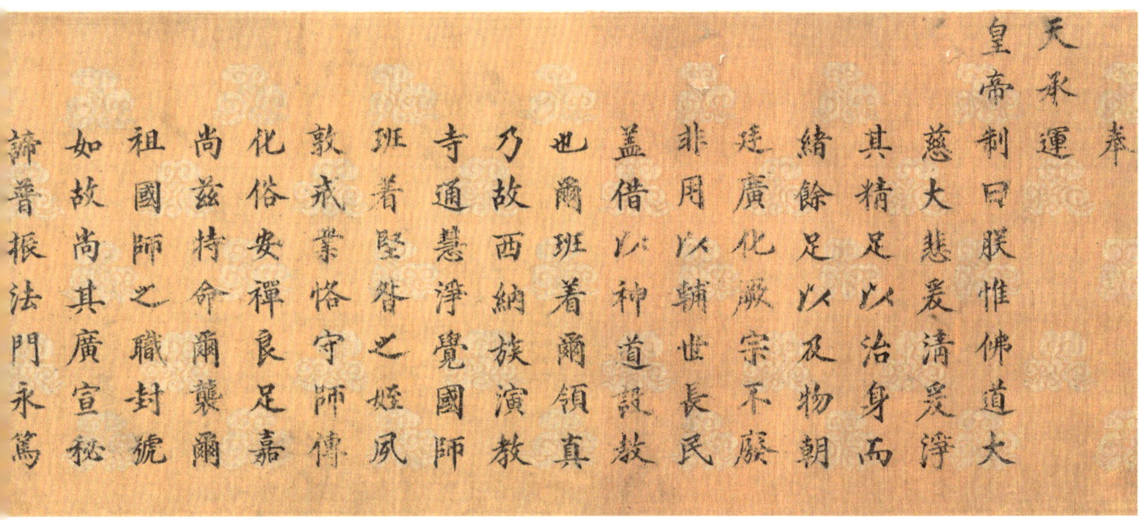

奉
天承運
皇帝制曰朕惟佛道大
慈大悲爰清爰淨
其精足以治身而
緒餘足以及物朝
廷廣化嚴宗不廢
非用以輔世長民
蓋借以神道設教
也爾班着爾領真
乃故西納族演教
寺通慧淨覺國師
班着堅眷之姪夙
敦戒業恪守師傳
化俗安禪良足嘉
尚茲特命爾襲爾
祖國師之職封號
如故尚其廣宣秘
諦普振法門永篤

嘛、禅师、灌顶国师等称号，亦有加大国师、西天佛子称号者，并给予印信、制诰，准其世袭。在这一政策的扶植下，“由是形域势区，尽为番僧所据”。通过敕建藏传佛教寺院，并在政治、经济上给予宗教上层特权，河湟地区逐渐形成了以藏传佛教寺院为中心的政教合一的特殊组织形式，僧官群体成为地方统治不可小觑的一股势力。而西纳家族即凭借这股“众建多封”的浪潮，获得了进一步的发展与壮大。

《安多政教史》记载，永乐八年（1410年），西纳喇嘛曲帕坚赞被尊为国师，并被赐予管辖的土地、百姓以及象牙印、敕书等。永乐十年（1412年），明朝廷再度敕封其为慈智禅师。宣德二年（1427年），又封其为通慧净觉国师，赐银印。曲帕坚赞在湟中境内修建了西纳寺及经堂，此寺不仅是湟中一带规模最大的萨迦派寺院，亦是西纳家族统治该地区的政教中心。正统至万历时期，西纳喇嘛格勒坚赞、索南勒巴、班觉尔勒巴及班觉尔坚赞，亦先后被明朝廷敕封以相同名号。可见西纳家族在明代始终以通慧净觉国师的宗教身份及宗喀万户的世俗职务，行使着对地方政教合一的统治权力。

关于班着尔领真的情况，顾炎武的《天下郡国利病书》曾有记载，其称崇祯七年（1634年）十月，镇海民马安邦叛，兵备孔闻籍同妻女自焚而死，太监张守礼、守备丁孔衢、中军李本隆、百户张尔靖等亦死于其乱。“十一月，掌教冶秉乾、西纳班着尔领真平之。”而在《安多政教史》中，班着尔领真则被书为“班觉尔仁钦”，其载：“大明崇祯七年，马南王百姓起义，占领了西宁城，斯纳的武力收复西宁城，献于皇上，封喇嘛班觉尔仁钦为灌顶国师，赐金印和敕书等，并在西宁城的东关敕建记功大牌楼一座，予以表扬。”此后，西纳喇嘛拥有了通慧净觉国师及灌顶大国师的双重名号。

明朝给藏传佛教僧人赐封的封号有数等，《万历野获编》记载：“最贵曰大慈法王，曰西天佛子，次曰大国师，曰国师，曰禅师，曰都纲，曰剌麻。”同时，明代往往于大国师前加以西天佛子或灌顶之号，称为西天佛子大国师或灌顶大国师，以示尊崇之提升。西纳家族由慈智禅师至通慧净觉国师，再至享有通慧净觉国师及灌顶大国师双重封号，体现了其在明代逐渐兴盛的过程。

明代对世袭宗教名号的大量封授，使得僧职世官阶层逐渐壮大。通过将土司制度与宗教制度相结合，明朝在河湟地区设立了僧官管理体制。僧官既是寺院的宗教首领，也是诸部落的政治首领，拥有统辖部落的政教大权。有明一代，僧官具有明显的家族化特征，其权力在家族内部不断传承。以西纳寺为中心的西纳家族，其传承主要遵循萨迦派体制，采用叔侄继承法。如万历四十四年（1616年）封授班着尔领真袭国师之职制诰中即指出“班着尔领真，乃故西纳族演教寺通慧净觉国师班着坚昝之侄”。

西纳家族于清初归附，史料记载，顺治二年（1645年）三月，班着尔领真以今王朝一统，而其历代“受赏纳款，焚修守边”为辞，表示愿“当先忠顺，毫无拒逆”。《大清会典则例》记载，顺治十年（1653年），“西纳演教寺喇嘛班珠儿盆错缴明时所给敕印、执照，封班珠儿盆错为国师，换给诰敕各一道，又赐给通慧净觉银印”。清代建立之初，由于全国尚未完全统一，因此治理西北边地政策主要以“划分疆土，多沿用明制”为主。加之，这一时期蒙古和硕特部在青海势力强大，甚至一度呈“惟知有蒙古，而不知有厅卫营武官员”的趋势，因此清朝政府继续推行“众建多封”政策，欲通过“抑蒙抚番”而使其互相制约。清初对于西纳家族的封赐，即是在这一背景下进行的。

这一时期，西纳家族的宗教亦发生了转向。随着格鲁派在青海的兴起，西纳家族逐渐改宗格鲁派。《安多政教史》记载，西纳家族在格鲁派的发展过程中表现积极，俺答汗邀请三世达赖喇嘛索南嘉措时，西纳家族及其部落曾“沿途侍候，殷勤周到”，并在塔尔寺的修建中大为出力。自西纳喇嘛洛桑克却被西藏地方政府授予“额尔德尼昂索”开始，西纳家族完全转向格鲁派，其继承方式亦由萨迦派叔侄传承法改为格鲁派的活佛转世体制。自此，西纳喇嘛又被称为“西纳昂索”。

雍正元年（1723年），青海蒙古和硕特部变乱，西纳家族因受罗卜藏丹津事件的影响而遭到冲击。《安多政教史》记载："斯纳所属的土地、百姓以及诰封等都被公家没收。"变乱被平定后，清政府加强了对青海寺院的管理。雍正二年（1724年）五月，抚远大将军年羹尧在《平定罗卜藏丹津善后事宜十三条》中曾提出"喇嘛庙宇，宜定例稽查也"，并建议在此后形成定例，寺庙房屋不得超过200间，喇嘛人数多者300人，少者十数人。同时，每年对喇嘛寺庙稽查两次，并令其首领喇嘛出具甘结存档。所需钱粮，由地方官征收后，再拨给寺院。此后，清朝政府加强了对藏传佛教寺院的整顿，取缔了明及清初所授予的国师、禅师等名号，严格控制僧人的数量及权力，同时"将各番族归于县官，按地输粮，不受番寺约束"。

但鉴于藏传佛教在当地的重要影响，清朝政府仍继续采取羁縻政策，不仅修缮了部分在战乱中被毁的寺院，还于乾隆年间陆续册封了一些藏传佛教上层。《安多政教史》记载，乾隆十四年（1749年）及乾隆二十七年（1762年），西纳家族之昂索·噶居·喜饶南嘉及昂索·然绛巴·阿旺华丹两人，就曾先后被授予"斯纳官职务，并赐敕书"，西纳寺亦于这一时期进行了修整。但随着西纳家族的改宗，西纳寺的政教地位渐被塔尔寺取代，西纳寺由此走向衰落。

西纳家族的发展变迁与王朝统治者对藏传佛教的态度及治边政策密切相关。元朝崇尚藏传佛教，使得藏传佛教获得迅速发展并成为其王朝统治的重要部分。而以萨迦派起家的西纳家族，便在这一时期获得了初步发展。明朝时期继续发展藏传佛教，并对其宗教上层"众建多封"，建立起政教合一的僧官制度，其主要目的是"盖以番僧为羌戎所重，藉以羁縻之意"，即利用藏传佛教在当地社会中的影响及僧人崇高的社会地位来"化导番夷"，并兼具"抚藏御蒙"的意义。西纳家族利用王朝赐予之封号，积极壮大其地方势力，并通过对中央王朝的朝贡及积极参与王朝征召平叛，进一步拉近了其家族及所属部众与王朝国家之间的关系。有清一代，清廷对于青海藏族番俗的政策随着西北战略政策的变化而调整。从“抑蒙抚番”到加强对西北地区的番俗管理，反映了中央王朝对西北地区治理的深化。元、明、清三代中央王朝对于西北边地的经营，体现了“因俗而治”的特点，其相关政策的施行及制度的构建，不仅凝聚了这一地区僧俗势力对国家的认同感与向心力，还促进了其区域社会经济的进一步发展。

土尔扈特东归历史图像

土尔扈特部众不远万里、历尽艰辛东归故土，清王朝对土尔扈特部妥善地接纳和安置，是发生在清乾隆时期的重大历史事件，弘旿绘《归顺诗图册》以及明福绘《清人西域图册》之“土尔扈特”图均对此做了形象的记录。

土尔扈特部是蒙古部落中漠西蒙古的一支，漠西蒙古在元朝称斡亦剌，明朝称瓦剌，清朝也称卫拉特。16世纪末到17世纪初，卫拉特形成比较固定的四部联盟——准噶尔、和硕特、土尔扈特及杜尔伯特，四部不相统属，游牧在不同区域，土尔扈特部游牧在塔尔巴哈台及其以北地区。自17世纪初以来，土尔扈特部与杜尔伯特部就因卫拉特内部矛盾不断和牧场资源有限而缓慢地向西北迁移，17世纪20—30年代，准噶尔部哈喇忽拉的势力显著增长并威胁其他各部，直至1625年准噶尔内部大动乱爆发并波及卫拉特其他各部，致使土尔扈特部在和鄂尔勒克的带领下离开了原有的牧地，经过哈萨克草原，越过乌拉尔河，来到伏尔加河下游游牧。此后，土尔扈特人在伏尔加河下游生活了近150年。

土尔扈特部西迁至伏尔加河下游后，东面皇太极在盛京建立了清王朝，漠南、漠北蒙古相继归附，北面沙皇俄国的侵略不断蔓延，同时漠北与漠西蒙古的内部也硝烟不断。在这种大背景下，喀尔喀与卫拉特蒙古王公在藏传佛教的支持下，于1640年共同制定了蒙古卫拉特法典，以调整内部关系，联合抵御外敌。在制定蒙古卫拉特法典的会议上其还提高了藏传佛教的地位以取得神权支持，可见蒙古各部对佛教信仰的重视。

17世纪60年代，书库尔岱青在伏尔加河下游建立了土尔扈特汗国，西方称之为卡尔梅克汗国。书库尔岱青执政时期，注重以联姻来加强卫拉特各部族间的联系，书库尔岱青之子朋楚克娶巴图尔珲台吉之女为妻，且朋楚克之子阿玉奇自幼生活在准噶尔；阿玉奇执政期间将他的妹妹多尔济喇布坦嫁给和硕特著名首领鄂齐尔图车臣汗为妻，他的两个女儿分别嫁给准噶尔部首领策妄阿拉布坦和喀尔喀部首领墨尔根汗额列克。然而随着准噶尔部势力的膨胀，其经常对卫拉特各部发起战争，土尔扈特与准噶尔冲突不断。最终，散札布事件［康熙三十八年（1699年）］发生后，土尔扈特与准噶尔决裂，从此土尔扈特通往清朝入贡的道路受阻，不能再假道准噶尔游牧区域，而要绕道俄国东行至清朝。

土尔扈特部自迁至伏尔加河下游生活后，始终保持着与清政府的联系，多次不远万里到清朝入贡，并十分重视建立与西藏的联系，从书库尔岱青执政时期开始即多次进藏“熬茶礼佛”，前后长达十年之久。清政府也派出使团到访土尔扈特部并支持安排土尔扈特部入藏礼佛。康熙三十七年（1698年），阿玉奇汗之侄阿拉布珠尔陪其母率众由伏尔加河假道准噶尔赴藏，得到清政府的接待，被封为贝子，并赐牧嘉峪关外色尔腾地方。康熙四十八年（1709年），阿玉奇派出以萨穆坦为首的使团，取道俄国的西伯利亚抵达清朝京师，入贡。雍正八年（1730年），车凌端多布遣那木卡格隆、达尔罕格楚尔前往清朝入贡。乾隆二十一年（1756年），敦罗卜喇什遣使吹扎布假道俄国历时三年抵达承德觐见，并请求去西藏礼佛，乾隆派官员护送他们前往。此外，土尔扈特部历任汗还重视兴建寺庙，邀请西藏高僧到土尔扈特部弘法，制定僧伽制度，完善法

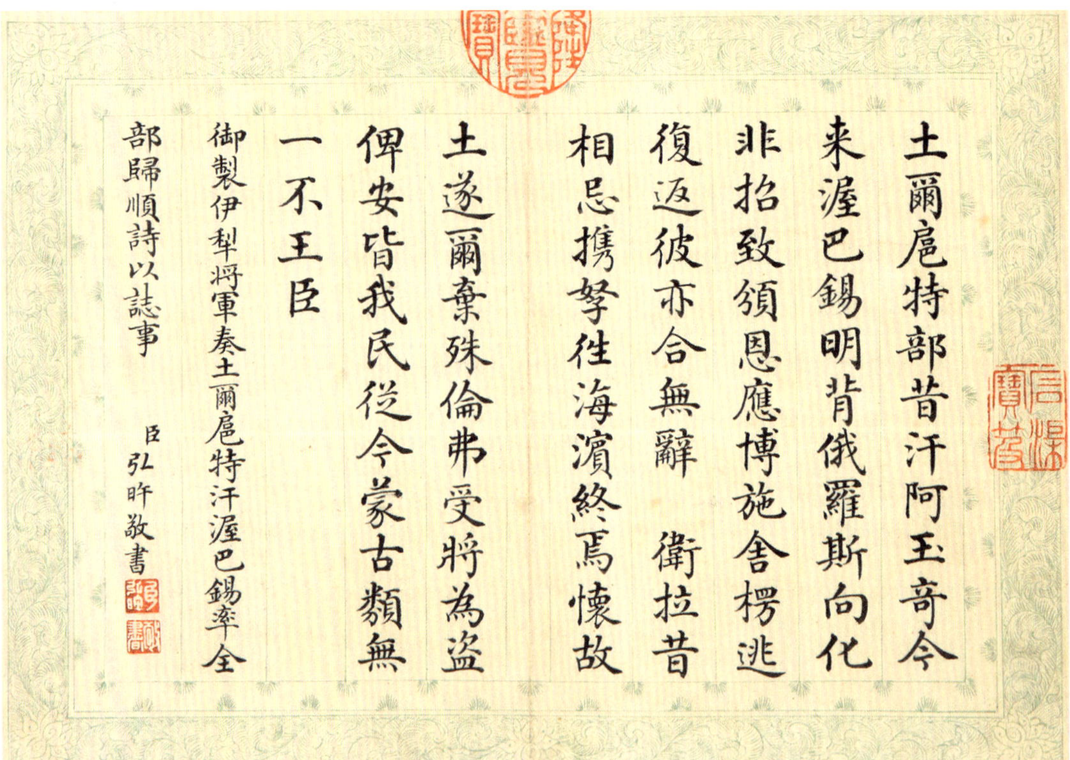
土爾扈特部昔汗阿玉奇今来渥巴錫明背俄羅斯向化非招致須恩應博施舍楞逃復返彼亦合無辭衛拉昔相忌携弩往海濱終焉懷故土遂爾棄殊倫弗受將為盜俾安皆我民從今蒙古類無一不王臣

御製伊犁将軍奏土爾扈特汗渥巴錫率全部歸順詩以誌事

臣弘旿敬書

《归顺诗图册》首页

清（1616—1911年）弘旿绘

每半开纵20.3厘米，横28.2厘米

中国国家博物馆藏

《归顺诗图册》内页
清（1616—1911年）弘旿绘
每半开纵20.3厘米，横28.2厘米
中国国家博物馆藏

律制度等，足见藏传佛教在他们心中的重要地位。

清政府在宗教政策方面给予土尔扈特部极高的认同感，并且同样重视与土尔扈特部加强联系。康熙五十一年（1712年）清政府派出图理琛使团假道喀尔喀蒙古及西伯利亚去往土尔扈特，雍正八年（1730年）派出满泰使团出访土尔扈特。从互访的史料中可以看出清政府有欲借土尔扈特部军事力量来平定准噶尔的意图。彼时，清政府和土尔扈特部均与准噶尔存在着尖锐的矛盾，因此互访只能绕过准噶尔牧地，假道俄国而行，这一举动引起俄国的重视和百般阻挠。

与清政府不同，俄国对土尔扈特采取的是高压政策。书库尔岱青与阿玉奇汗对俄国都采取两面政策，在附属与独立间纵横捭阖来保全本民族的独立并争取最大的经济利益，同时积极与邻国开展外交活动。然而随着阿玉奇汗的去世，土尔扈特内部产生了为争夺汗位的纷争，由此也给了俄国掌控土尔扈特政治权力的可乘之机。俄国对土尔扈特的政治控制、宗教侵袭、连年的征兵和索取人质，这一系列的高压政策造成土尔扈特深重的民族危机。

早在阿玉奇汗时期就曾“两次蓄意出走中国”，“敦罗卜喇什也有此意图”。到了18世纪60年代，俄国对土尔扈特的控制空前增强。1762年叶卡捷琳娜二世登上沙皇宝座后，在其无休止的征兵以及要求渥巴锡交出他的儿子和300个望族子弟作为人质这一导火索下，渥巴锡开始酝酿“携众潜逃”的计划，此时他了解到“伊犁等处……万里之地，空虚无人，可据而有也”。经过四年的酝酿筹备，1771年初，以宰桑桑杰策凌率领的部队袭击了俄国驻渥巴锡牙帐的杜丁大尉兵营，拉开了土尔扈特军民武装起义东归的帷幕。渥巴锡所率起义东返的全部队伍共33360余户，16.8万余人，分别由渥巴锡、策伯克多尔济、巴木巴尔、默们图、恭格、舍楞所属组成。

土尔扈特东归的帷幕拉开后，消息很快传到了圣彼得堡沙俄女皇叶卡捷琳娜二世那里，她下令让大批哥萨克骑兵去追赶东去的土尔扈特部众，又向附属于俄国的哈萨克人下旨堵截土尔扈特部。彼时，哈萨克的小玉兹在游牧领地

《清人西域图册》之『土尔扈特』图

清（1616—1911年）明福绘

每开纵37.4厘米，横44.2厘米

中国国家博物馆藏

上经常与土尔扈特部发生冲突。1770年初渥巴锡为储备军需和转移俄国的视线，抢夺了小玉兹的大批牲畜，导致两方关系急剧恶化。于是在土尔扈特东归至哈萨克草原内时，小玉兹努尔阿里汗联合中玉兹阿布赍发起了穷追不舍的围追堵截。土尔扈特部队在进入新疆草原时又与布鲁特牧民发生冲突，只好选择了一条沙石之路，绕巴尔喀什湖西南之戈壁逾楚河、塔拉斯河，一路沿伊塞克湖北抵达伊犁河流域。此时的土尔扈特军民人数仅剩一半，狼狈不堪，面对一路上的战争、酷寒的天气、缺粮断水、瘟疫等的侵袭，此时的东返部队面临着严峻的生存危机。

对于土尔扈特的动向，清政府在往返的商队和藏传佛教僧人处早已获悉，派出重兵在伊犁防守，此时已死伤惨重的东返部队在面对询问来意的清军时，“渥巴锡与其台吉、喇嘛计议数日，始定以投诚”。土尔扈特东归部队到达伊犁，乾隆三十六年（1771年）五月二十六日，策伯克多尔济率领的前锋队伍近百人在伊犁河支流察林河畔与三等侍卫普济保等清军官兵相遇；六月初五，渥巴锡、巴木巴尔、舍楞所率东归主力在伊犁河畔与锡伯营总管伊昌阿、厄鲁特散秩大臣硕通相遇；伊昌阿等与渥巴锡主力部队相见的次日，渥巴锡等部分首领即启程至伊犁，于六月十三日抵达，拜见伊犁将军伊勒图和参赞大臣舒赫德。

六月二十五日，舒赫德护送渥巴锡等首领至热河觐见，取道乌鲁木齐、巴里坤、肃州、凉州、大同、宣化、怀安、张家口、承德，“所经之处，已饬令多备马匹及羊只口粮”；七月中旬，在木垒时，舒赫德接谕旨回伊犁主持安置事宜，换前来迎接的色布腾巴勒珠尔护送。舒赫德在办理安置事宜时奏称“目睹其穷困情状，实堪悯恻”，乾隆即指令“急须接济，不可少有迟缓”，口给以食，人授以衣，拨发银两，安置住处。舒赫德在落实乾隆的安置政策时，一方面采取紧急救济措施，调集衣粮，另一方面组织搭盖临时房屋，派遣医生医治有伤病的土尔扈特人。

弘旿的《归顺诗图册》即绘制了土尔扈特部众东归途中及抵达伊犁的场景。弘旿，字仲升、卓亭，号一如居士、瑶华道人等，诚恪亲王允祕（康熙帝第二十四子）次子，他书兼四体、画备诸格。该图册盖有乾隆收藏印“石渠宝笈”（朱文）、“乾隆御览之宝”（朱文）两枚，首页为弘旿书乾隆《御制伊犁将军奏土尔扈特汗渥巴锡率全部归顺诗以志事》的一部分。

此外，乾隆年间官员明福所绘《清人西域图册》中的“土尔扈特”一图，亦反映了土尔扈特部众东归至伊犁的场景，画面对应文字亦简单记载了土尔扈特东归事件。明福，字瑞仙，号雪峰道人，有驻防新疆的经历，曾在甘肃为官，师从高其佩，在陇上有“冷字明画”之称。

早在土尔扈特部众还未至伊犁时，乾隆即下旨令其部落首领前往避暑山庄朝觐。渥巴锡一行在色布腾巴勒珠尔的护送下，于乾隆三十六年（1771年）九月初八抵达承德伊绵峪，乾隆在此接见了渥巴锡一行。渥巴锡向乾隆进献礼品，乾隆“以蒙古语垂询渥巴锡”。九月初九，乾隆在伊绵峪围猎营地设盛宴宴请大臣权贵、蒙古王公和卫拉特诸部首领等。随后渥巴锡等随乾隆参加了伊绵峪一年一度规模盛大的围猎。九月十四日，乾隆对四十四位土尔扈特首领进行封爵，分别授予汗、亲王、郡王、贝勒、贝子，一等至四等台吉不等。

九月十七日，渥巴锡一行随乾隆到达避暑山庄；九月十八日在澹泊敬诚殿，获封的渥巴锡、策伯克多尔济、舍楞、恭格、默们图、沙喇扣肯、雅兰丕尔、德勒德什、拜扎勒桑、肯泽10人谢恩，乾隆对其“赏赉有差”，乾隆还在四知书屋和卷阿胜境殿用蒙古语单独与渥巴锡亲切长谈，了解部落历史和回归经过，写下《御制土尔扈特部纪略》。九月十九日，乾隆在万树园赐宴渥巴锡等，并有差别地赏赐银币。乾隆的一系列封爵、赏赐等安抚政策，对于回归的土尔扈特部首领是一种安慰，同时也增加了各少数民族对清政府的向心力。

九月二十日，乾隆为贺皇太后八十大寿，并接待前来祝福朝觐的西藏、青海、新疆、蒙古等各部少数民族首领，特举办普陀宗乘庙落成大典。恰逢土尔扈特部归来，乾隆在《普陀宗乘之庙落成拈香得句》中记录：“土尔扈特汗渥巴锡等适至，以其素重黄教，命往瞻礼，俾益深感悦。”可见，乾隆十分重视对待西部少数民族宗教信仰上的相关政策。事实上自清朝始，清政府就建立了管理蒙古事务的机构——理藩院，并制定了《理藩院则例》，在其中明确规定，尊崇藏传佛教，并在政治、经济上给藏传佛教僧人一定的地位和优待。清政府还大量修建藏传佛教寺庙，将《大藏经》翻译成蒙古文，扩大藏传佛教影响力。这一系列宗教政策的实施，成为清政府增强西部少数民族向心力的关键因素。

乾隆对土尔扈特的东归十分重视，还亲自撰写《土尔扈特全部归顺记》和《优恤土尔扈特部众记》，用满文、汉文、蒙古文、藏文四种文字刻立了二方石碑，普陀宗乘庙以及伊犁惠远城的万寿宫前各有二方石碑，以示纪念，留存至今的仅有普陀宗乘庙内的二方石碑。渥巴锡一行在避暑山庄下榻近半月时间，其间乾隆“赐宴万树园及溥仁寺，命设灯宴，观火戏”，还特命在长卷《皇清职贡图》中增绘土尔扈特人，亲撰说明文字作为题记。三十日起，渥巴锡等来入觐土尔扈特部首领，分编四队，每日一队，从避暑山庄启程返回。

乾隆先将抵达伊犁的土尔扈特部众安置于斋尔等地过冬，来年春又将土尔扈特部各台吉游牧地进行具体安置，考虑到政治因素，为稳定疆域、避免隐患采取了分而治之的政策：将渥巴锡部众驻牧于珠尔都斯，称旧土尔扈特南部落；策伯克多尔济部众驻牧于和布克赛尔，称旧土尔扈特北部落；巴木巴尔部众驻牧于库尔喀喇乌苏地区，称旧土尔扈特东部落；默们图部众驻牧于精河一带，称旧土尔扈特西部落；舍楞部众驻牧于科布多、阿尔泰地区，称新土尔扈特部落。由伊犁将军及参赞大臣统一管辖，并拨发良田给移民耕种，全面帮助土尔扈特民众恢复生产生活，体现了清政府“武定功成，农政宜举”的民族政策。

土尔扈特部东归，饱含着对世居故土的眷恋，对中华民族文化的高度认同，这是其东归最根本的内在驱动力。土尔扈特部与清政府一直保持着密切的联系，也为土尔扈特部东归奠定了基础。乾隆对于土尔扈特部东归意图的判断，及此后安置和抚恤政策的实施果断而妥善，为稳固西北边疆，促进祖国统一发展奠定了基础。土尔扈特万里东归的内在向心力，是爱国主义精神和民族团结的体现，不论是在彼时还是今天都尤为重要，值得铭记和弘扬。

《东宁陈氏番俗图》册

清代开发治理台湾的历史印记

《东宁陈氏番俗图》册共35开，其中有18幅反映社会风俗之图画，内容包括教读臼舂、迎妇、文身、织锦褴儿、刈禾、聚饮鼻箫、渡溪、捕鱼、藤桥抽藤、乘屋、番戏、捕鹿、斗捷、沐儿让路、收贮、瞭望支析、捕野牛、猱采。此外，另有18幅题词、11幅植物图、3幅动物图及3幅题跋。图内多钤有“东宁陈氏”“一江春水”等印章，图尾有赵炳麟跋语。

东宁即今台湾，据乾隆《重修台湾府志》记载，郑成功据守台湾后，改台湾为安平镇，赤嵌为承天府，总名东都。郑成功死后，其子郑经改东都为东宁，即台湾以“东宁”称之始自郑成功子郑经。关于“东宁陈氏”其人，赵炳麟在跋语中指出其为陈士俊，并称之“尤善丹青，得实甫、衡山之精髓，不轻作画，故世罕知者”。但在台湾地方志中仅载陈士俊之义行，而未论其画工，故有学者认为此“陈氏”非陈士俊，而为擅于丹青的陈必琛。嘉庆《续修台湾县志》记载，陈必琛，字景千，自号别一崖道人，为邑武生。工八分书，画山水人物各臻其妙，尤于丹青。凡仕宦于台湾者，必求其所绘的当地舆地风俗图画，以作为参证借鉴。以此推之，陈必琛之说可能更近实情。

大陆与台湾之交往早已有之，据《三国志》记载，东吴黄龙二年（230年），吴主孙权就曾派遣卫温、诸葛直将甲士万人渡海寻访夷洲，并将夷洲数千人带回东吴。三国时期之夷洲，即今之台湾。隋时改称为“流求”，隋炀帝曾多次派人前往台湾。《隋书》记载，大业三年（607年），炀帝令羽骑尉朱宽入海求访异俗，朱宽一行人等遂至流求国。次年，朱宽再次奉命慰抚流求，并“取其布甲而还”。此后，隋炀帝复遣武贲郎将陈稜、朝请大夫张镇州率兵至流求。

宋元以后，大陆与台湾之间的交往日益密切。据乾隆《重修台湾府志》记载，宋时零丁洋之败，有大批大陆之民避乱逃亡于此。此后，他们聚众以居，男女婚配，由此形成了“番语处处不同”的局面。元代时，曾多次“招谕”台湾，如至元二十八年（1291年），命海船副万户杨祥充宣抚使，与吴志斗、阮鉴等前往台湾“招谕”来朝。元贞三年（1297年），福建平章政事高兴遣省都镇抚张浩、福州新军万户张进至台湾。此外，元末时还曾于澎湖设置巡检司，“中国建置于是始”。

明朝中后期，倭寇不时侵扰我国沿海及台湾地区，明朝官兵多次抗击，保卫了这一带的边防。如万历二十年（1592年），倭寇欲侵扰台湾鸡笼（今基隆）、淡水，明朝于澎湖“立一游四哨以戍之”。这一时期，大陆至台湾者愈众，如崇祯间，熊文灿曾为郑芝龙谋划，建议招徕数万饥民，每人给银三两，三人给牛一头，用舶船运至台湾，令其于当地安家并开垦荒土。明末时期社会动荡，为避战乱，闽粤一带人民多有迁入台湾者。特别是自郑成功据守台湾后，移民数量激增。据施琅《陈海上情形疏》记载，明朝时原住澎湖百姓有五六千人，居于台湾者亦有二三万人，至顺治十八年（1661年），郑成功又带去水陆官兵及其眷口共计三万余人，其中充任行伍者不满两万人。康熙三年（1664年）间，郑经再度将六七千官兵及其眷口带至台湾，其中官兵人数不过四千人。

清朝统一台湾后，台湾的重要性逐渐为当朝统治者所认识。如康熙皇帝对于台湾的认知，即经历了由“台湾属海外地方，无甚关系”到“台湾弃取，所关甚大”的转变。在这一认知转变下，有关台湾及其民族的公私著述相继出现。文字著述有季麟光《台湾杂记》、林谦光《台湾纪略》、徐怀祖《台湾随笔》、黄叔璥《番俗六考》、蓝鼎元《东征集》、董天工《台海见闻录》等；图册类则有六十七《台海采风图考》及《番社采风图考》，中国国家博物馆藏《东宁陈氏番俗图》册、《台湾风俗图》，台北图书馆藏《六十七两采风图合卷》，台湾“中央研究院”历史语言研究所藏《台番图说》，台北故宫博物院藏《台湾内山番地风俗图》等，其中以六十七所绘制之图时间较早。

六十七为满洲镶红旗人，乾隆年间从巡视台湾户科给事中升任巡视台湾御史。六十七在台湾任职期间，十分留心当地之风土人情，据其在《台海采风图序》中所言，其常于“公余之暇，即其见闻可据者，令绘诸册若干幅”。巡台御史范咸《番社采风图序》亦载六十七以采风问俗为务，对于其所闻所见，皆绘制成册，并于每幅上题词考证。可惜六十七所著《台海采风图考》及《番社采风图考》皆因“其图久佚”未能流传下来，但二者题词内容则经由《昭代丛书》及《艺海珠尘》两种刻本得以传世。中国国家博物馆所藏的《东宁陈氏番俗图》册，题记内容基本与六十七《番社采风图考》大同小异，仍可从中窥见清代前期台湾少数民族的社会风貌，不失为18世纪台湾少数民族经济发展及社会风俗的生动画卷。

在清代文献中，台湾少数民族被统称为“番”或“土番”，“社”为其基层社会组织。据范咸《番社采风图序》称，番社中“有名可纪者计一百四十有奇，其深山人迹所不至者又莫知其纪”。大体而言，根据诸番与清政府关系的不同，被分为“生番”与“熟番”，其中“内附输饷者曰熟番，未服教化者曰生番”。清初时期，对于生番与熟番分别采用“防”“抚”之策。由于清朝统治者及驻台官员多视生番“野性难驯，焚庐杀人，视为故常”，故多主张“凡逼近生番处所相去数十里或十余里，竖石以限之，越入者有禁”。雍正皇帝亦曾

聚飲 鼻簫
農事既畢各寨互相邀飲必令酒多不拘殽核席地讙呼連肩並唇取酒勸飲以為快樂不醉不止
鼻簫長可二尺亦有三尺者截竹竅四孔通小孔於竹節之首用鼻吹之皆麻達遊戲之具

《东宁陈氏番俗图》册（局部）
清（1616—1911年）陈士俊绘
每开纵25.9厘米，横34.7厘米
中国国家博物馆藏

指出“当划清界限，使生、熟番夷及内地百姓各安生理，两不相侵”。但这一人为划界之法，并不能从根本上解决“生番”与“熟番”及汉族人民的矛盾，亦不利于台湾地区的经济发展及防御。因此，从清代中后期开始，清朝统治者逐渐转变了对待“生番”的态度，开始转向“开山抚番”。

相较于“生番”多居于峻岭深林，“熟番”则多依山或于平地筑居，与汉人之间时有交往。因此，清朝统治者对于“熟番”主要采取“抚番”政策。清代前期台湾地方官员一直将番民的安抚、归化置于治“番”首位。如康熙年间之台厦兵备道高拱乾、陈瑸皆曾“亲履其境，细询番民疾苦”。为“绥辑土番”，清朝政府实行了一系列旨在减轻番民负担、加强政府管理的措施，如革除弊政、杂派，解决因移民问题而导致的番地流失问题，推进番学教育，等等。这些政策的推广实行，在一定程度上保护了番民的合法利益，加强了清王朝对台湾番民的管理，并促进了番民自身的发展，从而进一步推动了台湾地区社会秩序的稳定及当地少数民族经济文化的发展。

清代初期，台湾山地少数民族生产以狩猎与原始农业为主。如《台湾风土记》记载内优之邦尉社，以烤薯芋为食，捕鹿为生，茹毛饮血，不知农事，《台海使槎录》亦载傍岩而居或丛处内山诸番，鲜少五谷，刀耕火种，以种植根茎类作物为主，兼以捕鹿为食。《东宁陈氏番俗图·捕鹿》即描绘了番民狩猎野鹿的场景。该题记记载，番人称捕鹿为“出草”，其狩猎时多持镖、弓矢等工具，并带犬追寻，捕获野鹿后即将其割肉取血，并将其内脏用盐腌制并置于瓮中，名曰“膏蚌鲑”。随着汉族移民的迁入及农耕技术的传播，当地族群的生计方式发生了一定的变化，农作物品种亦有所增加。

对于平原地区的少数民族，这一生计变化则更为明显。在清朝统一台湾前，宜兰一带“诸番惟以射鹿、镖鱼为生”。汉族移民陆续迁入后，“间有汉人教之耕种稻谷，以为宝贵，以短刀代犁锄，并无牛只”。至嘉庆时期，这一带番人“始知置备耕牛、农具”。而台湾西部平原及台北平原地区的农业则更为发达，《台海使槎录》记载，康熙时期，北路诸番中新港、目加溜湾、萧垅、麻豆、卓猴等番社，“耕种如牛车、犁耙与汉人同”；其崩山八、后垅、新港仔、猫裏、加至阁、中港仔、竹堑、礁磅巴等番社亦“耕种犁耙诸器，均如汉人”。由此可见，这一地区部分少数民族在康熙时期已开始采用或推广牛耕技术了。《东宁陈氏番俗图·刈禾》就表现了台湾少数民族协作收稻的情景，画面中男女以手摘取稻谷，将收获后的稻谷，或以身担，或以车运。

台湾少数民族中盛行一种歌舞活动，其中由妇女所表演的戏，被称为“做田”。《东宁陈氏番俗图·番戏》即描绘了这一场景，画面右下角有二年长者，一执锣鸣金，一执羽帜相引，以为进退起止之节。画面正中十一妇人身着盛装，挽手连臂合围，唱歌跳舞，其中四人头戴花帽，另有两人头插鸡尾。黄叔璥《台海使槎录》中曾记载：“携手环跳，进退低昂，惟意所适。”朱仕玠《小琉球漫志》中则将之类比为汉人之“演戏”，其称：“熟番遇家有吉庆事，番妇装束头戴纸花圈，十数人携手跳跃。或番童相杂，鸣金鼓，口唱番曲，谓犹汉人衍戏。”清代官员通过将番戏与汉人演戏进行比较，在一定程度上淡化了番汉之间的文化界限。

而这一认知变化在对育儿主题的描绘中更为明显。早期对于番人育儿风俗的描绘，突出刻画其与汉人殊异之风俗。如六十七在《番社采风图考》中引元次山《思太古诗》“婴孩寄树巅，就水捕鷠鲈”，即表现了番人于树间布床育儿的风俗。此外，在《六十七两采风图合卷》及《台番图说》中，皆绘有一布床吊于树上，其上躺卧一孩童。但在《东宁陈氏番俗图》册中，布床不再系于大树之上，而是系于屋架间。一小儿酣睡布床之上，其母在旁照料。在房屋左侧，则绘有妇女织锦。据乾隆《重修台湾府志》记载，番女织杼，以树皮纤维与葛丝织毯，名为“达戈纹”，以色丝与鸟兽羽毛织帛，并以各色草汁染色，从而产生斑斓相间的效果。此外，还有巾布等织物，皆紧密结实。《东宁陈氏番俗图》册的题记所载与此基本一致，可见其当本于此志。至康熙末年，台湾少数民族已能熟练掌握苎麻、棉花种植技术，棉纺织业获得进一步发展。但布匹在台湾仍较为缺乏，故“凡丝布锦绣之属，皆至自内地”。《东宁陈氏番俗图》

册对于“褴儿”异俗的淡化，及将“织锦”与“褴儿”两主题进行结合，体现出了汉文化的传播及番汉之间的融合。

台湾少数民族教育始于郑经时期，其曾“命各社设学校，延中土通儒以教子弟，凡民八岁入小学，课以经史文章”。据乾隆《重修台湾府志》记载，为鼓励新港、目加溜湾、萧垅、麻豆四社的人能到乡塾读书，郑氏曾“蠲其徭，欲以渐化之”。康熙二十四年（1685年）台湾府学设立后，各地社学相继建立。次年，诸罗县令樊维屏于新港、目加溜湾、萧垅、麻豆四社建立社学，“以教番童”，此被视为清代“官设土著社学之滥觞”。雍正十二年（1734年），巡道张嗣昌又建议于土番民社地区“各置社师一人，以教番童，令各县学训导，按季考察”。此后，在台湾各县少数民族聚居区社学渐增。至乾隆时期，一些台湾少数民族衣装已近如汉人，谙晓汉语。其就学番童更是剃发冠履，诵读诗书，研习课艺，并参加岁课考核。《东宁陈氏番俗图·教读》即反映了这一文教发展对台湾少数民族的影响，画面中展现了童子于书塾中诵读的场景，其题记亦指出自雍正十二年（1734年）于“南北诸社熟番”中立社师后，“岁科与童子试，亦知文理。有背诵四书、诗、易经无讹者，作字亦有楷法”。而《东宁陈氏番俗图·让路》则为清代教化政策在台湾地区的又一体现，画面中一年轻男子却步道旁，背面而立，以让四位年长者先行通过，传达出一种“涵濡德化”而知礼的信息。

以《东宁陈氏番俗图》册等为代表的台湾番俗图，以图文并茂的形式呈现了台湾少数民族的形象、风俗、生计等，不仅是台湾少数民族生活的浓缩再现，还体现了中央王朝对台湾地区的治理及王朝视域下对于台湾少数民族认知的变化。其中所揭示的番汉互动及融合发展的历史信息，使得这类番俗图不应当仅仅作为艺术珍品去欣赏，而应该从多维的角度去解读。清代开发治理台湾，留下了诸多珍贵的印记。这些印记见证了两岸民族之间的交流、交往与交融，共同谱写了中华民族多元一体的历史篇章。

《皇清职贡图》卷

民族图册的集大成者

《皇清职贡图》是乾隆年间编绘的一部图文并茂的史地图志巨作，突出表现了清朝域内各民族及与之交往的海外诸国官民形象。其绘制起于四川，乾隆十五年（1750年）八月，四川总督策楞接上谕，令其将辖内“西番、猓猡男妇形状，并衣饰、服习，分别绘图注释”，由此开启了绘制《皇清职贡图》的准备工作。此后，策楞绘图二十四幅，并将该处土地、风俗、服饰、好尚大致情形，逐一注明成帙，恭呈御览。乾隆十六年（1751年）六月，乾隆皇帝为掌握“内外苗夷”的情况，同时出于“以昭王会之盛”的目的，下令将现有图样发交近边各督抚，着其对所管地区“内外苗夷”，按照所发图样绘制形貌衣饰图样，并将绘制好的图样送交军机处，由军机处汇齐呈览。同时，传谕军机处组织编绘《皇清职贡图》，并由傅恒等主持其事。

乾隆二十二年（1757年），各地“番蛮”图样汇总完成，军机大臣傅恒等将之呈送乾隆皇帝御览，“共绘图五百五十幅，计十二册，分为上下二函，内将朝鲜等外番诸国列为首册，其余番蛮各以省分次序”。《皇清职贡图》共进行过4次增补，有册页本、彩绘本（卷、册）、写本、刊本之别，各本间略有差异。彩绘本完成于乾隆二十六年（1761年），分为4卷，分别由丁观鹏、金廷标、姚文瀚、程梁绘制。乾隆皇帝在彩绘本第一卷前题诗，并为每卷撰额，又命大臣刘统勋、梁诗正、刘纶、金德瑛、董邦达、裘日修、于敏中、介福、观保、王际华、钱汝诚、钱维城等作恭和诗，傅恒、来保等撰跋。写本有《四库全书荟要》本及《四库全书》本（文渊阁本）7部，共计8种。刊本则有乾隆末年刊刻本及嘉庆十年武英殿刊刻本2种。

职贡题材在中国历史上早有绘制，由于其多被赋予番邦慕义来归、四夷宾服称臣的政治意涵，故为历代统治者所重视。最早有关职贡题材的绘画为南朝梁元帝萧绎《职贡图》，唐张彦远在《历代名画记》中称之为《蕃客入朝图》。现存萧绎《职贡图》为北宋摹本，绢本设色。残存列国使者12人，依次为滑国、波斯、百济、龟兹、倭国、狼牙修、邓至、周古柯、呵跋檀、胡蜜丹、白题、末国使者。使者后皆附有记述该国方位、山川、风土及历代交往等情况之题记。

萧绎《职贡图》对后世影响很大，以图绘少数民族及异国使臣朝贡纳献的艺术题材，逐渐成为宫廷绘画的一个重要主题，为此后历代相沿。据文献记载，唐代阎立本、吴道子、李德裕等皆曾临摹或创作此类宣扬国家威德的绘画。唐张彦远《历代名画记》记载："时天下初定，异国来朝，诏立本画外国图。"而阎立本所绘之《职贡图》，便体现了"有唐贞观万国宁，殊方异域皆来庭"的盛唐气象。相较于唐人职贡图的相对写实性，宋朝职贡图写实与想象参半。传为北宋李公麟所作的《万方职贡图》，是宋朝职贡图的代表之作，图中绘制了占城、渤泥、高丽、女直、拂菻、三佛齐、女人、罕东、西域、吐蕃十国使臣画像，并配有记载其国名、历史地理等之题记。据专家考证，其中仅高丽、三佛齐、占城、渤泥四国之朝贡可能为李氏所亲睹，其余则皆来自传闻或史籍。

蒙古入主中原后，同样延续了绘制朝贡题材作品的传统。随着其疆域的扩展，各种职贡图应运而生。其中见诸记载者有唐文质"画远方职贡之图"及任仁发《职贡图》，传世作品则有任伯温《职贡图》，苏汉臣画、赵孟頫书之《万国朝宗图》，等等。明朝以后，职贡体系臻于巅峰，职贡图亦越绘越大。现藏故宫博物院的仇英《职贡图》，其长即近6米，描绘了九溪十八洞主、汉儿、渤海、契丹、昆仑、女人、三佛齐、吐蕃、安南、西夏、朝鲜等十一国藩邦使臣进贡方物的盛景。

而这一艺术传统延续至清代，更是达到了历史上的高峰。随着康、雍、乾三朝的武力拓殖，清朝版图逐渐扩大，史载："圣武远扬，平定西域，拓地二万余里，增入各部落三百余种。"于是在乾隆年间遂出现了篇幅最大、描述海内外诸族及邦国最多的《皇清职贡图》。彩绘本《皇清职贡图》全图共分四卷：第一卷绘朝鲜、琉球、安南、暹罗、苏禄、南掌、缅甸、法兰西、英吉利、日本、俄罗斯、荷兰等二十七个国家和地区之官民男妇，以及西藏番人、新疆伊犁、哈萨克、布鲁特、乌什库车、阿克苏、拔达山、安集延、哈密、肃州等地之回族人，共绘画面五十九段；第二卷绘关东七族、福建二族、台湾十三族、湖南六族、广东九族、琼州一族、广西二十三族，共绘画面六十一段；第三卷绘甘肃三十四族、四川五十八族，共绘画面九十二段；第四卷绘云南三十六族、贵州四十二族，共绘画面七十八段。全四卷共绘画面二百九十段，每段上方皆以满、汉两种文字注明画中人物的国度、民族、地理位置、历史渊源、饮食服饰、风俗禁忌、宗教信仰及与清廷的交往情况。

随着清朝版图的不断扩大和边疆少数民族的陆续归附，从乾隆二十八年（1763年）至乾隆五十五年（1790年），《皇清职贡图》又进行了四次增补。乾隆二十八年（1763年），西北地区的爱乌罕、哈萨克诸回部前来入贡，表示愿意归附，乾隆皇帝遂命丁观鹏补绘其像。丁氏共补绘"爱乌罕回人""霍罕回人""启齐玉苏部努喇丽所属回人""启齐玉苏部巴图尔所属回人""乌尔根齐部哈雅部所属回人"五段图像。乾隆三十四年（1769年），云南边外整欠、景海土目"输诚内向，请修职贡"，乾隆皇帝遂命贾全于乾隆四十年（1775年）补绘"云南整欠头目先卖岩第""景海头目先纲洪"两段图像。乾隆三十六年

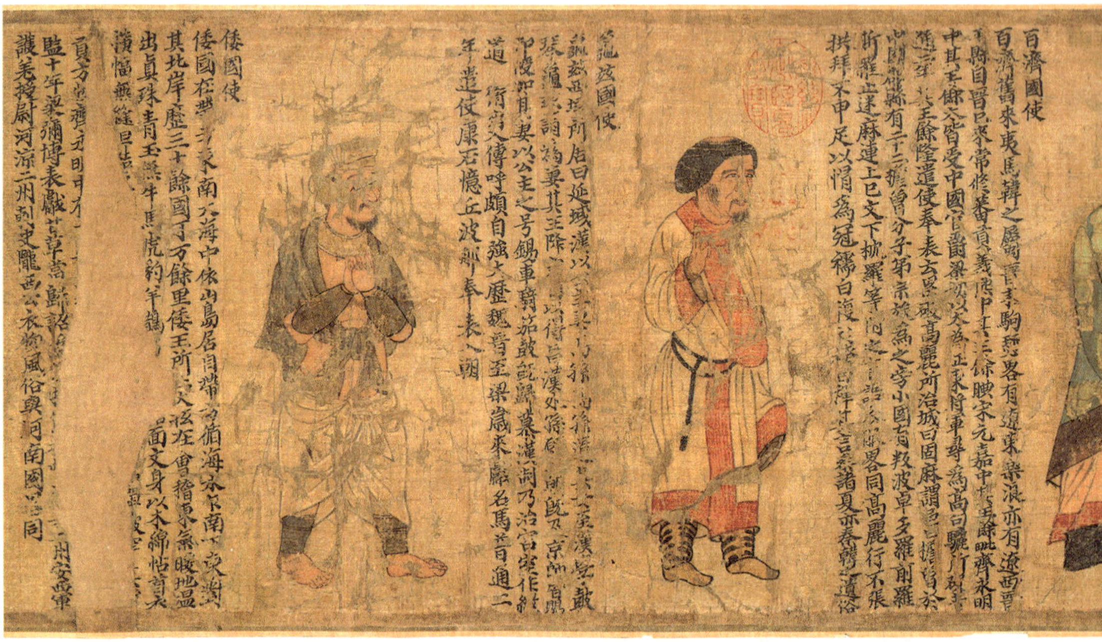
百濟國使
倭國使

呵跋檀國使
胡蜜丹國使
白題國使
末國使

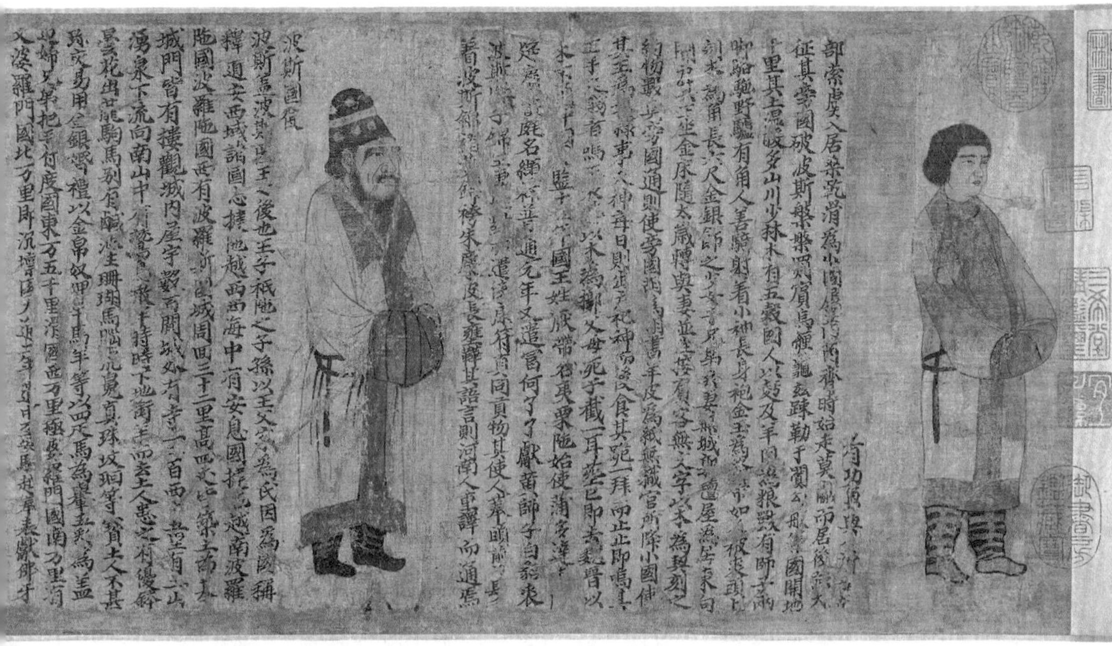

《职贡图》卷（局部）
北宋摹本（960—1127年）
残长198厘米，残宽25厘米
中国国家博物馆藏

（1771年）为纪念土尔扈特部的归顺，补绘了“土尔扈特台吉”“土尔扈特宰桑”“土尔扈特民人”三段图像。最后一次补绘时间为乾隆五十四年（1789年）末至乾隆五十五年（1790年）初，增补“巴勒布大头人并从人即廓尔喀”一段图像。至此，《皇清职贡图》画面由二百九十段增加至三百零一段。嘉庆年间，彩绘本及刊本《皇清职贡图》又进行了第二次增补，增绘了“越南国夷官”“越南国行人”“越南国夷人”三段，使得图像总数达到三百零四段。

在《皇清职贡图》三百余段图像中，既包括了清朝版图内诸族及地区，也包括了诸如朝鲜、琉球、安南、暹罗、苏禄、南掌、缅甸等被清朝视为属国并建立有明确朝贡关系的邦国。此外，如法兰西、英吉利、日本、俄罗斯、荷兰等与清朝进行贸易通商的国家亦在其中。清朝将以上几类皆列入职贡范畴中，这与乾隆时期的民族及外交态度密不可分。在中国古人心中，四海宾服、万邦来朝被视为天下归顺、国运昌盛的政治象征。而清朝统治者在入主中原后，试图以华夏正统自居，自然也接受了中原统治者这一天下观。但清朝统治者自身的边疆民族属性，使其在继承历代“大一统”理论的同时，摒弃其所含“华夷之辨”的陈旧式民族观，逐渐发展形成“天下一家”的新型“大一统”理论。

早在皇太极即位之初，就曾宣布“满、汉之人，均属一体”。此后，这一内涵扩大为“满洲、蒙古、汉人视同一体”。这一治国方略至康熙时期得到进一步发展，并形成了“中外一视”的思想，即摒弃“华夷”的“内外”之分，而将长城外之蒙古亦纳入“中国”范畴内。雍正皇帝在此基础上，确立了“天下一家”的“大一统”思想，指出“天下一家，万物同源，如何又有中华、夷狄之分”。在这一观念的指导下，清朝从根本上解决了内地与边疆的统一问题，推动了统一的多民族国家的发展。至乾隆时期，清朝最终完成了全国的大一统，奠定了国家的基本版图。

《大清会典》记载，清初，漠北喀尔喀蒙古三汗（土谢图汗、车臣汗、扎萨克图汗）同时纳贡，清朝逐渐实现了对蒙古诸部的有效管理。随着清王朝对边疆民族地区治理的日渐深化，青海厄鲁特、西藏、准噶尔之地，亦皆入版

《皇清职贡图》第二卷（局部）
清乾隆年间（1736—1795年）
金廷标等绘
长1438厘米，
宽33.8厘米
中国国家博物馆藏

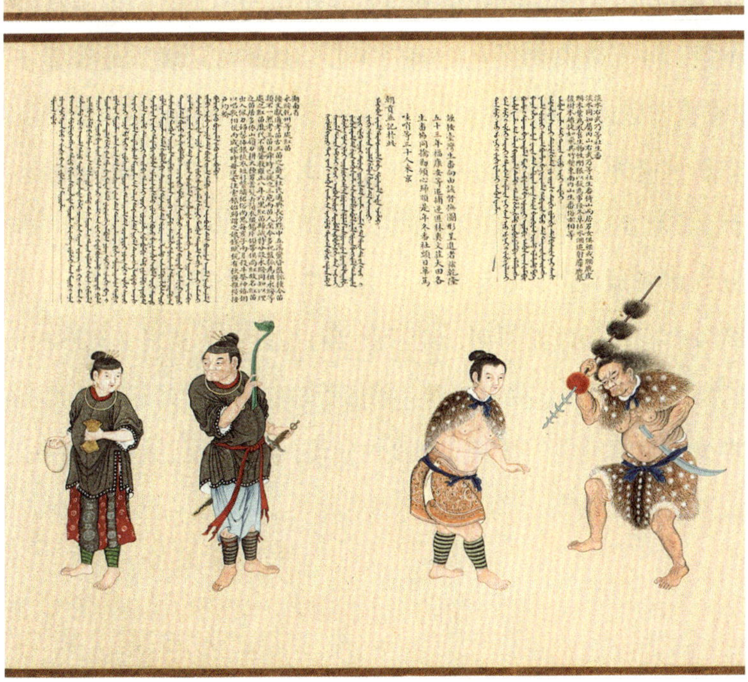

图。特别是平定准噶尔及天山南路回部后，清王朝版图更是一度达到北尽俄罗斯界，东尽喀尔喀界，西尽布鲁特界，南尽乌斯藏及青海，东西七千余里，南北三千余里，开辟疆土周长二万余里。而《皇清职贡图》即绘制完成于这一时期，正好迎合了清朝前期的文治武功。

《皇清职贡图》"以朝鲜以下诸外藩为首，其余诸番、诸蛮各以所隶之省为次"。在清代文献中，"外藩"一词被频繁使用。该词具有两层意涵，其一用以指代臣属之边疆民族各部，如蒙古、西藏、回部等皆曾被视为"外藩"。但随着清朝大规模的武力征服及采用册封等手段，这些"外藩"相继归入清朝版图，成为其辖域内隶属之部族。其二则指代周边邻邦与部族，在《皇清职贡图》中，还绘有30余个与清朝有交往关系之国家与地区的人物图像。在介绍其历史源流及与交往关系的表述文字中，多以"中国"指代王朝身份，如意大利"万历中，西洋人利玛窦航海来中国"，法兰西"自古不通中国"，俄罗斯"有明三百年未通中国"，安南"唐以前皆隶中国"等，可见《皇清职贡图》具有强烈的"中国"意识。

《皇清职贡图》作为我国历史上民族图册之集大成者，反映了清朝鼎盛时期对境内、外诸邦国和部族的认识，其绘图及题记皆体现出了一种大国心态。由于《皇清职贡图》之绘制旨在"以昭王会之盛"，通过对海内外部族及邦国输诚向化的描绘，以彰显清代统治的歌舞升平及泱泱大国形象。乾隆皇帝在《皇清职贡图》卷首御题诗中，即曾自豪地表示"累洽重熙四海春，皇清职贡万方均。书文车轨谁能外，方趾圆颅莫不亲"，体现出了乾隆皇帝对于盛世所现之"华夷一体""天下一家"局面的自豪之情。而在乾隆帝御题诗后，清廷多位重臣更是纷纷献送恭和诗，极尽赞扬《皇清职贡图》所反映之"大一统"盛世。作为清代社会发展的鼎盛时期，乾隆皇帝在位期间，实行"宽严相济"的政策，鼓励农桑，平定叛乱，经营边疆，将康乾盛世推向巅峰。随着清王朝完成对青海、西藏、新疆等地的征伐及制度性建设，中国近代版图最终奠定，统一的多民族国家的局面至此完全形成。

清代奔子栏地区之委牌、执照

滇西北民族地区的一体化进程

奔子栏地处青藏高原东南缘、“三江并流”地区腹地，为滇西北入藏的必经之地。独特的地理位置，使其自古以来即为重要的交通枢纽及战略要地。唐代时，奔子栏地属吐蕃。明时内附，属丽江府。随着丽江木氏土司的日益强大，木氏尽有“自维西（包括今云南省迪庆藏族自治州辖维西傈僳族自治县、德钦县和香格里拉市的五境乡，怒江傈僳族自治州辖贡山独龙族怒族自治县、福贡县）及中甸（今云南省迪庆藏族自治州香格里拉市），并现隶四川之巴塘、里塘”，并收取赋税。明朝末年，木氏土司势力渐衰，蒙古和硕特部势力崛起，并开始沿藏彝走廊向南扩张。在首领固始汗的率领下，蒙古和硕特部于康熙初年实现了对川滇边藏族聚居区的完全控制。和硕特部的南下，使得川滇边藏族聚居区的政治格局发生了重大变化。通过建立统治机构、向各地委派“营官”及委任当地藏族头人，在宗教上大力推崇格鲁派，和硕特部在川滇边藏族聚居区的统治进一步得以巩固，这为日后清王朝在这一地区的统治及四川、云南、西藏划界奠定了基础。

清初平定南明政权后，朝廷开始关注川滇边藏族聚居区，但由于吴三桂的叛乱及西北准噶尔蒙古的威胁，清廷在这一地区尚未能形成有效的管理。康熙十三年（1674年），吴三桂欲求援于蒙古，“乃割其宗以北地赂青海求援，维西复沦于吐蕃”，而奔子栏地区即在所割地范围中。康熙三十六年（1697年），清廷收复维西后，将之隶于四川巴塘土官管理。随着康熙三十九年（1700年）“西炉之役”及康熙五十九年（1720年）“驱准保藏”的胜利，清廷实现了对包括打箭炉在内的雅砻江以东大片地区及西藏的直接统治。而川滇边藏族聚居区作为西藏与内地的中间地带，其战略地位日渐凸显。雍正元年（1723年），青海罗卜藏丹津反叛，清廷借平定之机将康区（主要指今川西高原大部、滇西北高原及青藏高原东部一带）纳入管辖，并在此基础上展开了川、滇、藏划界行动。

雍正二年（1724年），年羹尧上《平定罗卜藏丹津善后事宜十三条》，提出“西番人等宜属内地管辖”，并建议“应相度地方，添设卫所，以便抚治，将番人心服之头目，给予土司千百户、土司巡检等职衔分管，仍令附近道厅及添设卫所官员管辖。其应纳粮草，较从前数目，请略为减少，以示宽大”。在该奏折中，年羹尧首次提出了对川、滇、藏划界的建议，即趁青海平定，和硕特部势衰，将洛笼宗以东凡喀木之地（属于康区）收归内地，分隶于四川、云南管辖。

此为对川、滇、藏划界的最早记载，雍正皇帝对于年羹尧的划界主张，认为“妙不可言”。岳钟琪继任川陕总督后，进一步奏请“将原系内地土司所属之中甸、里塘、巴塘，再延近之得尔格特、瓦舒霍尔地方俱归内地，择其头目，给予土司官衔，令其管辖”，朝廷批准了这一请示。其后，岳钟琪举荐云南提督郝玉麟与四川提督周瑛负责会勘川、滇边界。在会勘过程中，郝玉麟等表示维西、其宗、喇普、奔子栏等处“皆交错于中甸之腹里，紧接于滇省之汛防，而总通于阿墩子，则阿墩子实中甸之门户”，认为将之划归云南“实为近便，易于管辖”。郝玉麟、周瑛等人关于川、滇划界的主张，得到了岳钟琪的赞同。雍正四年（1726年）四月，岳钟琪在上奏朝廷的奏折中，奏请将奔子栏、其宗、喇普、维西等处，改归云南管辖，设官防汛，与四川里塘、打箭炉形成掎角之势，以便加强对当地部族的控制。同年十一月，岳钟琪再次上折，指出奔子栏“必须归于滇省，方使番众纳粮当差诸事便易”，进一步从加强地方治理的角度肯定了奔子栏等地归滇的积极意义。雍正五年（1727年），川、滇分界最终划定。《滇云历年传》记载：“云南、四川委员会勘疆界，以红石崖为分址。凡江外中甸，江内其宗、喇普、阿墩子等地方，俱还滇辖。而里塘、巴塘直至查木道，俱归四川。”此后，奔子栏正式划归云南。

奔子栏归滇后，为加强对这一地区的管辖，清朝设置了维西厅，并“移鹤庆府通判驻维西”。同时，鉴于“维西一区，乃通藏之路，甚属紧要”，又于雍正六年（1728年）设立了维西营驻扎其地，并先后从鹤庆、剑川、永北等处调拨士兵，以扩充其建置。而奔子栏土千总的设置，即是在清朝完成对维西地区的改土归流后，再参照绿营中的官职而增设的。道光《云南通志稿》记载，其设置时间在雍正七年（1729年）。

奔子栏土千总为藏族人，清代被称为“古宗”。《滇南志略》记载，这一地区藏族以土覆盖屋顶，喜欢楼居。男子剃发，但衣冠穿着仍沿袭其旧有传统。居于僻远者，男子披发于肩，头戴黄皮红缨帽，耳缀银环，佩刀系囊，脚穿皮靴。土官头目剃头辫发，入城穿汉式衣装，归去则换回民族服装，仅帽檐饰以织金锦以别身份。其土司承袭实行世袭制度，“子继弟及，世守莫易”。关于奔子栏土千总之传承世系，民国《新纂云南通志》及中国国家博物馆所藏清代奔子栏地区委牌、执照等记载，自雍正七年（1729年）改土归流，设置首任土千总以来，奔子栏土千总便承担起防守川藏要道的职责。传至三家七里之子，改名为王世昌。王世昌死后，由其子王臣承袭土千总职衔。王臣亡故后，其子王万年于道光十四年（1834年）袭职。同治十二年（1873年），王万年因平定叛乱有功，获赏都司衔并赏戴蓝翎。王万年病故后，奔子栏土千总一职曾“数年久悬职守”。光绪二十三年（1897年），地方头人等以王万年嫡长子王兆麟“为

云南维西中甸地方督抚委任三家七里为土千总委牌

清乾隆七年（1742年）

长45厘米，宽77厘米

中国国家博物馆藏

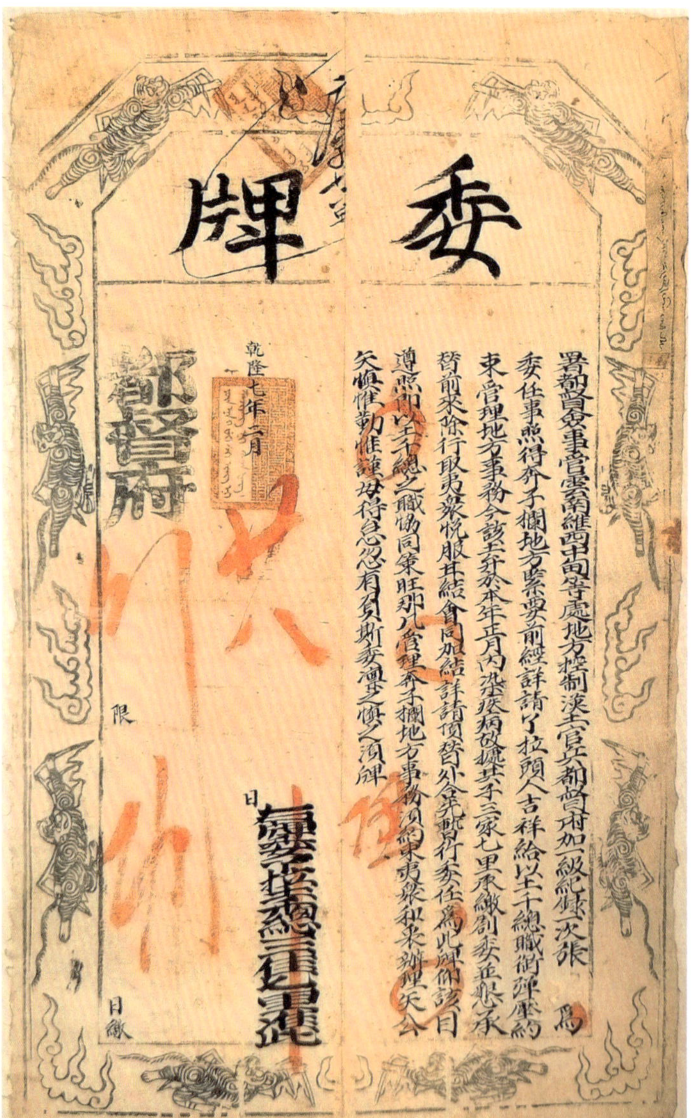

云贵总督阮元札委王万年为奔子栏土千总的劄付

清道光十四年（1834年）

长55.3厘米，宽71.3厘米

中国国家博物馆藏

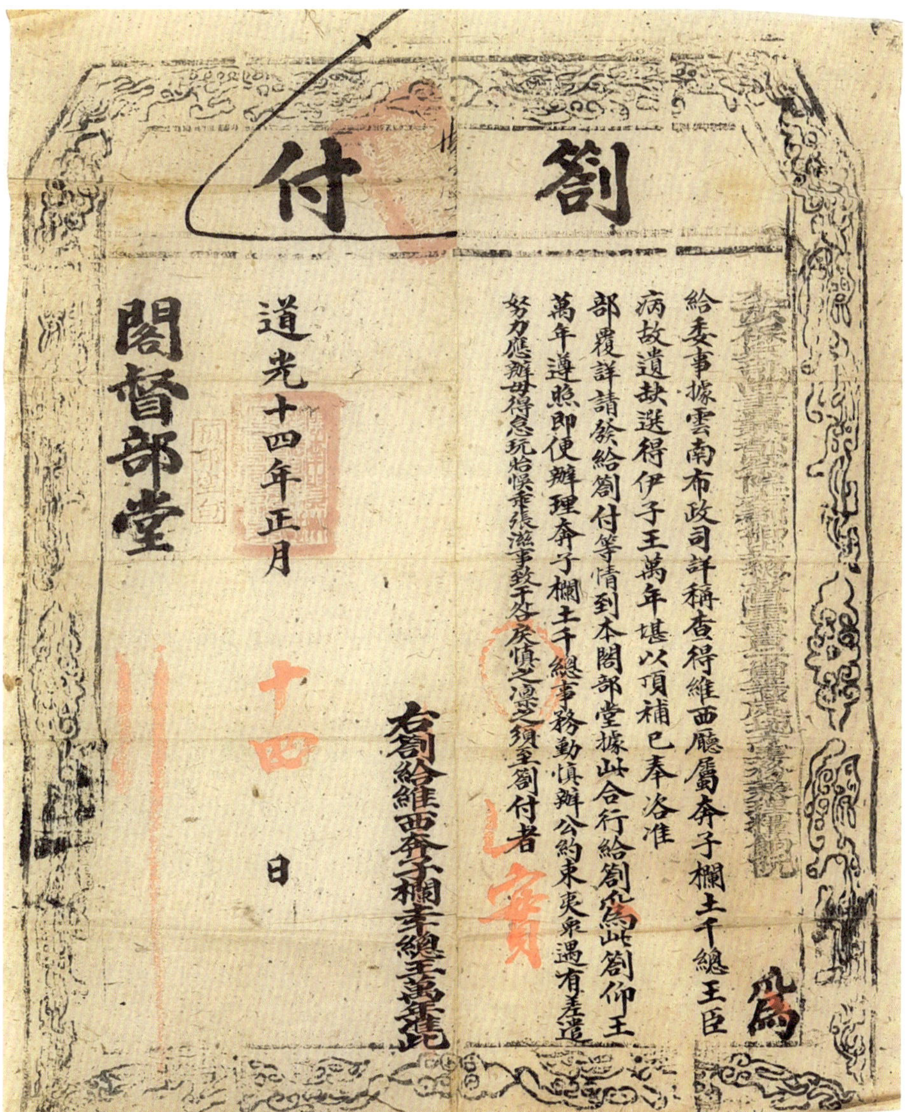

劄付

給委事據雲南布政司詳稱查得維西廳屬奔子欄土千總王臣病故遺缺選得伊子王萬年堪以頂補已奉咨准部覆詳請發給劄付等情到本閣部堂據此合行給劄爲此劄仰王萬年遵照即便辦理奔子欄土千總事務勤慎辦公約束夷衆遇有差遣努力應辦毋得怠玩貽誤並滋事致干咎戾慎之凛之須至劄付者

右劄給維西奔子欄土千總王萬年准此

道光十四年正月十四日

閣督部堂

人忠厚和平，实为夷众悦服，堪以承充丫拉土目并兼奔子栏土千总之职”等为辞，联名公禀，请求赏执照。维西抚夷府遂发执照，令其承充奔子栏土千总。民国初，改维西厅为维西县，县属分为八区，王兆麟任奔子栏区区长。

总体而言，民国改制以后，土司权力有所缩减，“该土司之名虽未裁撤，而去弁养廉一项已经豁免，尚在各该土司已属有名无实”。但相较于维西县下属其他土司，奔子栏土千总仍具有较大势力。王图瑞《云南西北边地状况纪略》记载，当时维西下属20余个土司中，以“奔子栏土司王兆麟氏势力最大”，其“能左右该地一切事件”。王兆麟病故后，其子王庆兰于民国二十七年（1938年）六月由云南地方政府批准承袭，成为奔子栏的末代土千总。新中国成立后，王庆兰于1951年8月当选维西县政协委员，并任政协副主席，1954年病故。

后世史志文献中对于奔子栏土千总姓氏之记载，皆曰为王姓，并认为这一取汉姓情况始于三家七里之子承袭土千总后。据考证相关委任文书，其时间大约在乾隆二十二年（1757年）至乾隆四十五年（1780年）间。自明代至民国时期，甘青川滇藏连接地带的藏族土司多有取汉姓的情况。有学者曾对藏族土司取汉姓现象进行研究，认为就时段而言，大致可以分为三个高潮，即明初至明中期、清初期以及清末民国时期。而川滇地区藏族土司改汉姓则主要集中于清朝康雍乾这一时期。滇西北维西、中甸境内的藏族土司，取汉姓比例极高。据民国《新纂云南通志》记载，隶属维西的奔子栏土千总、奔子栏土把总、其宗喇普土把总等藏族土司，皆取汉姓。而民国《中甸县志稿》所统计的13名藏族土司中，使用汉姓者亦多达12名。

藏族土司取汉姓这一特殊的文化现象，与中央王朝对边疆民族地区治理的日渐深化密切相关。特别是清代大规模改土归流以后，进一步推动了边疆民族地区的“汉化”进程。民国《维西县志》记载：“未设治之先，虽属概夷类；自改土后，礼熏乐陶，附近夷人大半出汉人习惯，与汉人不甚悬殊。”而滇西北藏族土司改汉姓之举，即体现出了这一“汉化”倾向。同时，作为地方少数

云贵督抚赏给王万年都司衔札

清同治十二年（1873年）

长58.2厘米，宽24.1厘米

中国国家博物馆藏

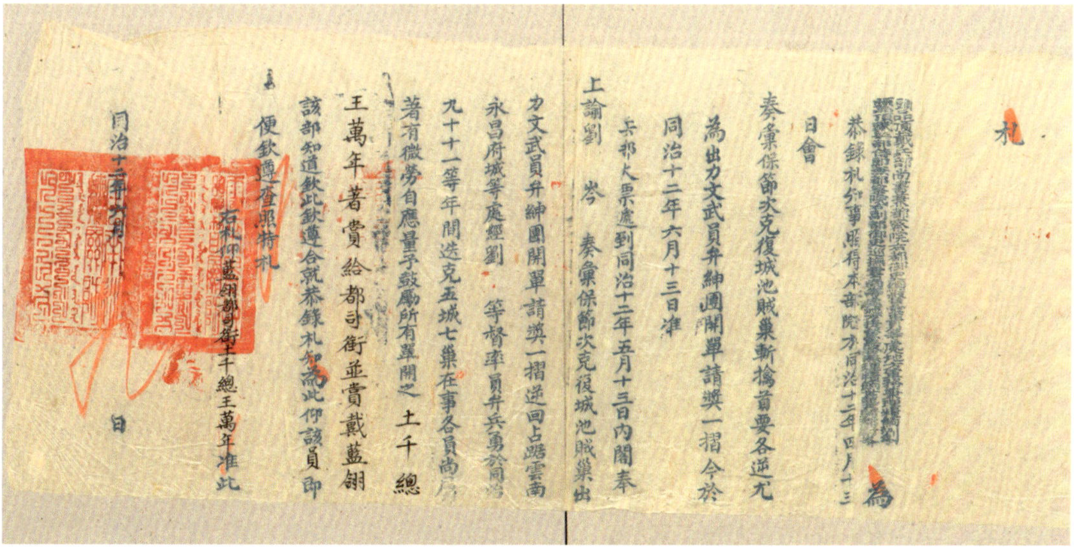
札
[illegible]
恭錄札知事照得本部院於同治十二年四月十三
日會
奏彙保節次克復城池賊巢斬擒首要各逆尤
為出力文武員弁紳團開單請獎一摺今於
同治十二年六月十三日准
兵部火票[illegible]到同治十二年五月十三日內閣奉
上諭劉　岑　奏彙保節次克復城池賊巢出
力文武員弁紳團開單請獎一摺逆回占踞雲南
永昌府城等處經劉　等督率員弁兵勇於同治
九十十一等年間迭克五城七巢在事各員尚屬
著有微勞自應量予鼓勵所有單開之土千總
王萬年著賞給都司銜並賞戴藍翎
該部知道欽此欽遵合就恭錄札知為此仰該員即
便欽遵查照特札
右札仰藍翎[illegible]土千總王萬年准此
同治十二年六月　日

民族首领与王朝官员，藏族土司改姓亦代表了其对中央王朝的认同、效忠与归顺。

清代奔子栏等地归滇及其建置，是滇西北藏族聚居区历史上的一个重大转折。作为由滇入川、藏之“孔道”，滇西北藏族聚居区在王朝国家筹边治藏战略格局中具有重要意义。康熙时期的“驱准保藏”、雍正时期平定罗卜藏丹津之乱，皆将之作为重要战略据点。而此后川、滇、藏分界，及中甸、阿墩子、奔子栏、其宗等地归滇，也反映出清朝统治者对滇西北藏族聚居区战略地位的精准认知和充分利用。自此，滇西北藏族聚居区与四川康区形成犄角之势，并承担起协防拱卫西藏的职责，为维护西南边疆稳定及统一的多民族国家的发展起到了不可或缺的历史作用。

而鉴于滇西北藏族聚居区独特的民族、宗教等文化传统及历史特征，清朝在这一地区实行“土流并治”的治理模式。以奔子栏土千总为代表的土职，即是清王朝出于加强地方治理及“因俗而治”考量而设置的。通过实行“土流并治”及建立维西厅、维西营等行政、军事建置，清政府对滇西北藏族聚居区的政治统治逐渐加强，进一步推动了这一地区社会经济文化的发展及民族交融，从而加速了滇西北藏族聚居区与内地的一体化进程。

道光二十二年“世袭蒗蕖州知州印”

土司制度在民族地区的演变

中国国家博物馆藏有一枚清道光二十二年（1842年）“世袭蒗蕖州知州印”，此印为方形铜印，直纽，纽呈上细下粗圆的柱形。印边长7.3厘米，厚1.8厘米，通柄高12.2厘米。印文左右两侧分别为篆书满、汉文“世袭蒗蕖州知州印”，满、汉篆体中界处加书一行清本字年月。印背右侧刻字二行“世袭蒗蕖州知州印”“礼部造”，印背左侧为满文三行。印左侧刻“道光二十二年四月日”，右侧刻“道字一千四百八十三号”。此印为道光二十二年（1842年）清政府颁发给蒗蕖土司的官印。

蒗蕖，地处云南省宁蒗彝族自治县境中部的狭长河谷地带。两汉时属越嶲郡遂久县，蜀汉建兴三年（225年），遂久县划归云南郡，蒗蕖遂属云南郡。隋及唐初，蒗蕖为靡州地，属姚州都督府。蒗蕖一名，即最早见于此时。南诏时期，蒗蕖为罗共赕（罗共川）地，先后属铁桥节度及剑川节度管辖。两宋时期，段氏统治大理，以今丽江等地设善巨郡，蒗蕖属善巨郡。

蒗蕖州之设，始于元代。《元史·地理志》记载，元宪宗三年（1253年），忽必烈征大理。至元九年（1272年），蒗渠一带归附，元朝遂于至元十六年（1279年）改罗共赕为蒗蕖州。蒗蕖州初隶于丽江路军民宣抚司，至元二十四年（1287年），改隶北胜府。这一隶属关系一直延续至明洪武十五年（1382年）三月，此后不久蒗蕖即改隶鹤庆军民府。洪武二十四年（1391年），云南布政使张统以“维摩、云龙、永宁、浪渠、越顺等州县蛮民顽恶，不遵政教”为辞，奏请“宜置兵戍守以控制之”。明太祖朱元璋考虑到这一地区民族的复杂性，仍选择以羁縻土司制代替驻军。

但这一情况在洪武二十五年（1392年）以后逐渐发生了变化。这一年，四川建昌卫指挥使月鲁帖木儿联合德昌、会川、迷易、柏兴、邛部及西番土军万余人，杀官军，掠屯牛，烧营屋，劫军粮，并率众攻城。这次叛乱虽很快被官军平叛，但考虑到这一地区“地域广远，与四川建昌西番、野番相通”，洪武二十八年（1395年），明朝调云南中卫于北胜州，置澜沧卫。洪武二十九年（1396年），拨北胜、蒗蕖、永宁三州属澜沧卫军民指挥使司，欲“于野番则用抚流民法，于贼巢则用立保甲法”，以期“朝夕经理，则内外寇患皆可弭矣”。直至天启中被废，这一隶属关系再未发生变动。清朝初期，沿袭明制，隶属关系未作变更。康熙二十六年（1687年），裁澜沧卫入北胜州。康熙三十一年（1692年），升北胜州为直隶州；康熙三十七年（1698年），再次升其为永北府，以蒗蕖之地属之；乾隆五十三年（1788年），降永北府为永北直隶厅，属迤西道。蒗蕖仍属永北直隶厅，直至清末。

蒗蕖地理位置重要，不仅为北胜、永宁二州“腰膂之地”，且其与西戎相接，地控要害，山势峻峭，易守难攻，颇有“一夫当关，万夫莫开”之势。因此，明、清两朝统治者十分重视对这一地区的控制，“土官掌印，必须参以流官”。蒗蕖土司亦坚守职司，服从王朝“征调、守卫、朝贡、保塞之令”。明清时期，蒗蕖土司曾多次奉命参与王朝对云南诸部的平叛战争，如阿朝佐曾参与征讨凤继祖之叛，并斩杀其部酋长普古者乐，获得首功。在平定铁索箐、姚关、顺宁、武定等地之叛乱时，也征调了蒗蕖土司所部番兵五六百人，每次出战皆有功绩。耿马罕虔等进犯姚关时，邓子龙亦曾“命裨将邓勇等提北胜、蒗渠诸番兵直捣贼巢”。由于蒗蕖地处西北藩篱要区，蒗蕖土司还肩负有边防巡查之职，随同练役“一体巡哨”金沙江一带。因此，在保境安民及巩固边防方面，蒗蕖土司皆发挥了积极的作用，故其时有“蒗蕖诸土司胥奉约束唯谨，为一时干城”之赞。为对其以示嘉奖，清王朝曾赐予蒗渠土司绣有五爪龙纹的袍服。

清代以前，蒗蕖土司皆承袭土知州之职，土官品秩与流官相同。蒗蕖土知州，官居从五品。清初，蒗蕖土司投诚，但因兵燹遗失印信、号纸而未能承袭土知州原职，而被“给土舍委牌管理地方，办纳钱粮任事”。印信、号纸为中央王朝授予土司的重要凭证，《大清会典》记载“凡土官之职，皆给以号纸，土府厅州县则加以印”，即土知县以上官吏任命皆给印信、号纸，正八品以下的官吏（如土经历、土县丞）则只颁发号纸。因此，如果遗失印信、号纸，土司则无凭证以向朝廷请袭土职，不少土司因此而未能请袭，甚至有被革除者。如顺宁府猛猛土巡检，因“明末奔窜，失其印信号纸”而未能请袭。剑川土州判赵元丽则因遗失号纸，于雍正九年（1731年）被革除。而蒗蕖土司因遗失印信、号纸，虽仍获准承袭，但却只能降等承袭为土舍。

道光年间，朝廷复设蒗蕖土知州。关于其复设原因，中国第一历史档案馆所藏两份道光二十年（1840年）四月十九日的奏折中略有述及。此奏折皆由云南巡抚颜伯焘所上，一为《呈滇省各属自道光十九年五月至本年三月缉获鸦片等项数目清单》，另一为《奏为署蒙化同知李杰等员缉获鸦片烟土获数较多请予分别奖叙事》。《呈滇省各属自道光十九年五月至本年三月缉获鸦片等项数目清单》记载，自道光十九年（1839年）五月起至道光二十年（1840年）三月止，云南“省内外共获烟土膏二十二万二千八百余两，枪具四千四百余件”，其中“永昌协等五十三处及省城文武各员共获烟土膏五万六千九百余两”。而在永昌协等53处中，永北厅属蒗蕖土舍阿为柱、永昌府属镇康湾甸土知州景庆久、顺宁府属猛猛土巡检罕荣锡及耿马土舍罕君重四土司地所缉获之

世袭蒗蕖州知州印（附印背）

清道光二十二年（1842年）

印边长7.3厘米，通柄高12.2厘米

中国国家博物馆藏

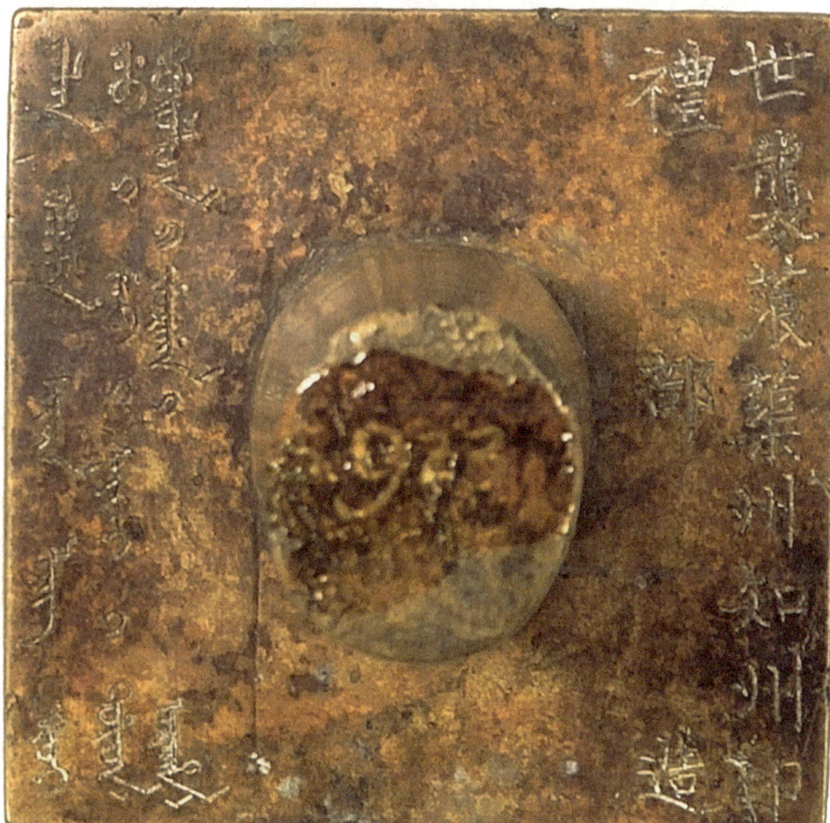
禮部造

蒗蕖土司龙袍

清（1616—1911年）

身长90.2厘米，

两袖间距159.5厘米

中国国家博物馆藏

烟泥，即有22693两，占到了总数的四成左右。而在四土司中，尤以蒗蕖土舍阿为柱缉获最多，共“缉获烟泥一万二百五十二两”，甚至与永北直隶厅同知熊守谦缉获数不相上下。

在《奏为署蒙化同知李杰等员缉获鸦片烟土获数较多请予分别奖叙事》一折中，颜伯焘进一步谈及了蒗蕖土舍缉获烟土的不易，其称蒗蕖土舍查获的烟土，皆获自东昇厂内。该厂厂民有10余万人，其藏烟处所亦多在“幽邃硐窝路之间”，故与乡村市镇相比，缴获烟土更难。而蒗蕖土舍不仅能在民族地区厉行禁烟，而且对于其辖域内矿厂所藏匿的烟土，亦能悉行搜获，故颜伯焘认为其“实属急公能事”，可行嘉奖。

云南罂粟多于沿边土司地区种植，这一区域地方辽阔，且语言、习俗殊异，云南地方官员认为若派官员前往勘办，会造成滋扰，遂将禁烟事务责成地方土司进行办理。同时，为防止云南边外地区将所种罂粟熬制后暗中送往内地销售，云南地方政府还于沿边一带及中途小口密置眼钱、分设兵役，以加强防堵。在各属土司的查禁及兵役的防堵下，云南禁烟取得了一定的效果。自道光十八年（1838年）十一月至道光二十年（1840年）三月，滇省各属所获烟土数达到38.7万余两之多。为此，颜伯焘曾乐观地表示，如果边境各土司皆能力行禁烟，从源头上杜绝鸦片，则贩运亦可自绝。

为鼓励土司积极参与禁烟运动中，朝廷曾对禁烟有功的土司大加封赏以示鼓励。如耿马土司罕恩霈因缴获烟土8300两，曾被恩赏以戴蓝翎。颜伯焘认为对禁烟有功土司进行封赏，可以对其他土司起到示范作用，故主张将这一奖励机制“通行各属，转饬各土司钦遵仿照办理”。而相较于耿马土司罕恩霈，蒗蕖土舍阿为柱所获烟泥数量更多。因此，为“量给荣施，以示鼓励”，颜伯焘遂奏请将蒗蕖土舍阿为柱改袭土知州原衔。道光二十年（1840年）八月九日，朝廷最终下旨批准了蒗蕖土司的改袭，并于道光二十二年（1842年）颁发了印信、号纸。

蒗蕖土司在清代经历了两次改袭，即清初因遗失印信、号纸而降等承袭，以及道光二十年（1840年）因禁烟有功而被恢复旧职，中国国家博物馆所藏的道光二十二年“世袭蒗蕖州知州印”便是其改袭与复设的重要实物见证。清朝对蒗蕖土司的委任，不仅体现了清代中央王朝对蒗蕖地区的管辖治理，也反映了土司制度在这一地区的发展演变轨迹。作为中央王朝对民族地区实行的一种特殊统治方式，土司制度兴于元，完备于明，而逐渐衰落于清。清代的土司制度在“因明制”的基础上稍加损益，随着中央王朝在民族地区治理的日渐深化，特别是雍正大规模改土归流以后，土司制度的割据性、独立性呈现出不断弱化的趋势。

这一变化在滇西北地区体现得尤为明显。自澜沧卫设置以后，滇西北地区军事防御体系得以加强，并与鹤庆卫互为掎角，对牵制滇西北地区土司势力及控扼滇川交通发挥了重要作用。而明末清初“藏蕃势力膨胀，逐渐南徙”及丽江木氏土司的衰落，使得这一地区的土司势力进一步削弱。康熙年间对于蒗蕖土司的降等承袭，有对其遗失印信、号纸的惩戒，亦与其自身实力的变化有一定关系。雍正元年（1723年）丽江改土归流后，清政府于滇西北一带清查户口，设置汛塘关哨，鼓励垦殖及兴办教育，加速了这一地区社会发展的进程，蒗蕖土司地区亦处于这一变化之中。有清一代，蒗蕖土司始终积极履行着王朝赋予其的朝贡、征调、巡哨及禁烟等职责，成为中央王朝治理地方的得力助手。而道光年间中央王朝对于蒗蕖土司一职的恢复，即是对其履行职责的嘉奖。

清代蒗蕖土司的改袭与复设，体现了中央王朝与地方土司之间的复杂互动，而在这一过程中，中央王朝的国家体制逐渐涉入土司主导的地方社会，从而进一步推动了土司治下地区与内地的一体化进程。

第四编

中华民族共同体意识的觉醒与铸牢

清末民初

邦畿千里　维民所止

冯子材部《镇南关大捷图》

清末中西战争第一大捷

第二次鸦片战争时期，法国开始对越南进行武装侵略。1859年法国占据了西贡（今胡志明市）；1862年，强迫越南签订《西贡条约》；1867年，又将越南南圻六省变为其殖民地。此后，法国又加强了对越南北圻的侵略，意图彻底清除清政府与越南的宗藩关系，从而完全控制越南，并以此作为打开中国西南地区大门的通道。这对清政府的政治利益和边防安全构成严重威胁，双方冲突终不可避免，中法战争就此展开。对于中国人民而言这是一场援越抗法、保家卫国的正义之战，镇南关大捷是中法战争中最为著名的战役。

越南古称安南，在清代为中国的西南藩属国，法国对安南的侵略，在清康乾时期就已开始，对中国藩属国的侵略意味着对中国的间接入侵，唇亡必将齿寒。早在同治五年（1866年），法国侵略者就组织了一个侦查团，从越南的西贡出发，沿湄公河北上，到达中国云南境内的思茅，又经由云南东北地区的会泽到达四川的宜宾。经过一路的勘察，他们发现湄公河不适于通航，转而利用红河作为侵入中国的航道。同治十二年（1873年），法国侵略者在越南河内地区发起了进攻，企图占领越南北部以获取红河流域的控制权。此时，活动在中越边境上的黑旗军在越南国王的邀请下与越军一同对抗法军的侵略。黑旗军的首领是广东钦州（今属广西）人刘永福。刘永福1864年组织了黑旗军，之后黑旗军力量逐步壮大，活动在中越边境的保胜一带。刘永福身先士卒、冲锋陷阵，率军斩获法军数百人首级，大获全胜。刘永福被越南国王封为越南的三宣副提督，他的部队驻扎在越南的宣光、山西、兴化三省，控制着红河上游地区。

光绪八年（1882年）三月，法军再度集结兵力入侵越南河内地区，黑旗军奋起迎敌，在纸桥击败法军的进攻。光绪九年（1883年）法军直接向中国军队进攻，中法战争正式爆发。最初的山西之战和北宁之战中国军队相继失利，法军接二连三地加派军队，发起一轮又一轮新的进攻，占领了越南北部的山西、北宁、太原、兴化等地。对于法军的步步入侵，在“战与和”的问题上，清廷内部纷争不休，左宗棠、曾纪泽、张之洞为代表的主战派，多次要求清政府采取抗法方针，曾纪泽还照会法国，极力维护清朝宗主国的地位，毫不退让。然而清政府最终采取妥协议和的方针，派出李鸿章与法国进行谈判。

光绪十年（1884年）四月，李鸿章和福禄诺各自代表本国政府在天津签订了《中法会议简明条款》，清朝承认1883年法越签订的《顺化条约》有效，同意开放越南边境，撤回在越南的军队。这标志着中国主动放弃了对越南的宗主权。同年五月，法军即到达广西边境的谅山，要求清军交出谅山，清军以未接到撤防命令为由拒绝撤军，并击退法军发起的进攻。法国以此为由斥责中国不遵守条约，限期七天内中国从越南北部撤军，并赔偿法国两亿五千万法郎的损失，并扬言要从海路进攻中国。清政府答应法国在一个月内撤兵，赔偿法国五十万两白银，法国拒不接受。于是，法国政府指示远东舰队司令孤拔：“遣派你所可调用的船只到福州和基隆去，我们的用意是要拿住这两个埠口作质，如果我们的最后通牒被拒绝的话。”由此可见法国企图借攻打福州来达到让清政府就范的目的。

闰五月，孤拔舰队侵入福州马尾港并停留近一个月。六月十五日，孤拔舰队炮轰台湾基隆，遭到台湾军民奋起反抗。台湾军民成功击退侵袭者，孤拔大败而归并紧急向法国政府求助三千援军。六月十八日，清政府下令滇粤桂三省出兵入越攻击在北圻的法军，制定“应以进兵越南，规复北部，俾彼族不敢悉众内犯，为制敌要策”的战略方针。八月，援越桂军兵分两路进攻郎甲、船头，虽最终战败，但却对法军形成了不小的威胁。此时国力虚弱、兵力不足的法国决定放弃对孤拔的支援，全力增援北圻战场。七月三日，孤拔舰队炮轰马尾港，肆意扩大事端，挑起战火。马尾港内的中国船只全部被击沉，马尾船厂也被摧毁。孤拔妄想先攻占台湾，再北上攻打直隶，逼迫中国就范。此时的清政府认识到对法国妥协求和的政策行不通，同年七月六日，清政府无奈正式转为对法宣战。

光绪十年（1884年）十二月，法国作战的重点仍在越南北部的战场，东京（河内地区）远征军总司令也再次出兵占领谅山。中法战争发展至光绪十一年（1885年）一二月间，法军持续在越南北圻推进战争，对于清政府而言，形势岌岌可危。光绪十一年（1885年）正月，法军攻占中国边防重镇镇南关（今友谊关），危难当头的清政府决定起用年近七十的老将冯子材率军迎战。

冯子材，号萃亭（又作翠亭），广东钦州人。道光三十年（1850年），冯子材接受清政府的“招安”入清军，后随广西提督向荣镇压粤桂边界的农民起义军，由此被擢升为千总。咸丰年间冯子材跟随向荣、张国梁镇压太平军。咸丰末年，清政府江北、江南大营先后被太平军攻破，唯有冯子材镇守的丹阳坚不可拔，太平天国运动被镇压后，冯子材被任命为广西提督。

冯子材从军三十余年，作战经验丰富，在军中的威信很高。在镇南关战役前，他建立了一套实用的军事作战体系。在治理军队方面，他选用旧日得力的部属如副将冯兆金、游击杨瑞山等为督带，再由督带以爱国热情发动民众参军；其部队纪律严明，严禁官兵扰民，并重视悬赏，鼓舞部队士气。在作战时注重武器装备的使用，认为“胜贼之策，无过枪炮……于是将所积薪资，制造

關前坳華軍大勝全圖
古吳田子琳畫
上海積山局印

《镇南关大捷图》，原名为《光绪十一年二月初七八日关前坳华军大胜全图》

清光绪十一年（1831年）

纵49.2厘米，横68.2厘米

中国国家博物馆藏

长枪，分给各勇操习，多能命中致远”，并重视培训士兵对于武器的使用及作战的训练；在作战战术上，冯子材善于团结不同派系的将帅，听取不同意见，发挥各自优势，并且善于出兵诱敌，迫使对方在兵力不足的情况下应战。

冯子材接令后，在镇南关关内十里的关前隘（图中名为关前坳）打造防御阵地，修筑长1500米、高2.33米、宽1.33米的土石长墙，横跨东、西山岭之间，墙外挖深1.33米的沟壕，在东、西山岭之间构筑堡垒及炮台多座，形成一个完备的山地防御阵地。关前隘，即今广西凭祥市隘口村至中国—东盟（凭祥）水果城一线，西为今往友谊关口岸大路，东为今往浦寨、弄尧互市大路。在此修筑工事，为作战打下坚实的基础。在兵力部署上，冯子材亲率“萃军”负责关前隘主阵地的正面防御；王孝祺率“勤军”、苏元春率“毅新军”及其旧部陈嘉的“镇南军”为作战第二梯队；岑毓英系的蒋宗汉率“广武军”和方友升的部队、魏刚率“鄂军”、王德榜率“定边军”均随时应对，伺机出击；潘鼎新率其“鼎军”镇守后方。

光绪十一年（1885年）二月初，冯子材获悉法军将经扣波袭艽封、攻牧马，绕出镇南关之北，于是冯子材、苏元春率兵埋伏于扣波、艽封一带，出兵挫败了法军迂回的企图。为了打乱法军的进攻计划，冯子材决定先发制人，冯子材部与王孝祺部连夜出关袭击法军占据的文渊（今越南同登），击毁法军炮台两座、毙伤法军多人，取得较大胜利。清军的主动进击，打乱了法军的作战部署，迫使法军东京军区副司令尼格里上校决定不等援军到齐即向清军坚固的防御阵地发起进攻。

二月七日清晨，恼羞成怒的法军直扑关前隘，大举进攻，以大炮开路，继之以枪队，火力凶猛。冯子材指挥部众顽强抵抗，请驻于幕府的苏元春部前来接应，并通知王德榜部从侧后截击法军。法军连攻下东岭三座堡垒，并猛攻长墙，在形势万分危急之时，冯子材大声疾呼：“法再入关，有何面目见粤民，何以生为？”遂亲率其子冯相荣、冯相华跃出，与敌肉搏。诸军见此，无不受到鼓舞，拼死力战。苏元春率部赶到东岭参战，王德榜部也自油隘袭击法军，一度切断法军运送军火、粮食的交通线，牵制了法军预备队的增援。冯子材另调驻扣波的部队前来抄袭法军左翼。王孝祺部夺西岭，陈嘉、蒋宗汉部守东岭，各部皆先后力攻小青山堡垒，最终夺回失守的三座堡垒。此时，双方共鏖战两日。初十后，清军发起反击，一举攻克文渊，收复谅山，取得重大胜利。冯子材率军乘胜追击，在越南北部西线的黑旗军和越南义军亦积极配合，共同抗敌，在临洮大败法军，收复了谅山、文渊、屯梅、观音桥、谷松等诸多州县。

此幅《光绪十一年二月初七八日关前坳华军大胜全图》(即《镇南关大捷图》)描绘了当时交战的场景。画面正上方为图名，左右两侧皆为许应骙等大臣“敬题谅山大捷图”的诗文。画面描绘了中法两军对垒的场面，中心即关前坳，坳的中部位置有一排关墙，关墙上方左右两侧是冯子材、苏元春两军的大营。画面下方为谅山城城门，城门前有谅山河，关墙与谅山河之间，详细绘制了“萃军”“勤军”等各路大军正用大炮、火枪、大刀等奋勇杀敌的场面。画面左下方落款为“古吴田子琳画　上海积山局印”。

与镇南关战役同时期，法国舰队久攻台湾不下转而进攻宁波镇海。我方早有准备且防守严密，长江水师总兵吴安康奉命率南洋水师的“开济”“南琛”“南瑞”“驭远”“澄庆”五艘军舰南下援台，破敌封锁，使得法军舰队司令孤拔中炮身亡，法军入侵镇海的企图无法得逞。法军连连失利，败下阵来，仓皇撤退。败讯传回法国巴黎，迫使茹费理内阁倒台。此时的法国向清政府求和，清政府采取“乘胜即收”的策略，于二月二十二日下诏停战令，命前线军队撤兵，再度派李鸿章与法国议和。四月二十八日，李鸿章与法国公使巴德诺在天津签订了《中法会订越南条约十款》，即《中法新约》，又称《越南条款》《李巴条约》。该条约规定清政府承认法国在越南的殖民统治，同意法国在中越边境通商，中国以后若在广西、云南修筑铁路需与法国协商，法国撤出澎湖等。此后，法国势力逐步侵入中国西南各省。清政府的对法妥协，造成中国“不败而败”、法国“不胜而胜”的局面，助长了帝国主义列强在中国进一步扩大侵略的野心。

镇南关大捷是近代中法战争中清军大败法军的著名战役，正如《清史稿》称：“法越之役，克镇南，复谅山，实为中西战争第一大捷！”镇南关大捷扭转了整个中法战争的军事形势，清军由此转败为胜，由战略防御转为战略反攻，由被动挨打转为乘胜追击。镇南关大捷得益于军民合力，打出了中国军民的民族气节，打击和挫败了法军的嚣张气焰，迫使法国政府不敢贸然起衅毁约，争取到中国与法国在谈判中平等的地位，为结束中法战争，保卫国家安全和维护民族尊严做出了巨大的贡献，在中国人民的反帝斗争史上谱写下光辉的一页。

西藏人民抗英的武器

谱写反抗侵略的悲壮篇章

《辛丑条约》签订后，列强掀起瓜分中国的狂潮。此时的西藏地区也成为帝国主义侵略者的目标。18世纪中叶英国占领印度后，想通过侵占西藏作为进一步侵吞中国的跳板，从而打通从西藏经由四川，沿长江流域直至上海的水陆交通线，把整个长江以南的中国变为其势力范围。1774年开始，英国东印度公司总督赫斯定多次派人前往日喀则，以通商的名义游说西藏地方当局，均遭到严词拒绝。英国政府转而先攻克喜马拉雅山区与西藏毗连的小国；1816年，英国首先以边境纠纷为借口，出兵控制了尼泊尔；1861年又攻占了哲孟雄（即锡金）；1865年占据不丹，接着将势力延伸到克什米尔和拉达克。到19世纪70年代，英国的势力已蔓延到整个西藏南部的边境线上。

1866年噶厦（意为发布布令的机关，指旧西藏地方政府）派出藏军在隆吐山设卡，阻止私自越境通商，英军受阻，致函清政府要求撤除哨卡，遭到噶厦的拒绝。于是1887年英国在边境集结两千兵力，设置四门大炮，由英军将领格雷哈姆率领，准备北攻。在驻藏大臣文硕的支持下，噶厦组织的九百名藏军士兵和从康区征调的五百多名僧俗民兵，由代本拉顶色、孜准索南坚赞带队前往隆吐山及其以北准备抵抗英军。1888年3月20日，英军从隆吐山脚下对西藏发起第一次武装进攻，战争刚开始几天清廷即将文硕革职，改任命一味迎合上意的升泰为新的驻藏大臣，升泰到藏后下令不许反击英军，噶厦仍然调兵遣将数次对抗英军，在英军的一再炮轰下，包括隆吐山在内的西藏大片土地被英军占据。

清政府在英国强大的军事威胁和外交讹诈下妥协议和，于1890年与英国签署了《中英会议藏印条约》，条约中清政府承认英国对哲孟雄的殖民统治，划定了有利于英国的中哲边界等。1906年中英又续签了《中英续订藏印条约》，进一步协商了有关通商、游牧等问题，规定西藏向英国开放亚东等地为商埠。从此，英国强行打开了西藏的大门，以通商贸易为名进行经济掠夺，将其侵略之手伸向了西藏。这两个条约的签订，使中国的主权蒙受了严重的损失，英国利用条约规定的各项特权对西藏的政治、经济进行干预。为了在西藏攫取更多的权益，英国侵略者暴露了其贪婪的野心，以“背约越界”等莫须有的罪名不断挑起事端。

1899年，英国东印度公司总督寇松多次直接写信给十三世达赖喇嘛，企图撇开驻藏大臣单独与西藏商议合约，遭到了达赖喇嘛的拒绝。于是1903年7月，英国侵略者以谈判划界为借口，派出以荣赫鹏为正帅、怀特为副帅的300名英军士兵进驻岗巴宗，四处烧杀抢劫，逼迫西藏方面和他们谈判通商划界问题。此无理行径激起了西藏人民的强烈愤慨，当地政府派出700名藏军士兵准备迎战。十三世达赖喇嘛亲自过问战事并领导反抗斗争，表示要与英国侵略者抗争到底，多数西藏地方政府官员和三大寺代表也都反对与英谈判，强烈要求英军从岗巴宗撤军。然而11月，荣赫鹏却悄然从岗巴宗返回印度集结兵力。12月12日，荣赫鹏同麦克唐纳率领远征军千人，偷越则里拉山口，13日进驻仁青岗，21日占领亚东、春丕和帕里。1904年1月，英军又相继占领了堆拉、嘎吾等地，矛头直指江孜，谈判未遂的英国侵略者悍然发动了针对中国西藏地区的第二次武装侵略战争。

面对英军的大规模武装入侵，西藏当地政府不得不把原布防在江孜一带的防线移到古鲁（堆拉附近）、莎木和春丕一线。1904年3月，西藏当地政府组织藏军千人开赴前线，在江孜以南的曲米新古与英军对垒。曲米新古是由亚东通往江孜的必经之路，拉丁色代本和朗色林代本的主力部队在曲米新古修筑了防御工事，并在此防守。藏军没有受过近代军事训练，对于近代战争更是缺乏了解，使用的多是土枪、长矛、大刀、“吾多”（牛毛制的抛石鞭子，可将鸡蛋大小的石子甩出一两百米）、盾牌等冷兵器，只有少量火枪。而对手英军则拥有先进的武器装备，部队士兵主要是来自英国殖民地的廓尔喀人和锡克人，英国人不足200人，多是军官、机枪手和火炮手。

英军初到气候寒冷、海拔四千多米的高原，一时不能适应，指挥官荣赫鹏把佯装和平谈判作为缓兵之计，为自己争取作战的主动权。两军及双方谈判代表在曲米新古对阵时，荣赫鹏声称：“既然要议和，为了表示诚意，我军先将子弹退出枪膛，也要求贵军指挥官下令将火枪的点火绳熄灭。”接着，英军利用藏军对步枪装备的不熟悉，假装退出一发子弹，但旋即又将另一发子弹顶入枪膛，麻痹藏军卸下武装防备。此时已有500多名英军士兵在背后悄悄包围了队形密集的藏军，偷偷架起机枪，趁藏军不备时猛烈向藏军开火，瞬间500余名藏军士兵连同谈判代表惨烈牺牲。藏军余部不畏强敌，同英军展开肉搏，显示了藏军视死如归的英雄气概。这场屠杀使藏军主力受到重创，曲米新古失守，英军又进而攻占了古鲁。

曲米新古屠杀后，西藏人民没有被侵略军吓倒，反而激起了斗志，反英情绪日益高涨。他们不分昼夜地帮助藏军运粮、运草、挖战壕、修工事，自发组织起来站岗、放哨、监视敌人，不卖给英军粮草，不给英国人办事、带路，从各方面封锁敌人，对英军群起而攻之。有的藏族群众埋伏在牛羊群中对抢劫的英军持长刀、棍棒砍杀，使得英军不敢贸然抢劫。英军攻下古鲁后继续向江孜推进，沿途拆毁了靠近康马宗的强林寺和贡明寺，抵达康马后又袭击了雪朗寺。藏军准备利用扎昌峡谷这个通往江孜必经之路上的天然屏障来伏击敌军，虽然最终没有达

西藏人民抗英斗争中使用的火枪

清（1616—1911年）

长121厘米

中国国家博物馆藏

西藏人民抗英斗争中使用的剑

清（1616—1911年）

长82.9厘米

中国国家博物馆藏

到阻止英军继续前进的目的，但这是藏军一次有规模的正面抗击战。

江孜是当时仅次于拉萨和日喀则的西藏第三大城市，位于亚东、拉萨、日喀则和泽当的中间，具有非常重要的战略地位。1904年4月11日，英军抵达江孜，英军的军官和技术兵种由英国人担任，冲锋士兵大多是印度人、尼泊尔人，装备是20世纪初最先进的步枪、机关枪和野战炮，无论是武器装备还是力量对比上，都远远胜于藏军。在这种实力悬殊的情况下，爱国热情高涨的藏军仍积极备战，不放弃抵抗。5月4日，西藏军民再次集结兵力通过周密的部署发起了夺回江孜的总攻。藏军兵分两路，一路在江孜以东、通往拉萨途中的卡罗拉岭修筑工事，搭建营垒，以牵制敌军主力；另一路南下直奔敌军在草原上的大本营，利用夜幕掩护占据宗山堡垒、白居寺、曲龙寺等据点。同时，藏军一千多人还突袭了荣赫鹏占据的江洛林卡。手持大刀、长矛的藏军杀入敌军大本营，吓得荣赫鹏失魂落魄，仓皇出逃至春丕请求军事增援，沿途遭到藏军的伏击险，被活捉。

6月下旬，弃城逃回亚东的荣赫鹏和麦克唐纳再次集结兵力，带领增援部队从春丕赶回江孜，向绍岗以北、江孜以南形势险要的乃宁寺发起进攻。寺内八百名西藏军民利用对地形的熟悉沉着应战，使英军久攻不下。最后英军占领了寺后的山头，用炸药炸毁寺院围墙后蜂拥入寺，寺内的西藏军民英勇抗敌，与英军展开了殊死肉搏，歼灭英军近两百人，恼羞成怒的英军将寺庙内的文物洗劫一空，并焚毁了寺庙大经堂。武器简陋的西藏军民最终失败了。7月5日，英军攻下乃宁寺后，又向江孜平原的制高点宗山发起进攻。宗政府就设在宗山顶上的堡垒中，是江孜的核心所在，英军一旦将宗山攻下便可直驱拉萨，噶厦将暴露在危险之中。因此是否能守住江孜，关键就在于宗山之战能否胜利。为了切断江孜与日喀则间的联系，英军又攻下了紫金寺，江孜至日喀则的交通、水源等被切断，宗山上的守军陷入了孤立无援的困境。英军用炮轰加步兵冲锋，而坚守在山顶堡垒的藏军在兵器简陋的条件下顽强抵抗，使得英军多日未攻下宗山。最后，英军用炮火炸毁了部分墙垣，又因宗山的火药库不慎爆炸，英军趁机袭入藏军阵地。藏

西藏人民抗英斗争中使用的盾牌

清（1616—1911年）

直径52.5厘米

中国国家博物馆藏

军在弹尽粮绝的情况下以刀、矛甚至棍、石块等继续作战，并徒手与攻上山头的敌军搏斗，最后不愿被俘的藏军士兵全部跳崖殉国，伤亡惨重。

江孜保卫战是西藏近代史上规模最大、最为惨烈悲壮的抗击外国侵略者的战斗之一。英军进攻以土枪、土炮、木棍、石块为武器甚至手无寸铁的守城藏军，竟用了3个多月时间，付出近20名军官伤亡的代价，这是英军始料不及的。宗山的失守标志着江孜的彻底失陷，但西藏人民的顽强抗敌连英国侵略者都不得不承认“西藏人民的英勇是无可争辩的”。英军攻陷江孜后，紧接着攻占了白居寺，抢走大批珍贵的文物。7月底，英军继续向拉萨推进，此时的西藏地方政府已经放弃抵御，转而幻想通过和平谈判来阻止英军进入拉萨。1903—1904年，英俄两国在对西藏的争夺中进行着激烈的较量，在这紧急关头，十三世达赖喇嘛受到沙俄间谍的蛊惑，携少数随从逃往库伦，企图借用沙俄的力量实现“联俄拒英”，然而这些幻想终究落空。8月3日，英军攻入拉萨，西藏人民并没有停止抵抗，他们集结了3000—5000人的部队对英军采取攻势，三大寺的僧人们也参与其中。

西藏人民反英情绪普遍高涨，截获了英军的物资。为了在大雪封山前不被困在拉萨，英国侵略者再次用炮火逼迫三大寺代表与他们签署了《拉萨条约》（又称《英藏条约》）。条约规定：除亚东外，增开江孜、噶大克（即噶尔雅）等地为商埠，允许英国通商贸易。向英国赔款750万卢比（后减至250万卢比），分75年缴清，在赔款未缴清前，英军占领春丕作为抵押。西藏地方政府应允把中哲边界江孜至拉萨的防御工事一律拆除。非经英国允许，西藏不得割让、租赁土地于外国；西藏一切事务不准任何外国干涉；任何外国不准派员入藏；西藏的铁路、道路、电线、矿产或其他权利不得让与任何外国或其臣民；西藏各项进款，或货物或现金不许抵押或让与任何外国或其臣民。这个条约的内容实际上是英国想把西藏变成英国的殖民地，严重损害了中国的主权，清政府坚持不予批准，并要求修改条约。

英国侵略者对西藏的入侵，给西藏人民带来深重的灾难；英国侵略者在西藏掠夺走大量珍贵的文物，签署一系列不平等条约，严重侵犯了中国的主权，这些侵略行为受到世界各国的强烈谴责。1906年4月27日，清外务部在侍郎唐绍仪与英国驻华公使萨道义签订《中英续订藏印条约》(又称《北京条约》)，要求双方承认将《拉萨条约》附入本约，作为附约，并规定英国同意不侵占西藏并不干涉西藏的一切政治，不准其他外国干涉藏境及其一切内治等。虽然英国通过此条约攫取了增设商埠、设立商务代表、掠夺赔款、占领春丕三年等特权，但清政府挽回西藏主权的目的基本达到，英国企图分裂中国西藏的阴谋没有得逞。

在清政府妥协的态度等不利因素的阻挠下，西藏人民的顽强抵抗依然给英国侵略军以重创。首先，西藏人民的顽强抵抗延缓了英军侵藏的进程。从英国侵略者对西藏发起进攻，西藏人民在大大小小的九次战役中奋勇抵抗，敌人共历时十四个月才最终占领拉萨。西藏军民用他们保卫家园的信念最大限度地拖延了侵略者占领西藏的时间。其次，西藏人民的顽强抵抗给侵略者以震慑。英军占领拉萨后，荣赫鹏本想按照英国惯用的侵略手段，通过彻底的军事征服将西藏沦为其殖民地再派官员进行统辖，但英国政府并没有批准。《西藏六十年大事记》记载："荣拟照哲梦雄例，守为藩属，设政治官常驻拉三，英庭不准。"西藏人民殊死抗争的精神使英国殖民当局在军事侵略上产生了顾虑。另外，西藏地方政权中的爱国人士在抗英斗争中也做出了最大限度的努力。英国屡次通过清政府胁迫西藏地方政府履行《中英会议藏印条约》及其续约的规定，但均未使西藏地方政府就范，尤其是1895年开始亲政的十三世达赖喇嘛十分痛恨英国侵略者，坚决不予妥协。在与英国侵略者签订《拉萨条约》时，噶厦在阻止清朝驻藏大臣有泰签订丧权辱国条约的过程中禁止商人向英军出售食物等，虽然最终结果是噶厦迫于无奈勉强接受英国的条件，但他们所做出的努力是值得肯定的。

虽然抗英斗争失败了，但西藏人民视死如归的顽强斗争给英国侵略者以沉重的打击，使英国侵略者为此付出了相当的代价。这次抗英斗争是近代以来中国各族人民反抗外来侵略者的重要组成部分。西藏人民在斗争中表现出来的誓死捍卫祖国疆土完整的高度爱国主义和不屈不挠的斗争精神，将永垂史册。

梁启超政治论文和提案稿本

19世纪末至20世纪初，是中国由传统王朝国家向现代国家转型的重要时期，亦是民族危机深重的时期。梁启超曾于《瓜分危言》一文中指出“道咸以降，迄于近世，受鹏强邻，蹒跚躄躃”，道出了晚清中国的危殆处境。随着鸦片战争的炮响，西方用坚船利炮打开了中国的大门，传统的中国中心观逐步瓦解，固有之“夷夏观”亦日渐崩塌。从“师夷长技以制夷”到“师夷长技以自强”，“天朝上国”的优越感和排他性遭到巨大打击。在此民族存亡之际，民族意识空前觉醒，各界仁人志士纷纷寻求救亡图存之道。中国近代民族主义便在这一背景下应运而生，而梁启超则在其中发挥着重要作用。

梁启超，字卓如，号任公，广东新会（今江门市新会区）人。梁启超早年埋首于贴括（科举应试文章）之中，后又在广州学海堂、菊坡精舍、粤秀书院、越华书院等学习，打下了深厚的汉学根底。1890年，梁启超入京参加会试，可惜未能高中，在回程途经上海时，曾购得《瀛寰志略》一书，读后方知有五大洲各国，由此对近代世界政治地理格局产生了新的认知。同年，梁启超在同窗陈千秋的引见下结识了康有为，自此舍弃旧学，拜入康门，研习史学与西学，并逐渐形成了以“为改革社会寻根探源”为核心的由“今文经学的学术观点、循环进化的历史观和天下为公的大同理想”相交织的思想格局。

1895年，甲午战败，清政府与日本签订《马关条约》，允许割让辽东半岛、台湾岛及其附属岛屿、澎湖列岛给日本，由此帝国主义列强掀起瓜分中国的狂潮。面对“国地日割，国权日分，国民日困”的紧迫情势，梁启超坚信“非变法万无可以图存之理”。于是，康有为、梁启超联合十八省举人向都察院上书要求变法，以期“自强而改其旧”。1898年6月11日，光绪皇帝颁布《明定国是诏》，宣布变法，维新运动正式开始。维新思想以宣传西方文明为主，倡言民族主义、爱国主义及民权主义。但这次变法因遭到守旧派的反对与抵制，仅历时103天即宣告失败，光绪皇帝亦被慈禧太后囚禁，史称“百日维新”。

变法失败以后，梁启超被迫流亡日本。滞留日本期间，梁启超仍密切关注着国内外局势，并努力寻求着救亡之道。他期望从增强国家内部凝聚力入手，实现中国社会民众的最大动员。于是，他积极引进西方的“民族”概念，并大肆宣传“民族主义”思想，呼吁“速养成我所固有之民族主义”。1901年，梁启超在其发表之《中国史叙论》一文中，首次使用了“中国民族”一词。在该文中，他指出：“故泰东史中国民族之地位，一如世界史中阿利扬民族之地位。”“阿利扬民族”即雅利安民族。从这句话中，不难看出梁启超对中华文明及中国民族的自信感与自豪感。但这一时期，梁启超对于“中国民族”一词概念的使用较为混杂，虽包含广义上的整体民族，但更多时候则指代汉族。

随着“民族主义”思想的传播，梁启超为加强整个民族群体的联合，以谋求政治上的统一，进一步提出了“中华民族”的概念。“中华民族”一词最早出现于梁启超1902年所发表的《论中国学术思想变迁之大势》一文：

齐，海国也。上古时代，我中华民族之有海权思想者厥惟齐。故于其间产出两种观念焉：一曰国家观，二曰世界观。

梁启超《论中国学术思想变迁之大势》

清光绪二十九年（1903年）刻本

长13.2厘米，宽20厘米

中国国家博物馆藏

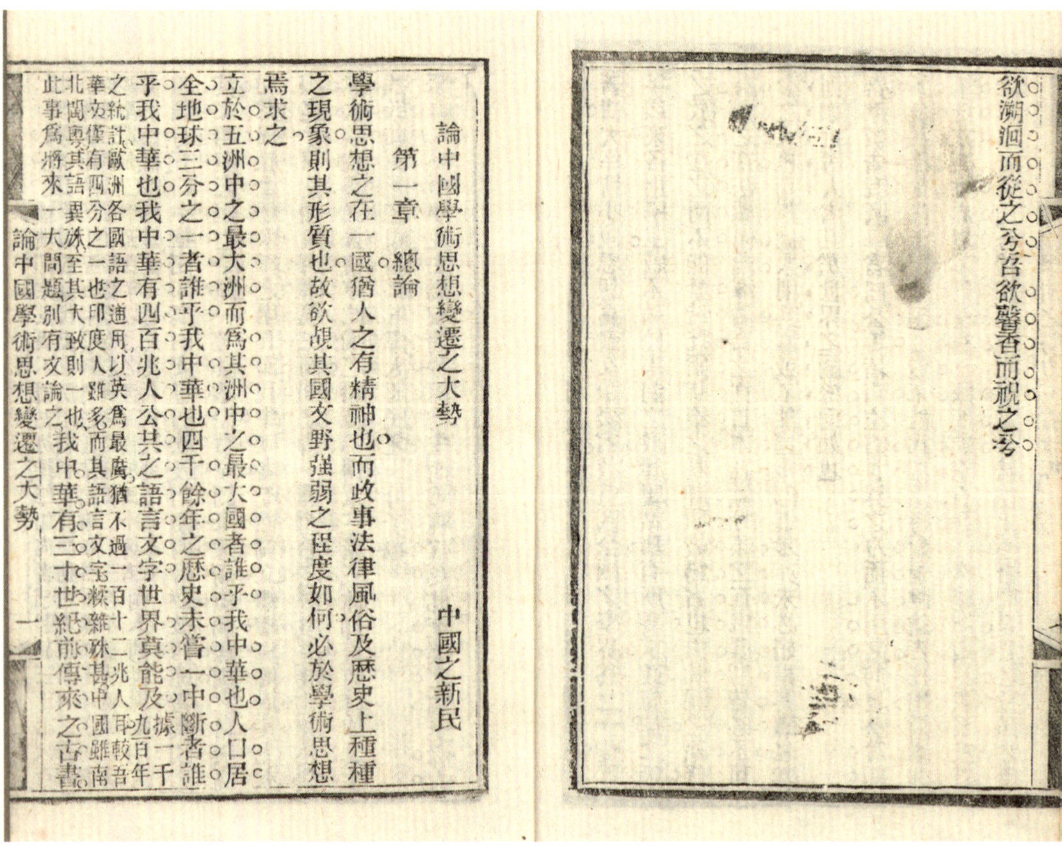

論中國學術思想變遷之大勢　中國之新民

第一章　總論

學術思想之在一國猶人之有精神也而政事法律風俗及歷史上種種之現象則其形質也故欲覘其國文野強弱之程度如何必於學術思想焉求之

立於五洲中之最大洲而爲其洲中之最大國者誰乎我中華也人口居全地球三分之一者誰乎我中華也四千餘年之歷史未嘗一中斷者誰乎我中華也我中華有四百兆人公共之語言文字世界莫能及我中華有三十世紀前傳來之古書

欲溯洄而從之兮吾欲聲者而視之兮

梁启超在这篇文章中对中国各时期学术思想变迁的过程进行了阐述，并对“磅礴郁积”的中华学术思想给予了极高的评价。而“中华民族”的概念，便是在其对中华文化的高度认同和褒赞中提出的，但此时“中华民族”的内涵仍不十分明确。

1903年4月，梁启超从日本启程前往美国，直到该年12月方返回日本横滨。在此期间，梁启超的思想发生了较大转变，由提倡革命、破坏转变为和平改良的君主立宪派。流亡初期，梁启超由“平满汉之界”的观点，转向了激进的“反满”“排满”态度。1902年在其与康有为的通信中，梁启超曾指出：“今日民族主义最发达之时代，非有此精神，决不能立国……而所以唤起民族精神者，势不得不攻满洲。日本以讨幕为最适宜之主义，中国以讨满为最适宜之主义。”但游历美国的经历及对“排满”革命可能造成的不良后果的担忧，使其逐渐对革命党“排满方能建国”的主张产生质疑。在此基础上，梁启超调整了他的民族国家理论，提出了“大民族主义”：

吾中国言民族主义者，当于小民族主义之外更提倡大民族主义。小民族主义者何？汉族对于国内他族是也。大民族主义者何？合国内本部属部之诸族以对于国外之诸族是也。

在梁启超看来，“故今日欲救中国，无他术焉，亦先建设一民族主义之国家而已”。而欲建设民族主义国家，就需采取“大民族主义”的民族理论，并认为只有融合满族、汉族、蒙古族、回族、藏族、苗族等各民族的“大民族主义”，才能抵制帝国主义的侵略并改变国内的危殆处境。

这一时期，其“中华民族”观亦渐显成熟。1905年，梁启超发表了《历史上中国民族之观察》一文。该文从学术角度考察了中华民族的历史演变，并对“中华民族”的概念进行了探讨。梁启超通过对先秦以前除汉族外之“分宅中国本部诸族”，即“苗蛮族”“蜀族”“巴氐族”“徐淮族”“吴越族”“闽族”“百粤族”“百濮族”八族的考察，认为其“皆组成中国民族之最重要分子也……要之，自有史以来，即居中国者也。而其中，除苗、濮二族外，率皆已同化于中华民族”。在这一认知基础上，梁启超指出“中华民族自始本非一族，实由多民族混合而成”。但需要指出的是，其在“中华民族”内涵表述上，仍倾向于指代“中国本部”之汉族。

辛亥革命爆发后，面对西藏、蒙古等边疆分离主义的此起彼伏，梁启超进一步认识到单一民族国家理论背后潜藏的分裂国家的危险。1911年，梁启超写就《新中国建设问题》一文，指出无论建设何种国体，“当刻刻以蒙、回、藏疆为念，务使不自屏于中国之外”。中华民国成立以后，梁启超又提出了建设“世界的国家”大政方针，以批驳边疆分裂之言，坚决主张“地兼二带，民糅五族”。

随着中国近代民族主义的持续发展，“五族共和”思想的确立及“民族自决”思潮的影响，“中华民族”概念在社会上逐渐形成广泛共识，其内涵亦逐渐丰富并日趋成熟。1918年12月至1920年3月的欧洲之行，使梁启超的民族主义思想再一次发生转向。这次游历，使梁启超深刻认识到“民族意识”的重要性，并将之赋予到其“中华民族”观内涵中。1922年，梁启超发表了《中国历史上民族之研究》。在这篇文章中，梁启超以历史事实为依据对中华民族构成、演变轨迹及形成机制进行了更加深入严密的思考。对于中华民族的构成及特点，其反对以血缘、语言、信仰之分野来界定民族分野，而主张以“对他而自觉为我”之“民族意识”的发现与确立，来作为“民族成立之唯一要素”。同时，梁启超进一步从历史发展变化的角度分析了中华民族的构成过程，认为历史上的“华夏”与“夷狄”的概念是“随时变迁”的，正是在不断的迁徙、接触与融合下，才得以形成“今日硕大无朋之中华民族”。在此基础上，梁启超提出了“中华民族”的三个论断：

一、中华民族为一极复杂而极巩固之民族。

二、此复杂巩固之民族，乃出极大之代价所构成。

三、此民族在将来绝不至衰落，而且有更扩大之可能性。

从以“分宅中国本部诸族”历史源流来论叙中华民族，到以“民族意识”

梁启超政治论文和提案稿本
中华民国（1912—1949年）
每半开长22厘米，宽30.9厘米
中国国家博物馆藏

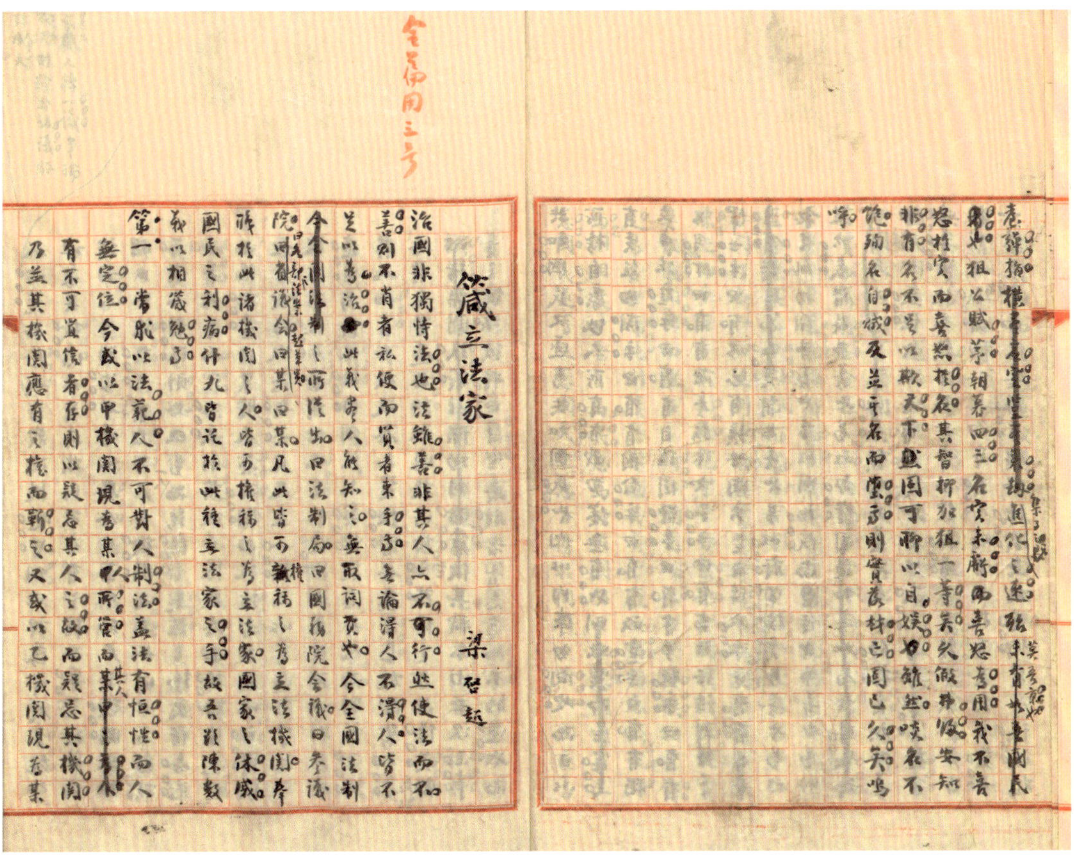

及动态发展的眼光来看待和理解中华民族这一共同体，不难看出梁启超对“中华民族”的定义与认识逐渐成熟。这一时期，梁启超的“中华民族”观，已具备“多元一体”理论的萌芽，并越来越接近“中华民族”的现代内涵。但不能否认，梁启超的“中华民族”观仍具有一定局限性，如过于强调民族差异性，对历史交往中民族交往交流交融所形成的共性与认同认识不足。

梁启超身处清末民初的过渡时代，其终生奋斗皆围绕现代化国家建设。从积极引进“民族”概念，大力宣传“民族主义”，到提出“中华民族”并不断丰富发展其内涵，最终奠定“中华民族”观之雏形，梁启超在中国近代思想史上具有较高的地位。胡适曾评价道:“梁任公为吾国革命第一大功臣，其功在革新吾国之思想界。十五年来，吾国人士所以稍知民族思想主义及世界大势者，皆梁氏之赐，此百喙所不能诬也。”

在时代的巨变中，通常会出现一些承前启后的启蒙者及思想先驱，他们以独到的眼光、敏锐的洞见，为迷茫中的国家与人民指引前进的方向，梁启超便是其中一员。其所提出的“中华民族”概念及对“民族主义”不遗余力地宣传，在很大程度上增强并巩固了“民族共同体”的认同感与归属感，从而增强了国家内部凝聚力。同时，梁启超的“中华民族”研究及其理论构建，对中国近代民族社会学的产生与发展也产生了重要影响。顾颉刚的“中华民族是一个”、费孝通的“中华民族的多元一体格局”等论述，皆是对梁启超“中华民族”观的升华与拓展。就此而言，无论是在思想史上还是在民族史上，梁启超皆具有重要地位。

中华民国五色旗

“五族共和”思想的具象体现

19世纪末的中国，因清政府的腐败无能及帝国主义的侵略而面临严重的民族危机。中日甲午战争的惨败及《马关条约》的签订，给国人以当头棒喝，民族意识逐渐觉醒。诚如梁启超所言：“吾国四千余年大梦之唤醒，实自甲午战败割台湾、偿二百兆以后始也。”中国近代民族主义思潮在此背景下开始形成，民族主义运动亦逐渐展开。纵观中国近现代革命史，其民族问题不外乎对外反对帝国主义压迫，对内反对民族压迫，实现民族独立与平等。在近代民族主义思潮中，高扬民族主义旗帜并践行其理想者，以改良派（后为立宪派）及革命派为代表。

改良派立志于通过改革政体以挽救民族危机。戊戌变法时期，以康有为为代表的资产阶级改良派就提出了“以群为体，以变为用”的主张。在此基础上，梁启超进一步提出“变法必自平满汉之界始”，并将之视为实现清王朝“自强之第一阶梯”。戊戌变法失败后，梁启超在吸收西方民族主义思想的基础上，改造并丰富了其民族国家理论，提倡建立“合汉、合满、合蒙、合回、合苗、合藏”的“大民族主义”。这一“大民族主义”思想，对晚清资产阶级改良派及后来的立宪派甚至革命派，都产生了较大的影响。其中作为晚清立宪派中坚力量的杨度，便是这一思想的积极继承者与拥护者。

1907年，杨度在《中国新报》上刊载《金铁主义说》一文。其以梁启超“大民族主义”思想为基础，明确提出了“五族建国”的方案。杨度指出，“中国之在今日世界，汉、满、蒙、回、藏之土地，不可失其一部，汉、满、蒙、回、藏之人民，不可失其一种”，并强调“今日中国之土地，乃合五族之土地为其土地；今日中国之人民，乃合五族之人民为其人民，而同集于一统治权之下，以成为一国者也”。这一时期的革命党人，尽管仍未能摆脱狭隘民族主义的藩篱，具有明显的大汉族主义色彩，但已然体现出一定的民族平等思想。如1906年12月2日，孙中山在东京《民报》创刊周年庆祝大会演说中，明确表示其所谓之“反满”并非反对“满洲人”，而只是针对其中的封建统治者。以上民族主义思想的发展，为辛亥革命后“五族共和”的提出奠定了思想基础。

1911年10月，武昌起义爆发后，湖北各界人士在商议成立湖北军政府时，提出并决议“称中国为中华民国”“改政体为五族共和”“国旗为五色，以红黄蓝白黑代表汉满蒙回藏为一家”等14款事项，此为“五族共和”之首次提出。随着全国革命形势的高涨，倡导民族平等联合的思想勃然兴起，并获得了立宪派与革命派的赞同。在此背景下，孙中山逐渐摒弃了其最初的“反满”主张，而将“五族共和”思想视为其新的民族纲领。1912年1月1日，中华民国南京临时政府成立，孙中山就任临时大总统。在就职宣言书中，孙中山明确表示“国家之本，在于人民。合汉、满、蒙、回、藏诸地为一国，即合汉、满、蒙、回、藏诸族为一人。是曰民族之统一”，初步确立了“五族共和”在国家意识形态中的核心地位。

孙中山对于“五族共和”思想的倡导与实践，得到了国内社会的广泛认可。1912年3月11日，南京临时政府颁布《中华民国临时约法》，郑重宣称“中华民国人民一律平等，无种族、阶级、宗教之分”，通过法律形式将“五族共和”思想及政策主张确立下来，并使之成为中华民国的立国纲领。袁世凯掌权后，坚持和延续了“五族共和”思想，在其所发布的《中华民国大总统命令》中明确表示：“现在五族共和，凡蒙、藏、回疆各地方，同为我中华民国领土，则蒙、藏、回疆各民族，即同为我中华民国国民。此后蒙、藏、回疆等处，自应通筹规画，以谋内政之统一，而冀民族之大同。民国政府于理藩不设专部，原系视蒙藏回疆与内地各省平等，将来各该地方一切政治，俱属内务行政范围。”

在政体革新、危机潜藏的时代剧变中，“五族共和”思想在很大程度上起到了消除边疆民族分裂危机及维系统一的多民族国家发展格局的重要作用。诚如学者所言：“‘汉、满、蒙、回、藏’咸于共和，才是‘五族’共和的完整含义。”而被赋予“五族共和”象征意义的五色旗，被选定为中华民国国旗，不仅体现出这一思想在当时已具有广泛的认同基础，也表明辛亥革命已进入一个新的阶段。

早在1906年冬，即同盟会成立后的第二年，同盟会便召集干事编撰《革命方略》，并讨论中华民国国旗式样问题。在同盟会会议上，曾提出青天白日旗、五色旗、十八星旗、井字旗等多种方案，此为将五色旗作为中华民国国旗的首次提出。武昌起义爆发后，各省相继宣布“独立”或“光复”，但未能形成统一的旗式，仍是各树旗帜。《申报》记载，“旗式未定之时，甲用甲式，乙用乙式，或且用亡国朝鲜之八卦旗等五花八门，各式其式”。为此，《申报》曾专门发表评论《敬告民军政府》，指出“国虽共和，而心志实宜划一，方免日后分裂之虞”，提出“旗式宜早日颁布”的建议。

1911年12月2日，江浙联军克复南京。12月4日，江苏都督程德全、沪军都督陈其美、浙军都督汤寿潜联合章太炎、蔡元培等人及各省代表会留沪代表，在上海召开共和联合会大会。大会通过了以南京为中华民国临时政府所在地，并决议“取五族共和的意义，决定以五色为国旗。红、黄、蓝、白、黑象征汉、满、蒙古、回、藏”。与会代表认为五色旗“既可表明革命行为系为政治改造而起，非专为种族革命；又能缓和满、蒙、回、藏各族的心理，与汉人共同努力赞助共和”。这一决议的通过，标志着革命阵营已开始将维护民族团结和国家领土完整置于极为重要的地位加以考虑。

1911年12月17日，沪军都督府以“国旗者，为国家之标识、国民之目的，其关系至为重大，若稍有参差，何以光我民国，而壮观瞻”为辞，表示“应将国旗统归划一”，遂在《民立报》刊登通告，要求统一悬挂五色旗，并声明已按照统一尺寸标准制作两万面，市民可以向商家购买或照样式自制。12月26日，各省代表会决定12月29日召开临时大总统选举会后，于翌日起，“凡我国民，应于是日悬挂国旗，以志庆典”。12月31日，沪军都督陈其美再次“出示晓谕”，要求“自明日起各界一律悬挂国旗，以昭庆贺而光大典”。据跟随孙中山由上海乘车前往南京就职的任鸿隽回忆，1912年元旦这一天，“看见车站中人行道两面排列了沪军士兵，军队的每一支枪上均插一面五色小国旗，大有目迷五色之感”。而在当晚举行临时大总统就职典礼的南京总统府内，亦是“五色国旗飘拂”。可见，五色旗俨然已被视为中华民国国旗。

南京临时政府成立后，代理参议院于1912年1月10日通过了“以五色旗为国旗定式”的决议，并提请大总统孙中山颁布。但因孙中山更倾向于以青天白日旗为国旗，故复函各省代表会议“暂勿颁定施行，而俟诸民选国会成立之后”。尽管以五色旗为中华民国国旗之议被暂时缓议，但其在不断地宣传推广下早已广泛流布于社会。2月13日，在清帝宣布退位的次日，于上海主持南北议和的南京临时政府司法总长伍廷芳，便致电孙中山、黄兴、黎元洪及各省都督，表示已“通饬各处军队一律改悬中华民国五色旗以示划一”。以此观之，尽管中华民国还未正式确立统一的国旗式样，但已将五色旗作为统一之军队旗帜，并赋予了其合法地位。

袁世凯当选临时大总统后，曾拟定过渡暂行办法，其中即规定“国旗暂用五色旗”，并将“暂用国旗式样”照会各国驻华公使。这一时期，虽然五色旗在时人心中已被视为中华民国国旗，但并不具有严格意义上的法律地位。因

中华民国五色旗

1912年

纵202厘米，横284厘米

中国国家博物馆藏

此，在临时参议院迁往北京后，便再次就中华民国国旗问题进行讨论。1912年5—6月，临时参议院曾多次就国旗式样咨请袁世凯，如在5月18日《参议院致大总统咨》中，临时参议院曾详细列举了以五色旗为中华民国国旗的三大理由：

（一）起义之初，“沿江各省即以五色旗为国旗，通行既广，全国几已一致”。

（二）在中国传统文化中，多以“五”为定数，且依据中国习惯，“五色二字早以贯彻人民心理。况中华民国由五大民族结合而成，于旗色之五，亦隐然不谋而合”。因此，以五色旗为中华民国国旗，无论是从道德上、历史上、习惯上，还是从政治上，皆足以代表全国精神。

（三）当前，五色旗已为“友邦公使、外域华侨函电所通，均已共晓。而外人并有目此旗为虹旗，谓中国驱除专制建设共和，正如彩虹亘天，阴霾尽扫者。此尤可见此旗荣誉中外欢迎，应即定为中华民国国旗”。

最终，临时参议院以五色旗“足以代表汉、满、蒙、回、藏五族，最为普遍，确立为中华民国国旗”，并同时将十八星旗定为陆军旗，将青天白日旗定为海军旗。1912年6月8日，袁世凯发布临时大总统令，公布了临时参议院的决议并颁布施行，五色旗遂正式在法律意义上成为中华民国国旗。1921年5月5日，孙中山于广州就任非常大总统，宣布废止五色旗，而代之以青天白日满地红旗为中华民国国旗。但由于其时北洋政府仍具有一定的统治权力，五色旗仍广泛流布于世。1924年6月30日，中国国民党中央执行委员会第39次会议通过了“以青天白日旗为党旗及军旗，以青天白日满地红旗为国旗”的议案。此后随着国民革命军北伐的节节胜利，五色旗逐渐让渡于青天白日满地红旗。1927年4月18日，南京国民政府成立。1928年11月2日，国民政府第5次国务会议议决并制定了《中华民国国徽国旗法》，明确规定青天白日满地红旗为国旗。至此，五色旗作为国旗的法律地位，正式被青天白日满地红旗所取代。

在清末民初由传统“王朝国家”向近代化“民族国家”转型的重要时期，五色旗迎合了当时国家过渡的需要，既可为革命党人所接受，亦可为立宪派及旧官僚势力所接受。相较于具有鲜明、激烈的革命精神意涵的青天白日旗或十八星旗，蕴含“五族共和”、国家统一意义的五色旗，更符合当时的政治形势与社会心理，对于团结满族、蒙古族、回族、藏族人民及国内各派政治势力共建中华民国起到了积极的作用。故有论者认为，革命派通过“有意无意地欲以这面色彩较为温和的五色旗，钝化这个新生的共和国的革命光芒，以争取更多的同盟者”。五色旗被确立为中华民国国旗的过程，体现了辛亥革命逐渐突破了具有大汉族主义色彩的狭隘民族观，而转向更具包容性、平等性的民族主义思想。尽管这一民族主义思想仍存在一定的局限性与不足，但对于缓解当时边疆民族地区的政治危机、建设中国现代国家及形成中华民族共同体意识都起到了十分重要的引领和推动作用。

民国时期

同胞共风雨　携手铸山河

中国工农红军在长征途中发布民族政策的布告

长征路上民族情

1934年10月，由于第五次反“围剿”失败，中国工农红军被迫实行战略转移，开始了历时两年、行程数万里的长征。在长征途中，红军先后经过了广西、贵州、云南、四川、青海、甘肃等十余个省的多个民族地区。在同少数民族的密切接触及深入交往中，中国共产党提出了一系列的重要理论、政策，党的民族理论与民族政策亦于这一时期初具雏形，不仅为此后这一理论的最终形成打下了坚实的基础，而且对于增强民族互信、促进民族觉醒与团结具有重要意义。大体而言，长征时期党的民族政策及实践探索主要包括以下几个方面：

第一，强调重视民族工作的重要性，并将之提升到事关中国革命事业成败的高度。随着与少数民族接触和交往的加深，中国共产党进一步认识到民族问题对于革命的重大意义。1934年11月19日，军委以红军总政治部的名义发布了长征以来的第一个民族工作文件《关于争取少数民族的指示》，指出：“我野战军今后的机动和作战，都密切关系着少数民族问题，这个问题的解决，对于实现我们的战略任务有着重大意义，因此，各军团政治部，必须把这个问题提到最重要的地位。”1935年8月5日，中共中央政治局沙窝会议通过了《关于一、四方面军会合后的政治形势与任务的决议》。在该决议中，党中央重申了“争取少数民族在中国共产党与中国苏维埃政府领导下，对于中国革命胜利前途有决定的意义”。

第二，坚持民族平等与团结，反对民族歧视与压迫。广西北部苗瑶聚居区为红军长征最先通过的少数民族聚居区，1934年11月，红军总政治部发出了《关于瑶苗民族中工作的原则指示》，作为红军在民族地区开展民族工作的指导方针。其中即明确指出：“反对一切汉族的压迫与剥削，汉族与瑶民的民族平等，给瑶民的彻底的民族自决权。在这一基本主张之下，并在精神上与物质上给他们以实际的帮助，争取瑶民弱小民族对于苏维埃与红军的同情、拥护与反对帝国主义国民党的协同动作。”同时又拟定了《关于对苗瑶民的口号（十三条）》，特别强调：“实行民族平等，在经济上、政治上苗人与汉人有同样的权利！”“共产党是主张民族平等、民族自决、解放弱小民族的！”

第三，尊重少数民族的宗教信仰、风俗习惯及语言文字。民族的风俗习惯、宗教信仰，是在长期的历史发展中形成的，反映了民族的历史传统、心理感情及道德准则等。尊重少数民族的风俗习惯和宗教信仰，是加强民族团结、做好民族工作的重要保证。在长征途中，党和红军始终把这一政策作为一条重要的政治纪律来加以执行。如《关于瑶苗民族中工作的原则指示》即明确要求“对于他们的统治的方式、思想习惯以及宗教仪式，应该表示尊重”。而藏族、回族同胞更是普遍信仰宗教，并将宗教活动视为其精神文化的重要组成部分。为紧密团结藏族、回族同胞，红军根据党的宗教政策提出“回番夷民众信教自由，尊重回番夷民众的风俗习惯和礼节”“保护喇嘛寺、清真寺，保护经书神像……尊重各民族宗教情感、信仰自由”等，并特别强调“尤严禁烧房与捣毁喇嘛寺，撕毁藏经和侮辱其信仰”。

红军在长征期间，还十分重视少数民族的语言文字。1934年，《关于苗族问题的决议》中即有“用苗族自己的语言文字，发展苗族文化”的主张。西北军区政治部在《关于少数民族工作须知》中亦曾明确提出，红军“要帮助少数民族的文化工作，建立本民族的学校，用本民族的语言文字教授”。同时，为方便在民族地区开展工作，促进各民族之间的沟通与交流，红军还鼓励并指派汉族军民学习少数民族语言文字。如1935年中央军委《关于组织别动队筹粮办法》就曾指出：“各级政治部并应指人学番语。”1936年红军总政治部所发布的《关于回民工作的指示》亦提出：“必须学会几句回语，每个战斗员至少使之见回民能说‘撒哇布’（再见，谢谢），使回民群众知道在红军中有很多的回民，更加拥护红军。”同年，红二方面军政治部关于《二、六军团长征的政治工作总结报告》中也有“我们的宣传队广泛学写番文标语与学讲番语”的内容。

第四，实行民族自决及民族区域自治的早期探索。红军长征以前，中国共产党即已提出了关于实现境内少数民族自决的基本主张。长征时期，党进一步发展了这一理论，并结合在民族地区的实践经验，明确提出了建立少数民族自己管理自己民族事务的自治政权。1935年8月中共中央政治局沙窝会议指出：“中国共产党与中国苏维埃政府在少数民族中的基本方针，是在无条件地承认他们有民族自决权。”考虑到“少数民族中阶级分化程度与社会经济发展的条件”不同，在组织民族政权时，不能完全照搬苏维埃的方式，而应根据具体情况，或“采取人民共和国及人民革命政府的形式”，或“采取组织工农苏维埃或劳动苏维埃的形式”，或“建立番民革命政府”。

沙窝会议召开半月后，川康省委根据会议精神，对少数民族政权做出具体规定：“番民群众在政权机关中应占主要的领导地位。如汉人、回人占少数可成立各民族的自治区政府，在区政府中应当有这些民族的代表。”此外，1936年5月在《总政治部关于回民工作的指示》中，亦有关于建立民族政权的指示，即“政权的组织，可以回民居住的情况，用以下两种方式：第一，在回汉人杂居的乡或区，在回民自己管理自己的事情的原则之下，组织回汉两民族的乡或区的混合政府，其正副主席代表及政府的委员人数，以该乡或区的回人

红军长征途中争取少数民族的木板标语

1935年

长32厘米，宽62厘米，厚2.5厘米

中国国家博物馆藏

红军长征途中争取少数民族的木板标语

1935年9月

长40.5厘米，宽87.7厘米

中国国家博物馆藏

与汉人数量多少为比例决定。第二，在完全是回人集居的乡或村，则组织回人单独的回民政府，凡是愿谋回族解放的贵族、阿红（訇）及一切回民都可参加，并可与附近的第一种政府或完全汉人的人民政府建立联盟的形式，以取得工作上、行动上的联系与配合”。

在这些方针政策的指导下，长征时期中国共产党帮助少数民族相继建立一些民族自治政权。如1935年红一方面军在阿坝地区曾帮助藏族群众先后建立了六个乡级革命政权，“用民主方式，推举代表及主席”。红四方面军则于藏族聚居之金川流域及康北地区帮助当地人民建立了格勒得沙共和国及波巴人民共和国，并在阿坝地区的懋功、绰斯甲、甘堡、卓克基、党坝等地和甘孜地区的泸定、丹巴等地召开藏族人民大会，成立各级苏维埃政权。这些民族自治政权的组建，尽管由于历史的局限性存在一定的缺陷，但反映出党对民族问题认识的逐步深入，而其组建民族自治政权的实践探索，也为以后民族区域自治制度的形成和发展提供了重要的历史经验。

第五，争取团结少数民族进步阶层，并将培养少数民族干部作为重要任务。由于历史原因，少数民族首领在本民族群众中仍有较大的权威与威信。因此，党和红军要与少数民族建立密切关系，就必须首先争取和团结少数民族代表，才能减少不必要的冲突与牺牲。长征时期，党始终把团结少数民族世俗与宗教人士代表作为其民族政策的一项重要内容。如在经过桂北民族聚居区时，红军政治部考虑到瑶族群众的土司、管事等在瑶族群众心中仍具有极大威权，是瑶族群众民族利益的唯一代表者及对外关系的垄断者，且这些瑶族首领在组织群众反抗民族压迫方面具有一定的革命性，故认为现阶段“不能拒绝而且欢迎同瑶民的代表发生亲密的关系，同他们订立政治的与军事的联盟，经过他们去接近广大的瑶民群众，去推动广大的瑶民群众，进入革命斗争的阵线”。

为更好地贯彻民族统一战线政策，红军积极与各少数民族联系，并向之宣讲党的民族政策，从而赢得了大批少数民族群众的信赖与支持。如在红军民族政策的感召下，彝族首领小叶丹与刘伯承在彝海歃血为盟，结拜为兄弟，这

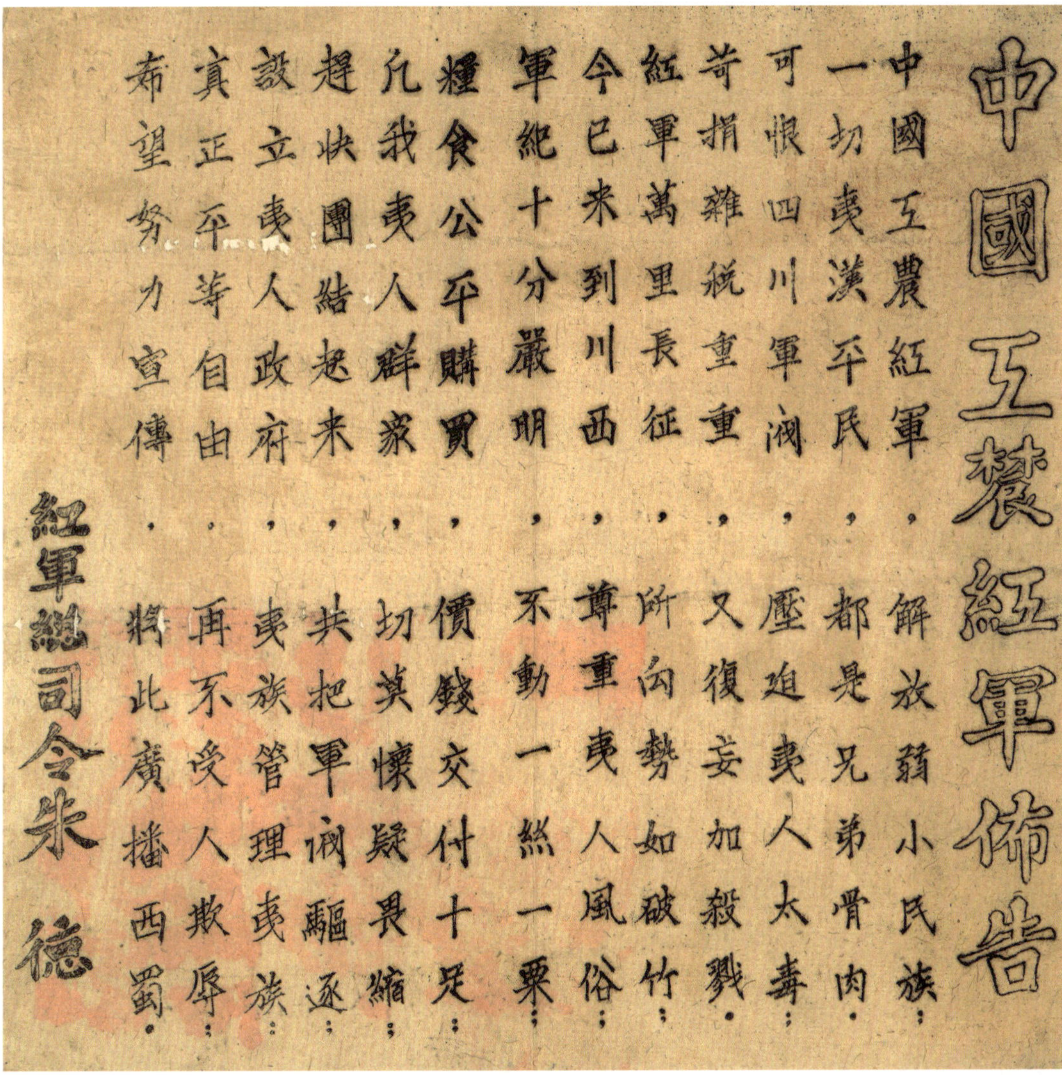

中國工農紅軍佈告

中國工農紅軍，解放弱小民族；
一切夷漢平民，都是兄弟骨肉。
可恨四川軍閥，壓迫夷人太毒；
苛捐雜稅重重，又復妄加殺戮。
紅軍萬里長征，所向勢如破竹；
今已来到川西，尊重夷人風俗；
軍紀十分嚴明，不動一絲一粟；
糧食公平購買，價錢交付十足；
凡我夷人群衆，切莫懷疑畏縮；
趕快團結起来，共把軍閥驅逐；
設立夷人政府，夷族管理夷族；
真正平等自由，再不受人欺辱；
希望努力宣傳，將此廣播西蜀。

紅軍總司令朱德

《中国工农红军布告》
1935年
长36厘米，宽36.5厘米
中国国家博物馆藏

使红军顺利打通了大凉山的道路。红军总司令朱德在甘孜时，亦曾先后9次与格达活佛会面，互赠礼品，建立了深厚情谊。为支援红军，格达活佛积极发动群众为红军筹集粮食，仅其所在之白利寺即筹集了3万多斤青稞、4000余斤豌豆。一些少数民族首领甚至直接投身于革命，谱写出一段段可歌可泣的动人故事。如羌族土司安登榜在看到进入羌族聚居区的红军军纪严明、尊重少数民族后，便率领随从毅然参加红军，实现了“从羌族土司到红军战士”的转变，并为革命事业献出了自己宝贵的生命。

而少数民族干部则是党和红军联系少数民族群众的桥梁和纽带，他们同本民族群众有着密切联系，熟悉本民族情况，通晓本民族语言文字，理解本民族群众的思想感情及基本诉求，是党做好民族工作的重要骨干力量。因此，在党和红军所发布的关于民族政策的文件中，多次强调了培养少数民族干部的重要性。如《关于争取少数民族的指示》即提出要“特别注意与培养他们自己的干部”。《关于一、四方面军会合后的政治形势与任务的决议》亦强调“必须挑选一部分优良的番民以阶级的与民族的教育，以造成他们自己的干部”。红四方面军所发之《少数民族须知》也曾指出“培养少数民族工作的干部以便开展这一工作”，并要求各级政治部、处“大批培养回、番民干部，大胆提拔回、番民众有斗争性了解革命的穷苦群众来训练，使他们去进行自己民族中的工作”。

为宣传及落实党的民族政策，红军对内通过指示、训令等方式将其民族理论和政策传达到每位战士，对外则通过标语、布告、口号、歌曲等通俗易懂、灵活多样的方式，以宣传党的民族政策和宗旨。如1934年11月19日红军总政治部曾发布要“动员全体战士向少数民族广大群众宣传红军的主张，特别是民族自主和民族平等”的指示。1935年朱德总司令发布的《中国工农红军布告》亦提出了“中国工农红军，解放弱小民族；一切夷汉平民，都是兄弟骨肉”“设立夷人政府，夷族管理夷族”的口号，并申明了红军“不动一丝一粟；粮食公平购买，价钱交付十足”的严明军纪。在物资极度匮乏的条件下，红军积极利用已有材料书写标语，开展宣传活动，木板、竹片等皆是其制作标语的材料。中国国家博物馆即收藏有红四方面军在经过四川省道孚县角尔寺时写下的“创造西北广大抗日根据地，努力争取少数民族”木板标语，以及红军在甘南地区留下的“回番汉民一律平等”木板标语。

长征时期红军对党的民族政策的宣传，红军严明的军纪及为民、亲民、爱民的实际行动，有效地消除了民族隔阂，增进了民族感情，不仅使红军赢得了沿途人民群众的衷心拥护与大力支持，也使红军与少数民族之间建立起血浓于水的民族情谊。而红军能在国民党的围追堵截中排除万难、突出重围取得胜利，与各族人民的支持与援助密不可分。在红军长征期间，各族群众踊跃参加红军，并积极为红军筹集物资，充当向导、翻译，照顾、转移伤员。以川西地区为例，资料显示，在三大主力红军过境、转战和留驻川西民族地区时，阿坝的藏、羌、回、汉等族人民曾为红军筹集粮食2000万—3000万斤，大小牲畜20万头，土盐5000余斤，还有大量干牛肉、食用油和蔬菜等。可以说，各族人民的支持，是红军胜利的重要保障。

长征是中国共产党历史上极具影响的重要事件，亦是其民族政策宣传的首次大规模实践。通过在沿途各族群众中广泛传播党的自由、平等和团结的民族政策，播撒了革命的火种，巩固了党同人民群众的血肉联系。因此，习近平总书记将长征视为一次“理想信念”“检验真理”“唤醒民众”“开创新局”的伟大远征。而长征的信念、理想与精神，也赋予中华民族共同体以崭新的面貌和更加完整的内涵，进一步推动了中华民族一体的现代民族国家的建设进程。

中国共产党为日军进攻卢沟桥通电

1937年7月7日，日军在中国第二十九军防地即卢沟桥附近进行所谓军事演习，随后借口一名士兵失踪，要求进入北平（今北京）西南的宛平县城进行搜查，这一无理要求当即遭到中国守城官兵的拒绝。搜查遭拒后，日军便包围了宛平县城，并向中国驻军发起进攻，继而又炮轰卢沟桥，挑起蓄谋已久的全面侵华战争。这就是七七事变，又称卢沟桥事变。

战争爆发后，驻守在卢沟桥附近的第二十九军三十七师（冯治安师）一〇九旅二一九团的战士们，在团长吉星文的率领下奋起反击，接着第二十九军司令部发出命令，前线官兵坚决抵抗，与卢沟桥共存亡，打响了全面抗战的第一枪。事变发生后的第二天，中国共产党印发通电《我们对卢沟桥事件的主张》，向全国各报馆、各团体、各军队、国民党、国民政府及其军事委员会暨全国同胞尖锐指出“日本帝国主义武力侵占平津和华北的危险，已经放在每一个中国人的面前”，并大声疾呼“平津危急！华北危急，中华民族危急！只有全民族实行抗战，才是我们的出路！我们要求立刻给进攻的日军以坚决的反攻，并立刻准备应付新的大事变。全国上下应该立刻放弃任何与日寇和平苟安的希望与估计”，号召全国人民武装保卫平津、保卫华北，进行全民族抗战，并呼吁“国共两党亲密合作抵抗日贼的新进攻！驱逐日寇出中国！”，发出了建立国共合作全面抗战的号召。通电要求国民政府立即开放全国民众爱国运动，动员全国陆海空军，准备应战。与此同时，蒋介石也在庐山发表了谈话，宣布准备应战并表示要守土抗战到底。日军挑起的卢沟桥事变，激起了全中国人民的抗战怒火，抗日战争进入到中国全面抗战的新阶段。

早在第一次世界大战期间，日本就借口对德国宣战，出兵中国山东，占领青岛及胶济铁路（青岛—济南），并于1915年向袁世凯政府提出“二十一条”要求，急欲将中国变为其殖民地。1931年，日本蓄意在中国东北挑起事端，制造了九一八事变，陆续侵占东北三省；1932年，扶植溥仪执政，并建立伪满洲国傀儡政权对东北人民进行殖民统治，并以此为跳板不断向关内进军，以达到蚕食侵吞中国的目的。九一八事变后，蒋介石一方面寄希望于国际社会的调解，企图采用拖延的政策来为筹备应战争取时间，在日军的步步紧逼下与日本签署了《淞沪停战协定》《塘沽协定》等条约；另一方面采取“攘外必先安内”的政策，在中国农村革命根据地与共产党发生大规模的军事冲突。中国共产党则提出反对日本和一切帝国主义，保卫中国的独立、统一与领土完整的口号，在东北地区组织抗日义勇军，开展抗日游击战争。1933年，中国共产党成立东北人民革命军，后又吸收了义勇军余部，改称东北抗日联军，部队发展到3万余人。此时在国共两党对敌斗争态度不一致的情况下，全民族的统一抗日战线未能形成。

1935年华北事变后，民族危机更为严重，此时民族矛盾已成为中国社会的主要矛盾。中国共产党在以毛泽东为代表的党中央领导下，首先提出抗日民族统一战线的政策，呼吁各界各族人民团结起来，共同抗击日本侵略者。1935年8月1日，中共驻共产国际代表团草拟《中国苏维埃政府、中国共产党中央为抗日救国告全体同胞书》（八一宣言），不久公开发表。八一宣言郑重要求国民党当局停止内战、一致抗日，第一次完整地提出了抗日民族统一战线的策略。12月9日，中国共产党领导了一二·九运动，在全国掀起抗日救亡运动的新高潮。继而，中共中央在陕北瓦窑堡召开了政治局会议，会议以八一宣言为指导思想，在全党确立了抗日民族统一战线的政策，通过了《中共中央关于目前政治形势与党的任务的决议》。1936年5月5日，毛泽东、朱德发出了《停战议和一致抗日通电》，向全国宣布红军愿与一切武装部队停战议和，以达共同抗日的目的，并提议国共两党互派代表磋商抗日救亡的具体方略。8月25日，中共中央发出致国民党书，再次呼吁停止内战、一致抗日，并派出代表同国民党进行多次谈判，特别是加强了与以张学良为首的东北军和以杨虎城为首的第十七路军的联系。

1936年12月12日，张学良、杨虎城分别带领东北军和第十七路军发动了西安事变，提出抗日救国八项主张，试图逼蒋介石抗日。西安事变和平解决后，国共两党领导人先后进行了西安谈判、杭州谈判、两次庐山谈判、南京谈判，正式就抗日的具体问题进行了谈判，双方达成了一定程度的共识。至此，共产党对蒋介石的政策从“抗日反蒋”调整为“联蒋抗日”，为抗日民族统一战线的初步形成打下基础。1937年2月，中共中央致电国民党五届三中全会，提出实行国共两党合作抗日的五项要求和四项保证，国民党五届三中全会实际上接受了国共两党合作抗日的政策，由此抗日民族统一战线初步建立。

1937年7月7日，卢沟桥事变的发生，标志着日本帝国主义全面侵华的开始，对第二次国共合作产生了强大的推动力。7月15日，中共中央为日军进攻卢沟桥发出通电后，将《中共中央为公布国共合作宣言》送交国民党。8月13日，日军向上海发动进攻。国民政府立即召开国防会议，会上中共中央代表周恩来、朱德、叶剑英提出战术上以游击战为主、战略上以持久战为主的作战原则，对制定抗日作战战略产生了积极的影响。8月14日，国民政府发表《自卫抗战声明书》。8月22日，国民政府军事委员会发布命令，将红军改编为八路军，任命朱德为总指挥、彭德怀为副总指挥。8月下旬，中共中央在陕北洛川召开政治局扩大会议，会上通过了抗日救国十大纲领，这是共产党全面抗战路线的具体表现。9月22日，国民党中央通讯社发表《中共中央为公布国共合作宣言》。9月23日，蒋介石发表谈话，指出团结御侮的必要，正式承认中国共产党在全国的合法地位，标志着以国共两党第二次合作为基础的抗日民族统一战线正式形成，国共两党的再次合作受到全国各族人民、各民主党派和社会各阶层爱国人士的热烈欢迎，是大势所趋。

10月，在南方十三个地区的红军游击队改编为国民革命军新编第四军（简称新四军），表现了中国共产党实行国共合作共同抗日的诚意。在国家存亡的紧要关头，中国共产党适时地提出建立抗日民族统一战线的方针，并在红军改编、苏区政权改制和土地政策等问题上做出了重大让步；国民政府也对日采取了更为强硬的政策，做出关系到国家前途命运的正确历史选择。国共两党以民族利益为重，顺应了全国人民抗日的迫切需求，调动起全民族抗日的积极性。以国共合作为基础的抗日民族统一战线是夺取抗日战争胜利的根本保证。

八路军、新四军在中国共产党领导下同国民党军队合作抗日，正面战场和敌后战场相结合，很快形成全国军民抗日战争的高潮，大大加速了日本侵略者的灭亡，为抗战的胜利结束构筑了坚实的基础。中国军队在整个抗日战争时期分为战略防御、战略相持和战略反攻三个阶段，在此期间国共两党既合作又斗争，直至抗日战争取得最后的胜利。

抗战初期，国共两党在军事上的配合是十分明显的，不仅有战略上的配合，而且有战役上的配合，起到了相互支援、相互依存的作用。1937年7月至1938年10月是抗日战争的战略防御阶段。日军发起大规模的进攻，国民党军队在正面战场发起了多次战役。正面战场的作战，不仅打破了日寇打算速战速决灭亡中国的狂妄企图，而且支持和掩护了共产党军队敌后战场的开辟。对此，毛泽东曾有过高度评价：“没有正面主力军的英勇抗战，便无从顺利地开展敌人后方的游击战争；没有同处于敌后的友军之配合，也不能得到这样大的成绩。”

在敌后战场上，1937年9月25日，八路军一一五师在晋北取得平型关大捷，歼敌1000多人，这是抗战以来中国军队的第一次大胜利。八路军深入华北敌后，坚持独立自主的山地游击战。新四军各部在大江南北河湖港汉地区开展游击战争，先后建立起晋察冀、晋绥、晋冀鲁豫、山东和华中等抗日根据地，开辟了广大的解放区战场，给日军的后方造成极大的威胁，有力地配合了国民党正面战场的作战。1938年五六月间，毛泽东发表《论持久战》的演讲，总结抗战以来的经验，强调要在抗战中发动、依靠群众，实行人民的战争，并推动国民党实行全面抗战路线，扩大和巩固抗日民族统一战线。

1938年10月至1942年，抗日战争进入到战略相持阶段。1938年10月，日军占领武汉、广州后，战线延长，兵力分散，因此改变侵华策略，停止对正面战场的进攻，将主要力量用于打击八路军和新四军。共产党领导的人民抗日武装力量日益壮大，加之在日本政治诱降和英、美劝降的影响下，1938年12月，国民党副总裁汪精卫公开投降日本，1939年1月，国民党五届五中全会制定了“溶共”“防共”“限共”“反共”方针，抗战初期的两党积极合作抗日转变为国民党消极抗日、积极反共，并先后三次掀起反共的高潮，国内出现了严重的投降、分裂、倒退的危险。在日军将敌后抗日根据地作为军事进攻的主要对象的情况下，八路军、新四军在广阔的华北、华中敌后战场上消耗与牵制日军的大量兵力，肩负起抗击日军的主要责任。

1939年至1940年，中国共产党领导的抗日根据地得到巩固与扩大。1940年底，由共产党领导的军队已发展到50万人，成为坚持中国抗战的中坚力量。1940年8月至1941年1月，八路军发动了百团大战，沉重地打击了日军，坚定了全国人民的抗战信心，进一步提高了中国共产党及其领导的抗日武装力量的声威。毛泽东在指导中国革命的同时做了大量的理论研究，1939年底至1940年初，他先后发表了《〈共产党人〉发刊词》《中国革命和中国共产党》《新民

中国共产党为日军进攻卢沟桥通电《我们对卢沟桥事件的主张》

1937年

纵21.3厘米，横17.4厘米

中国国家博物馆藏

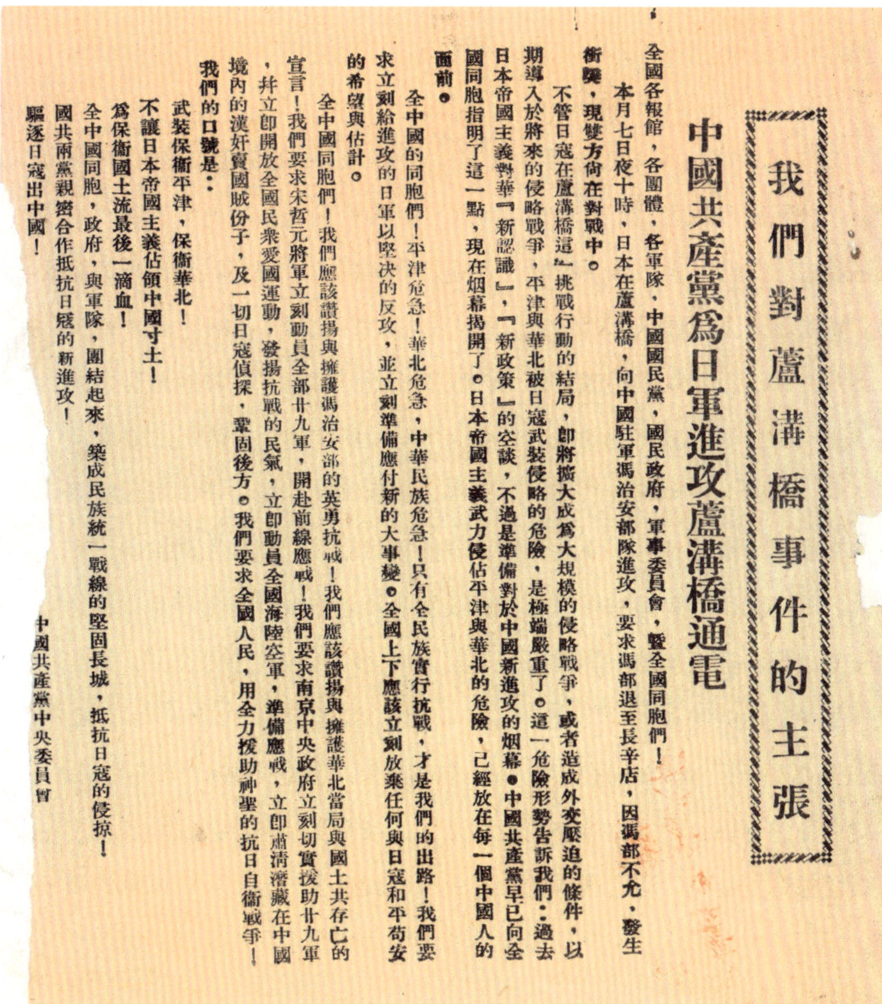

我們對蘆溝橋事件的主張

中國共產黨爲日軍進攻蘆溝橋通電

全國各報館，各團體，各軍隊，中國國民黨，國民政府，軍事委員會，暨全國同胞們！

本月七日夜十時，日本在蘆溝橋，向中國駐軍馮治安部隊進攻，要求馮部退至長辛店，因馮部不允，發生衝突，現雙方尙在對戰中。

不管日寇在蘆溝橋這「挑戰行動的結局，即將擴大成爲大規模的侵略戰爭，或者造成外交壓迫的條件，以期導入於將來的侵略戰爭，平津與華北被日寇武裝侵略的危險，是極端嚴重了。這一危險形勢告訴我們：過去日本帝國主義對華『新認識』，『新政策』的空談，不過是準備對於中國新進攻的烟幕。中國共產黨早已向全國同胞指明了這一點，現在烟幕揭開了。日本帝國主義武力侵佔平津與華北的危險，已經放在每一個中國人的面前。

全中國的同胞們！平津危急！華北危急，中華民族危急！只有全民族實行抗戰，才是我們的出路！我們要求立刻給進攻的日軍以堅決的反攻，並立刻準備應付新的大事變。全國上下應該立刻放棄任何與日寇和平苟安的希望與估計。

全中國同胞們！我們應該讚揚與擁護馮治安部的英勇抗戰！我們應該讚揚與擁護華北當局與國土共存亡的宣言！我們要求宋哲元將軍立刻動員全部廿九軍，開赴前線應戰！我們要求南京中央政府立刻切實援助廿九軍，并立即開放全國民衆愛國運動，發揚抗戰的民氣，立即動員全國海陸空軍，準備應戰，立即肅清潛藏在中國境內的漢奸賣國賊份子，及一切日寇偵探，鞏固後方。我們要求全國人民，用全力援助神聖的抗日自衛戰爭！

我們的口號是：

武裝保衛平津，保衛華北！

不讓日本帝國主義佔領中國寸土！

爲保衛國土流最後一滴血！

全中國同胞，政府，與軍隊，團結起來，築成民族統一戰線的堅固長城，抵抗日寇的侵掠！

國共兩黨親密合作抵抗日寇的新進攻！

驅逐日寇出中國！

中國共產黨中央委員會

主主义论》等著作，完整地阐述了新民主主义理论。

1941—1942年，世界法西斯势力极为猖狂，中国抗日根据地在日军大规模的“扫荡”和国民党的反攻下陷入困难时期。第二次世界大战爆发后，中国战场成为世界反法西斯战争的东方主战场，承担着抗击日本陆军主力的任务。日本法西斯企图把中国变成它进行太平洋战争的后方基地，加紧对华侵略，在中国华北对占领区人民实行残暴的殖民统治、经济掠夺和奴化教育，对各抗日根据地进行空前的“扫荡”“清乡”“蚕食”，采取野蛮的烧光、杀光、抢光政策，使得敌后军民伤亡很大。中国共产党领导下的抗日军民没有被吓倒，他们运用麻雀战、地道战、地雷战、破袭战、水上游击战以及派遣武工队等多种方法反击，有效地打击、消灭了大量敌军。

1943年起，第二次世界大战形势发生了有利于反法西斯阵线的重大转折，抗日战争进入战略反攻阶段。各抗日根据地军民利用有利的国际形势，进一步贯彻“敌进我进”方针，积极展开拔除与逼退日伪军据点，破坏其交通线的作战，恢复扩大原有根据地并开辟新的抗日根据地。1945年，在中共七大精神的指导下，八路军、新四军在解放区广大人民支援下，打通了许多解放区之间的联系，逐步实现由游击战向运动战的转变，取得战场主动权，为转入全面反攻创造了条件。同时，在世界反法西斯战争临近最后胜利的形势下，国民党军队主要集中在西南、西北地区，而共产党领导的敌后军民则积极主动地向日军占领的华北、华中和华南等地的城镇与交通线发起攻势作战，打击和牵制日伪军，支援正面战场，巩固与扩大解放区。全国人民团结一致、全力奋战，最终夺取了抗日战争最后的胜利。

抗日战争的胜利，是抗日民族统一战线的胜利，也是国共合作的胜利，在国共两党合作领导下，中华民族空前大团结，工农商学兵各界人民、各民主党派、抗日团体、社会各阶层爱国人士和国外侨胞凝聚在一起，以不同形式积极参加到抗日斗争中。在中国共产党领导下的人民武装是全民族抗战的中流砥柱，是取得抗战胜利的决定性力量。在抗战过程中，中国共产党逐渐为广大群众所理解和接受，中国人民的民族觉醒达到了前所未有的高度，民主理念广泛传播深入人心，为新民主主义的发展打下了基础。中国人民以落后的武器装备打败经济实力和军事装备远比自己强大的敌人，创造了半殖民地半封建的弱国打败帝国主义强国的奇迹，一洗中华民族的百年耻辱，是中华民族由衰败走向振兴的重大转折点。

东北抗联总指挥周保中用的毛瑟手枪

各族兄弟并肩御敌的历史物证

周保中是东北抗日联军（简称东北抗联）的创始人和主要领导人之一，原名奚李元，字绍璜，出生于云南省大理县（今大理市）湾桥村一个白族家庭，被誉为中国的“铁狮将军”。九一八事变后周保中到达东北领导抗日工作，面对残酷的斗争环境，他以铁血般的坚强意志和奋斗不屈的斗争精神在日寇重兵经营的东北战场浴血奋战了十四载。这位从苍山洱海走出的抗日英雄在入党宣誓的那一刻起就践行着这样的誓言：“坚持执行党的纪律，不怕困难，不怕牺牲，为共产主义事业奋斗到底。”

中国国家博物馆收藏的一把毛瑟M1914手枪及其枪套，是中华人民共和国成立后由周保中将军捐赠，1958年7月由该馆收藏的。这把手枪跟随周保中将军参加革命，见证过日本帝国主义的铁蹄践踏在中华大地上，它是东北抗日联军十四年艰苦斗争的见证，是中国人民不屈精神的象征。今天，它静静地陈列在展柜中，向来往的游客述说周保中将军跌宕起伏、英勇奋战的一生，展示着东北抗日联军英勇不屈的斗争精神。

19世纪60年代以后，中国西北、西南、东南边疆地区安全遇到了严重危机。俄国、英国、日本、法国加紧了对中国的侵略。和其他国家主要在中国建立势力范围以获取经济利益不同，日本早就想占领中国的台湾和藩属国朝鲜、琉球，然后进攻中国大陆。因朝鲜发生农民起义，朝鲜国王请求清政府出兵。通过明治维新壮大了国力的日本，趁机出兵朝鲜，且在牙山口外丰岛偷袭清朝运兵船。1894年7月，中日甲午战争爆发。9月，清军在平壤大败。同月，在黄海海战中，北洋舰队遭到重大损失。战后，李鸿章发出“避战保船”命令，北洋海军失去了制海权。

1895年2月，日军在山东半岛登陆，摧毁了北洋舰队基地威海卫军港，北洋舰队覆灭。清政府派李鸿章到日本马关与日本政府议和，被迫签订《马关条约》，承认朝鲜独立，割让辽东半岛、台湾全岛及所有附属各岛屿、澎湖列岛给日本，赔款2亿两白银，增开沙市、重庆、苏州、杭州为通商口岸，日本可以在中国通商口岸设厂制造。1898年，日本强行将福建划为自己的势力范围。1900年，日本作为八国联军的主力军之一，强迫清政府签订《辛丑条约》。1905年，日本与沙俄在中国东北进行战争，日本夺取沙俄在中国东北三省南部的特权并与清政府签订《中日会议东三省事宜条约》。1915年，日本以最后通牒的方式迫使袁世凯接受灭亡中国的“二十一条”。1925年日本制造了五卅惨案。1928年5月，为了阻止北伐军占领济南，日本制造了济南惨案，打死中国军民1000多人。6月，日本制造了皇姑屯惨案，炸死了张作霖，阴谋占领中国东北。1931年9月18日，日本制造九一八事变，强行占领中国东北。1932年，日本进攻上海，建立伪满洲国。1933年，日本占领热河、察哈尔两省及河北省大部分土地，进逼平津两市。5月，日本迫使国民政府签订《塘沽协定》，国民党军队撤出华北。1937年7月7日，日本制造卢沟桥事变，掀起了全面侵华战争。

西方列强不断侵占中国的主权和利益，以及日本不断吞并中国国土的侵略行为，给中国人民带来了深重的苦难，使中国人民的国家意识和民族意识不

周保中

1945年12月拍摄于吉林省磐石市

长7.6厘米，宽10.2厘米

1958年12月周保中捐赠

中国国家博物馆藏

断觉醒。在中国共产党的领导下，中国各族人民组织义勇军、抗日救国军等抗日武装奋力抵抗。无数的仁人志士投身于抗日救亡的热潮中，周保中将军就是云南省白族人民的杰出代表。

周保中幼年时，因家贫，在读书的同时从事繁重的体力劳动，生活的艰辛和劳动的锻炼培养了他坚韧倔强的性格和助人为乐的品德。1917年2月，年仅15岁的周保中毅然从军，参加“靖国护法”。1924年，周保中从云南陆军讲武学校毕业。听闻广州准备成立国民革命军的消息，心怀救国理想的周保中立即南下广州，投入了国民革命军的阵营之中，并于1926年参加了北伐战争。1927年3月，周保中担任程潜第六军五十六团副团长，在追击号称“五省联军总司令”的军阀孙传芳残部时，奇袭了南京雨花台。在革命处于低潮时，他于1927年7月在武汉加入了中国共产党。大革命失败后，他根据中共中央长江局的指示，继续留在国民革命军第六军做党的秘密工作。1927年12月，他担任第六军十八师副师长，在湘、浙、豫等省从事兵运和联络工作。1928年底，党派他到莫斯科东方大学和列宁学院学习。临行前，周恩来为了周保中及其家人的安全考虑，建议他改个名字。周保中对周恩来非常崇拜，就以“周”为姓，并以“保卫中国”为己任，起名为“周保中”。

1931年九一八事变发生后的第二天，《中共满洲省委为日本帝国主义武装占领满洲宣言》就在沈阳发表了。它不仅是中国第一份抗日宣言，也是世界反法西斯第一份宣言。当时，全国各族人民踊跃支援东北的抗战，东北人民成立了抗日义勇军，也成立了反日游击队、抗日救国军，还有东北自卫军和东北人民革命军等抗日队伍，1932年人数达到30万人，仅辽宁抗日义勇军就有15万人。

东北的斗争十分艰苦，但周保中等共产党人，凭借着高昂的斗志、过硬的能力和强大的组织，仍然取得了许多重大的胜利。1932年4月，周保中按照组织的要求进攻日军重兵驻守的安图县城。周保中先是化装成商人潜入县城进行侦察，观察过日军的布防后，他制定了调动敌人以攻其薄弱的战术。战斗开始后，抗日队伍一部佯攻日本防守较强的南门，将全部敌人吸引到了南门，然后率领主力猛攻日军防守薄弱的西门，经过短暂战斗后攻入城内，消灭了所有的敌人，取得了抗日队伍建立后的胜利。后来，周保中又组织了三打宁安、保卫东宁等战斗，对黑龙江日军主力造成了沉重的打击。

东北抗日联军先后开辟了东南满、北满和吉东三大游击区。

但面对敌强我弱的局面，东北地区的抗战如何继续下去？1933年1月26日，中共驻共产国际代表团以中共中央的名义，发出《中共中央给满洲各级党部及全体党员的信》(简称《一•二六指示信》)。《一•二六指示信》说明中国共产党为了适应东北抗日斗争的新形势，主动科学地调整自己的政策，开创性地提出在东北创建抗日民族统一战线的策略。

1935年9月至1937年，东北抗联第一军至第十一军相继建立。在东北抗联中，有不少少数民族同胞担任了领导职务。例如：第二军第五师师长陈翰章是满族；第三师指挥部的安得有和元宝是鄂伦春族；第三师师长关化新是满族，政治部主任黄玉清是朝鲜族；第五军军长周保中是白族；第六军政委张兰生是满族；第七军军长李学福是朝鲜族；第八军一师政治部主任金根、第九军政委李照山（又名许亨植）是朝鲜族。东北抗联中还包括了大量的少数民族战士。东北抗联的11个军中都有朝鲜族战士，其中第一军和第七军的朝鲜族战士约占一半，第二军中除朝鲜族战士外，还有不少来自朝鲜的战友；第三军、第六军和第九军、第十一军中都有鄂伦春族战士，其中第六军有一支40余人组成的小部队，战士全是鄂伦春族。

到1937年全民族抗战爆发前后，由汉、满、回、朝鲜、白、鄂伦春、鄂温克、赫哲等族人民共同组成的东北抗联发展为11个军，共3万余人，在南起长白山，北抵小兴安岭，东起乌苏里江，西至辽河东岸的广大地区开展游击战争，同日伪军进行大小几千次战斗，有力打击了日本在中国东北的殖民统治，牵制了大量日军，支援和鼓舞了全国抗日救亡运动。

日军十分仇视东北抗联，组织了大量军队“围剿”东北抗联，同时采取

东北抗日联军总指挥周保中用的毛瑟手枪及枪套

中华民国（1912—1949年）

长13.5厘米

1958年7月周保中捐赠

中国国家博物馆藏

坚壁清野等措施围困东北抗联。由于冬季寒冷漫长、粮食武器短缺、对外联系断绝，东北抗联队伍急剧减少，到1942年秋，东北抗联仅剩700余人。为了保存有生力量，坚持抗日斗争，党中央决定将剩余的抗联队伍撤退至苏联。周保中等陆续将队伍转移至苏联，但他仍然坚持军政训练，派小队伍进入东北搜集情报。1945年，苏联对日宣战，周保中率领队伍配合苏军击败日军，为抗日战争的胜利做出了卓越的贡献。

抗日战争胜利后，周保中担任东北人民自卫军总司令。他还担任过中共中央东北局委员，东北民主联军副司令兼吉辽军区司令员，吉林军区司令员，吉林省委委员、常委，吉林省政府主席。1946年4月，周保中指挥解放长春的战斗。5月，周保中指挥部队痛击前来进犯的国民党军队，稳固东北根据地。在解放东北的3年战斗中，周保中率部与国民党进行了800多次战斗，歼敌4万余人，缴获各种枪支28000多支，为主力部队输送18000余名士兵，有力地支援了全国解放战争。1948年10月，在争取滇六十军起义时，周保中为第二次解放长春迫使国民党嫡系部队新编第七军投降，发挥了重要作用。

新中国成立后，周保中将军转入地方工作。他将陪伴自己战斗过无数岁月的随身物品悉数捐赠给国家，其中就包括前面提到的毛瑟M1914手枪。毛瑟枪，尤其是驳壳枪在中国抗战史中发挥了重要作用。周保中将军捐赠的这把手枪，是M1910的改进型，在中国被称为“张口蹬”。民国时期，中国受到列强军备限制，无法进口大炮和长枪等武器，只能进口手枪。而一战失败的德国受到《凡尔赛条约》的严格限制，为了生存只能大量向中国出口手枪，驳壳枪、“张口蹬”等手枪都大量进入中国并被大量仿制。毛瑟手枪成为中国军队大量装备的武器，周保中将军的佩枪就是其中之一。

这把手枪是东北抗日联军英勇不屈的斗争精神的象征，是东北人民抗日斗争的见证。东北抗联精神在今天仍然激励着我们，面对国家危急、民族存亡，无数的爱国人士不分民族、不分阶层，忠贞报国，共赴国难，面对残酷的斗争环境，始终以国家和民族利益为上，同敌人斗争到底。

东北抗联是在中国共产党领导下的一支英雄部队，是中国共产党创建最早、坚持抗日时间最长、条件最为艰苦的一支人民抗日军队，也是中国北方在抗战中最早的一支以少数民族为主体的抗日武装。十四年抗战，汉、满、蒙古、朝鲜、回、鄂温克、鄂伦春、达斡尔、赫哲、白等族人民，以“宁教白山黑水尽化为赤血之区，不愿华胄倭奴同立于黄海之岸”的不屈信念，以血肉保卫东北的每一寸国土，战绩彪炳，以“中华各民族联合抗日团结军”的荣誉，永载史册。

2015年7月，习近平总书记在吉林视察时指出：“九一八事变发生后，东北人民率先举起抗日旗帜，在极端艰苦的条件下浴血奋战，谱写了爱国主义的英雄壮歌。”同年9月，习近平总书记在颁发“中国人民抗日战争胜利70周年纪念章”仪式上指出：“一个有希望的民族不能没有英雄。”中华民族是一个有着灿烂文化的伟大民族，更是一个有着不屈灵魂的英雄民族。这种灵魂流淌在中华文明的血脉里，维系我们中华民族历经沧桑后延续而不中断、前进而不倒退、统一而不分裂，并在中国共产党的领导下实现伟大复兴！

琼崖纵队使用的手榴弹弹带

海南各族人民联合抗日的见证

在中国国家博物馆的展厅中，有一件特殊的展品，它代表着海南各族人民在抗日战争中精诚团结、与日寇奋战到底的精神，是海南各族人民联合抗日的见证。它就是中共中央华南分局宣传部拨给中国国家博物馆，并于1953年1月1日入藏的手榴弹弹带。

海南岛原本与祖国大陆相连，第四纪时由于剧烈的地质运动，海南与大陆的地质连接带断裂，从而形成了今天的海南岛。海南历史悠久，人文资源极为丰富，早在1万年前就有人类活动。公元前110年，汉武帝在海南设立珠崖、儋耳两郡，海南正式列入中国版图。经过几千年的发展，到中华民国时期，海南岛上设置琼崖道，有300万人口，除了世居的黎、苗、回、汉族，还有侗、瑶、壮等族，共30多个民族。

1840年鸦片战争后，由于帝国主义侵略和封建主义剥削加重，琼崖逐步沦为半殖民地半封建社会。农民约占全海南人数的十分之九，但约有75%用于耕种的土地被地主阶级占有。农民要以收获谷物五成以上的租率向地主租种土地，即使颗粒无收，也要如数缴纳租金，饱受压迫，苦不堪言。此外，农民还要缴纳田亩捐、厘金、人头税等苛捐杂税，并且要被预征几年的赋税。近代琼崖社会经济上的急剧变化引起了政治思想的剧烈动荡，腐败黑暗的社会不断激起琼崖人民的反抗斗争。为了抵御外侮、挽救民族危亡，解放受压迫的琼崖人民，无数琼崖革命先驱前仆后继地与帝国主义及其走狗进行了不屈不挠的斗争。

1919年五四运动爆发，马克思主义开始在琼崖传播，唤起了琼崖人民的革命觉醒。1921年底至1922年初，中共中央先后派中共早期党员、团员陈公培、罗汉、鲁易等人到琼崖进行革命活动。他们到琼崖后，很快同已在琼崖的中共早期党员毛孟屏和琼崖的先进分子徐成章、徐天柄、王器民、王大鹏等人联合起来，打开了工作局面。他们以《琼崖旬报》、《琼岛日报》和学校为阵地，宣传马克思主义理论和革命思想，把革命书刊送到广大群众中去，同时对琼剧加以改编，宣扬反帝反封建的思想，深受人民群众的欢迎。1925年春，在广州读书和参加农讲所学习的琼崖黎族及其他民族革命骨干们回到家乡，开展革命活动。他们进行农民运动的组织发动工作，培养先进青年加入共产党。

1926年6月，中国共产党琼崖第一次代表大会召开。这是海南人民革命斗争史上具有划时代意义的重大事件，揭开了海南历史发展的新篇章。1927年椰子寨战斗打响全琼武装总暴动的第一枪，中共琼崖地方组织紧紧依靠人民群众，历经土地革命战争、抗日战争和解放战争艰苦卓绝的孤岛奋战，谱写了二十三年红旗不倒的光辉篇章。

1931年九一八事变后，日军侵占中国东北三省。在民族危亡的紧急关头，中国共产党率先高举武装抗日的旗帜。1935年12月，瓦窑堡会议确立了建立抗日民族统一战线的政策。1937年七七事变，日军开始了全面侵华战争，中国人民则展开了全面抗战。为了打开琼崖国共团结合作抗日的局面，中共琼崖特委根据党中央的方针政策，就琼崖国共两党团结抗日问题公开发表《团结抗日，保卫琼崖》的告同胞书。同时，中共琼崖特委主动给国民党琼崖当局写信，提出以民族利益为重，停止内战、团结抗日的主张；愿意将琼崖红军改编为国民革命军地方抗日部队，致力于琼崖抗日保乡事业；建议双方派出代表进行谈判。1938年10月，琼崖国共两党经过谈判达成合作抗日协议，建立了琼崖抗日民族统一战线。

1938年10月下旬，日军占领华中、华南等地区以后，由于战线过长以及国际上的谴责，不得不收缩战线，巩固现有的地区，并试图切断国际援华通道。但“河内通道”和“缅甸通道”深居西南内地，让日本在台湾的航空兵基地束手无策。为此，日本必须在华南地区新开辟一个前哨基地，而海南岛成为日军的不二选择。

1939年2月，日军占领海南岛，对全岛进行了残酷的经济掠夺。石禄铁矿、田独铁矿、羊角岭水晶矿、莺歌海盐场等矿产资源以及农业、林业、渔业、金融业、劳动力资源都惨遭掠夺。据不完全统计，日军占领海南期间直接杀害黎族、汉族百姓二十多万人，因劳役及日军暴行的死亡者达四十余万人，接近当时海南社会总人口的六分之一。日军的残暴统治对海南各族人民造成了巨大的伤害，激起人民群众的激烈反抗。

中共琼崖特委广泛发动群众、充分依靠群众，团结琼崖各族人民，建立广泛的抗日民族统一战线。在整个抗日战争时期，中共琼崖特委特别重视将党的抗日主张和政策介绍给广大群众。他们将宣传单、刊物等宣传物送到乡村地头，送到农民手中；组织召开群众大会、座谈会，开办书店，为不识字的农民讲解党的抗日主张；通过画漫画、写标语等多种方式，介绍马克思列宁主义书籍和中国共产党的抗日救亡书报，对普通群众进行抗日宣传和教育。此外，他们广泛团结可以团结的力量，对原国民党乡政人员、爱国人士和开明绅士采取团结的方针，鼓励他们为抗日出力，充分调动和发挥他们的抗日积极性。

中共琼崖特委积极团结岛内少数民族共同对日作战。1939年12月，中共琼崖特委第八次扩大会议根据中共中央的指示，提出了加强“黎运”工作，团结黎族、苗族等少数民族，发展壮大抗日力量，建立巩固的抗日根据地的根本任务。

1940年1月26日，中共中央书记处指示："冯白驹与琼崖特委应以全岛为对象广泛发展党，发展武装，发展民运，设法争取各县政权，不顾国民党的任何阻碍，坚决组织全岛人民的抗日战争。"抗日战争中，琼崖抗日游击队独立总队在中国共产党领导下，依靠海南岛的汉、黎、苗等族人民，在极端困难的条件下，积极开展抗日游击战争。黎族农民为了保卫抗日根据地，纷纷成立自卫队。这些自卫队作为琼崖独立总队的后备队，经常配合琼崖独立总队袭击日军据点，打击日寇。7月，仲田岭黎族农民自卫队在陈维元的领导下，配合由张开泰指挥的琼崖独立总队第三支队，取得了袭击朝南日寇据点的胜利，击毙日寇二十余人，缴获一大批军用物资。11月7日，中共中央书记处在给中共琼崖特委的电报中明确指出："要认真在三十余万夷民中进行艰苦联络工作，尊重他们的民族风俗习惯，使他们信任我们，不仅使他们不为敌伪利用，而且要使他们与我们一起抗敌。……只有有了夷民、山地作为我军的巩固后方，我们才能支持长期的抗战。"

1941年，琼崖抗日根据地最高政权机关——琼崖东北区抗日民主政府成立后，相继颁布了一系列有利于抗日救国的政策法令，极大地调动了琼崖各民族、各阶层人民抗日的积极性。在琼崖各级党组织和抗日武装队伍活动的游击区，广大人民群众普遍建立起农民、青年、妇女抗日救国会和民兵武装等群众团体，在配合琼崖独立总队开展游击战争、组织生产、维护社会治安、打击汉奸等斗争中都做出了重大贡献。1941年10月公布的《琼崖东北区政府抗战时期施政纲领》要求"坚持抗日民族统一战线，坚持抗日战争的民族政策，黎、苗、回等少数民族与汉族在政治、经济、文化、教育等方面一律平等，并尊重其信仰及生活习惯之自由"。

1942年1月印发的《琼崖抗日时期干部学习资料》也明确要求"调整中央地方关系，信用本地人才，团结少数民族以固后方"。1942年9月7日，冯白驹在中共琼崖特委第九次扩大会议上指出："巩固现有政权，特别是琼山的政权，建立新民主政权的琼崖。"为此首先"实施民主政治，完成民主选举"，"执行三三制的政治原则，反对政权一党化"。这些政策有力地推动了少数民族参与抗日政权建设、抗日根据地的巩固和共同抗战。各少数民族青年踊跃参军，在琼崖纵队发展壮大的后期，少数民族成员占纵队总人数的五分之一。黎、苗等少数民族的拥戴，是建立和巩固五指山根据地的根本保证，也是琼崖抗日胜利的重要保障。到日本投降时，琼崖东北区抗日民主政府领导下的解放区已经达到十六个县，人口已达一百万以上，占全琼人口将近一半。

遵照党中央"必须认识黎、苗族所在地的五指山脉一带山地，将是我们长期抗战的最后的可靠根据地"等指示，中共琼崖特委在黎族、苗族人民中进行了长期的组织发动工作，创建了儋白边区、黑眉、仲田岭等抗日游击根据地。

王国兴原是海南岛黎族世代相传的头人，他从小同一般黎族同胞一样参加劳动，住茅房，力气过人，善于弓箭，是一名好猎手。为反抗国民党的压迫和剥削，1943年8月，王国兴领导发动了白沙起义。起义历时半个月，参加起义的黎族、苗族群众有两万多人次，歼敌三百余人，缴获一大批弹药物资。

由于起义军没有共产党的领导、正确的斗争纲领和严密的战斗组织，又缺乏战斗经验，再加上内部出现叛徒投敌的情况，起义后期遭受严重挫折，王国兴率领起义群众撤退到鹦哥岭和什寒山坚持斗争。在迷茫之际，起义军想到了共产党平时的抗战宣传，1943年10月，王国兴派出吉有理、王文聪、王高定三人向琼崖纵队寻求帮助，中共琼崖特委和琼崖独立总队坚决支持并给予黎族同胞支援，派遣支队进入白沙开展军事斗争。随后成立了以黎族起义战士为主的白保乐（白沙、保亭、乐东）人民解放团，王国兴任解放团团长。此后黎族人民的命运同中国共产党密切地联系在了一起，革命武装队伍也相继被中共琼崖特委派到白沙，建立五指山革命根据地。白沙县（今白沙黎族自治县）的革命武装斗争形势从此扭转了，起义武装发生根本性质的变化，成为中国共产

手榴弹弹带

抗日战争时期（1931—1945年）

长74厘米

中国国家博物馆藏

党领导下的农民革命队伍。

黎、苗族人民得知琼崖先遣部队进驻，积极配合琼崖革命工作，使琼崖纵队开辟革命根据地的工作顺利进行。黎族、苗族人民在建立抗日革命根据地时扮演积极的角色，黎族、苗族同胞热心地帮助武装部队，筹备粮食，运送物资给予支援，救助伤员，青年积极参军配合作战，增强了琼崖纵队的军备力量。

在中共中央和中共琼崖特委的领导下，琼崖各族人民团结一致，创建人民军队，开辟革命根据地，高举武装斗争的旗帜始终不倒，在斗争中不断发展并走向成熟。海南各族人民团结抗日的精神，凝结在这一条手榴弹弹带中，不断升华，不断传扬。各族人民在中国共产党的领导下，在艰苦卓绝的革命斗争中抛头颅、洒热血、同呼吸、共命运，形成了强大的民族凝聚力和向心力。这一历史事实雄辩地说明，没有牢固的中华民族共同体意识，就没有全民族的团结抗争。

广西壮族韦明忠等参加革命的誓词

56个民族擎起鲜红的旗帜

中国共产党领导中华各族儿女，经过二十八年艰难曲折的斗争，最终取得了新民主主义革命的伟大胜利，建立了人民民主专政的中华人民共和国。中华民族一洗百年屈辱，实现了民族独立和人民解放，开始以崭新的姿态屹立于世界民族之林。对于中国革命战争的胜利，毛泽东曾自豪而精辟地指出“军民团结如一人，试看天下谁能敌”，道出了人民群众对革命战争取得胜利的重要作用。

1927年，第一次国内革命战争失败后，为了挽救革命，中国共产党在各地发动武装起义，创建革命根据地。至1930年上半年，中国共产党已建立了15个革命根据地，红军已发展至13个军，近10万人。而这些星星之火，很多即点燃于民族地区。在少数民族中，涌现出一大批优秀的领导干部。1929年12月的百色起义，是中国共产党在民族地区革命斗争的成功实践。起义成功后，成立了红七军和右江苏维埃政府。在当时严酷、复杂的斗争环境中，右江地区少数民族干部革命意志坚定、不畏牺牲。据统计，右江特委两届委员会7名壮族委员中，有6名牺牲；9名县委、县特支第一任书记中，有6名壮族书记牺

广西壮族韦明忠等参加革命的誓词

1948年8月26日

长23厘米，宽16.9厘米

中国国家博物馆藏

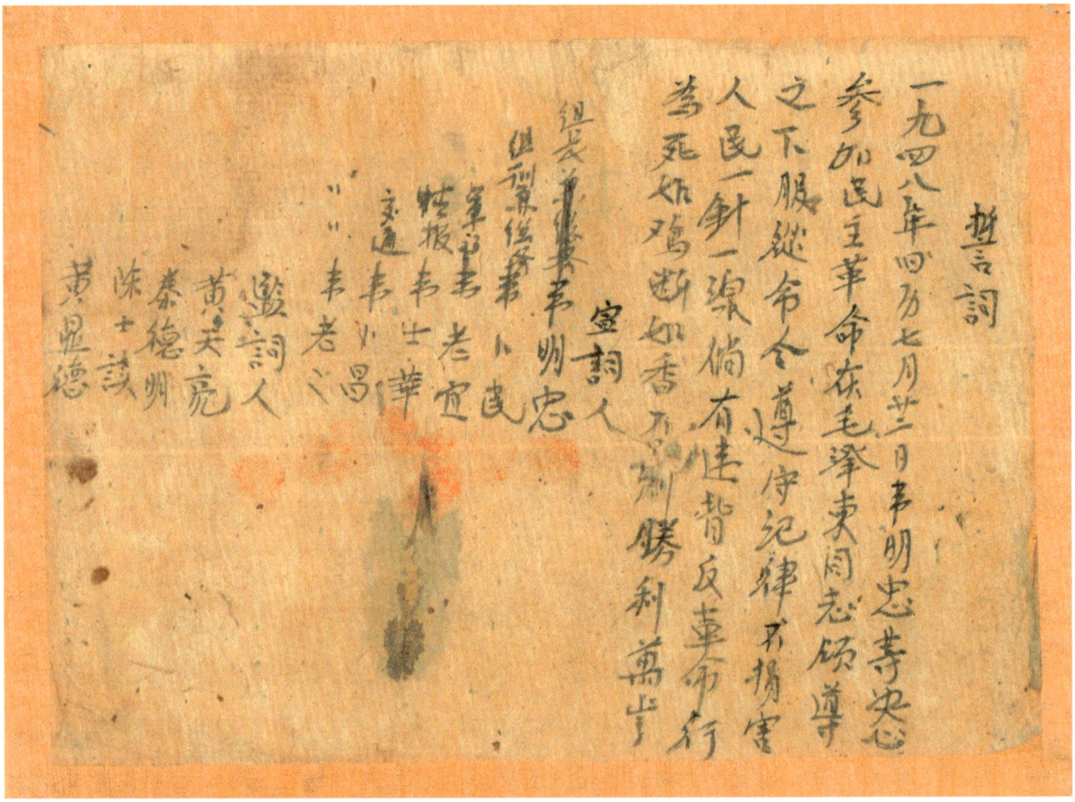

誓詞

一九四八年旧历七月廿二日韦明忠等决心参加民主革命在毛泽東同志領導之下服從命令遵守纪律不損害人民一針一線倘有違背反革命行為死如雞斷如香不得勝利萬歲

宣詞人 韦明忠

監詞人

牲；右江苏维埃政府两届委员会13名壮族、瑶族委员中，有11人牺牲。

抗日战争爆发以后，中国共产党在科学分析战争性质特点及国内阶级关系变化的基础上，适时提出了建立抗日民族统一战线。在1935年12月的瓦窑堡会议上，中国共产党正式确定了建立抗日民族统一战线的方针。毛泽东在《论反对日本帝国主义的策略》中，充分论证了建立抗日民族统一战线的必要性和可能性，指出“党的任务就是把红军的活动和全国的工人、农民、学生、小资产阶级、民族资产阶级的一切活动汇合起来，成为一个统一的民族革命战线”。

七七事变后，随着抗日战争的全面爆发，为争取建立抗日民族统一战线，1937年8月中共中央政治局在陕北洛川召开扩大会议，并通过了《关于目前形势与党的任务的决定》及《抗日救国十大纲领》，明确指出争取抗战胜利的中心关键，在于使已发动的抗战发展为全面的全民族的抗战。同时，为进一步发动少数民族参加抗战，提出要“动员蒙民、回民及其他少数民族，在民族自决和自治原则下共同抗日”。在中国共产党的不懈努力下，1937年9月22日，国民党通讯社发表了《中共中央为公布国共合作宣言》。9月23日，蒋介石发表谈话，承认中国共产党的合法地位及国共合作抗日。至此，中国抗日民族统一战线正式形成。

抗日战争时期，为调动少数民族参加抗战的积极性，中国共产党采取了一系列有力措施，从政治、经济、文化、教育等方面给少数民族以大力支持，从而改善了各民族之间的关系，增强了各民族之间的互信与团结。在中国共产党的领导和推动下，在抗日民族统一战线的旗帜下，少数民族积极投身抗战，有力地配合了抗日主力部队的作战。数百万少数民族青年应征入伍，奔赴抗日前线。据吴鼎昌《黔政五年》记载，1938—1942年，贵州即征兵45.7万余人，其中很多是少数民族。此外，各少数民族还纷纷成立抗日武装，最早之抗日游击队即创建于东北的朝鲜族聚居区。而在此后的东北抗日联军中，朝鲜族指战员亦占半数左右。其他主要由少数民族组建的抗日武装还有大青山蒙古游击队、冀中回民支队、渤海回民支队、海南岛琼崖纵队、耿马抗日游击队、桂北临阳抗日联队及临川抗日游击队等。

在提供财物支援方面，各族同胞为了一致抗日竭尽所能，慷慨解囊。在藏族聚居区，1937年甘肃拉卜楞寺五世嘉木样以资助抗日战争早日胜利的名义，捐献了可购买30架飞机的巨款，受到国民政府特令嘉奖，并被任命为“蒙藏委员会”委员及获颁“输财卫国”匾额一方。1944年10月，西藏僧俗群众省吃俭用，又捐赠“国币”500万元，用以购买25架战机。而地处抗日大后方的新疆，亦为抗日战争的胜利做出了重要贡献。1937年9月至1940年5月，新疆各族人民捐款折合现大洋即达322万余元。在粮食供应方面，四川成为前线战士及后方民众粮食的主要供应区之一。据统计，1941—1945年，四川共征稻谷82285990市石，约占全国总量的38.57%，其征麦总量亦占到全国总量的31.63%。

为保证前线需要，各族人民还积极投身道路修建、物资运输、“特种工程”建设等工作。抗战开始不久后，中国东部沿海交通口岸均被日寇控制。云南和新疆成为中国打破日寇军事、经济封锁，与国际社会及世界反法西斯战线联系并获得国际援助的重要通道。为打通通往缅甸方向的国际运输线，云南省政府动员沿线28个县及设治局于1937年12月动工修建滇缅公路。滇缅公路全长1146公里，其中昆明至畹町段长959.4公里，畹町至腊戍段长186.6公里，途中修建桥梁242座、大小涵洞1789座。滇缅公路所经多崇山峻岭、激流涌潭，为保障道路的如期完工，20万云南各族人民自备干粮及工具，风餐露宿，挖土劈石，为之献出生命者多达2000余人。1939年1月，滇缅公路正式通车。此后不久，滇越铁路即被日寇切断，滇缅公路遂成为中国西南后方唯一的国际交通大动脉。据统计，1939—1941年，由该公路运入中国的物资达221567吨，其中三分之一为汽油，五分之一为军用物资。

而“特种工程”的建设，主要指军用机场及其配套设施等的修建，以供战斗机、轰炸机、运输机及伞兵部队使用。抗战时期仅四川地区新建或改扩建空军基地33处，其中成都及附近地区除修建新津、邛崃、彭山、广汉4个远程

广西西山瑶族人民进行革命斗争用的土炮

1948年

长108厘米

中国国家博物馆藏

重型轰炸机场外，还新建或改扩建了成都、温江、双流、大邑、德阳5个驱逐机和战斗机机场。为保证工程在短时间内完工，50余万各族同胞“祁寒赶工，风雨无间……昼夜辛劳，况瘁无比”，历时数月余即告筑成。这些“特种工程”的建设，在抗日战争反攻战略阶段发挥了重要作用，有效保障了对日寇重要军事目标的打击。

1945年8月15日，日本宣布无条件投降。经过十四年的浴血奋战，中国人民付出了惨重的代价，才最终取得了抗日战争的胜利。饱受战争苦难的中国各族人民，迫切希望实现和平与民主，重新建设自己的家园。中国共产党从人民利益出发，提出了“和平、民主、团结”三大口号，以毛泽东、周恩来为首的代表团到重庆与国民党进行和平建国谈判，试图以和平方式实现中国的社会改革。1945年10月10日，国共双方签署了旨在建立独立、自由与富强新中国的《双十协定》，并于1946年1月10日签订了停战协定。但不久后国民党当局即撕毁停战协定，发动了全面内战，人民解放战争由此开始。

为筹措内战经费，国民党政府大肆敛财，征收苛重的捐税，并无限制发行纸币，使国民党统治区陷入严重的经济危机。以“反饥饿、反内战”等为口号的人民运动空前高涨，并迅速扩展至全国，大小武装起义层出不穷。如1947年6—10月，在广西各地共产党组织的领导下，桂东、桂北、左江、右江、桂中、桂南等地二十余县先后发动了声势浩大的武装起义，广大壮族、瑶族同胞以自制的刀矛、火枪、土炮等简陋武器，与装备精良的国民党军队进行武装对抗。这些武装起义，在一定程度上摧毁、瓦解了国民党的基层政权，动摇了桂系在农村的统治基础，使其在地方的征粮、征税工作难以进行，粮源、财源日益枯竭，从而间接支援了人民解放军在正面战场的作战。这一系列的武装起义，也进一步鼓舞了各族群众开展武装斗争的斗志，为广西游击战的发展奠定了基础。中国国家博物馆所藏广西壮族韦明忠等参加革命的誓词，便是这一时期少数民族积极参加革命斗争的体现。韦明忠等人在誓词中坚定地表示“决心参加民主革命，在毛泽东同志领导之下，服从命令，遵守纪律，不损害人民一针一线”，这体现了少数民族对中国共产党的拥护及投身革命的决心。

中国共产党以解放区为依托，在革命斗争中不断发展壮大的同时，根据国内主要矛盾的变化，及时调整了抗战时期的土地政策，在解放区实行土地改革，极大地调动了广大农民群众的生产积极性及革命热情。在土地改革中，中国共产党明确提出了保障少数民族与汉族平等分配土地的权利。如1946年9月13日在《中共中央西满分局关于蒙古工作的总结及几项政策的规定》中即有“在蒙汉杂居地区，分配土地时，蒙汉贫苦农民均有分得土地的权利，但原为蒙地者，蒙人有优先权，原为未开放或非开放者，应保持蒙古人的‘总有权’”的规定。1947年10月，中共中央公布《中国土地法大纲》，明确提出废除封建性及半封建性剥削的土地制度，实行耕者有其田的土地制度。此后，轰轰烈烈的土改运动在解放区开展起来。

土地改革运动的开展，使广大农民群众在政治、经济上得以翻身，政治觉悟及组织程度亦空前提高。各地农民积极支持解放战争，他们将粮食、被服等物资送上前线，并且组织运输队、担架队、破路队等随军组织，承担战地勤务。据不完全统计，在辽沈、淮海、平津三大战役期间，各地支前民工多达880余万人次，出动大、小车141万辆，担架36万余副，粮食4.25亿公斤。人民群众的全力支援，是三大战役取得迅速胜利的可靠保证。

此外，在“参军保田”的口号下，广大农民群众还掀起了参军参战的热潮。晋冀鲁豫解放区参军农民累计达148万人，山东解放区先后有59万名青年参军，另有700万名民工随军征战。少数民族亦积极组建民兵或游击队，以配合野战军作战。如以“铁骑”著称的内蒙古骑兵队，该部队于1945年12月通过整编国民党部队中三支弃暗投明的蒙古族武装而组建，此后又经过多次改编，最终于1949年5月正式编入中国人民解放军序列。自其组建至1950年8月，这支内蒙古骑兵队共歼灭国民党军队2万人。此外，西北地区之宁夏回民骑兵团、回汉支队、冀中回民支队、新疆三区革命民族军、滇桂黔边纵队等少数民族人民武装，亦有力地打击和牵制了敌人的有生力量，为解放战争的胜利做出了重要贡献。

这一时期，党的民族政策亦趋于成熟。1945年党的七大上，毛泽东在《论联合政府》的报告中指出："改善国内少数民族的待遇，允许各少数民族有民族自治的权利……必须帮助各少数民族的广大人民群众，包括一切联系群众的领袖人物在内，争取他们在政治上、经济上、文化上的解放和发展，并成立维护群众利益的少数民族自己的军队。他们的语言、文字、风俗、习惯和宗教信仰，应被尊重。"这一重要论断，成为解放战争时期中国共产党民族政策的总纲，亦是中国共产党制定民族政策的指导思想。

在开展民族工作的实践中，中国共产党逐渐放弃了民族自决主张，转而代之以承认境内各少数民族有平等和自治权利，主张在民族地区建立少数民族自治区。1945年10月23日，中共中央在关于内蒙古工作的指示中提出："对内蒙的基本方针，在目前是实行区域自治。"1946年1月16日，在《和平建国纲领草案》中，中国共产党进一步明确提出"在少数民族区域，应承认各民族的平等地位及其自治权"。1947年5月1日，内蒙古自治区成立，此为中国所建立的第一个省级少数民族自治区。此外，中国共产党在山东、晋察冀、琼崖等解放区也相继建立了一些少数民族自治政权，如山东鲁中解放区的回民自治政权，河北宣化市二区的回民自治区，山东枣庄及河北孟村的回民自治镇，以及海南琼崖解放区的黎民自治政府等。这些少数民族自治政府的建立，推动了少数民族社会经济文化的进一步发展，也标志着中国共产党民族平等与民族团结政策已经在实践中成熟。

回望那段波澜壮阔而又艰苦卓绝的烽火岁月，少数民族同汉族人民一道在中国共产党的领导下，不畏艰险，大义凛然，舍生忘死，共同谱写了一段段可歌可泣的光辉历史。他们在争取民族独立与解放斗争中所展现出的精神风貌和爱国情怀，犹如璀璨的星辰，既照亮了历史的夜空，也照亮了后人的心灵。中华民族团结奋进的精神，不仅展现出各民族同胞强大的凝聚力与向心力，也构筑起了中华民族伟大精神的思想内核，引领着各族人民在实现中华民族伟大复兴的征程上奋勇前进。

新中国成立以来

勠力同心　赴新征程

安陲苗族人民向毛主席报告成立苗族自治区人民政府的信

开启民族和谐新纪元

我国是历史悠久的统一的多民族国家，各族人民共同创造了灿烂的中华文明。苗族是中华民族大家族中的重要一员，有着悠久辉煌的历史，曾经历过长时间、大幅度、远距离的迁徙。

苗族和远古时代传说的“九黎”“三苗”“南蛮”有渊源。距今五千多年前，在我国长江的中游、下游和黄河的下游一带居住着以蚩尤为首领的名叫“九黎”的部落联盟。与此同时，居住在黄河上游的以黄帝为首的部落联盟，和“九黎”不断地发生战争。最后的涿鹿一战，蚩尤战败。

“九黎”被打败以后，其势大衰。但到了尧、舜、禹时期，“九黎”余部又重整旗鼓，形成了新的部落联盟，其实力雄厚，能和以尧、舜、禹为首的部落联盟进行长时间的抗争，即为史书上所说的“三苗”。

商周时期，“三苗”的主要部分仍住在长江中游一带，历史上将在这一地区生活的各民族，统称之为“荆楚”“南蛮”，后又称之为“荆蛮”。所以，“九黎”“三苗”“南蛮”“荆蛮”之间有着一脉相承的关系，这些所谓的“蛮”，也包括苗族的先民。

秦灭六国一统中国后，苗族又继续向西和向南迁徙。部分苗族人进入武陵地区的“五溪”，即今天的湘、黔、渝、鄂等省市的周边地区，部分苗族人到了广西大苗山、三江等地，部分苗族人过海到了海南岛，此后苗族就以“武陵蛮”“五溪蛮”的名称见诸文献。秦汉以来，中原政权不断向“武陵蛮”“五溪蛮”大举用兵，迫使其向深山、峡谷等荒凉之地迁徙。部分苗族就迁入今广西壮族自治区融水苗族自治县，并在当地繁衍生息。

唐宋以后各封建王朝在今广西少数民族聚居区都曾推行怀柔政策，设置羁縻州、县（土州、土县）。唐朝，封建统治者总结前朝在民族地区实施特殊政策的成功经验基础上，在今广西设置了50个羁縻州和51个羁縻县。为使“四夷归伏”，凡归顺者即发给印信，予以承认，给予怀柔。宋、元、明、清各封建王朝均效法。这些羁縻州、县的设置，在不破坏国家统一的前提下，承认其原有首领的政治地位和直接统治本民族的权力，使羁縻政策发展到一个新的阶段。这对于维护国家的统一，加强与少数民族的联系，促进民族地区的开发，具有积极的作用和意义。

融水苗族自治县是广西唯一的苗族自治县，位于柳州市西北部，北与贵州省接壤，西南面与广西的环江毛南族自治县、罗城仫佬族自治县及柳城县交界，东与广西的融安县、三江侗族自治县毗邻，面积4665平方公里，是一个拥有苗、瑶、侗、壮、汉、仫佬、水等多个民族的自治县。融水地形复杂，以县城向东西方向延伸为分界线，北部绝大部分是岩溶地貌，处处崇山峻岭，而南部是低山丘陵，面积仅占不到全县面积的十分之一。融水一带因为山多地少，俗称“大苗山”。

新中国成立以前，广西地区的苗族人民在地主、山霸、官僚的压迫剥削下，生活极度贫苦悲惨，在隆林苗族聚居区曾流传着控诉旧社会苦难的民谣：“老鹰无树桩，穷人没地方。租来地主山，三年水冲光。税多租又重，卷席去逃荒。”这是苗族人民在半殖民地半封建社会下悲惨生活的缩影。

中国共产党在成立之时，就把解决民族问题和无产阶级革命紧密联系在一起。1926年12月，中国共产党领导下的湖南省第一次农民代表大会就通过了《解放苗瑶决议案》，号召苗族、瑶族人民参加农民协会，要求各地农民协会积极援助苗族、瑶族人民的革命斗争。北伐战争时期，党在海南岛苗族聚居区就建立了组织，并领导那里的黎族、苗族人民举行秋收起义，实行土地革命，为建立苏维埃政权而斗争。1927年10月，海南岛建立了母瑞山、六连岭革命根据地。党先后派和通、朱德桓、周开南等同志到五指山苗族聚居的太平峒，以办学为名开展革命活动，建立了太平峒苏维埃政府，管辖23个村寨。在苏维埃政府里，苗族农民陈汉光和黎族农民陈德尤当选为委员。他们建立了一支拥有390余人的革命武装，称为“农军”，平时分散参加农业生产，战时集中应付敌人，取得了多次战斗的胜利。在中国共产党的领导下，苗族人民开展了轰轰烈烈的反帝反封建的新民主主义革命。

1930年，红七军曾两次进出融水（当时称融县）的苗族聚居区，对苗族人民做了大量的宣传工作，播下了革命的种子。1934年秋，中央红军长征北上抗日时，路过龙胜的伟江苗族聚居区，苗、瑶等族人民冒着生命危险，收留和掩护红军的伤病员，接送带路，供应给养，并积极参加了中国各族人民解放事业的斗争。

1944年秋，日寇再次进犯广西，致使融水、融安、龙胜等地的各族人民遭受到了惨绝人寰的烧杀抢掠。中共桂北联合工委在融水、罗城、柳城地区组织了抗日挺进队，武装抗击日寇，英勇保卫家乡，许多苗族青年踊跃参加了抗日武装队伍，开展抗日救亡运动，为保卫民族的生存而战斗。1949年5月，龙胜的苗族人民在中共桂北地下组织的领导下，与侗、壮、瑶、汉等族人民组织游击队，在伟江的苗族聚居区建立了革命根据地。1949年11月20日融水解放，12月县人民政府成立。同年12月11日，中国人民解放军将五星红旗插上祖国南疆要塞——镇南关（今友谊关），宣告广西全境解放，从此苗族人民得到了新生。

安陲苗族人民向毛主席报告成立苗族自治区人民政府的信

长48.8厘米

宽32厘米

中国国家博物馆藏

这封是广西大苗山安陲苗族人民写给毛主席的信，安陲苗族人民在信中向毛主席报告该地成立了苗族自治区人民政府。这是苗族发展历史上值得纪念的大事，反映了苗族聚居区人民解放后当家做主的激动与喜悦。信中写道：

亲爱的毛主席：

今天我们很兴奋，感到很光荣，带着一个愉快的心情，来庆祝我们自己——安陲苗族自治区人民政府的成立，选出自己的区长和委员，从此我们就翻身，当家作主了！

亲爱的毛主席，我们苗区的痛苦实在难讲得尽，自从去年四月解放以后，我们这地方已大大的改变，大家参加剿匪和解放军带路送粮，觉悟提高了，我们才晓得中国有个共产党，少数民族的救命大恩人就是您！解放一年来，我们在政治、经济、文化、教育事业上面都有很大的进步，生活比起解放前好得多了，普遍都有油盐吃，杂粮、白米都能吃得饱，我们的身体都健康，这些好的日子，是全靠您的关心给我们的大批救济，和号召生产，分得粮食。在毛主席的关心下，开始开垦大块的荒山，种上了大批的林木。全区共计开荒三千八百九十七亩，种杉木、桐木十九万一千三百七十二株……

今天，我们以高度的热情来庆贺我们自己政府的成立，我们感到很光荣，这种幸福的日子，完全是您给予我们的，我们永远记着您，永远团结在您的周围，永远跟着您走，坚决搞好民族团结、爱国、生产及各种建设事业，以报答您对我们的关注，为建设繁荣、幸福的大苗山而努力奋斗到底！

谨上，中华各族人民，伟大的毛主席万岁。广西大苗山安陲苗族自治区全体群众谨上。

一九五二年十月二十六日

新中国成立后，国家对民族地区的发展十分重视。从1950年起，中央先后六次派出访问团到民族地区进行慰问，大批工作队、民族贸易队、医疗卫生队等给各少数民族送去盐巴、茶叶、农具等生活和生产的必需品，为他们提供免费医疗服务，帮助他们恢复和发展生产，传达党中央的关怀，宣传党的民族政策。1951年6月，以李德全为团长，费孝通等为副团长的中央民族访问团深入到隆林、融水、三江、龙胜等地的苗族聚居区，代表中央人民政府政务院（今国务院）、毛主席对广西各族人民进行了亲切慰问，并赠送毛主席亲自题词的“中华人民共和国各族人民团结起来”的锦旗和其他纪念品。中央民族访问团认为根据党的民族区域自治政策，这里可以建立县一级的自治地方。1951年8月，广西省委和省人民政府决定成立大苗山苗族自治区（县级），经过一年多的基层政权建设，于1952年底成立了大苗山苗族自治区。

从1951年起，在广西苗族的聚居区和杂居区先后建立了以苗族为主体和有苗族参加的县一级民族区域自治政权，包括融水苗族自治县、龙胜各族自治县、隆林各族自治县、三江侗族自治县等。建立民族区域自治机关的过程中，苗族人民选出本民族的优秀分子参加民族区域自治的领导工作，参与管理国家大事，享受了民族平等的权利，实现了当家做主的权利。这些举措有力地践行了民族区域自治制度，有力地保障了少数民族的政治权益和经济权益，维护了平等、团结、互助、和谐的社会主义民族关系。

历史告诉我们，民族团结则国家兴旺。中国是统一的多民族国家，铸牢中华民族共同体意识，始终保持国家完整统一，实现各民族共同团结奋斗、共同繁荣发展，是中国共产党民族政策的方针宗旨。民族区域自治制度在宪法和民族区域自治法中得到明确，是中国的一项基本政治制度。中国实行民族区域自治，以领土完整、国家统一为前提和基础，体现了统一与自治的结合、民族因素与区域因素的结合，符合中国国情和实际。民族区域自治制度，极大增强了各族人民当家做主的自豪感、责任感，极大调动了各族人民共创中华民族美好未来、共享中华民族伟大荣光的积极性、主动性、创造性。在这一制度框架下，中华民族大团结的局面不断巩固，各族人民交往交流交融日益广泛深入，平等、团结、互助、和谐的社会主义民族关系不断发展。

喀什市第一次全国基层选举时的选民榜

新时期的人民民主建设

新疆古称“西域”，意为中国的西部疆域，自古以来就是多民族聚居地区。我国2022年人口普查结果显示，新疆目前主要居住有维吾尔族、汉族、哈萨克族、蒙古族、回族、柯尔克孜族、满族、锡伯族、塔吉克族、达斡尔族、乌孜别克族、塔塔尔族、俄罗斯族等民族，他们都是中华民族大家庭中血脉相连的家庭成员。

我国从很早开始就经略西域，公元前119年，汉武帝派遣张骞出使西域，新疆地区开始与内地交通。公元前60年，西汉在乌垒（今新疆轮台县）设立西域都护府，新疆地区正式纳入中国版图，成为中国统一的多民族国家不可分割的组成部分。唐代击败西突厥后，先后设置了安西大都护府和北庭大都护府，分别统辖天山南北，中原文化与西域文化深度融合。唐代诗人岑参笔下的“花门将军善胡歌，叶河蕃王能汉语”，更是当时新疆地区民族语言并用、文化繁荣景象的真实写照。

1840年鸦片战争后，新疆各族人民历经磨难，深受帝国主义侵略势力、封建剥削阶级、宗教特权阶层的压迫。1949年中华人民共和国成立，中国共产党领导各族人民推翻了帝国主义、封建主义和官僚资本主义的统治，新疆各族人民同全国人民一道翻身解放，开创新疆历史发展的新纪元。

中国的人民民主建设也经历了选择、探索、实践与发展的艰辛历程。

1953年1月13日，中央人民政府委员会举行第二十次会议，主要讨论召开全国人民代表大会和地方各级人民代表大会的问题。会议通过的《中央人民政府委员会关于召开全国人民代表大会及地方各级人民代表大会的决议》规定：必须依照共同纲领的规定，及时地召开由人民用普选方法产生的全国人民代表大会，代替现在由中国人民政治协商会议的全体会议执行全国人民代表大会职权的形式，用普选的地方各级人民代表大会，代替现在由地方各界人民代表会议代行人民代表大会职权的形式，俾能进一步地加强人民政府与人民之间的联系，使人民民主专政的国家制度更加完备，以适应国家计划建设的要求。2月11日，中央人民政府委员会举行第二十二次会议，通过了《中华人民共和国全国人民代表大会及地方各级人民代表大会选举法》(简称《选举法》)。该法案对选民的登记、选举委员会的成立及运作、选举程序、代表候选人的提出、对破坏选举的制裁等做了明确规定。

《选举法》的颁布实施，为新中国的第一次普选提供了法律支持，对保证各地选举工作的试点以及全面铺开起到了积极作用。依据《选举法》，1953年我国历史上第一次普选在全国范围内展开。从1953年7月到1954年5月，全国进行基层选举的单位共有214798个，进行选举的人口达到5.71434511亿人，登记选民总数占18周岁以上人口总数的97.18%，参加投票的有2.780931亿人，占登记选民总数的85.88%，共选出近570万基层人大代表，为第一届全国人民代表大会的胜利召开做了重要准备。

在全国各地积极推动基层政权建设和基层选举的大潮中，新疆人民也积极响应党和国家的号召，在建设人民民主政权的同时，积极推动新疆各地的基层普选工作。

党和国家对新疆各级党组织的建立和人民民主政权的巩固工作高度重视。早在1949年10月12日，由毛泽东起草的党中央电文明确指示“新疆党的领导机关应成立分局，同意以王震为书记，徐立清为副书记，罗元发、张贤约、饶正锡、王恩茂、郭鹏、曾涤、邓力群为委员”。中共中央新疆分局成立后，就开始了自上而下建立各级党组织的工作。同时，建立新疆地方政府也进入议程。1949年12月，西北军政委员会主席彭德怀在迪化（今新疆乌鲁木齐）主持召开具有政治协商会议性质的各族各界代表会议。经过充分协商，会议通过了成立新疆省人民政府委员会的具体方案。经中央人民政府批准，12月17日，由新疆各族各界代表组成的新疆省人民政府委员会宣告成立。这是历史上第一个真正代表新疆各族人民利益的政府。

在建设新疆党组织的问题上，党中央指出：“在新疆少数民族中建立共产党的组织，已有相当基础。现在开始这种建设，成立中国共产党的新疆组织，并吸收少数民族中的先进分子加入中国共产党，我们认为是适当的。”中央指示彭德怀和王震，先选择一批新疆本地各民族的先进分子介绍入党，不要候补期，以后再分批介绍若干人，即任命他们和外来的党员一起分到各个地方去建立党的组织，再介绍当地的先进分子入党，成立支部以及县委、区委等。1950年1月，党中央批复同意了新疆分局提出的《关于建党中几个问题的规定》。随着中共中央新疆分局的成立，新疆各级党组织和人民民主政权逐步建立起来，新疆各族人民有了坚强的领导核心。

中共中央新疆分局以下各级党组织，以驻军党组织组建地方区委、地委、县委三级组织，在群众运动中吸收一批本地各民族先进分子入党，区委、支部就逐步建立起来了。1950年1—7月，以二军党委为基础组建喀什区委，下辖喀什、和阗（今和田）、莎车、阿克苏4个行政区；以六军党委为基础建立迪化区委，下辖迪化、哈密、焉耆3个行政区；以新疆军区为主，抽调党员干部建立五军党委并兼伊犁区委，下辖伊犁、塔城、阿山（今阿勒泰）3个行政区。至1950年10月，全疆各行政区10个地委和迪化市委先后建立。到1952年底，全疆81个县（市）均建立了县（市）委，大部分县辖区建立了区委，部分乡建立了党支部，新疆建立地方党组织的工作基本结束。

在建设新疆基层政权的问题上，新疆省人民政府成立后，根据新疆的施政方针，1950年1月至1952年从驻疆人民解放军中先后抽调了8400多名干部、战士和从内地调来的干部以及在新疆吸收的本地各族干部一起，对喀什、和阗、莎车、阿克苏、迪化、哈密、焉耆7个专区的专县两级政权进行接管和彻底改造，建立了7个行政专员公署和54个县人民政府。对伊犁、塔城、阿山3个专区的专县两级政权进行调整和充实，使这3个专区的行政专员公署和25个县的县人民政府得以顺利转变为人民民主政权。对于农牧区基层政权的建立，采取了区别对待、先农区后牧区的办法。在农区，将旧的乡（镇）公所改造成为区人民政府，废除了保甲制度，设立乡人民政府，乡以下设村。在牧区，采取了建立区、乡基层政权以取代氏族部落制的做法。以新疆喀什为例，1950年2月25日，喀什首次召开了各族各界人民代表会议，参加各族各界人民代表会议的有各个民族、各个阶层的代表人物。随后，喀什辖区内的各县普遍召开了农民代表大会和各族各界人民代表会议，选举产生了新疆历史上第一个人民当家做主的民主政权——县人民政府。

当时的代表会议主要是在县和区、乡各族各界人民代表会议召开前，一般先召开县和区、乡的农民代表会议，在区、乡村农民协会组织建立和健全起来以后，临时起到区、乡、村政权的作用。从农会委员和农民代表中选拔出区、乡干部，然后召开区、乡各族各界人民代表会议，选举出区长、乡长，召开村农民群众大会选举村干部。在农代会和各族各界人民代表会议上讨论了减租反霸方针、计划、步骤，在统一意志的基础上展开工作，发挥了农代会和各族各界人民代表会议的组织作用，对于顺利实施党的各项政策起到了重要作用。

1951年4月19日至5月10日，新疆省第一届各族各界人民代表会议第一次会议召开，确定在全省农业区开展减租反霸运动，并选举产生新疆各族各界人

新疆维吾尔自治区喀什市第一次全国基层选举时的选民榜（维吾尔文）

1953年3月

纵84.8厘米，横80.5厘米

中国国家博物馆藏

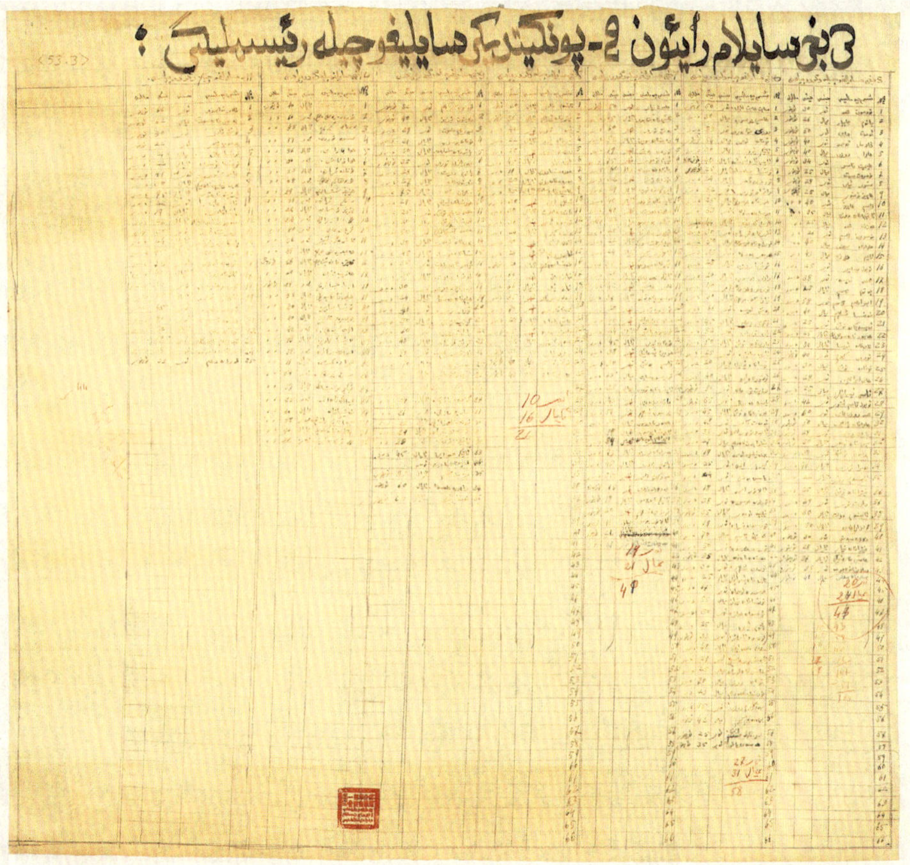

民代表会议协商委员会。新疆省人民政府根据《中国人民政治协商会议共同纲领》规定的实行人民民主专政的国家制度和各民族一律平等的民族政策，结合新疆的具体情况，制定了新疆的施政方针，彻底废除了历来反动统治者执行的民族压迫政策，保证了各民族一律平等和各族人民当家做主的权利。到1952年底，全疆10个专区、1个市、81个县、1个中心区、393个区、2220个乡的人民民主政权全部组建完成，真正代表新疆各族人民根本利益的各级人民民主政权在全疆范围内普遍建立起来了。

新疆各级党组织和各地基层政权的建立和完善，为新疆开展大范围的普选奠定了坚实的基础。

这张用维吾尔文书写的选民榜诞生于1953年3月，是新疆维吾尔自治区喀什市一区第三选区登记站在基层普选时张贴过的选民榜，是中国历史上第一次规模空前普选的历史见证。当时为保证新疆维吾尔自治区喀什市的选民积极参与选举，组织便在选区的显著位置分别采取无记名投票、张贴选民榜、豆选等方式进行选举。这是新疆喀什人民选举的见证，也是新疆各地人民积极行使政治权利，踊跃参加普选的缩影。

新疆地域宽广，因此各地开展的普选时间略有不同。除了喀什，其他地方的普选工作也如火如荼地开展。察布查尔锡伯自治县离喀什1300多公里，普选是在1953年8月开展的。

新疆和平解放后，在党和国家的领导下，宁西县（察布查尔锡伯族自治县成立前的称呼）进行了一系列社会改革。当时的县委和县政府组织工作队深入各区乡协助做好普选工作。按照《选举法》的规定，凡年满18周岁的中华人民共和国公民，不分民族和种族、性别、职业、社会出身、宗教信仰、教育程度、财产状况和居住期限，均有选举权和被选举权，男女选民都在平等的基础上参加选举，每一选民只有一个投票权。《选举法》规定了选举人对于代表候选人的提出和代表的选举，完全可以自由地选举自己认为满意的人，并对选出的代表有权依照法定手续撤回补选。《选举法》还规定了在乡、镇、市辖区及不设区的市等基层政权单位实行直接选举，而在县以上则实行间接选举。

察布查尔的普选工作主要分三期进行。1953年8月31日至9月5日参加土地改革工作的1330名干部集中在县城参加了普选工作学习班。1953年9月17日共组织6个普选试办工作队，分赴各个区、乡开始试行普选。1954年2月10日，察布查尔的普选工作顺利结束。选举产生了32个乡人民政府，正、副乡长63人。3月成立了察布查尔锡伯族自治县，民主选举出第一任本民族县长。县委在普选的基础上结合自治县的筹建工作，组织各选区选举出席自治县首届人民代表大会的100名代表。其中锡伯族代表36名、哈萨克族代表28名、维吾尔族代表27名、汉族代表3名，其他人数较少的回族、蒙古族、柯尔克孜族、塔塔尔族、乌孜别克族、俄罗斯族等也有自己的代表。

新疆各地普选工作的基本完成为举行全疆范围内的人民代表大会奠定了坚实的基础。1953年4月20日，中共中央新疆分局决定成立省选举委员会以及各基层选举委员会，在全疆开展普选工作；6月1—9日，中共中央新疆分局召开扩大会议，通过赛福鼎·艾则孜《普选工作计划》报告、包尔汉·沙赫德拉《关于新疆推行民族区域自治工作计划》报告以及《新疆省民族区域自治实施计划（草案）》。1954年7月，新疆第一届人民代表大会第一次会议召开。9月20—30日，新疆第一届人民代表大会第二次会议在乌鲁木齐举行，会议通过了《坚决拥护中国共产党中央委员会和中央人民政府代表董必武指示的决议》《坚决拥护〈全国人民代表大会常务委员会第二十一次会议关于成立新疆维吾尔自治区，撤消新疆省建制的决议〉的决议》《中华人民共和国新疆维吾尔自治区各级人民代表大会和各级人民委员会组织条例（草案）》等重要文件；选举产生了新疆维吾尔自治区人民委员会组成人员：主席赛福鼎·艾则孜，副主席高锦纯、买买提明·伊敏诺夫、帕提汗·苏古尔巴也夫，以及37名委员。1955年10月1日，新疆维吾尔自治区宣告成立，新疆实现了民族区域自治，实现了各民族人民当家做主、管理本民族内部事务的权利，大大提高了各族人民的政治地位，这是祖国各族人民更加团结的又一个重要标志。

和平、发展、公平、正义、民主、自由，是全人类的共同价值，也是中国共产党和中国人民始终不渝坚持的重要理念。中国基于本国国情发展全过程人民民主，既有着鲜明的中国特色，也体现了全人类对民主的共同追求；既推动了中国的发展与中华民族的复兴，也丰富了人类政治文明形态。在中国共产党和中央人民政府的坚强领导下，在全国人民的大力支持下，新疆各族人民坚持走中国特色社会主义道路，坚持各民族平等团结发展，天山南北发生了翻天覆地的变化。在这一发展进程中，各族人民对统一的多民族祖国大家庭的认识进一步深化，爱国主义情怀进一步释放，各民族间的信任和团结进一步增强，凝聚成你中有我、我中有你的文化整体。新疆各族人民同全国各族人民共同开拓中国的辽阔疆域，共同缔造着多元一体的中华民族大家庭。

西双版纳傣族头人的任职通知等文书

从『官家』到『公民』

作为统一的多民族国家建构过程中出现的一种特殊的政治体制，土司制度的兴衰与国内外形势的变化、国家治理体系的演变密切相关。在经过明清时期的改土归流及民国时期的“土流并治”后，土司制度日趋衰落。新中国成立以后，中国共产党和中国政府牢牢把握各民族共同团结奋斗、共同繁荣发展的主题，坚持从本国国情出发，总结历史经验，开创了具有中国特色的解决民族问题的正确道路，确立并实施了以民族平等、民族团结、民族区域自治和各民族共同繁荣为基本内容的民族政策，形成了比较完备的民族政策体系，从而进一步将分散的边疆社会整合到国家行政权力体系之中，彻底终结了延续数百年的土司制度，从根本上实现了国家对边疆民族地区的有效管辖与治理。

新中国成立初期，云南边疆沿线地区仍普遍保留着土司制度。据统计，其时云南省共有少数民族上层人士（含宗教上层人士）1.3万余人，其中12800余人分布在边疆地区（含藏族、彝族聚居区）。在边疆地区的少数民族上层人士中，除村寨头人约1万人外，按其政治统治和社会影响范围分类：相当于乡级者1800余人，主要为𤰿头、老叭、山官、部落头人和奴隶主；相当于区级者900余人，主要为土司属官、大𤰿头、大老叭及较大之山官；相当于县级以上者共115人，主要为土司、卡真、大山官、王子。

这一时期，云南边疆地区的少数民族上层人士的政治态度大致可归为三类：第一类拥护共产党领导，投身人民政权；第二类虽对国民党不满，但对共产党亦不甚了解，怀有疑惧心理，持观望态度；第三类勾结国民党残部，与人民政府武装对抗。由于少数民族上层人士在本地区拥有较大的权力和传统影响，在少数民族群众觉悟尚处于启蒙阶段的情况下，少数民族上层人士的态度，对于整个民族民心的向背有着决定性的影响。因此，争取少数民族上层人士成为这一时期我党开展民族工作的重要内容。1951年中共云南省委曾强调，“目前在边疆民族地区必须搞好与上层的关系，加强对上层分子的争取和改造工作，这是我党民族政策在当前现实环境中具体贯彻的重要策略步骤，是为了人民群众的当前利益和长远利益，也是边疆地区贯彻肃清土匪巩固国防任务中的核心问题之一”。马曜先生在其所著之《云南民族工作40年》一书中亦曾指出：“每到一地，首先争取团结民族上层人士，然后开展群众工作，帮助群众发展生产，逐步培养民族内部的新生力量，推动上层人士进步，为社会改革铺平了道路，这是五十年代初期云南边疆民族工作发展的一条特殊规律。”

为“消除历史隔阂和少数民族对党和政府的各种疑虑，团结一切可以团结的力量，组成广泛的爱国统一战线，以最大限度地孤立和打击境内外敌人”，党和政府采取了一系列重大举措。如派出访问团深入民族地区进行慰问，以传达党和政府的关怀，同时宣传民族政策。1950年6月，中央派出西南访问团，前往四川、西康（今属四川和西藏）、云南、贵州四省的民族地区进行访问。同年8月6日，中央民族访问团第二分团在团长夏康农、副团长王连芳率领下由重庆乘飞机抵达昆明。自1950年8月至1951年5月，中央民族访问团第二分团先后访问了宜良、武定、楚雄、大理、丽江、保山、普洱、蒙自、文山等9个专区的42个县。

车里县景洪区人民政府给刀栋纲的委任通知

长27.7厘米，宽26.2厘米

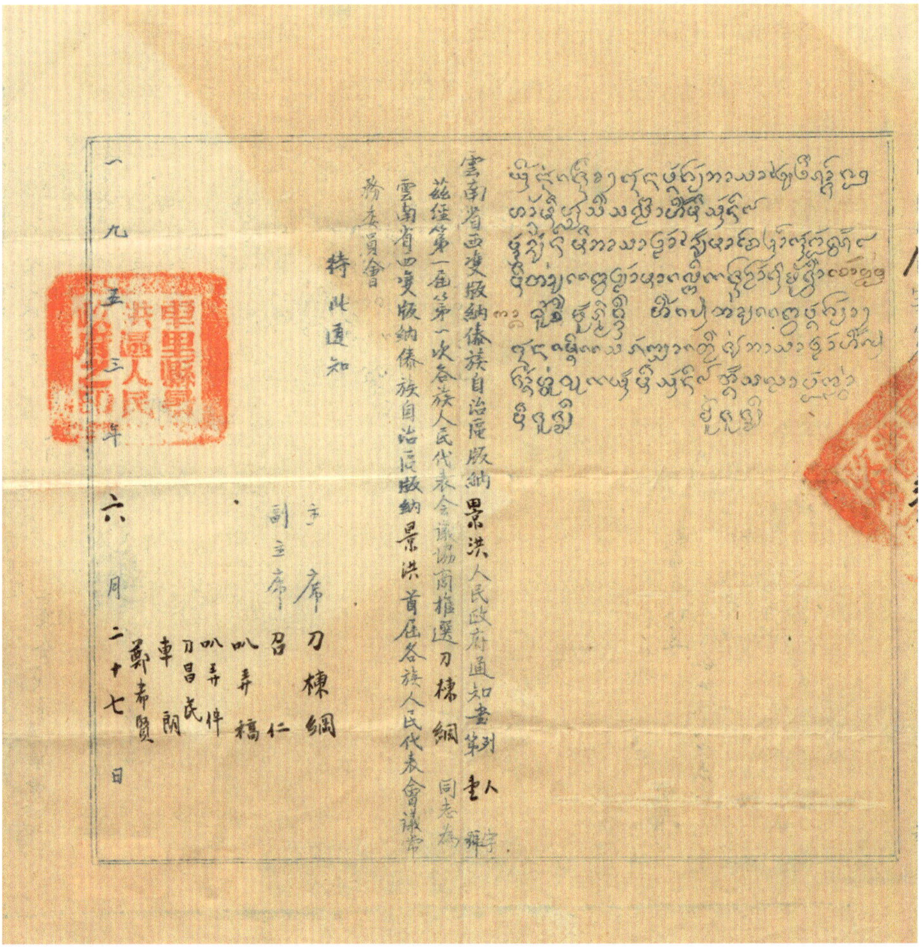
雲南省西雙版納傣族自治區版納景洪人民政府通知書 第 壹 號

茲任第一屆第一次各族人民代表會議協商推選刀棟綱同志為雲南省西雙版納傣族自治區版納景洪首屆各族人民代表會議常務委員會

特此通知

主　席　刀棟綱

副主席　召　仁

叭弄稿

叭弄伴

刀昌民

車　朗

鄭肅賢

一九五三年六月二十七日

另外，分批分期组织以少数民族上层人士为主的民族参观团或代表团，到北京和内地其他地方参观学习，以增进少数民族对祖国的了解，密切边疆民族地区同中央的联系。自1950年至1954年，云南省人民政府先后组织了45批4170位各民族各阶层代表到全国各地参观学习。这些举措皆取得了积极的效果，1952年，南甸土司龚绶结束五个多月的北京参观之行返回梁河后，曾于第四届各族各界代表会议上作赴京观感报告，其称通过这次赴京参观，“才知道从前国民党的宣传，是侮辱共产党的谰言和挑拨，并且才深刻认识了共产党空前未有的伟大和好处”。

为进一步消除少数民族上层人士的思想顾虑，1950年下半年，中共云南省委根据潞西（今芒市）土司方克光等的要求，做出暂时“保留土司制度”的决定，并于1951年7月10日，在《云南日报》上公开发表了《云南省人民政府关于加强民族团结、坚决剿匪、巩固国防的公告》，其中明确规定边疆各民族地区现行政制度及土司、头人之现有地位和职权，人民政府不予变更。凡爱祖国爱人民之土司、头人，可同时参加各级人民政府之工作。因受骗而实行武装对抗的土司、头人，只要诚心悔过，回到祖国怀抱，人民政府可不收缴其武器。云南省人民政府还通过召开座谈会、举办短训班、个别交流，以及主动与少数民族上层人士交朋友等方式，进一步向少数民族上层人士宣传政策，进行教育，并帮助其加入人民队伍。

在党的宣传、教育、感化下，一些土司逐渐认识到废除土司制度已是大势所趋、人心所向，遂表示自愿放弃旧有制度。如1953年在西双版纳傣族自治区（今西双版纳傣族自治州）第一届人民代表大会上，车里宣慰司议事庭庭长召存信就郑重宣布“自愿放弃官租剥削，交出私人武器和土司政权议事庭大印”，并于1957年加入了中国共产党。至1955年前后，云南绝大多数边疆民族地区的土司、头人已自动放弃了官租、地租、债利等，并分出土地，有的甚至还向当地政府提出自己去分土地的要求。

此外，大力推动民族地区的政权建设，亦是这一时期民族工作的重要内

刀栋庭的云南省首届人民代表大会代表当选证书

长30.8厘米，宽27厘米

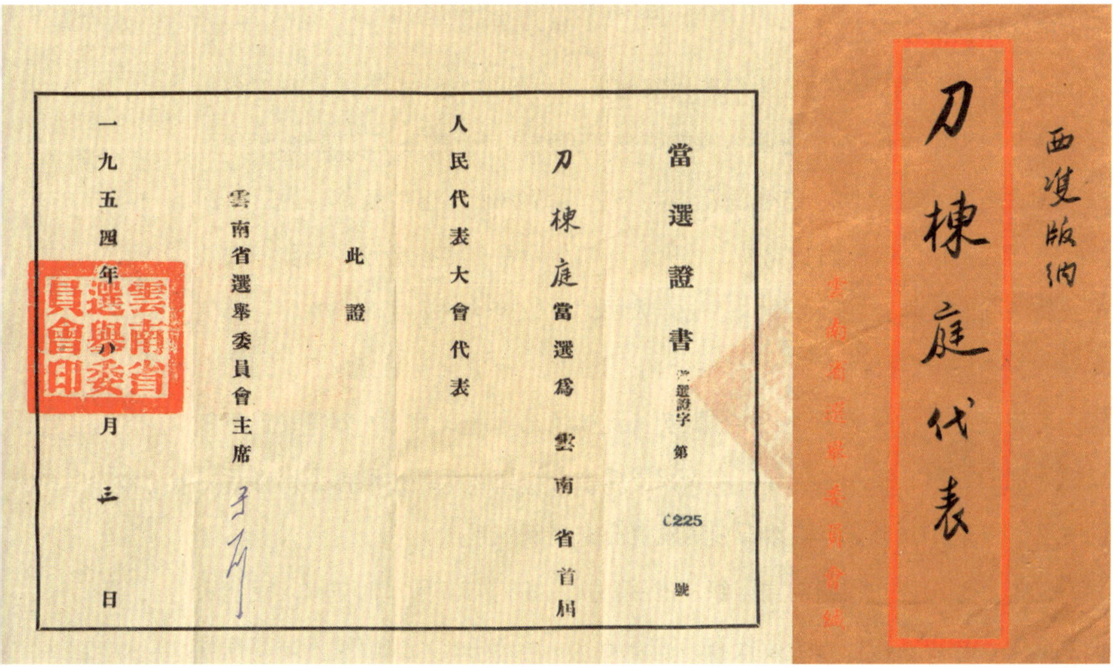

當選證書

選證字第 C225 號

刀楝庭當選為雲南省首屆人民代表大會代表

此證

雲南省選舉委員會主席

一九五四年 月 三 日

雲南省選舉委員會印

刀楝庭代表

雲南省選舉委員會緘

容。民族区域自治是中国共产党在新中国成立前既已确定的基本政策，云南边疆民族地区解放后，有关工作即初步展开。尤其是1952年《中华人民共和国民族区域自治实施纲要》颁布后，云南开始全面展开民族区域自治工作。在对全省各民族人口及分布深入调查，以及民族识别研究的基础上，云南省民族地区普遍建立了具有广泛代表性的民族民主联合政府。自1951年2月昆明县民族民主联合政府建立起，至1954年8月，云南全省共建立了各级民族民主联合政府524个。

中国国家博物馆所藏之车里县景洪区人民政府给刀栋纲的委任通知（1953年）、刀栋庭的云南省首届人民代表大会代表当选证书（1954年）、云南省西双版纳自治区人民政府任命刀栋庭为副主席的委任令（1955年）等，即为这一时期西双版纳地区傣族头人的任职文书。刀栋纲为车里宣慰使刀承恩之子，曾代理宣慰使一职。新中国成立后，根据党对少数民族上层爱国人士的有关政策，刀栋纲于1953年初被安排担任版纳景洪各族人民代表会议常务委员会主席（后改称版纳长）。1959年6月起，刀栋纲历任政协西双版纳傣族自治州第二、第三、第四届委员会副主席。

而刀栋庭则为刀栋纲之弟，末代宣慰使刀世勋之父，曾与其兄刀栋纲共同摄政。1950年1月，在西双版纳解放前夕，因对共产党的民族政策缺乏了解，加以国民党残部之裹胁，刀栋庭及其内务大臣等数十人逃往缅甸。1953年西双版纳傣族自治区成立后，党委、政府和政协分别召开专门会议，部署争取外逃人员回归的工作，昆明军委也派出专人协助。以自治区人民政府主席召存信为首的数十位少数民族上层人士联名致信刀栋庭，希望其能消除顾虑，回归祖国。刀栋庭在外亦逐渐了解到共产党实行民族团结平等政策，并妥善安置所有靠拢人民的土司、头人，领导各族人民发展生产，西双版纳也取得了日新月异的发展，遂于1954年4月毅然带领其属官及家属回到景洪。

刀栋庭回国后，积极向党组织及人民靠拢。1954年6月，他被州人民代表大会选为云南省人民代表大会代表。1955年3月，云南省人民政府任命刀栋庭为西双版纳傣族自治区副主席。同年6月及1961年4月，当选为西双版纳傣族自治州第二、第三届副州长。1956年，他被任命为云南省民委副主席。此外，1955年2月至1964年1月，刀栋庭还先后被选为政协云南省第一、第二、第三届委员会常委，全国政协第二、第三届委员。1977年12月，他当选政协云南省第四届委员会副主席；1978年，当选全国政协第五届常委。

对少数民族上层人士的争取及民族区域自治制度的推广实行工作从两个方面进行：一方面将土司、头人吸纳到了人民政权中，起到了稳定少数民族上层人士的作用；另一方面通过建立民族区域自治政权，进一步瓦解了土司司署及其下属基层政权的行政职能。而进入到各级政府机构的土司、头人，其身份已然发生改变，已非原先的统治者，而是作为“与群众有联系的领袖人物”，以代表和服务群众。从1954年起，各地政府在积极吸纳少数民族上层人士的同时，亦大力培养少数民族干部，中共云南省委提出“大胆破格提拔”和“放手使用”少数民族干部，并“把培养共产主义的领导骨干作为民族干部工作的核心和关键”，如在土改过程中就曾陆续吸收了一批劳动人民出身的少数民族领导骨干。这些新成长起来的少数民族干部，不断发展壮大，逐步替代了以土司、头人为代表的旧式少数民族或宗教上层人士，担任各级政府的领导职务。

此外，自1951年8月中共云南省委颁布《云南省土地改革实施办法》后，云南即拉开了全省土地改革工作的序幕。鉴于云南地处边疆、民族众多，且各地经济及社会状况复杂等情况，经中共中央西南局和党中央同意后，中共云南省委因地制宜，分类指导，采取五种土地改革方式。其中，对于保留着土司制度的地区或保留着封建领主制的边疆民族地区，采取“自上而下和平协商解决土地问题的改革方法”。土地改革的推动，使得云南地区封建领主制、地主土地所有制逐渐被废除的同时，也瓦解了土司制度赖以存在的经济基础。而民族区域自治的深入开展，则加速了土司武装的崩溃与瓦解。按照《中华人民共和国民族区域自治实施纲要》规定，云南边疆民族地区依照国家统一的军事制度，正式组建了公安部队和民兵，并对土司遗留武装，“根据工作需要和对土司的团结改造程度，通过自治区政权，采取先教育训练后整顿的办法，逐步加以改造”。而在人民基础、经济基础及武装基础相继瓦解后，云南土司制度最终彻底消亡。

新中国成立初期，随着土地改革、民主改革及民族区域自治政策的实施，边疆民族地区传统的社会结构解体。作为地方统治势力的土司，其身份、地位和角色亦发生了变化，由统治者变为政府工作人员和普通公民。在构建新的政治及社会结构过程中，党和国家对于以土司为代表的少数民族上层人士的争取与团结，使他们逐渐认识到新中国的优越和强大，并产生强烈的认同感与归属感，从而积极参与边疆民族地区的社会改革和社会主义建设中，大大推进了边疆民族地区的民族团结与社会建设。

《中国各族人民大团结》壁画

中国人民对美好新生活的憧憬

在中国国家博物馆内东侧的墙壁上有两幅巨型壁画，靠南边的一幅是周令钊创作的《世界各国人民大团结》，靠北边的一幅就是黄永玉创作的《中国各族人民大团结》，高9米、宽10米，创作于1959年中国革命历史博物馆落成的同时。壁画内容是各族人民在天安门前载歌载舞的场景，象征着中国人民在取得革命胜利后，全国各族人民紧密团结在党中央周围。重要的历史内涵和优秀的艺术表达，使其成为新中国美术史上的经典作之一。

中华人民共和国成立初期，国家在进行民主改革和经济建设的同时，民族团结工作也成为重中之重，且形势极其复杂。党中央在开展民族工作时主要以《中国人民政治协商会议共同纲领》（简称《共同纲领》）为蓝本，在《中华人民共和国宪法》（简称《宪法》）颁布后，又结合民族问题的具体实践，对《共同纲领》中未提及的内容进行了补充，形成了新中国成立初期党的民族政策的完整内容。

1949年9月由中国人民政治协商会议第一届全体会议通过的《共同纲领》，

作为临时宪法性质的纲领性文件，在明确各少数民族平等团结的民族关系和保障各民族人民平等参与国家事务权利的基础上，进一步将民族区域自治制度作为新中国处理民族问题的基本政策。这一政策的形成是对新中国成立以前党的各项民族政策的总结和完善，阐明了新中国处理民族问题的原则主张，内容主要分为五点：其一，维护各民族平等团结；其二，在少数民族聚居区成立民族区域自治政权；其三，保障少数民族的武装权利；其四，保护少数民族的语言文字、风俗习惯、宗教信仰权利；其五，帮助少数民族地区社会全面发展。

在《共同纲领》的指导下，党中央进一步落实和补充关于民族工作的相关内容。第一，在少数民族地区社会制度改造方面，1950年中央人民政府政务院发出了《关于慎重处理少数民族问题的指示》，在和平解放西藏后，1951年在对待其社会改造问题上发出了《中央人民政府与西藏地方政府关于和平解放西藏办法的协议》等，通过这些政策，对民族地区的社会制度、生产关系进行分步骤分阶段的社会主义改造。

第二，在促进民族平等和团结方面，1952年2月22日，中央人民政府政务院第125次政务会议通过的《保障一切散居的少数民族成分享有民族平等权利的决定》规定“一切散居的少数民族成分的人民，均与当地汉族人民同样享有一切权力”，从法理上保证了国内各民族一律平等和团结互助的关系。

第三，实施民族区域自治政策，1952年8月，中央人民政府正式颁布实施《中华人民共和国民族区域自治实施纲要》，1954年《宪法》颁布后对《共同纲领》中的民族区域自治规定做了进一步的完善，按照少数民族聚居区的人口多少和区域大小，分别建立不同级别的民族自治地区和自治机关。到1956年9月，全国已建立内蒙古自治区和新疆维吾尔自治区2个自治区和27个自治州、43个自治县。1958年，广西壮族自治区和宁夏回族自治区成立。西藏自治区则是在1956年成立筹备委员会，于1965年正式成立。民族区域自治最大限度地保障了少数民族在中央人民政府统一领导下，充分行使自主管理本民族内部事务、当家做主的政治权利，加强了各民族团结互助关系，调动了民族地区积极性，加速了民族地区社会改革发展进程。

第四，培养少数民族干部，1950年11月24日，政务院第60次政务会议批准了由中央民族事务委员会起草的《培养少数民族干部试行方案》，对进一步培养和使用少数民族干部做出了全面部署。

第五，推动民族地区经济发展，新中国成立初期大多数民族地区生产方式落后，生活困难。1952年，中央下发的《中共中央关于制订五年建设计划应重视少数民族地区建设的指示》就如何建设民族地区政权机构、经济体制、财税贸易等方面提出原则性指导。

第六，保护和发展少数民族文化事业，1952年教育部增设民族教育司，统筹协调和管理全国民族教育事业发展。1954年，国家将保障宗教信仰自由写入《宪法》，依法保护少数民族文化习俗和宗教信仰。

中央人民政府在制定一系列民族政策的同时，也在积极开展民族识别工作，共分为三个阶段：1949—1954年为第一阶段，主要为调查阶段，搜集各族体的族源、历史、现状与语言等信息；1955—1964年为第二阶段，根据已掌握的民族信息进行民族识别；1965年到1979年为第三阶段，对个别民族进行辨别、归并。1953年7月，中央统战部根据1952年全国民族政策大检查的情况，起草了《关于过去几年内党在少数民族中进行工作的主要经验总结》，对新中国成立以来的民族政策的执行情况做了全面的评价，并于1954年10月正式发文。毛泽东同志在会议中明确提出了民族识别的总原则，根据这一原则1954年已认定38个少数民族，除已经公认的蒙古、回、藏、维吾尔、苗、瑶、彝、满、黎、高山等族外，又确认了壮、布依、朝鲜、侗、白、哈萨克、哈尼、傣、傈僳、佤、东乡、纳西、拉祜、水、景颇、柯尔克孜、土、塔吉克、乌孜别克、塔塔尔、鄂温克、保安、羌、撒拉、俄罗斯、锡伯、裕固、鄂伦春等族。第二阶段主要识别了西南和中南的一些省份，新确定15个少数民族，即土家、畲、达斡尔、仫佬、布朗、仡佬、阿昌、普米、怒、崩龙（现改为德昂）、京、独龙、赫哲、门巴、毛难（现改为毛南）等族。因此，截止到《中国各族人民大团结》壁画创作的那一年即1959年，我国共识别出53个民族。壁画中共绘有53个成人，代表了这53个民族。此后，1965年认定了西藏珞瑜地区的珞巴族，1979年认定了云南基诺山的基诺族。至此，加上汉族，我国民族大家庭的成员增加到56个。1990年，全国进行第四次人口普查时正式确认56个民族。

1958年8月，为了迎接中华人民共和国成立十周年，国家决定在北京兴建具有代表性的十大公共建筑，以展示新中国成立以后所取得的巨大成就。1959年8月31日落成，位于天安门广场东侧的中国革命博物馆和中国历史博物馆大楼就是这十大建筑之一，这座大楼也就是今天的中国国家博物馆改扩建之前的样子。1959年在建筑工程接近尾声时，需要对场馆内部空间进行装饰，以美术创作的形式来表现中国共产党和新中国的形象，对公众进行爱国主义教育。于是中国革命博物馆和中国历史博物馆筹建领导小组召开相关会议，将中央大厅的美术创作交由美术家张仃、齐速、刘开渠、王朝闻、王式廓、董希文、滑田友、钟灵、吴劳负责，其中张仃总负责。经几次会议商讨后，最终确定了壁画的创作形式，并初步确立以“十月革命的胜利，全世界人民为十月革命胜利而欢呼。中国革命的胜利，全中国人民为中国革命胜利而欢呼”为主题，主创人员除董希文、王式廓外还增加了周令钊。考虑到时间紧迫，周令钊又向上级组织推荐了同事黄永玉共同创作，于是1959 年 4月，正在老家湖南凤凰县带学生体验生活的黄永玉，接到了由中国美术家协会负责人蔡若虹、华君武布置的壁画绘制任务，从而赶赴北京配合创作。

1959 年5月7日，周令钊和黄永玉首次参加了美术创作小组的例会，擅长木刻的黄永玉提议在金丝楠木板上进行壁画绘制，得到参会人员认可。接下来会议进一步确定了壁画的内容，由周令钊创作《世界各国人民大团结》壁画，黄永玉创作《中国各族人民大团结》壁画，此时两幅壁画“世界和平”和“人民团结”的主题更加突出。内容确定后，两位画家在颐和园龙王庙旁的一处院落里进行创作，最终历时一个半月创作出原始稿。中国国家博物馆收藏的《中

《中国各族人民大团结》壁画水粉色彩稿

1959年黄永玉绘

纵92厘米，横106厘米

中国国家博物馆藏

国各族人民大团结》壁画的创作草稿共有4幅，其中一幅水粉色彩稿是黄永玉先生捐赠的，在草稿画面两侧有黄永玉先生2006年写下的题记，记述了大致的创作过程。

黄永玉可以承担此项重要的工作任务，要得益于他扎实的美术功底。黄永玉少数民族的身份，也使得他创作《中国各族人民大团结》壁画恰如其分。黄永玉出生于湖南凤凰，是土家族人，从小家境贫苦，初中辍学，12岁就开始四处打工谋生，没有接受过系统的美术训练，但却对美术表现出浓厚的兴趣和热爱。18岁时，他的第一本个人木刻集《烽火闽江》问世。此后，他在绘画、木刻版画、篆刻等方面都有所造诣，可见他在美术方面颇具天赋。或许是来自父母善画的熏陶，还有身为文学巨匠的表叔沈从文的影响，使得他在美术、文学方面被誉为一代“鬼才”。黄永玉于1953 年开始在中央美术学院（简称中央美院）任教，成为当时学院里最年轻的教师，他创作完成《中国各族人民大团结》壁画时也才35岁。正是在美术方面的特殊才能，使他得到同为中央美院同事周令钊的赏识，经推荐后得到领导的认可并参与此项创作任务当中。

《中国各族人民大团结》壁画描绘了全国各族人民簇拥在天安门城楼前载歌载舞，形成一片欢乐海洋的场景。画面分为上下两个中心，上方以天安门城楼和其前3个工农兵形象为中心。画面中的天安门城楼红墙金顶，城墙上象征着中国人民大团结的五星红旗由两侧向中心飘扬，呈现出象征着党中央的天安门城楼的凝聚力。城楼上方的白云也用有着几千年历史的云纹来描绘，这种装饰图案使得整个画面既对称和谐又美观。天安门城楼是新中国的标志，象征着中国人民革命的胜利，在中国共产党的领导下各族人民团结在一起。早在1942年，毛主席在延安文艺座谈会的讲话中，确立了文艺要为工农兵服务的方针，该方针指导着整个中国文艺此后的发展方向，成为中国文艺发展史上的一个里程碑。因此天安门前3人，从左至右依次是头裹白毛巾的农民、头戴蓝色工帽的工人和身着绿军装的军人形象。3人站立成排，手举鲜花欢呼，前方是手拉手共歌舞的各族人民形象，在他们的背后还穿插有S形装饰花带。围绕在工农兵3人两边的各族人民，手拿各种民族乐器，有长鼓、太平鼓、唢呐、号角、芦笙、马头琴、月琴、三弦、锣、镲、摇铃等，一片盛世欢歌的场景。

画面下方的中心，是以回族、蒙古族、维吾尔族、藏族和傣族居中的多个少数民族群众站成一排，这5个少数民族重点代表了5个民族自治区。他们足下的地毯象征着各少数民族群众站在生活舞台的中央，昂首阔步走向前方，为自己的生活当家做主。地毯后方呈三角形的缠枝纹花幕为舞台增添了华丽效果，并与前方地毯共同组成一个三角形的稳定结构，和画面上方天安门与其前工农兵形象围成的三角形中心遥相呼应，凸显出画面的两组重心。舞台周围身穿各少数民族服饰的群众，有的手拿劳动工具镰刀，有的手举织出的布匹，有的手捧丰收的果实，周围还点缀有酒壶、罐、箩筐、花朵等，既起到装饰作用又代表着人民自己创造出富足的生活。画面左下方是一组农民赶着满载粮食瓜果的牛群，还有充满生活气息的羊鹅等家禽，代表着发展势头强劲的农业。画面右下方则是围绕在拖拉机周围的一组工人形象，代表着新中国飞速发展的工业。1953年国家实行第一个五年计划，主要目标是实现国家的工业化，同年制定的过渡时期总路线中，主要任务是通过开展社会主义工业化，对农业、手工业和资本主义工商业进行改造，到1956年社会主义改造已基本完成。1958年，党中央正式制定了社会主义建设总路线，实行工业和农业并举，凝聚全民族的力量进行社会主义建设，发展生产力成为首要目标。这组画面展现了党中央带领各族人民大力发展经济的内容。画面中各族人民身着简朴的劳动者服装，鲜明地代表着无产阶级人民群众。画面中心的人们面向前方，两侧的人们振臂昂扬，面向中心，增加了整幅画面的聚合力。最下排人群中还有4个学生形象，代表着新生力量；中间的2位女青年迎面向上，共同面向其中一位双手托举起的一个胖娃娃，代表着祖国美好的未来；四周环绕着飞起的白鸽，画面的空隙处绘有装饰性的花卉，烘托出万象更新、美好热烈的气氛。

整幅壁画构图宏大，中心突出，左右对称，疏密得当。壁画绘制在金丝楠木板上，整幅壁画共由90块金丝楠木板拼成，专门由负责木工的王万起师傅制作。创作时在金丝楠木板上用矿物质颜料重彩平涂，色彩鲜亮、配色和谐。创作中还使用了粉线贴金箔工艺勾勒轮廓。此项工艺中的线条沥粉工艺由原中央工艺美术学院技师、庙堂古建粉绘老师傅申玉成负责；金箔则是由有关部门特地从中国人民银行调拨来的20两黄金，经过捶打而成，再用于绘制。画面美观，极具装饰效果，用重彩的效果烘托出了人民团结、一致向上的喜庆氛围。壁画最初落成时，由于其前有柱子遮挡，观赏效果不佳，一直未得到展出。直到2007年，由中国革命博物馆和中国历史博物馆两馆合并而成的中国国家博物馆实施改扩建工程，两幅壁画才被保护性拆移。在改扩建工程即将竣工时，特请黄永玉先生来到施工现场，亲自指导修复后将壁画安装上墙。2013年中国国家博物馆正式开馆后，此幅壁画才得以正式展现在观众面前。

完成于新中国成立初期的《中国各族人民大团结》壁画，反映了中国各族人民团结一心、奋力建设的图景，传递了中国人民对美好新生活的憧憬和努力，是具有新中国成立初期时代风貌和现代壁画艺术水平的里程碑式的作品。在今天，它依然发挥着积极的能量，具有现实的指导和教育意义。我们每每徜徉在中国国家博物馆的展厅，走过《中国各族人民大团结》壁画时，不自觉仰头观望，在被其强烈的视觉美感冲击外，不禁感叹祖国的伟大，在共产党的带领下，我们56个民族的兄弟姐妹将紧密团结在一起，创造出更加美好的生活。

中华人民共和国宪法修正案草案表决票

“中华民族”首次写入宪法

从1954年第一部宪法诞生至今，我国宪法一直处在探索实践和不断完善的过程中。1982年公布施行的现行宪法，历经1988年、1993年、1999年、2004年、2018年五次修改，不断与时俱进，有力地推动和保障了党和国家事业的发展。党的十八大以来，以习近平同志为核心的党中央团结带领全国各族人民毫不动摇地坚持和发展中国特色社会主义，统筹推进“五位一体”总体布局、协调推进“四个全面”战略布局，形成一系列治国理政新理念新思想新战略，推动党和国家事业取得历史性成就、发生历史性变革，推动中国特色社会主义进入了新时代。为顺应时代要求和人民意愿，2018年3月11日，十三届全国人大一次会议经投票表决，通过了《中华人民共和国宪法修正案》，完成了对现行宪法的第五次修改。在中国国家博物馆收藏有一份当时的表决票，票面印刷有汉族、蒙古族、藏族、维吾尔族、哈萨克族、朝鲜族、彝族、壮族等八个民族的文字。

2018年通过的《中华人民共和国宪法修正案》，增加了“中华民族伟大复兴”的内容，这是“中华民族”首次写入《中华人民共和国宪法》。从历史的角度来看，近代以来，随着民族危机的不断加深以及民族意识的觉醒与发展，中华儿女在争取民族解放与国家独立的过程中，逐渐凝聚为一个“同呼吸、共命运”的民族共同体，中华民族意识逐渐由“自在”走向“自觉”，并萌发出了中华民族复兴的思想。

从梁启超1902年首次提出“中华民族”概念，至辛亥革命前后倡行的“五族共和”“五族平等”主张，再至五四运动时期对“中华民族”“中国民族”“全民族”等概念的大量使用，说明“中华民族”这一概念已逐渐得到广大人民的认同。七七事变以后，日本开始发动全面侵华战争，中国人民全民抗战由此拉开序幕。抗日民族统一战线的建立和全民族抗战局面的形成，对于增强中国各族人民对中华民族整体的认同感起到了非常重要的作用。血与火的共同抗争让各族人民深刻认识到，中华民族是一个命运共同体，一荣俱荣、一损俱损。而“中华民族”作为我国境内各民族的共同称谓，也正是在这一时期为全国各族人民所普遍认同及使用。

实现中华民族的伟大复兴，是近代以来团结全体中华儿女浴血奋斗的最大公约数，也是中国共产党与生俱来的历史使命。自成立之日起，中国共产党就把实现共产主义作为党的最高理想和最终目标，并义无反顾肩负起实现中华民族伟大复兴的历史使命。1935年12月27日，毛泽东在陕北瓦窑堡党的活动分子会议上曾气吞山河地宣示：“我们中华民族有同自己的敌人血战到底的气概，有在自力更生的基础上光复旧物的决心，有自立于世界民族之林的能力。”在倡导和建立最广泛的抗日民族统一战线的实践中，中国共产党的中华民族观日趋成熟，并在理论上升华出“中华民族是代表中国境内各民族之总称”的马克思主义民族观，从而赋予了“中华民族”这一概念与实体以新的高度，并进一步奠定了现代中华民族观的思想基础。经过28年的浴血奋战，中国共产党领导全国各族人民取得了新民主主义革命的胜利，建立起人民民主专政的中华人民共和国，由此开启了中华民族从独立走向富强的伟大征程。

新中国成立以来，党和政府致力于“中华民族”整体建设，从政治、经济、社会、生态等多维度对民族地区进行了大力扶持，使民族地区和少数民族群众获得了跨越式的发展。在中国共产党强有力的领导下，各民族地区改旧貌换新颜，共享改革发展成果，共同踏上全面建设社会主义现代化国家的新征程，共同迈向中华民族伟大复兴的新时代。自1987年12月25日党的十三大报告提出“实现中华民族伟大复兴”的目标后，党的十五大、十六大、十七大、十八大报告连续明确系统地强调了“实现中华民族伟大复兴”的目标。

2012年11月29日，习近平总书记在参观中国国家博物馆《复兴之路》展览时提出了中国梦，并指出：“实现中华民族伟大复兴，就是中华民族近代以来最伟大的梦想。”中国梦生动形象地表达了全体中国人民共同的理想追求，昭示着国家富强、民族振兴、人民幸福的美好前景，为坚持和发展中国特色社会主义注入了新的内涵和时代精神。2017年10月，党的十九大新修订的《中国共产党章程》，将“实现中华民族伟大复兴的中国梦”写入其中，指出“中国共产党要领导全国各族人民实现‘两个一百年’奋斗目标、实现中华民族伟大复兴的中国梦”。与此同时，党的十九大报告亦强调指出中国特色社会主义新时代，“是全体中华儿女勠力同心、奋力实现中华民族伟大复兴中国梦的时代”。为了适应新形势、吸纳新经验、确认新成就、做出新规范，十三届全国人大一次会议再次对宪法进行了修正，增加了“中华民族伟大复兴”的内容。至此，“中华民族伟大复兴”第一次具有了党章与宪法所赋予的双重性最高规范意义。

求木之长者，必固其根本；欲流之远者，必浚其泉源。宪法作为国家的根本法、治国安邦的总章程、依法治国的总依据，要保持持久而旺盛的生命力，就必须在党领导人民建设社会主义实践中紧跟时代前进步伐，不断与时俱进，才能有力推动和保障党和国家事业的发展。在中国特色社会主义新时代，在全面建设社会主义现代化国家的新征程上，把实现中华民族伟大复兴的奋斗目标载入宪法，把人民群众的共同期待转化为国家建设发展的伟大实践，不仅是宪法与时俱进、发展完善的重要体现，也具有十分重要的里程碑意义。

“中华民族”入宪，为巩固和发展中华民族多元一体格局提供了有力的法理基础，为促进各民族交往交流交融提供了法治保障。一部中华民族史，就是一部各民族交往交流交融的历史，就是各民族共同缔造、发展、巩固统一的伟大祖国的历史。各民族在漫漫历史长河中不断交往交流交融，逐渐凝聚成一个分布上交错杂居、文化上兼收并蓄、经济上相互依存、情感上相互亲近的命运共同体，最终形成了你中有我、我中有你、谁也离不开谁的多元一体格局。1988年，费孝通提出了著名的“中华民族的多元一体格局”论断，对我国的民族理论政策产生了重要而深远的影响。2014年，习近平总书记在中央民族工作会议上对中华民族多元一体格局做出了充分总结和阐发：“我们讲中华民族多元一体格局，一体包含多元，多元组成一体，一体离不开多元，多元也离不开一体，一体是主线和方向，多元是要素和动力，两者辩证统一。中华民族和各民族的关系，形象地说，是一个大家庭和家庭成员的关系，各民族的关系是一个大家庭里不同成员的关系。”

在中华民族大家庭中，各民族皆是不可或缺的重要家庭成员。大力促进各民族广泛交往、全面交流、深度交融，使各民族在中华民族大家庭中手足相亲、守望相助，才能不断推动中华民族的发展与繁荣。2019年9月，习近平总书记在全国民族团结进步表彰大会上指出：“各族人民亲如一家，是中华民族伟大复兴必定要实现的根本保证。”在这次的宪法修正案中，“和谐”作为社会主义民族关系特征被写入宪法，将2005年中央民族工作会议以来形成广泛共识的关于社会主义和谐民族关系的理念，上升到了宪法高度。这一修改与“中华民族伟大复兴”入宪法相得益彰，从根本法的高度肯定了中华民族多元一体格局，确立了56个民族的宪法地位，为正确认识和处理“一”与“多”的关系，做好新时代的民族工作提供了宪法遵循，同时也有助于保障民族团结，促进各民族和睦相处、和衷共济、和谐发展。

十三届全国人大一次会议使用的中华人民共和国宪法修正案草案表决票

2018年3月

纵29.6厘米，横21厘米

中国国家博物馆藏

中华人民共和国宪法修正案草案表决票

ཀྲུང་ཧྭ་མི་དམངས་སྤྱི་མཐུན་རྒྱལ་ཁབ་ཀྱི་རྩ་ཁྲིམས་དག་བཅོས་
འཆར་ཟིན་གྱི་མ་ཟིན་བརྡས་ཟག་གཅོད་ཤོག

جۇڭخۇا خەلق جۇمھۇرىيىتى ئاساسىي قانۇنى تۈزىتىلمىسىنىڭ
لايىھەسىگە ئاۋاز بېرىش بېلىتى

جۇڭحۋا حالىق رەسپۋبليكاسىنىڭ نەگىزگى زاڭىنا
وزگەرىس ەنگىزۋ جوباسىن داۋىسقا سالۋ بەلەتى

중화인민공화국 헌법 개정안초안 표결용지

Mbaw Biuq Biujgiet Aen Coihcingqanq Caujanq Fapgoek
Cunghvaz Yinzminz Gunghozgoz

“中华民族”入宪，为铸牢中华民族共同体意识及教育引导各民族继承和发扬爱国主义传统奠定了坚实的法理基础。党的十八大以来，习近平总书记结合我国民族工作的历史发展和具体实际，发表了一系列关于铸牢中华民族共同体意识的重要论述，深刻阐明了中华民族共同体意识是维护各民族根本利益、实现各民族共同团结奋斗及繁荣发展的必然要求，为我国进一步做好民族工作提供了重要的理论和实践指导。从2014年提出牢固树立“中华民族共同体意识”，到2019年创造性地提出“铸牢中华民族共同体意识”，并将之确立为新时代党的民族工作的主线，标志着党的民族工作进入一个新的阶段。

中国作为一个统一的多民族国家，中华民族共同体在某种程度上等同于国家共同体，因此铸牢中华民族共同体意识的关键，是增强各民族对国家共同体的认同。这一认同的构建与强化，需要在民族法治建设的规范功能中以教育和引导的方式不断巩固。在2021年召开的中央民族工作会议上，习近平总书记在“十二个必须”中指出“必须坚决维护国家主权、安全、发展利益，教育引导各民族继承和发扬爱国主义传统，自觉维护祖国统一、国家安全、社会稳定”。在实现中华民族伟大复兴的征程中，必须紧紧依靠各族人民，建立起最广泛的爱国统一战线，凝聚民族共识，汇聚磅礴力量。将这一重要目标写入宪法，有助于增强全国各族人民对伟大祖国的认同，从而使各族人民在中国共产党的领导下，“紧跟时代步伐，共同团结奋斗、共同繁荣发展”，共创中华民族的伟大复兴。

“中华民族”入宪，为实现中华民族伟大复兴的中国梦提供了有力的根本法保障。把党的使命、国家的发展、人民的幸福与民族的复兴结合起来谋划，是习近平新时代中国特色社会主义思想的一大特色。党的十八大以来，以习近平同志为核心的党中央始终高度重视民族工作和民族地区的发展，并将之置于实现中华民族伟大复兴的千秋伟业中加以推进。2014年5月，习近平总书记在第二次中央新疆工作座谈会上提出了“中华民族共同体意识”的重大论断。在同年9月召开的中央民族工作会议上，习近平总书记又明确强调

“坚持打牢中华民族共同体的思想基础”。以此为指引，新时代民族工作不断向纵深推进。2017年10月18日，习近平总书记在中国共产党第十九次全国代表大会上，做出“中国社会主义进入了新时代”这一重大政治论断，指出这个新时代“是全体中华儿女勠力同心、奋力实现中华民族伟大复兴中国梦的时代”，并发出“继续朝着实现中华民族伟大复兴的宏伟目标奋勇前进”的号召，为实现中华民族伟大复兴的中国梦提供了科学的行动指南和强大的精神力量。

在此背景下，十三届全国人大一次会议将“中华民族伟大复兴”写入了宪法，改变了过去“中华民族”在宪法文本中的缺位状况。同时，宪法修正案第三十二条确立了“把我国建设成为富强民主文明和谐美丽的社会主义现代化强国，实现中华民族伟大复兴”的国家发展目标，第三十三条将“致力于中华民族伟大复兴的爱国者”纳入新时期爱国统一战线的范围。这一方面为新时代坚持和发展中国特色社会主义、实现“两个一百年”奋斗目标及实现中华民族伟大复兴的中国梦提供了有力的宪法保障；另一方面为团结海内外中华儿女共同致力于实现中华民族伟大复兴的中国梦提供了广泛的力量支持。

实现中华民族的伟大复兴，是全体中国人共同的梦想。习近平总书记在庆祝中国共产党成立100周年大会上的讲话中指出：“一百年来，中国共产党团结带领中国人民进行的一切奋斗、一切牺牲、一切创造，归结起来就是一个主题：实现中华民族伟大复兴。”在实现中华民族伟大复兴的历史征程中，中国共产党团结带领全国各族人民浴血奋战、发愤图强，先后创造了新民主主义革命、社会主义革命、改革开放、社会主义现代化建设和新时代中国特色社会主义的伟大成就，使实现中华民族伟大复兴进入不可逆转的历史进程，也使全面推进中华民族伟大复兴成为新时代中国共产党和中国人民最重要的历史使命。2022年10月16日，习近平总书记在中国共产党第二十次全国代表大会上做了题为《高举中国特色社会主义伟大旗帜　为全面建设社会主义现代化国家而团结奋斗》的报告，向全党全国各族人民发出了“为全面建设社会主义现代化国家、全面推进中华民族伟大复兴而团结奋斗”的伟大号召。随着祖国日益繁荣强盛，我们比历史上任何时期都更接近、更有信心和能力实现中华民族伟大复兴的目标。我们将在以习近平同志为核心的党中央坚强领导下，全面贯彻习近平新时代中国特色社会主义思想，坚持中国特色社会主义道路，踔厉奋发、勇毅前行，奋进新征程、建功新时代，为全面推进中华民族伟大复兴而奋斗！